50 Jahre saarländische Arbeitsgerichtsbarkeit

Festschrift

50 Jahre
saarländische Arbeitsgerichtsbarkeit

1947 - 1997

Festschrift

Herausgegeben vom
Präsidenten des Landesarbeitsgerichts Saarland

Schriftleitung: Kurt Pfeifer

CIP-Kurztitelaufnahme der Deutschen Bibliothek

Saarland/Arbeitsgerichtsbarkeit: 50 [Fünfzig] Jahre saarländische Arbeitsgerichtsbarkeit: Festschr. / hrsg. vom Präsidenten des Landesarbeitsgerichts Saarland. [Schriftl.: Kurt Pfeifer].
ISBN 3-923755-53-8

INHALTSVERZEICHNIS

Grußwort

Vor 50 Jahren wurden im Saarland die Arbeitsgerichte durch eine Rechtsanordnung der Verwaltungskommission wieder aufgebaut. Nach einem halben Jahrhundert läßt sich feststellen:

Die unabhängige Arbeitsgerichtsbarkeit im Saarland hat sich bewährt. Sie ist ein entscheidender Faktor zur Wahrung des sozialen Friedens und schon deshalb aus der Verfassungsordnung nicht mehr hinwegzudenken. Die Einrichtung einer eigenständigen Arbeitsgerichtsbarkeit war die logische Folge der Erkenntnis, daß das Arbeitsverhältnis kein Vertragsverhältnis ist wie jedes andere, das dem Grundsatz der Vertragsfreiheit ohne weiteres und uneingeschränkt überlassen werden kann.

Eine ständige Herausforderung für die Arbeitsgerichtsbarkeit ergibt sich aus der Notwendigkeit, im nur lückenhaft gesetzlich normierten Arbeitsrecht auch dann Recht zu sprechen, wenn weder gesetzliche noch tarifliche Regelungen greifen.

Mit Sorge verfolge ich den dramatischen Anstieg der arbeitsgerichtlichen Verfahren in den letzten Jahren. Aus Angst vor sozialem Abstieg kämpfen die Menschen heute mehr als früher um ihren Arbeitsplatz und wehren sich gegen Kündigungen. Die hohe Zahl der Klageeingänge spiegelt die prekäre Situation auf dem Arbeitsmarkt wider. Die aktuelle Arbeitsmarktpolitik der Bundesregierung wirkt auch insoweit kontraproduktiv. So hat der Versuch, das mühsam erworbene Recht der Entgeltfortzahlung im Krankheitsfall gesetzlich einzuschränken, die gesamte Arbeitswelt verunsichert und den sozialen Frieden vor eine Zerreißprobe gestellt. Vor diesem Hintergrund ist die Unabhängigkeit der Arbeitsgerichtsbarkeit mehr denn je gefordert.

Ich darf mich bei allen Richterinnen, Richtern und Beschäftigten der saarländischen Arbeitsgerichtsbarkeit für ihr großes Engagement und ihre Einsatzbereitschaft bedanken. Es ist auch ihr Verdienst, daß das Vertrauen in diesen für die Gestaltung des Arbeitslebens wichtigen Gerichtszweig groß ist.

BARBARA WACKERNAGEL-JACOBS
Ministerin für Frauen, Arbeit,
Gesundheit und Soziales

Grußwort

50 Jahre saarländische Arbeitsgerichtsbarkeit: Dieses Jubiläum fällt aus dem Rahmen. Das gilt für die Zahl der Jahre, aber auch für die Geschichte, die sich mit ihnen verbindet.

Anfang der 90er Jahre feierten fast alle Institutionen und Gerichte von Bedeutung mehr oder weniger aufwendig ihr 40-jähriges Bestehen. Das Alter von 40 Jahren war zwar in seiner Jubiläumswürdigkeit nicht unbestritten, hatte sich aber eingeprägt und zur Besinnung und Standortbestimmung angeregt. Die entsprechenden Feiern waren allerdings immer weniger als zeitgemäß empfunden worden, weil die Wiedervereinigung und die Vielzahl aktueller Probleme dazu drängten, neu anzufangen und den Blick nach vorn zu richten.

Nun also 50 Jahre, ein halbes Jahrhundert, ein runder Geburtstag, den man nicht übergehen kann. Und der historische Rückblick, dem er dient, erweist sich darüber hinaus als unerwartet lehrreich. Wir erinnern uns wieder an Ereignisse und Herausforderungen, die schon fast vergessen waren, obwohl sie unseren jetzigen Problemen so nahe sind. Der Jahrestag erweist sich als „denkwürdig".

Die rechtlichen, praktischen und psychologischen Konsequenzen einer Wiedervereinigung nach Art. 23 GG, die uns nach wie vor in Atem halten: die saarländischen Arbeitsgerichte hatten sie schon in den Jahren 1957 bis 1959 zu bewältigen - allerdings in einer weniger rigiden Form als die neuen Länder aufgrund des Einigungsvertrages. Das bundesdeutsche Arbeitsrecht stand ja dem saarländischen nicht allzu fern und wurde außerdem nur gleitend und stufenweise eingeführt. Aber selbst das führte zu Friktionen, Wertungswidersprüchen und Eingriffen in Besitzstände.

Ebenso waren die Probleme der europäischen Rechtsangleichung - eine der wichtigsten Herausforderungen der Zukunft - der saarländischen Arbeitsgerichtsbarkeit nicht mehr fremd, als das Saarland am 1. Januar 1957 als 11. Bundesland in die Bundesrepublik eingegliedert wurde. Die Währungs- und Zollunion des Saarlandes mit Frankreich hatte die Einrichtung eines französisch-saarländischen Senates beim Appellationsgerichtshof erforderlich gemacht. Dieser hatte unter dem Vorsitz eines Franzosen darüber zu wachen, daß in Angelegenheiten der Preise und Löhne keine unvereinbaren Divergenzen entstanden. Selbst die Intervention eines Procureur Général war damals geläufig. Die Breite und Schwierigkeit der Koordinationsaufgabe wird in dem nachfolgenden Festschriftbeitrag von Kurt Pfeifer eindrucksvoll geschildert. Er stellt mit Recht fest, daß die nach Herkommen und Ausbildung in der deutschen Rechtstradition verwurzelte Richterschaft mit drei verschiedenen Rechtsordnungen umgehen mußte.

Die Arbeitsgerichtsbarkeit des Saarlandes hatte also ungewöhnlich schwierige Probleme zu bewältigen. Sie hat das so reibungslos geschafft, daß ihre historische Leistung heute dem allgemeinen Bewußtsein fast völlig entfallen ist. Mit drei Arbeitsgerichten und einem Landesarbeitsgericht steht sie in einer geschlossenen Reihe mit den Arbeitsgerichten der inzwischen 16 anderen Länder und Stadtstaaten Deutschlands. Das Jubiläum des 50-jährigen Bestehens bietet mir und allen meinen Kolleginnen und Kollegen des Bundesarbeitsgerichts willkommenen Anlaß, unseren Respekt zu bekunden und für die Zukunft herzlich Erfolg zu wünschen.

PROF. DR. THOMAS DIETERICH
Präsident des Bundesarbeitsgerichts

Geleitwort

Die saarländische Arbeitsgerichtsbarkeit blickt auf 50 Jahre als eigenständige Gerichtsbarkeit zurück. In dieser Zeitspanne waren bei ihr annähernd 200.000 Verfahren anhängig, wobei sich die jährliche Zahl der Arbeitskonflikte gegenüber der Anfangszeit verdreifacht hat.

Bei sich häufig ändernden äußerlichen und inhaltlichen Arbeitsbedingungen haben die saarländischen Arbeitsgerichte Gerechtigkeit im Arbeitsleben hergestellt und sozialen Frieden zwischen den streitenden Arbeitsvertragsparteien gestiftet.

Die Ehrung aller, die daran mitgewirkt haben, soll auch durch diese Festschrift ausgedrückt werden. In erster Linie gebührt hohes Lob den Berufsrichtern, aber auch den ehrenamtlichen Richtern, die eine notwendige Ergänzung zu der akademischen Sicht der Dinge bewirkten, sowie den nichtrichterlichen Mitarbeitern. Das gute Klima im Sitzungssaal als wichtige Grundlage der Konfliktbewältigung haben die Prozeßvertreter maßgebend mitgeprägt.

Die Festschrift will in ihrem statistischen Teil nochmals viele der Mitwirkenden in der Vergangenheit namentlich festhalten. An dem inhaltlichen Teil haben Vertreter der Rechtswissenschaft, der Gewerkschaften und der Arbeitgeberverbände, der Rechtsanwaltschaft sowie Praktiker aus dem Arbeitsleben und eine Reihe von Richtern mitgewirkt. Die Bandbreite der behandelten Themen ist groß; sie geht in die Vergangenheit zurück, blickt in die Zukunft und vermittelt Einsicht in die unterschiedlichen Probleme der im Arbeitsleben tätigen Juristen. Allen Autoren sage ich herzlichen Dank.

Ohne die finanziellen Zuwendungen von wohlgewogenen Förderern wäre die Herausgabe dieses Werkes nicht möglich gewesen. Mein Dank soll auch durch deren namentliche Aufführung am Ende der Festschrift ausgedrückt werden.

Zum Schluß des Geleitwortes möchte ich allen Mitarbeitern der Arbeitsgerichtsbarkeit für die Zukunft einen aus einem anderen Lebensbereich stammenden Ausspruch mit auf den Weg geben:

Die nächste Aufgabe ist immer die schwerste!

Möge sie so wie in den zurückliegenden Jahren bewältigt werden.
Glück auf!

HORST HILPERT
Präsident des Landesarbeitsgerichts

AUTORENVERZEICHNIS

BAUER, Matthias	Rechtssekretär, DGB Saarbrücken
BINKERT, Gerhard, Dr.	Vorsitzender Richter am Landesarbeitsgericht, Berlin
CONRAD, Dietrich	Rechtsanwalt, Vereinigung der Saarländischen Unternehmensverbände e.V., Saarbrücken
DEGEL, Volker	Direktor des Arbeitsgerichts, Saarbrücken
DUTT, Hans Georg	Richter am Arbeitsgericht, Saarlouis
FRANKE, Dietmar, Dr.	Personalleiter, Saarbrücken-Ensheim
FROMM, Erwin, Dr.	Richter am Arbeitsgericht, Saarbrücken
FUCHS, Rainer	Justitiar, Arbeitskammer des Saarlandes
HILPERT, Horst	Präsident des Landesarbeitsgerichts Saarland
HOSSFELD, Stefan F.	Richter am Arbeitsgericht, Neunkirchen
LUXENBURGER, Bernd, Dr.	Rechtsanwalt, Saarbrücken
MASLOH, Tania, Dr.	Justitiarin, Saarbrücken
NEUMANN, Dirk, Dr.	Vizepräsident des Bundesarbeitsgerichts a.D., Dresden
PFEIFER, Kurt	Direktor des Arbeitsgerichts, Neunkirchen
REIMERTSHOFER, Werner	Justizoberamtsrat, Landesarbeitsgericht Saarland
SPOERHASE-EISEL, Ingeborg	Richterin am Arbeitsgericht, Neunkirchen
THIERY, Gertrud	Rechtsanwältin, Fachanwältin für Arbeitsrecht, Saarbrücken
WETH, Stephan, Prof. Dr.	Universitätsprofessor, Universität des Saarlandes

I.

50 Jahre saarländische Arbeitsgerichtsbarkeit

von
KURT PFEIFER

Auf dem Gebiet des heutigen Bundeslandes Saarland wird nicht erst seit 1947 in Arbeitssachen Recht gesprochen, sondern bereits seit Einführung der Arbeitsgerichtsbarkeit als besondere Gerichtsbarkeit in den linksrheinischen Gebieten durch Napoleon I[1]. Zur Zeit des Kaiserreiches bis 1918 und im Saargebiet unter der Völkerbundverwaltung bis 1935 wirkten Kaufmanns- und Gewerbegerichte[2]. Diese wurden nach der Rückgliederung an das Deutsche Reich im Jahre 1935 aufgelöst[3]. Statt ihrer wurden am 1. Juli 1935 die Arbeitsgerichte Saarbrücken, Neunkirchen und Saarlouis sowie das Landesarbeitsgericht beim Landgericht Saarbrücken errichtet[4].

Von einer eigenständigen saarländischen Arbeitsgerichtsorganisation kann aber erst im Zusammenhang mit der Entstehung des politisch-staatsrechtlichen Gebildes „Saarland" die Rede sein[5].

Da Gerichts- und Verwaltungsorganisation nie beziehungslos nebeneinanderstehen, ist es angebracht, zunächst auf die Entstehung des Saarlandes einzugehen, in deren Folge sich die saarländische Arbeitsgerichtsbarkeit entwickelte.

---

1 Allgemein über die Entwicklung der Arbeitsgerichtsbarkeit als besondere Gerichtsbarkeit seit der französischen Revolution: DERSCH-VOLKMAR, ArbGG, 6. Aufl. 1955, Einl.; NEUMANN, NZA 1993, 342; STAHLHACKE, Die Entwicklung der Gerichtsbarkeit in Arbeitssachen bis 1890, Festschrift zum 100-jährigen Bestehen des Deutschen Arbeitsgerichtsverbandes, S. 59; SCHEID, Die Gerichtsorganisation im Gebiet des Saarlandes seit der französischen Revolution, Justizbl. d. Saarl. 1967, S. 203.

2 Nach BAUM, Handbuch für Kaufmanns- und Gewerbegerichte, Berlin 1912, Gerichtsverzeichnis im Anhang, bestanden in Saarbrücken, Neunkirchen, St. Ingbert und Sulzbach Kaufmanns- und Gewerbegerichte.

3 Ab 1.7.1935 galt das ArbGG v. 10.4.1934 (RGBl. I S. 319), eingeführt durch die VO für die Überleitung des Arbeitsrechts im Saarland v. 18.2.1935 (RGBl. I S. 237).

4 VO über die Errichtung von Arbeitsgerichten und eines Landesarbeitsgerichts im Saarland v. 16.5.1935 (RGBl. I S. 686).

5 Zur Entstehung des Saarlandes: HENN, Justizbl. d. Saarl. 1959, S. 107. BAIER, Rechtsbereinigung im Saarland, Festschrift 150 Jahre Landgericht Saarbrücken, 1985, S. 225, mit Lit.-Nachw.; VAN DÜLMEN/KLIMMT, Saarländische Geschichte, 1995.

I. Vom *Saargebiet* zum *Saarland*

Das Saarland weist zunächst keine irgendwie geschichtlich begründete Begrenzung seines Gebietes auf. Der Begriff „Saargebiet" als selbständige Gebietseinheit wurde erst 1919 durch den Versailler Friedensvertrag künstlich geschaffen[6]. Von 1920 bis 1935 stand das Saargebiet unter der Verwaltung der vom Völkerbund eingesetzten Regierungskommission des Saargebietes. Die im Versailler Vertrag vorgesehene Volksabstimmung vom 13. Januar 1935 brachte am 1.März 1935 die Rückgliederung des Saargebietes an das Deutsche Reich. Nach einer kurzen Übergangszeit, in der erstmals die Bezeichnung als „Saarland" auftauchte, wurde es Teil der sogenannten Westmark.

Nach dem Zusammenbruch in der Folge des 2. Weltkrieges leitete die französische Besatzungsmacht am 31. Juli 1945 zunächst die Herauslösung nur des ehemaligen Saargebietes aus der übrigen französischen Besatzungszone ein[7]. Durch Anordnung des französischen Zonenbefehlshabers wurden dem „Saargebiet" am 18. Juni 1946 insgesamt weitere 142 Gemeinden aus dem Gebiet des heutigen Rheinland-Pfalz zugeschlagen. Am 8. und 24. Juni 1947 wurden 61 Gemeinden zurückgegeben und 13 andere eingegliedert. Durch Angliederung der pfälzischen Gemeinde Kirrberg im April 1949 war die territoriale Erweiterung abgeschlossen und aus dem „Saargebiet" das „Saarland" in seinen heutigen Grenzen entstanden. Bereits am 22. Dezember 1946 schloß Frankreich die Grenzen des Saarlandes zum übrigen Deutschland.

Die Regierungsgeschäfte und die gesetzgebende Gewalt übernahm unbeschadet der Befugnisse der Militärregierung am 9. Oktober 1946 die vorläufige Verwaltungskommision des Saarlandes[8]. Die Verfassung des Saarlandes vom 15. Dezember 1947 (Amtsbl. S. 1077) trat am 17. Dezember 1947 in Kraft und bildete fortan ausschließlich die Grundlage für die Gesetzgebung. Amtliches Publikationsorgan wurde das zweisprachige Amtsblatt des Saarlandes.

Am 18. Dezember 1947 nahm die erste saarländische Regierung unter Johannes Hoffmann die Amtsgeschäfte auf. Gilbert Grandval wurde Hochkommissar für das Saarland, das nun ein autonomer Staat war.

Nach dem Saar-Referendum vom 23. Oktober 1955 erklärte der saarländische Landtag am 14. Dezember 1956 gemäß Art. 23 GG seinen Beitritt zur

---

6 Art. 48 des Versailler Friedensvertrages (RGBl. 1919 S. 687).

7 Bekanntmachung des Regierungspräsidenten (DR. HANS NEUREUTER) in Saarbrücken v. 31. Juli 1945 (Amtsbl. d. Regierungspräsidiums Saar S. 5).

8 VO Nr. 68 v. 8.10.1946, Amtsbl. d. Verwaltungskommission d. Saarl. S. 205.

Bundesrepublik Deutschland (Amtsbl. S. 1645). Durch das Gesetz über die Eingliederung des Saarlandes vom 23. Dezember 1956 wurde das Saarland am 1. Januar 1957 politisch das 11. Bundesland (BGBl. 1956 S. 1011).
Die schon in der zweiten Jahreshälfte 1956 begonnene Rechtsangleichung[9] fand mit der wirtschaftlichen Eingliederung nach einer Übergangszeit am 6. Juli 1959 („Tag X") ihren Abschluß.

II. Die saarländischen Gerichte für Arbeitssachen bis 1956

1. Der Gerichtsaufbau

Eine saarländische Arbeitsgerichtsbarkeit konnte zwangsläufig erst mit der Entstehung und Gestaltung der entsprechenden Gebietskörperschaft errichtet werden. Diese Gebietskörperschaft Saarland wurde, wie dargelegt, durch die französische Militärregierung geschaffen.
Die von ihr eingesetzte vorläufige Verwaltungskommission ist die Begründerin der saarländischen Arbeitsgerichtsbarkeit.
Nach dem Zusammenbruch im Jahre 1945 kam die Arbeitsrechtspflege zunächst gänzlich zum Stillstand. Durch das Gesetz Nr. 77 vom 20. Oktober 1945 ordnete die amerikanische Militärregierung an, daß die Arbeitsgerichte ihre Tätigkeit bis auf weitere Anordnung vollkommen einzustellen hätten. Die Arbeitsrechtsstreitigkeiten wurden vorläufig an die Amtsgerichte überwiesen.
Auf der Grundlage des am 30. März 1946 erlassenen Kontrollratsgesetzes Nr. 21[10] (künftig KRG 21) erließ die Verwaltungskommission des Saarlandes die Rechtsanordnung über die Errichtung von Arbeitsgerichten und das Verfahren in Arbeitsstreitigkeiten vom 1. April 1947 (Amtsbl. S. 174)[11].
Dies war die Geburtsstunde der Arbeitsgerichtsbarkeit im Saarland.
Durch diese Rechtsanordnung vom 1. April 1947 wurden im Saarland drei erstinstanzliche Arbeitsgerichte in Saarbrücken, Neunkirchen und Saarlouis, ein Landesarbeitsgericht als Berufungs- und Beschwerdegericht sowie ein Senat für Arbeitssachen beim Oberlandesgericht in Saarbrücken als Revi-

---

9 Zur Rechtsangleichung ab 1. Januar 1957 auf dem Gebiet des Arbeitsrechts: DRATWA, Arbeitsrechtliche Probleme bei der Eingliederung des Saarlandes in die Bundesrepublik, RdA 1957, 1 u. 344. Für die Zeit nach dem Ende der Übergangszeit: WAGNER, Justizbl. d. Saarl. 1959, S. 103; allgemein zur Rechtsbereinigung im Verlauf von 200 Jahren BAIER, aaO.

10 Amtsbl. d. Regierungspräsidiums Saar 1946 S. 68.

11 Ergänzt durch Rechtsanordnungen v. 22.8.1947 (Amtsbl. S. 394) und v. 9.12.1947 (Amtsbl. S. 1113).

sionsgericht errichtet. Auf Grund der ministeriellen Ermächtigung vom 24. Dezember 1947 (Amtsbl. S. 1113) nahmen sie ihre Tätigkeit am 1. Januar 1948 auf. Die bei den Amtsgerichten und dem Landgericht anhängigen Verfahren gingen mit dem Zeitpunkt ihrer Eröffnung auf die zuständigen Arbeitsgerichte und das Landesarbeitsgericht über. Bei den Arbeitsgerichten wurden allgemeine Kammern und die nach § 17 ArbGG 1926 obligatorischen Fachkammern eingerichtet[12].

Im Gegensatz zum ArbGG vom 23. Dezember 1926 (RGBl. I S. 507) mußten die Vorsitzenden der Arbeitsgerichte nach KRG 21 bei entsprechender Qualifikation keine Berufsrichter sein. Tatsächlich aber führten die bei den Amtsgerichten bis 31.12.1947 mit den Arbeitssachen zunächst befaßten ordentlichen Richter fast ausnahmslos die Verfahren als Vorsitzende der Arbeitsgerichte fort.

Das Landesarbeitsgericht bestand aus einer Kammer mit einem Berufsvorsitzenden und zwei Landesarbeitsrichtern als ehrenamtliche Richter. Nach dem im KRG 21 vorgesehenen Gerichtsaufbau fehlte eine Revisionsinstanz. Diese wurde im Saarland mit der Rechtsanordnung vom 1. April 1947 durch Errichtung eines Senats für Arbeitssachen beim Oberlandesgericht in Saarbrücken geschaffen. Dieser Senat war mit drei Berufsrichtern und je einem ehrenamtlichen Oberarbeitsrichter aus den Kreisen der Arbeitgeber und Arbeitnehmer besetzt[13]. Er trat an die Stelle des Reichsarbeitsgerichts und später des Bundesarbeitsgerichts. Das Verfahren für die Berufung der ehrenamtlichen Beisitzer war in § 3 Abs. 2 Nr. 2 der Rechtsanordnung vom 1. April 1947 geregelt.

Die Arbeitsgerichte und das Landesarbeitsgericht unterstanden verwaltungs- und etatmäßig zunächst dem Mitglied der Verwaltungskommission für Arbeit und Wohlfahrt und später dem Minister desselben Ressorts. Die Dienstaufsicht wurde von der Justiz wahrgenommen. Die verwaltungsmäßige Einbindung in den Aufbau der ordentlichen Gerichtsbarkeit äußerte sich deutlich darin, daß die Aufgaben der Geschäftsstelle des Arbeitsgerichts von der Geschäftsstelle des am Ort befindlichen Amtsgerichts, die der Geschäftsstelle des Landesarbeitsgerichts von der Geschäftsstelle des Landgerichts erledigt wurden (§ 5 der Rechtsanordn. v. 1.4.1947).

---

12 Die Standorte und im wesentlichen die Bezirke entsprechen der VO v. 16.5.1935 (RGBl. I S. 686). Die Fachkammern werden in Kap. IV abgehandelt.

13 Bei dem Senat waren sogleich Revisionen anhängig; aus den Jahren 1948/1949 sind Entscheidungen veröffentlicht in ARSt, Bd. II, 72, 105 (Betriebsrisiko), 251 und 260. Die ARSt-Bände ab 1947 enthalten Statistiken über die Spruchtätigkeit sämtlicher Gerichte für Arbeitssachen.

Dabei blieb es für das Arbeitsgericht Saarbrücken und das Landesarbeitsgericht bis zum Erlaß vom 21. August 1957[14], auf Grund dessen für diese beiden Gerichte eine gemeinsame Geschäftsstelle errichtet wurde. Bei allen saarländischen Arbeitsgerichten wurde nach Maßgabe von § 7 ArbGG 1953 erst durch den Erlaß vom 27. April 1961 (Amtsbl. S. 245) je eine selbständige Geschäftsstelle eingerichtet.
In der Dienstbezeichnung der Richter an den Arbeitsgerichten war erst ab 1959 der Gerichtszweig erkennbar. Zuvor entsprachen die Amtstitel denjenigen der ordentlichen Gerichtsbarkeit. Während im übrigen Bundesgebiet die organisatorische Trennung von Justiz und Arbeitsgerichtsbarkeit bereits mit dem Inkrafttreten des ArbGG 1953 am 1. Oktober 1953 vor allem mit der Errichtung des Bundesarbeitsgerichts vollzogen war, erfolgte die endgültige Lösung im Saarland schrittweise erst ab 1959[15].

Soweit die Zulässigkeit der Berufung und der Revision vom Gegenstandswert abhing, betrug die Streitwertgrenze für die Berufung 100,-- RM (später 3.500,-- Frs) und für die Revision 5.000,-- RM (später 175.000,-- Frs). Die Streitigkeiten aus der saarländischen BetriebsräteVO vom 1. August 1947 (Amtsbl. S. 293) i.V.m. KRG 22 wurden im Beschlußverfahren nach §§ 80 - 84 ArbGG 1926 ausgetragen[16].
Eine Besonderheit besteht darin, daß durch Art. X des KRG 21 i.V.m. der Rechtsanordnung vom 1. April 1947 auf dem Gebiet des Saarlandes erstmals das Arbeitsgerichtsgesetz 1926 in seiner ursprünglichen Fassung eingeführt wurde. In der Saargebietszeit unter der Völkerbundverwaltung bestanden auch von 1918 bis 1935 die alten Kaufmanns- und Gewerbegerichte weiter[17], ergänzt durch das 1921 gebildete Berggewerbegericht[18]. Ab der Rückkehr des Saargebietes in das Deutsche Reich im Jahre 1935 galt das Arbeitsgerichtsgesetz 1934, welches dem Gesetz zur Ordnung der nationa-

14 Nicht veröffentlicht, aber zitiert im Erlaß v. 27.4.1961 (Amtsbl. S. 245).

15 Bis 1953 herrschten in allen Teilen der Bundesrepublik Deutschland ähnliche Verquickungen, welche die Selbständigkeit der Gerichte für Arbeitssachen als eigenständigen Gerichtszweig als zweifelhaft erscheinen ließen (WENZEL, JZ 1965, 751).

16 Beispiele für solche Streitigkeiten sind die Verfahren 5 Ca 1/48, 5 Ca 2/48 und 5 Ca 4/48 vor dem ArbG Neunkirchen, in denen durch die Beschlüsse v. 25.2. und 10.3.1948 die Betriebsratswahlen auf den Gruben Kohlwald und König sowie der Gemeinde Wiebelskirchen für unwirksam erklärt wurden (Vorsitzender: Oberamtsrichter MARZEN, der spätere LAG-Präsident).

17 WESTHOFF, Recht und Verwaltung im Saargebiet, Trier 1934, S. 230.

18 Amtsblatt d. Regierungskommission v. 1.12.1921 S. 182. Das Berggewerbegericht hatte nach den Standorten der Berginspektionen gegliedert je eine Kammer in Saarbrücken, Völklingen, Sulzbach und Neunkirchen; es wurde aufgelöst durch § 6 des Gesetzes über die vorläufige Verwaltung des Saarlandes v. 30.1.1935 (RGBl. I S. 66).

len Arbeit (AOG) angepaßt war. Das Beschlußverfahren war in diesem Gesetz ganz gestrichen[19].
Eine weitere Besonderheit im Instanzenzug beruhte auf der Zuständigkeit des französisch-saarländischen Senates des Appellationsgerichtshofes Saarbrücken (OLG). Dieser durch die französisch-saarländische Justizkonvention vom 3. Januar 1948 (Amtsbl. S. 380) geschaffene Senat war in zweiter Instanz zuständig für Angelegenheiten, in denen die französische Gesetzgebung unmittelbar anwendbar oder zu berücksichtigen war. Hierunter fielen auch Angelegenheiten der Preise und Löhne, bezüglich derer die Einheitlichkeit der Rechtsprechung wegen der Währungs- und Zolleinheit mit Frankreich ab 20. November 1947 sichergestellt werden sollte. Ein Beispiel für das Tätigwerden dieses gemischten fünfköpfigen Senates unter dem Vorsitz eines Franzosen ist ein Rechtsstreit aus dem Baugewerbe wegen Lohnes und Wegegeldes. Dieser dokumentierenswerte Rechtsstreit wurde am 2. April 1949 erstinstanzlich vom Arbeitsgericht Neunkirchen (Az.: 4 Ca 260/48) entschieden. Die Berufung hiergegen wurde durch das Urteil des LAG Saarbrücken vom 2. Juli 1949 (Az.: Sa 5/49)[20] zurückgewiesen. Allerdings erklärte sich nach einer Vorlage des Revisionssenates beim OLG (Az.: RAG 1/49) der französisch-saarländische Senat auf einen Verweisungsantrag des französischen *Procureur Général* für zuständig. Das Urteil des LAG Saarbrücken wurde zwar wegen Unzuständigkeit annulliert, in der Sache jedoch bestätigt (Urteil vom 24.1.1950, Az.: Rev.T 1/49). Der französisch-saarländische Senat wurde 1953 abgelöst durch den Gerichtshof der französisch-saarländischen Union und den Obersten Gerichtshof der französisch-saarländischen Union (Justizvertrag vom 20. Mai 1953, Amtsbl. S. 781). Nach Art. 8 des Justizvertrages wurden Urteile der Arbeitsgerichte von der Zuständigkeit dieser Gerichtshöfe ausgenommen[21].
Interessant im Zusammenhang mit der Rechtsanordnung vom 1. April 1947 ist ein Blick auf die Rechtslage in den übrigen besetzten Teilen Deutschlands[22]. Die Rechtsanordnung stellt nichts anderes dar, als ein spezielles „Arbeitsgerichtsgesetz" für eine bestimmte Zone. Solche speziellen „Arbeitsgerichtsgesetze", die ergänzend neben das KRG 21 und das ArbGG

19 Zur Entwicklung des Arbeitsrechts und der Arbeitsgerichtsbarkeit bis 1949: MANDERSCHEID, Die Entwicklung des Arbeitsrechts im Saarland, RdA 1949, 183, 298; MARZEN, Die arbeitsrechtliche Entwicklung im Saarland, Saarländische Rechtszeitschrift 1949, 81.

20 Veröffentlicht in ARSt Bd. III, 125.

21 Zu den französisch-saarländischen Justizverträgen: KIELWEIN, Die Rechtspflege an der Saar von 1945 bis 1956, Festschrift 150 Jahre Landgericht Saarbrücken, S. 185 (202).

22 Eine genaue Übersicht über die arbeitsrechtliche Gesetzgebung des Kontrollrates, die arbeitsrechtliche Rechtssetzung und den Gerichtsaufbau in allen Zonen bietet die Zeitschrift ARSt Bd. I (Jahrg. 1947).

1926 traten, wurden nicht überall erlassen. Es gab sie außerhalb des Saarlandes nur in Hessen, Bayern und der französischen Besatzungszone[23].
Die französische Besatzungszone, aus der das ehemalige Saargebiet schon 1945 herausgelöst worden war, umfaßte die Länder Rheinland-Pfalz, Südbaden und Württemberg-Hohenzollern. Aufgrund der hier geltenden speziellen Arbeitsgerichtsgesetze und Rechtsanordnungen wurde ausschließlich in den Ländern Rheinland-Pfalz (Neustadt a.d. Haardt) und Württemberg-Hohenzollern (Tübingen)[24] ebenso wie im Saarland je ein Revisionsgericht für Arbeitssachen errichtet. Bis zum Inkrafttreten des ArbGG 1953 gab es in den verschiedenen Besatzungsgebieten also nur drei Revisionsgerichte. Zwar nahm das Saarland wegen der angestrebten Separation und Autonomie eine Sonderstellung ein, unverkennbar sind jedoch vor allem im Gerichtsaufbau Gemeinsamkeiten im gesamten Einflußbereich der französischen Besatzungsmacht, die im Vergleich mit den übrigen Zonen nicht feststellbar sind. Das saarländische Revisionsgericht fand in der Kommentarliteratur zum ArbGG 1953 keine Erwähnung, insbesondere nicht in der Kommentierung zum inzwischen aufgehobenen § 118. Dies, obwohl die letzte Aufgabe des § 118 Abs. 4 ArbGG 1953 die Regelung der Zuständigkeit für die noch am 1.1.1957 beim saarländischen Revisionssenat anhängigen Sachen war.

2. Das materielle Arbeitsrecht

Es wäre verfehlt, die Entwicklung einer Gerichtsbarkeit nur anhand der Verfahrens-, Verwaltungs- und Organisationsregelungen zu betrachten. Ein vollständiges Bild ergibt sich nur, wenn sie auch im Zusammenhang mit den materiellrechtlichen Gegebenheiten gesehen wird. Es ist jedoch nicht die Aufgabe dieses Beitrages, das gesamte materielle Arbeitsrecht der Saarepoche abzuhandeln. Es sollen aber die wichtigsten und spezifischen Grundlagen des Arbeitsrechts in der Zeit bis zum Beginn der Rechtsangleichung an die Bundesrepublik 1956/1957 und in der Übergangszeit bis 1959 dargestellt werden.

23 MÜLLER, Festschrift zum 100-jährigen Bestehen des Deutschen Arbeitsgerichtsverbandes, 1994, S. 107.

24 MOLITOR, Die Arbeitsgerichtsbarkeit in der französischen Besatzungszone, BB 1948, 575.

Prix de l'abonnement trimestriel: 4,50 RM

Preis des Vierteljahresabonnements: 4,50 RM

Bulletin Officiel

de la Commission d'Administration du Territoire de la Sarre

Amtsblatt

der Verwaltungskommission des Saarlandes

Sarrebruck, le 12 Juin | № 28 - 1947 | *Saarbrücken, den 12. Juni*

Sommaire:

Inhalt:

174

96

Ordonnance

relative a l'établissement de Tribunaux du Travail et à la prodédure pour régler les différends du Travail.

Du 1er Avril 1947.

Vu l'Ordonnance No 68 du 8 Octobre 1946 du Commandant en Chef Francais en Allemagne portant création d'une Commission Provisoire d'Administration du Territoire de la Sarre,
vu l'Arrêté du 8 Octobre 1946 du Gouverneur de la Sarre portant nomination des Directeurs, membres de la Commission Provisoire d'Administration du Territoire de la Sarre et du Secrétaire Général de cette Commission,
vu la Loi No 21 du 30 Mars 1946 du Conseil de Contrôle sur les Tribunaux Allemands du travail
les Membres de la Commission d'Administration du Territoire de la Sarre en leur séance du 1er Avril 1947 ont ordonné ce qui suit:

§ 1

Seront établis dans le Territoire de la Sarre:
1. un Tribunal du Travail comme tribunal de première instance
   à Sarrebruck pour les circonscriptions de Sarrebruck, Völklingen, Sulzbach, St. Ingbert et Blieskastel,
   à Sarrelouis pour les circonscriptions de Sarrelouis, Merzig, Lebach, Sarrebourg, Perl et Wadern,
   à Neunkirchen pour les circonscriptions de Neunkirchen, Ottweiler, St. Wendel, Tholey et Hombourg,
2. un Tribunal du Travail régional à Sarrebruck comme Tribunal d'appel et de pourvoi,
3. un Sénat pour les Affaires du Travail auprès du Oberlandesgericht (Tribunal Supérieur Régional) comme Tribunal de révision.

96

Rechtsanordnung

über die Errichtung von Arbeitsgerichten und das Verfahren in Arbeitsstreitigkeiten

Vom 1. April 1947.

Auf Grund der Verordnung Nr. 68 des Commandant en Chef Francais en Allemagne über die Errichtung einer vorläufigen Verwaltungskommission des Saarlandes vom 8. Oktober 1946,
auf Grund der Verfügung des Gouverneur de la Sarre über die Ernennung der Direktoren, Mitglieder der vorläufigen Verwaltungskommission der Saar, und des Generalsekretärs dieser Kommission vom 8. Oktober 1946,
auf Grund des Kontrollrats-Gesetzes Nr. 21 vom 30. März 1946 über Deutsche Arbeitsgerichte
haben die Mitglieder der Verwaltungskommission des Saarlandes in ihrer Sitzung vom 1. April 1947 verordnet, was folgt:

§ 1

Im Saarland werden errichtet:
1. je ein Arbeitsgericht als Erstinstanzgericht
   in Saarbrücken für die Amtsgerichtsbezirke Saarbrücken, Völklingen, Sulzbach, St. Ingbert und Blieskastel,
   in Saarlouis für die Amtsgerichtsbezirke Saarlouis, Merzig, Lebach, Saarburg, Perl und Wadern,
   in Neunkirchen für die Amtsgerichtsbezirke Neunkirchen, Ottweiler, St. Wendel, Tholey und Homburg,
2. ein Landesarbeitsgericht in Saarbrücken als Berufungs- und Beschwerdegericht
3. ein Senat für Arbeitssachen beim Oberlandesgericht als Revisionsgericht.

Die Verfassung des Saarlandes vom 15. Dezember 1947 (Amtsbl. S. 1077) enthielt in Art. 45 bis 59 ein Programm bedeutsamer arbeitsrechtlicher Grundsätze[25]. Art. 45 stellt die menschliche Arbeitskraft unter den Schutz des Staates und gewährt jedem nach seinen Fähigkeiten ein Recht auf Arbeit, statuiert aber zugleich auch eine Pflicht zur Arbeit. Die Arbeitsverfassung verlangt in Art. 47 bis 49 in einer Art *Magna Charta* des Individualarbeitsrechts u.a. eine menschenwürdige und existenzsichernde Gestaltung der Arbeitsbedingungen, besonderen Schutz für Frauen und Jugendliche sowie Lohngleichheit für Männer und Frauen. Die Art. 56 und 58 regeln ähnlich wie Art. 9 Abs. 3 GG die Koalitionsfreiheit.

Das Streikrecht der Gewerkschaften ist in Art. 56 Abs. 2 ausdrücklich erwähnt. Wegen der Währungs- und Zollunion zwischen dem Saarland und Frankreich ab 20. November 1947 gab es jedoch vor allem für die Löhne keine Tariffreiheit. Zwar hatten die Verbände nach der RegierungsVO vom 2. März 1948 (Amtsbl. S. 309) das Recht zum Abschluß von Kollektivverträgen über Lohn, deren Wirksamkeit war aber an die im Amtsblatt zu veröffentlichende Genehmigung des Arbeitsministers gebunden, der sie auch für allgemeinverbindlich erklären konnte. Wie in Frankreich wurde auch im Saarland erst 1950 das staatliche Lohnordnungsprinzip grundsätzlich abgeschafft und die Tariffreiheit eingeführt[26].

Art. 47 Abs. 1 fordert für alle Arbeitnehmer ein einheitliches Arbeitsrecht mit besonderer Gerichtsbarkeit, welches auch das Schlichtungsverfahren und die Koalitionsvereinbarungen regeln soll[27].

Sofern man dies als einen Verfassungsauftrag für ein einheitliches saarländisches Arbeitsgesetzbuch auffassen soll, so ist festzustellen, daß in der Gesetzgebungspraxis keine Ansätze hierfür erkennbar geworden sind. Vielmehr blieb die saarländische Gesetzgebung in der Tradition der Rechtszersplitterung auf dem Gebiet des Arbeitsrechts. Soweit nicht bereits vorhandene Gesetze übernommen wurden (z.B. BGB, HGB, GewO, Allgemeines Berggesetz für die Preußischen Staaten, Heimarbeitsgesetz), kam es entsprechend den verfassungsmäßigen Vorgaben zu vielen verschiedenen Gesetzen im Individual- und Kollektivarbeitsrecht, die nach und nach die Rechtsanordnungen der Alliierten, des französischen Militärbefehlshabers und der vorläufigen Verwaltungskommission ersetzten. Diese Gesetze wa-

---

25 Die Handschrift dieser Verfassung ist in der heute geltenden Fassung der Art. 45 bis 49 v. 14. Dezember 1994 (Amtsbl. 1995 S. 94) noch deutlich erkennbar.

26 Gesetz Nr. 189 über Tarifverträge und Schlichtungswesen v. 22.6.1950 (Amtsbl. S. 597).

27 Diese Forderung ist wortgleich in Art. 47 der heutigen Saarl. Verf. enthalten und erinnert an die Zeit, als sich das Saarland als autonomer Staat mit entsprechender Gesetzgebungskompetenz verstand.

ren teils dem französischen Recht angeglichen und teils an das alte deutsche oder das neu entstehende bundesrepublikanische Recht angelehnt.
Das Recht auf Urlaub hatte mit der Regelung in Art. 48 Abs. 2 verfassungsmäßigen Rang. Die nähere Regelung wurde weitgehend dem französischen Recht angepaßt[28].
Das Betriebsräterecht fand vorkonstitutionell aufgrund des KRG 22 zunächst eine Neuregelung durch die Betriebsräteverordnung vom 1. August 1947 (Amtsbl. S. 239), die sich im wesentlichen an das Betriebsrätegesetz von 1920 anlehnte. Dies war für das Saarland insoweit neu, als das Betriebsrätegesetz vom 4. Februar 1920 (RGBl. I S. 147) auch vor 1935 wegen der staatsrechtlichen Sonderstellung des Saargebietes laut Versailler Vertrag hier nicht in Kraft getreten war. Die BetriebsräteVO wurde abgelöst durch das Betriebsverfassungsgesetz vom 7. Juli 1954 (Amtsbl. S. 869). In den §§ 18 - 20 BetriebsräteVO vom 1. August 1947 wurde das Einspruchsverfahren bei Kündigungen entsprechend den Bestimmungen der §§ 84 ff des Betriebsrätegesetzes von 1920 wörtlich übernommen[29]. Entlassungen bedurften der Zustimmung des Arbeitsamtes (VO über die Tätigkeit der Arbeitsämter in Arbeits- und Lohnfragen v. 1.6.1946, Amtsbl. S. 141; Durchf.AnO v. 10.9.1946, Amtsbl. S. 216)[30].

Die Kündigungsschutzbestimmungen der BetriebsräteVO wurden durch das gleichzeitig mit dem saarländischen Betriebsverfassungsgesetz im Kraft getretene saarländische Kündigungsschutzgesetz vom 7. Juli 1954 (Amtsbl. S. 878) ersetzt, das in seinen Grundzügen dem bundesdeutschen KSchG 51 ähnelte. Deshalb war es möglich, daß die saarländischen Arbeitsgerichte in Kündigungsschutzprozessen ab 1954 die Kommentarliteratur zum bundesdeutschen KSchG 51 zitieren konnten (z.B. Urteil des Arbeitsgerichts Neunkirchen vom 11.7.1956 (Az.: 2 Ca 158/56).
Das Kündigungsschutzgesetz von 1954 erwies sich in Teilen als eines der längstlebigen Arbeitsgesetze aus der Saarzeit, denn das KSchG für die Bundesrepublik wurde erst zum 1. Januar 1959 durch das Gesetz Nr. 628 vom 18. Juni 1958 (Amtsbl. S. 1249) eingeführt. Allerdings blieb es für seine Anwendbarkeit bei der Altersgrenze von 18 Jahren, während nach dem bundesdeutschen KSchG 1951 noch bis zur Neufassung des KSchG durch

---

28 MANDERSCHEID, aaO., S. 299.

29 Unter Anwendung dieser Bestimmungen hat das LAG durch Urteil v. 11.4.1953 (Az.: 2 Sa 21/52) einen Kündigungsschutzprozeß wegen politischer Betätigung im Betrieb entschieden.

30 Ein Beispiel für die Unwirksamkeit einer Kündigung wegen Fehlens der Zustimmung des Arbeitsamtes findet sich in dem Urteil des ArbG Neunkirchen v. 10.3.1948 (Az.: 5 Ca 17/48).

das 1. Arbeitsrechtsbereinigungsgesetz vom 14. August 1969 (BGBl. I S. 1106) die Altersgrenze bei 20 Jahren lag.
Ein saarländisches Spezifikum ist das heute noch angewendete, jedoch zwischen Arbeitnehmern und Arbeitgebern heftig umstrittene Gesetz Nr. 186 vom 22. Juni 1950 (Amtsbl. S. 759) i.d.F. vom 30. Juni 1951 (Amtsbl. S. 979) betreffend die Regelung des Zusatzurlaubes für kriegs- und unfallbeschädigte Arbeitnehmer in der Privatwirtschaft. Dieses Gesetz gewährt als einziges in der Bundesrepublik den sogenannten Minderbehinderten mit einem Grad der Behinderung von 25 bis 49 v.H. einen Zusatzurlaub von drei Arbeitstagen. Die Vereinbarkeit des Gesetzes mit dem bundesrechtlichen Schwerbeschädigten- bzw. Schwerbehindertengesetz wird von der Arbeitgeberseite bestritten. Diese Rechtsfrage beschäftigte seit dem Jahre 1963 wiederholt die Arbeitsgerichte aller Instanzen und liegt derzeit nochmals dem Bundesarbeitsgericht zur Entscheidung vor[31].
Neu geregelt wurde der Mutterschutz durch die Rechtsanordnung betr. die Abänderung des MuSchG vom 17. Mai 1942 (RGBl. I S. 321), vom 28. März 1947 (Amtsbl. S. 402), ergänzt und abgeändert durch das Gesetz vom 13. Juli 1948 (Amtsbl. S. 1051).
Wie sich aus den vorstehenden Ausführungen zu den vorhandenen Rechtsquellen ergibt, mußte die nach Herkommen und Ausbildung in der deutschen Rechtstradition verwurzelte Richterschaft mit drei Rechtsordnungen umgehen können. Exemplarisch für die Schwierigkeiten, das französische und das saarländische Rechtssystem miteinander zu harmonisieren, ist ein Verfahren, welches das saarländische Feiertagsrecht im Verhältnis zum französischen Recht betraf. Die §§ 1, 2 des Gesetzes über die Bezahlung gesetzlicher Feiertage im Saarland vom 4. April 1950 (Amtsbl. S. 744) standen im Widerspruch zu Art. 3 der Wirtschaftskonvention zwischen Frankreich und dem Saarland vom 3. März 1950 (Amtsbl. 1951, S. 22). Auf Grund der Wirtschafts-, Zoll- und Währungsunion sollten auf dem Gebiet des Lohnes in Frankreich und dem Saarland dieselben Bedingungen angestrebt werden. In Frankreich gab es jedoch keine vergleichbare Regelung der Feiertagsbezahlung. Da alle Bedingungen, die mit der Wirtschaftseinheit zwischen den beiden Staaten im Zusammenhang standen, unter dem Schutz von Art. 63 der Saarländischen Verfassung standen, stellte sich die Frage, ob das Feiertagslohnzahlungsgesetz verfassungswidrig war. Das Arbeitsgericht Neunkirchen hat mit Urteil vom 9. Januar 1952 (Az.: 2 Ca

31 Bisher ergangene Urteile: ArbG Neunkirchen v. 17.1.1992 - 1 Ca 1093/91; ArbG Saarlouis v. 14.12.1995 - 2 Ca 90/95; LAG Saarbrücken v. 12.6.1963 - AP Nr. 1 Saarland Zusatzurlaub; LAG Saarland v. 14.10.1992 - 2 Sa 30/92; LAG Saarland v. 28.5.1996 - 3 Sa 12/96; BAG v. 8.3.1994 - 9 AZR 91/93.

137/51) in eigener Zuständigkeit diese Frage verneint und eine Vorlage an die Verfassungskommission des Saarlandes (Verfassungsgerichtshof) abgelehnt. Der sodann vom *Procureur Général* angerufene saarländisch-französische Senat beim OLG hat die Sache der Verfassungskommission zur Entscheidung vorgelegt. Diese erklärte sich unter dem Vorsitz von Dr. Irmgard Fuest für unzuständig und gab das ausgesetzte Verfahren an das LAG zur Entscheidung über die Berufung ab (Entsch. v. 14.11.1953, Amtsbl. S. 706). Das LAG hat dann die Berufung durch Urteil vom 10.7.1954 (Az.: 2 Sa 1/52) zurückgewiesen.
Im Rahmen des vorgegebenen Themas ist für eine weitere Vertiefung der materiellrechtlichen Grundlagen des Arbeitsrechts im Saarland kein Raum. Dies wäre ein lohnendes Gebiet für eine umfassende wissenschaftliche Aufarbeitung. Hier erschien es lediglich angebracht, schlaglichtartig zu beleuchten, auf welchen Rechtsgrundlagen die Gerichte zu arbeiten hatten.
Aus der Betrachtung des materiellen Rechts kann dieses Fazit gezogen werden:
Während auf dem Gebiet des Lohnrechtes wegen der bestehenden Wirtschaftseinheit starke und sogar verfassungsrechtlich abgesicherte Rechtsangleichungstendenzen zu Frankreich festzustellen sind, war in den übrigen als saarländisches Recht gesetzten Normen zunehmend ein Angleichungsprozeß an das bundesdeutsche Arbeitsrecht erkennbar. Beispielhaft seien nur die Betriebsverfassung und der Kündigungsschutz genannt[32].

3. Die Bezüge zum bundesdeutschen Arbeitsrecht

Auf die Struktur der saarländischen Arbeitsgerichtsbarkeit hatte das Inkrafttreten des Arbeitsgerichtsgesetzes vom 3. Sept. 1953 (BGBl. I S. 1267) am 1. Oktober 1953 mit der Errichtung des Bundesarbeitsgerichtes keine direkten Auswirkungen. Während durch das ArbGG 1953 erstmals in der Geschichte der deutschen Arbeitsgerichte auch die Berufungsgerichte und das Revisionsgericht selbständige und in jeder Hinsicht von der ordentlichen Gerichtsbarkeit getrennte Gerichte geworden sind, wurde diese Trennung im Saarland faktisch erst durch die VO über die Errichtung der Gerichte für Arbeitssachen vom 24. November 1960 (Amtsbl. S. 915) und den Erlaß betreffend die Geschäftsstellen vom 27. April 1961 (Amtsbl. S. 245) endgültig vollzogen. Dies, obwohl das ArbGG 53 bereits zum 1. Januar 1957 in Kraft trat.

---

32 Eine rechtsvergleichende Gegenüberstellung wichtiger Arbeitsgesetze findet sich bei ORTLEB, Probleme der Rechtsangleichung von Bundesrepublik und Saarland auf dem Gebiete des Arbeitsrechts, ArbuR 1957, 1.

Indirekten Einfluß auf das saarländische Recht hatte das Inkrafttreten des ArbGG 1953 am 1. Oktober 1953 dadurch, daß am selben Tag das KRG 21 durch das Gesetz der Alliierten Hohen Kommission Nr. A 35 vom 11. August 1953 aufgehoben wurde. Damit waren auch die Vorbehalte nach Maßgabe des KRG 21 in § 7 der Rechtsanordnung vom 1. April 1947 und die sich daraus ergebenden Zweifelsfragen bei der Anwendung des ArbGG 1926 hinfällig. Das arbeitsgerichtliche Verfahren richtete sich nunmehr im Saarland bis zum 31. Dezember 1956 uneingeschränkt nach den Bestimmungen des ArbGG 1926 i.V.m. der Rechtsanordnung vom 1. April 1947[33]. Nicht ohne Einfluß war die im April 1954 aufgenommene Rechtsprechung des Bundesarbeitsgerichts. Auch von den saarländischen Gerichten wurde diese beachtet, denn in wichtigen Bereichen wurden dieselben Gesetze wie in der Bundesrepublik angewendet. Im Saarland konnten die Gerichte für Arbeitssachen somit gewissermaßen von der Autorität zweier Revisionsgerichte profitieren[34]. Ortleb[35] kommt in bezug auf das Verhältnis von bundesdeutschen Gerichten für Arbeitssachen zu den saarländischen Gerichten zu einem ähnlichen Ergebnis. Unzutreffend ist jedoch seine Feststellung, die saarländischen Gerichte hätten sich zwar das Bundesarbeitsgericht und die Landesarbeitsgerichte zum Vorbild genommen, sie in ihren Entscheidungen jedoch nicht unmittelbar angeführt. Die Durchsicht von Entscheidungen aller Instanzen zeigt aber, wie in Beispielen nachgewiesen, daß die bundesdeutsche Rechtsprechung auch zitiert wurde.
Die Legitimität dieser Sichtweise der Gerichte fand ihre Bestätigung in der Rechtsprechung des Bundesverfassungsgerichtes. Nach dem sogenannten Saarurteil vom 4.5.1955[36] war das Saarland trotz der faktischen Trennung vom übrigen Deutschland und trotz des deutsch-französischen Saarabkommens vom 23.10.1954 ein Teil des Deutschen Reiches. In einer weiteren Entscheidung stellt das Bundesverfassungsgericht fest, daß die saarländischen Gerichte deutsche Gerichte sind[37].

Die AP und die wesentlichen Fachzeitschriften (NJW, BB, DB, AuR, RdA und ARSt) gehörten damals schon zur Literaturausstattung der Arbeitsgerichte. Die Verbindung zu der Entwicklung des Arbeitsrechts in der Bundesrepublik war dadurch gewährleistet. Auch vor der Errichtung des Bun-

33 MARZEN, RdA 1957, 22.
34 Wie etwa die Zitate in dem Urteil des Revisionssenates beim OLG v. 16.10.1957, Az.: RAG 1/55, (Justizbl. d. Saarl. 1958, S. 53) zeigen, richtete sich dieser seinerseits nach der Rechtsprechung des BAG.
35 aaO., ArbuR 1957, 9, 10.
36 NJW 1955, 865.
37 BVerfG-Urteil v. 6.10.1955 - 1 BvR 85/55, BB 1955, 909.

desarbeitsgerichts gab es frühzeitig Bestrebungen zur größtmöglichen Vereinheitlichung der Arbeitsrechtsprechung in Deutschland. Schon zu dieser Zeit hielt die saarländische Arbeitsgerichtsbarkeit Kontakt zu den übrigen Zonen und ließ sich nicht abkoppeln. Als einen gewissen Ersatz für das noch fehlende Bundesarbeitsgericht begriff sich die Konferenz der Präsidenten und Vorsitzenden der Landesarbeitsgerichte, die seit 1947 in halb- oder ganzjährigen Abständen unter Teilnahme von Wissenschaftlern und Praktikern Tagungen zur Vereinheitlichung der Rechtsprechung veranstaltete[38]. Zu demselben Zweck wurde auch die Zeitschrift „Arbeitsrecht in Stichworten" im September 1947 wiedergegründet. In Band I Heft 1 heißt es im Geleitwort, es gebe auch über die einzelnen Zonen hinaus eine deutsche Rechtseinheit. In diese Rechtseinheit war auch das Saarland einbezogen, denn als Mitarbeiter des Herausgebers erscheint im Impressum der ersten ARSt-Nummer Landgerichtsdirektor Dr. Barth, der erste Vorsitzende des Landesarbeitsgerichts in Saarbrücken. Dies ist ein Nachweis dafür, daß die saarländische Arbeitsgerichtsbarkeit der ersten Stunde die Rechtseinheit im Auge hatte. Gerade in der ARSt, die gegenwärtig an Bedeutung verloren hat, fallen häufige Publikationen von Entscheidungen saarländischer Arbeitsgerichte auf. Namentlich das LAG Saarbrücken unter Landgerichtsdirektor Dr. Barth und das Arbeitsgericht Neunkirchen unter dem Oberamtsrichter Philipp Marzen, dem späteren LAG- und OVG-Präsidenten, traten mit zahlreichen Veröffentlichungen während der gesamten Saarzeit hervor.

Das spezielle Publikationsorgan aller Gerichtszweige im Saarland war die „Saarländische Rechts-Zeitschrift", die ab August 1957 als „Justizblatt des Saarlandes" weitergeführt wurde und Ende 1967 ihr Erscheinen einstellte[39]. Hier erschienen regelmäßig wichtige Entscheidungen aus allen arbeitsgerichtlichen Instanzen und literarische Beiträge von Richtern aus der Arbeitsgerichtsbarkeit.

Dank dieser Fachzeitschrift läßt sich vom Wirken der Arbeitsgerichtsbarkeit von 1947 bis 1967 ein gewisser Eindruck gewinnen. Eine ausgesprochen saarländische Arbeitsrechtsliteratur gab es darüber hinaus nicht.

---

38 Vgl. z.B. den Bericht über die Präsidentenkonferenz v. 3.-5.5.1951 in: ARSt Bd. VI, 121, in dem ausdrücklich auf diese Ersatzfunktion hingewiesen wird; ebenso SÖLLNER, Festschrift zum 100jährigen Bestehen des Arbeitsgerichtsverbandes, S. 11.

39 An die Stelle des Justizblattes trat das Gemeinsame Ministerialblatt Saarland, in dem fast ausschließlich amtliche Texte veröffentlicht werden.

III. Die Eingliederung in das bundesdeutsche Rechtssystem ab 1957

1. Die Übergangszeit

Ebenso wie in allen anderen Lebensbereichen kam es mit der Eingliederung des Saarlandes in die Bundesrepublik Deutschland am 1. Januar 1957 auch in der Arbeitsgerichtsbarkeit zu großen Wandlungen[40].
Eine schlagartige Übernahme des bundesrepublikanischen Arbeitsrechts fand allerdings nicht statt. Zum einen wurde das Saarland am 1. Januar 1957 zwar politisch als 11. Bundesland eingegliedert, es sollte aber für eine Übergangszeit bis längstens zum 31. Dezember 1959 im Bereich der französischen Währungs- und Zollunion verbleiben (Art. 1 und 3 des Saarvertrages vom 27. Oktober 1956)[41]. Zum anderen hatte sich das Arbeitsrecht des Saarlandes im Verlauf der Jahre von 1947 bis 1956 auf verschiedenen Gebieten so unterschiedlich gegenüber der Bundesrepublik entwickelt, daß sich eine abrupte Umstellung eher nachteilig ausgewirkt hätte. Insbesondere waren in der Übergangszeit Fragen des sozialen Besitzstandes zu regeln. Die Übergangszeit sollte auch dazu genutzt werden, den Sozialpartnern Gelegenheit zu geben, diejenigen Fragen unter sich zu klären, die nach dem Prinzip der Tarifautonomie in ihre Zuständigkeit fielen, denn auch davon hing der gesetzliche Regelungsbedarf ab.
Um das Saarland auf arbeitsrechtlichem Gebiet gleitend in das Recht der Bundesrepublik zu führen, einigten sich das Bundesministerium für Arbeit und das Ministerium für Arbeit und Wohlfahrt des Saarlandes am 3. Dezember 1956 auf eine Grundsatzerklärung, die vom Bundeskabinett am 12. Dezember 1956 gebilligt wurde[42].
Gleichwohl ist das Arbeitsgerichtsgesetz 1953 in seiner neuesten Fassung durch das Gesetz Nr. 563 vom 12. Dezember 1956 (Amtsbl. S. 1713) am 1. Januar 1957 im Saarland eingeführt worden. Damit war das ArbGG 1926 endgültig in allen Teilen Deutschlands außer Kraft getreten.
Gleichzeitig wurde die RechtsanO vom 1. April 1947 außer Kraft gesetzt. An die Stelle des Senates für Arbeitssachen beim OLG Saarbrücken als Revisionsinstanz trat das Bundesarbeitsgericht. Der Senat blieb jedoch nach dem damals noch geltenden § 118 Abs. 4 ArbGG 1953 für die bereits bei ihm anhängigen Revisionssachen zuständig. Soweit ersichtlich, erging das

40 Ausführlich hierzu DRATWA, aaO.; allgemein zur Rechtsangleichung: BAIER, aaO.
41 Der „Tag X“ der wirtschaftlichen Eingliederung und Währungsumstellung war schließlich der 6.7.1959.
42 Im Wortlaut abgedruckt bei DRATWA, RdA 1957, 1.

letzte Revisionsurteil unter dem Vorsitz des OLG-Präsidenten Dr. Lawall am 16. Oktober 1957 (Az.: RAG 1/55). Es betraf die Grundsatzfrage, ob das beklagte Amt Wiebelskirchen gemäß einem Erlaß des Gauleiters von 1941 an die Zusage gebunden war, auch die Arbeitnehmeranteile eines Verwaltungsangestellten zur Zusatzversorgungskasse zu tragen[43].
Weitere bedeutende bundesdeutsche Justiz- und Arbeitsgesetze, die in der Zeit vom 1. Januar bis 30. Juni 1957 im Saarland eingeführt wurden, waren

- GVG, ZPO, StPO[44],
- Betriebsverfassungsgesetz[45],
- Mitbestimmungsgesetz[46],
- Tarifvertragsgesetz[47].

Neuerungen traten auch in dem noch stark von Frankreich beeinflußten Lohnrecht, im Geltungsbereich der Tarifverträge und im Feiertagsrecht ein[48].
Das bundesdeutsche Kündigungsschutzgesetz i.d.F. vom 23. Dezember 1956 galt ab 1. Januar 1959 im Saarland mit der Maßgabe, daß an die Stelle des 20. das 18. Lebensjahr trat[49].
In der Übergangszeit ergab sich allerdings durch die teils gleitende, teils stufenweise Einführung des neuen Rechts eine große Rechtsunsicherheit. Der BAG-Vizepräsident a.D. Dirk Neumann berichtet[50], Philipp Marzen, später Präsident des LAG Saarbrücken, habe am 8. März 1958 eindringlich über die von den Franzosen geschaffene Lage berichtet und eine Angleichung vor allem im Mutterschutz und Schwerbehindertenrecht angemahnt[51].

2. Das Ende der Übergangszeit

Die endgültige Eingliederung des Saarlandes in den Rechtsbereich der Bundesrepublik wurde vollzogen mit dem Ablauf der Übergangszeit am 5. Juli

43 Veröffentlicht in Justizbl. d. Saarl. 1958, S. 53.
44 Gesetz Nr. 555 v. 22.12.1956 (Amtsbl. S. 1667).
45 Gesetz Nr. 559 v. 22.12.1956 (Amtsbl. S. 1668).
46 Gesetz Nr. 560 v. 22.12.1956 (Amtsbl. S. 1703).
47 Gesetz Nr. 561 v. 22.12.1956 (Amtsbl. S. 1708).
48 Vollständige Übersicht bei DRATWA, RdA 1957, 344.
49 Art. 27 § 23 des Ges. Nr. 628 zur Einführung des AVAVG v. 18.6.1958 (Amtsbl. S. 1249).
50 „Der Deutsche Arbeitsgerichtsverband seit 1945" in: Festschrift zum 100-jährigen Bestehen des Deutschen Arbeitsgerichtsverbandes, 1994, S. 129 (138).
51 Einzelheiten der Ausführungen finden sich in den Mitteilungen Nr. 17 v. August 1958 des Arbeitsgerichtsverbandes.

1959 („Tag X“) 24.00 Uhr durch das Gesetz zur Einführung von Bundesrecht im Saarland vom 30. Juni 1959 (BGBl. I S. 313, 644, T-Blatt „Saarland“)[52].
Ausgenommen davon waren die in der Negativliste des § 2 dieses Gesetzes enthaltenen Vorschriften. Außerdem waren unter dem in § 1 des Einführungsgesetzes genannten „im gesamten übrigen Bundesgebiet geltenden Recht“ nicht die Tarifverträge zu verstehen.

Die Einführung von Bundesrecht und Außerkraftsetzung von saarländischen Rechtsnormen auf den Gebieten der Arbeitsbedingungen und des Familienlastenausgleiches im Saarland wurden ebenfalls durch ein Gesetz vom 30. Juni 1959 (GEAF) (BGBl. I S. 361) mit Wirkung auf den „Tag X“ geregelt[53]. Nach § 6 GEAF wurde ausdrücklich bestimmt, daß der Bestand von Arbeitsverhältnissen durch die Einführung des neuen Rechts nicht berührt werde. § 4 GEAF enthielt ausführliche Regelungen über die Modalitäten des Fortbestandes von Tarifverträgen im Zusammenhang mit der Währungsumstellung, Kündigungsmöglichkeiten und Vereinbarkeit mit den neuen Rechtsbestimmungen. Nach § 5 GEAF hatte ein Arbeitnehmer Anspruch auf angemessenen Lohn gegen seinen Arbeitgeber, wenn sein Nettolohn durch die Währungsumstellung wesentlich sank. Zu dieser Frage mußte das Bundesarbeitsgericht in einem seiner ersten Urteile zum Saarrecht Stellung nehmen[54]. Es hat entschieden, daß wegen der Kompliziertheit der Gesetzesmaterie ein unbezifferter Antrag auf Festsetzung einer angemessenen Vergütung nach § 5 Abs. 1 GEAF genügt, und daß einem solchen Anspruch eine Vereinbarung zwischen Arbeitgeber und Arbeitnehmer nicht entgegensteht.
Trotz der Einführung des ArbGG 1953 ab 1. Januar 1957 vollzogen sich die Herauslösung der drei Arbeitsgerichte und des LAG aus der ordentlichen Gerichtsbarkeit und deren selbständige Konsolidierung nur schrittweise. Endgültig abgeschlossen war dieser Prozeß erst einige Zeit nach der Übergangsfrist im Jahre 1959. Sowohl personell (Dienstbezeichnung und Dienstaufsicht bezüglich der Richter) als auch räumlich-organisatorisch (Geschäftsstellen, Unterbringung) erschienen die Gerichte für Arbeitssachen äußerlich immer noch als Dezernate der ordentlichen Gerichte.

---

52 Zusammenfassend STROBELT (LAG-Präsident a.D.) in D-Blattei Saarland I; allgemein BAIER, aaO.

53 Ausführlich zu den Auswirkungen dieses Gesetzes: BITZ, Zur Neuregelung der Arbeitsbedingungen und des Familienlastenausgleiches im Saarland, BB 59, 889.

54 Urteil v. 16.8.1962, - 5 AZR 366/61, ArbuR 1962, 381.

Das Bestellungsverfahren für die Kammervorsitzenden wurde bereits durch den Regierungserlaß vom 14. Mai 1957 (Amtsbl. S. 437) über die Errichtung eines Ausschusses gemäß § 18 Abs. 2 ArbGG 1953 aus der Rechtsanordnung vom 1. April 1947 herausgelöst und der neuen Rechtslage angepaßt[55].

Nach der politischen Rückgliederung wurde durch Erlaß des Arbeitsministers vom 2. August 1957[56] zunächst nur für das Arbeitsgericht Saarbrücken und das Landesarbeitsgericht eine gemeinsame Geschäftsstelle eingerichtet. Die entscheidenden weiteren Maßnahmen zur äußerlichen Herauslösung der Gerichte für Arbeitssachen aus der ordentlichen Gerichtsbarkeit wurden ab dem Jahre 1960 ergriffen.

Durch Erlaß des Arbeitsministers vom 14. Januar 1960 (Amtsbl. S. 57) wurde die Dienstaufsicht gemäß §§ 15 Abs. 2 und 34 Abs. 2 ArbGG 1953 auf den Präsidenten des Landesarbeitsgerichts und die aufsichtsführenden Vorsitzenden der Arbeitsgerichte übertragen. Der Vorsitzende der damals einzigen Kammer des Landesarbeitsgerichts trug noch 1958 die Dienstbezeichnung „Oberlandesgerichtsrat" und wurde erst Ende 1958 als „Präsident des Landesarbeitsgerichts" bezeichnet. Ihm wurden erst mit dem Erlaß vom 14. Januar 1960 die Befugnisse übertragen, die bis zur Auflösung des Revisionssenates beim OLG dessen Senatsvorsitzender innehatte (§ 7 der Rechtsanordnung vom 1. April 1947 i.V.m. dem ArbGG 1926).

Die Selbständigkeit der Gerichte für Arbeitssachen wurde zügig vollzogen, nachdem der Minister für Arbeit und Sozialwesen durch die VO vom 20. Juli 1960 (Amtsbl. S. 621) von der Landesregierung ermächtigt wurde, im Bereich der Arbeitsgerichtsbarkeit im Einvernehmen mit dem Justizminister Rechtsverordnungen zu erlassen.

Die erste Rechtsverordnung auf Grund dieser Ermächtigung i.V.m. § 14 ArbGG 1953 beinhaltete die eigentliche Errichtung der Gerichte für Arbeitssachen in dem neuen Bundesland Saarland (VO vom 24. November 1960, Amtsbl. S. 915). In § 1 der VO wurde der Bestand der Arbeitsgerichte Saarbrücken, Neunkirchen und Saarlouis sowie des Landesarbeitsgerichts Saarbrücken bestätigt. In § 2 erfolgte die regionale Einteilung der Arbeitsgerichtsbezirke ebenso wie in der Rechtsanordnung vom 1.4.1947 nach Amtsgerichtsbezirken. Der Bezirk des Landesarbeitsgerichts Saarbrücken wurde das Saarland. Die Einteilung entsprechend den Amtsgerichtsbezirken wurde - jeweils mit geringen Gebietsänderungen - bestätigt durch die Ge-

---

55 Derzeit gültige Fassung des Erlasses über den sog. 18er-Ausschuß v. 4.11.1968 (Amtsbl. S. 835).

56 RA/2- Tgb. Nr. 1185/57 (nicht veröffentlicht).

setze Nr. 840 v. 15. Dezember 1966 (Amtsbl. S. 937) und Nr. 911 vom 8. April 1970 (Amtsbl. S. 341).
Ihren Abschluß fand die Verselbständigung mit der Einrichtung je einer Geschäftsstelle für das Landesarbeitsgericht und ein jedes der Arbeitsgerichte durch den ministeriellen Erlaß vom 27. April 1961 i.V.m. § 7 Abs. 1 ArbGG 1953 (Amtsbl. S. 245).
Die Rechtsanordnung vom 1.4.1947 war nunmehr in allen Teilen abgelöst und die Gerichte für Arbeitssachen verdienten erst jetzt in jeder Hinsicht die Bezeichnung als eigenständiger Gerichtszweig.
Der Sonderweg der saarländischen Arbeitsgerichtsbarkeit war beendet. Sie hatte zweimal innerhalb von zehn Jahren eine Umwälzung der Rechtsordnung zu bewältigen. Auch in längeren Phasen der Rechtsunsicherheit nach dem Beitritt zur Bundesrepublik hat sie die damit verbundenen Probleme vorbildlich und mit uneingeschränkter Anerkennung von Rechtssuchenden, Verbänden und Anwaltschaft ausschließlich aus eigener Kraft gelöst.

Besonderer Betrachtung bedürfen zwei Aspekte in der Entwicklung der saarländischen Arbeitsgerichtsbarkeit: Die Fachkammern und die Ressortierung.

IV. Die Fachkammern

Die Fachkammerfrage beschäftigt die saarländische Arbeitsgerichtsbarkeit bis in die Gegenwart.
Bei den Gerichten für Arbeitssachen in erster Instanz bestehen seit ihrer Errichtung durch das ArbGG 1926 Fachkammern für bestimmte Berufe und Gewerbe sowie Gruppen von Arbeitnehmern. Im Saarland gab es seit 1947 nicht weniger als sechs verschiedene Arten von Fachkammern. Davon ist nur noch die bezirksübergreifende Fachkammer für den öffentlichen Dienst des gesamten Landes beim Arbeitsgericht Saarbrücken übriggeblieben. Über deren Existenzberechtigung ist man zumindest hinsichtlich ihrer bezirksübergreifenden Zuständigkeit geteilter Auffassung.
Die Tradition der Fachkammern geht auf § 17 ArbGG 1926 zurück. In diesem Gesetz war das Fachkammerprinzip wesentlich stärker ausgeprägt als im ArbGG 1953. Während § 17 ArbGG 1926 neben der fakultativen Errichtung von Fachkammern zwingend die Errichtung von getrennten Kammern für Arbeiter und Angestellte sowie Fachkammern für das Handwerk (Handwerksgerichte) vorschrieb, kennt § 17 ArbGG 1953 nur noch die fakultative Bildung von Fachkammern.

Die Historie der Fachkammern im Saarland ist vor dem Hintergrund der bis 31.12.1956 geltenden Bestimmungen des ArbGG 1926 zu betrachten.
Nach Art. X des KRG 21 galten die Vorschriften des ArbGG 1926 in seiner ursprünglichen Fassung fort. Deshalb war auch in der Rechtsanordnung vom 1.4.1947 die zwingende Vorschrift des § 17 ArbGG 1926 über die Fachkammern anzuwenden. Nach § 2 der Rechtsanordnung wurden bei jedem Arbeitsgericht je eine getrennte Kammer für die Streitigkeiten der Arbeiter und Angestellten sowie eine Fachkammer für die Streitigkeiten des Handwerks (Handwerksgerichte) gebildet. Dies waren die obligatorischen Fachkammern. Als bezirksübergreifende Fachkammer wurde beim Arbeitsgericht Saarbrücken darüber hinaus eine Eisenbahnfachkammer errichtet[57].
Bereits durch Rechtsanordnung vom 22.8.1947 (Amtsbl. S. 394), also noch bevor die Arbeitsgerichte am 1. Januar 1948 ihre Tätigkeit aufnahmen, wurde bei den Arbeitsgerichten Saarbrücken und Neunkirchen je eine Bergbaufachkammer eingerichtet. Die Bergbaufachkammer beim Arbeitsgericht Saarbrücken war auch für den Bezirk des Arbeitsgerichts Saarlouis zuständig. Die Bedeutung der Bergbaufachkammern ist vor dem Hintergrund zu sehen, daß es damals im Saarland noch 18 Steinkohlebergwerke gab.
Die Regelung mit fünf verschiedenen Fachkammern für

- Arbeiter,
- Angestellte,
- Handwerk,
- Bergbau und
- Eisenbahn

wurde mit dem ministeriellen Erlaß vom 21. Dezember 1956 (Amtsbl. 1957 S. 2) durch die Errichtung einer Kammer für den öffentlichen Dienst beim Arbeitsgericht Saarbrücken für das ganze Saarland ab 1. Januar 1957 ergänzt. Da die Zuständigkeit der Eisenbahnfachkammer dadurch ausdrücklich nicht berührt wurde, gab es nunmehr sechs Fachkammern, davon drei bezirksübergreifende beim Arbeitsgericht Saarbrücken.
Abgesehen von den Streitigkeiten im Bereich der Eisenbahn waren bis zum 31. Dezember 1956 die Angestelltenfachkammern bei den drei Arbeitsgerichten für die Streitigkeiten aus dem öffentlichen Dienst innerhalb ihrer Bezirke zuständig.

---

57 Mit diesen Fachkammern waren die Arbeitsgerichte bereits durch die VO v. 16.5.1935 (RGBl. I S. 686) ausgestattet. Eine Sonderstellung hatte nach dieser VO die Eisenbahnfachkammer; nach Verlegung der Reichsbahndirektion von Trier nach Saarbrücken war sie zuständig für den gesamten Reichsbahndirektionsbezirk, der sich bis Trier erstreckte.

Diese Fachkammerregelung bestand bis zur VO über die Bildung von Kammern bei den Gerichten für Arbeitssachen vom 24. November 1960 (Amtsbl. S. 915). Die neue Regelung sah ab 1.1.1961 vor:

beim Arbeitsgericht Saarbrücken

- eine allgemeine Kammer,
- eine Angestelltenfachkammer,
- eine Bergbaufachkammer (auch für Saarlouis) und
- eine Fachkammer für den öffentlichen Dienst (Saarland);

beim Arbeitsgericht Neunkirchen

- eine allgemeine Kammer und
- eine Bergbaufachkammer;

beim Arbeitsgericht Saarlouis

- eine allgemeine Kammer.

Mit der VO vom 17. Dezember 1964 (Amtsbl. S. 1135) wurde die Zuständigkeit der Bergbaufachkammer beim Arbeitsgericht Saarbrücken auf das ganze Saarland ausgedehnt. Die Arbeitsgerichte Saarlouis und Neunkirchen hatten keine Fachkammern mehr.
Allerdings hatte diese Regelung nicht lange Bestand, denn die Bergbaufachkammer wurde durch die 3. ÄnderungsVO vom 20. November 1967 (Amtsbl. S. 974) abgeschafft und die insoweit anhängigen Verfahren an die zuständigen Arbeitsgerichte abgegeben. Auch darin zeigte sich der Niedergang des Bergbaues im Saarland nach der ersten großen Bergbaukrise seit Anfang der 60er Jahre.
Es gab fortan nur noch beim Arbeitsgericht Saarbrücken zwei Angestelltenfachkammern und eine Fachkammer für den öffentlichen Dienst. Durch die 4. ÄnderungsVO vom 25. Mai 1970 (Amtsbl. S. 558) wurde beim Arbeitsgericht Saarbrücken die Anzahl der Angestelltenfachkammern auf drei erhöht, nachdem die Gesamtzahl der Vorsitzenden auf vier aufgestockt wurde.
Der vorerst letzte Akt in der Fachkammergeschichte besteht in der Abschaffung der Angestelltenfachkammern beim Arbeitsgericht Saarbrücken durch

die 5. ÄnderungsVO vom 16. Oktober 1972 (Amtsbl. S. 577), die am 1. Januar 1973 in Kraft trat[58].

Die einzige noch bestehende Fachkammer ist die seit 40 Jahren für das ganze Land zuständige Kammer für den öffentlichen Dienst beim Arbeitsgericht Saarbrücken.

Die Zweckmäßigkeit und das Bedürfnis nach einer solchen Fachkammer mit speziellen ehrenamtlichen Richtern (§ 30 ArbGG) wird grundsätzlich von keiner Seite bezweifelt. Bedenken sind allerdings dagegen erhoben worden, daß die Fachkammer in Saarbrücken bezirksübergreifend für das Saarland zuständig ist. Nicht geteilt werden diese Bedenken von den betroffenen Kreisen in Verwaltung und Verbänden, die eine zentrale Zuständigkeit für den öffentlichen Dienst im Interesse der Einheitlichkeit der Rechtsprechung, insbesondere in Eingruppierungsstreitigkeiten nach dem BAT, für notwendig halten; Zweckmäßigkeitsbedenken müßten demgegenüber wegen der überschaubaren Größenordnung des Saarlandes zurücktreten. Die öffentliche Verwaltung und die Verbände sind deshalb Bestrebungen aus der Arbeitsgerichtsbarkeit in den Jahren 1993 und 1994 mit Erfolg entgegengetreten, die Fachkammer als solche abzuschaffen oder sie auch bei den örtlichen Arbeitsgerichten Neunkirchen und Saarlouis zu bilden.

V. Die Ressortierung

Während nach § 15 ArbGG 1926 die Justizverwaltung zuständig war, regelte das KRG 21 die Ressortierung der Arbeitsgerichtsbarkeit in Art. III dahingehend, daß sie „zum Zwecke der Verwaltung den deutschen Provinz- und Landesarbeitsbehörden“ unterstehen sollten. Diese Vorschrift setzte die vorläufige Verwaltungskommission in § 6 der Rechtsanordnung vom 1.4.1947 in der Weise um, daß die Verwaltung der Arbeitsgerichte und des Landesarbeitsgerichts dem Verwaltungskommissionsmitglied für Arbeit und Wohlfahrt unterstellt wurde; der Revisionssenat beim OLG unterstand dem Justizressort. Die Dienstaufsicht über die Richter führte ebenfalls das Justizressort[59].

Nach Inkrafttreten der Verfassung des Saarlandes vom 15. Dezember 1947 unterstanden die Arbeitsgerichte und das Landesarbeitsgericht dem Minister für Arbeit und Wohlfahrt. Soweit Belange der Justiz berührt wurden, war

58 Die 6. und 7. ÄnderungsVO (v. 27.5.1975, Amtsbl. S. 831, und v. 30.5.1986, Amtsbl. S. 528) betreffen nur die Erhöhung der Anzahl der allgemeinen Kammern infolge Aufstockung des Richterpersonals.

59 MARZEN, Saarländische Rechtszeitschrift 1949, S. 94.

das Einverständnis des Justizministers erforderlich. Dem Justizminister wiederum oblag die Verwaltung des Senates für Arbeitssachen beim OLG. Nach Einführung des ArbGG 1953 zum 1. Januar 1957 führte das Ministerium für Arbeit und Sozialwesen die Dienstaufsicht und Verwaltung der Arbeitsgerichte und des Landesarbeitsgerichts im Einvernehmen mit der Landesjustizverwaltung (§§ 15, 34 ArbGG 1953).
Auch das ArbGG 1979 (BGBl. I S. 545) hat trotz der Forderung des Bundesrates keine Änderung in der Ressortfrage gebracht.
Erst das Arbeitsgerichtsgesetz - Änderungsgesetz vom 26. Juni 1990 (BGBl. I S. 1206) brachte einen erheblichen Einschnitt. Die erst- und zweitinstanzlichen Gerichte ressortieren nunmehr bei der „zuständigen obersten Landesbehörde" (§ 15 Abs. 1, § 34 Abs. 1 ArbGG 1990). Dies kann auch die Landesjustizverwaltung sein, wie sich aus dem Wortlaut des § 14 Abs. 4 ArbGG ergibt[60].
Die Ressortfrage blieb dennoch rechts-, verbands- und parteipolitisch äußerst umstritten[61].
Im Saarland erfolgte völlig überraschend am 18. Februar 1991 (Amtsbl. S. 205) eine Bekanntmachung der Geschäftsbereiche der obersten Landesbehörden, welche in Ziffer 4.04 die Dienstaufsicht auf das Ministerium der Justiz übertrug. Nach kurzen, aber sehr vehementen Gegenvorstellungen aus den zuvor nicht gehörten beteiligten Kreisen erfolgte bereits am 26. Februar 1991 (Amtsbl. S. 258) die Wiederherstellung der Zuständigkeit des Ministeriums für Frauen, Arbeit, Gesundheit und Soziales[62].
Gegen die Rückressortierung haben sich keine Gegenstimmen erhoben. Offensichtlich ist die bestehende Zuständigkeit weitaus konsensfähiger als diejenige des Justizministeriums.
Die Umressortierung vom 18.2.1991 war in der Art und Weise des Vollzugs weder rechtlich noch rechtspolitisch haltbar. Sie beruhte auf einer einfachen Bekanntmachung nach § 4 Landesorganisationsgesetz vom 2. Juli 1969 (Amtsbl. S. 445). Das auf der Ermächtigungsgrundlage des Art. 112 Saarl. Verf. beruhende LOG bietet jedoch keine ausreichende Grundlage für die Bestimmung der „zuständigen obersten Landesbehörde" i.S. der §§ 15 Abs.

60 Übersicht über die Ressortierung in den einzelnen Bundesländern bei DÖRNER, GK-ArbGG, § 15 Rn. 2 ff.

61 Zum Meinungsstand (m.w.N.): GERMELMANN/PRÜTTING, ArbGG, 2. Aufl., § 15 Rn. 32 ff.; GRUNSKY, ArbGG, 7. Aufl., § 15 Rn. 2; DÖRNER, aaO.; MÜLLER, Festschrift zum 100jährigen Bestehen des Deutschen Arbeitsgerichtsverbandes, S. 113; LAG-Präsidentenkonferenz, NZA 1987, 553; Arbeitsgerichtsverband, NZA 87, 443.

62 Auch in Hessen kam es zu einer Umressortierung zum Justizministerium (GVBl. 1990 S. 720) und anschließend zur Wiederherstellung der Zuständigkeit des Arbeitsministeriums (Gesetz v. 2.9.1992, GVBl. S. 373), und zwar bedingt durch zweimaligen Regierungswechsel.

1 Satz 1 und 34 Abs. 1 ArbGG 1990. Dazu hätte es vielmehr wie in den Fällen des Finanzgerichtes des Saarlandes[63] und der saarländischen Verwaltungsgerichtsbarkeit[64] eines Ausführungsgesetzes bedurft. Die Ressortierung der saarländischen Sozialgerichtsbarkeit wiederum ist durch eine Rechtsverordnung[65] geregelt, was auf den Wortlaut des § 9 Abs. 3 Satz 1 SGG zurückgeht, wonach „die Landesregierung oder die von ihr beauftragte Stelle" die allgemeine Dienstaufsicht führt. Da es an einer derartigen gesetzlichen Vorgabe im ArbGG 1990 fehlt, wäre für die Umressortierung wie bei den Finanz- und Verwaltungsgerichten eine Regelung durch ein Ausführungsgesetz erforderlich gewesen[66].

VI. Gegenwart und Ausblick

Mit ihrer Integration in den Aufbau der Gerichte für Arbeitssachen in der Bundesrepublik ist die saarländische Arbeitsgerichtsbarkeit problemlos in deren Arbeitsrecht mit den üblichen regionalen Akzenten[67] hineingewachsen und teilt deren Probleme, vor allem hinsichtlich des stetigen Anwachsens der Eingangszahlen. Dementsprechend hat sich die Zahl der Kammervorsitzenden, die bis Ende der 50er Jahre relativ konstant blieb, seither verdoppelt. Das LAG erhielt 1965 eine zweite Kammer (VO vom 4. Mai 1965, Amtsbl. S. 326). Das Arbeitsgericht Saarbrücken umfaßt seit 1993 fünf, das Arbeitsgericht Neunkirchen seit 1986 drei und das Arbeitsgericht Saarlouis zwei Kammern[68].

Die Arbeitsgerichtsbezirke sind nicht mehr nach Amtsgerichtsbezirken, sondern nach politischen Gebietskörperschaften (Landkreise, Stadtverband Saarbrücken) gegliedert[69]. Sie haben aber mit Ausnahme der Erweiterung

---

63 Gemäß § 3 Ausführungsgesetz zur FGO v. 16.12.1965 (Amtsbl. S. 1078) war der Finanzminister zuständig; die Umressortierung zum Justizminister erfolgte durch das Gesetz Nr. 916 v. 29.4.1970 (Amtsbl. S. 552).

64 Nach dem Ausführungsgesetz zur VwGO v. 5.7.1960 (Amtsbl. S. 558) war der Innenminister zuständig; die Umressortierung zum Justizminister erfolgte ebenfalls durch das Gesetz Nr. 916 v. 29.4.1970 (Amtsbl. S. 552).

65 Nach der VO über die Dienstaufsicht in der Sozialgerichtsbarkeit v. 29.4.1970 (Amtsbl. S. 553) führt der Justizminister die Dienstaufsicht.

66 Entsprechende gesetzliche Regelungen bestehen etwa in Hessen (GVBl. 1990 S. 720 und GVBl. 1992 S. 373) und Rheinland-Pfalz (GVBl. 1992 S. 157).

67 Allen voran der Umbau der Montanindustrie in der noch anhaltenden Krise des Bergbaus und der Stahlindustrie.

68 ArbG Neunkirchen: VO v. 27.5.1975 (Amtsbl. S. 831); VO v. 30.5.1986 (Amtsbl. S. 528); ArbG Saarlouis: VO v. 27.5.1975 (Amtsbl. S. 831). Näheres zu Personen und Zahlen enthält der statistische Teil dieser Festschrift.

69 Gesetz Nr. 1036 v. 22. Okt. 1975 (Amtsbl. S. 456).

des Arbeitsgerichtsbezirkes Neunkirchen um den ehemaligen Kreis St. Ingbert im Jahre 1975 keine wesentliche Änderung erfahren.
Den aufsichtsführenden Direktoren der Arbeitsgerichte sind auf Initiative des seit 1986 amtierenden LAG-Präsidenten Horst Hilpert durch die VO vom 8. August 1988 (Amtsbl. S. 706) weitergehende Befugnisse als in der DienstaufsichtsVO vom 24. November 1960 (Amtsbl. S. 916) übertragen worden.
Es liegt im Wesen des Arbeitsrechts, daß es sich in einem steten Wandel mit den gesellschaftlichen und wirtschaftlichen Verhältnissen befindet. Wegen der Wechselbeziehung zwischen den Rechtsbedingungen und der rechtsprechenden Gewalt gibt es auch keinen Stillstand in der Entwicklung des Gerichtswesens. Dies gilt um so mehr, als im Hinblick auf das Zusammenwachsen von Europa der Blick verstärkt auf das europäische Arbeitsrecht und die Rechtsprechung des EuGH gerichtet werden muß. Konjunkturell bedingte Mengenprobleme und die sich durch die neuen Spargesetze deutlich abzeichnenden Einschnitte in das Arbeitsrecht tun ihr übriges dazu, daß die Ressource Recht bei den Gerichten für Arbeitssachen in steigendem Maß in Anspruch genommen wird, und zwar zunehmend mit streitigem Prozeßende. Umgesetzt sind bereits die Beschränkungen des Kündigungsschutzes und der Entgeltfortzahlung im Krankheitsfall[70]. Wenn zudem die angedachten oder gar schon angekündigten Änderungen im Arbeitsförderungsgesetz hinsichtlich der Anrechnung von Abfindungen auf das Arbeitslosengeld verwirklicht werden sollten, dürfte der Gesetzesauftrag zur gütlichen Erledigung des Rechtsstreites in allen Lagen des Verfahrens zumindest in Kündigungsverfahren bei zunehmender Verknappung von Arbeitsplätzen immer schwerer zu erfüllen sein.
Die Geschichte der saarländischen Arbeitsgerichtsbarkeit bezeugt indes, daß sie für Änderungen und Wechselfälle gewappnet ist, um wie in den vergangenen 50 Jahren ihren Beitrag zum Rechtsfrieden im Arbeitsleben zu leisten.

---

70 Arbeitsrechtliches Beschäftigungsförderungsgesetz v. 25. Sept.1996 (BGBl. I S. 1476).

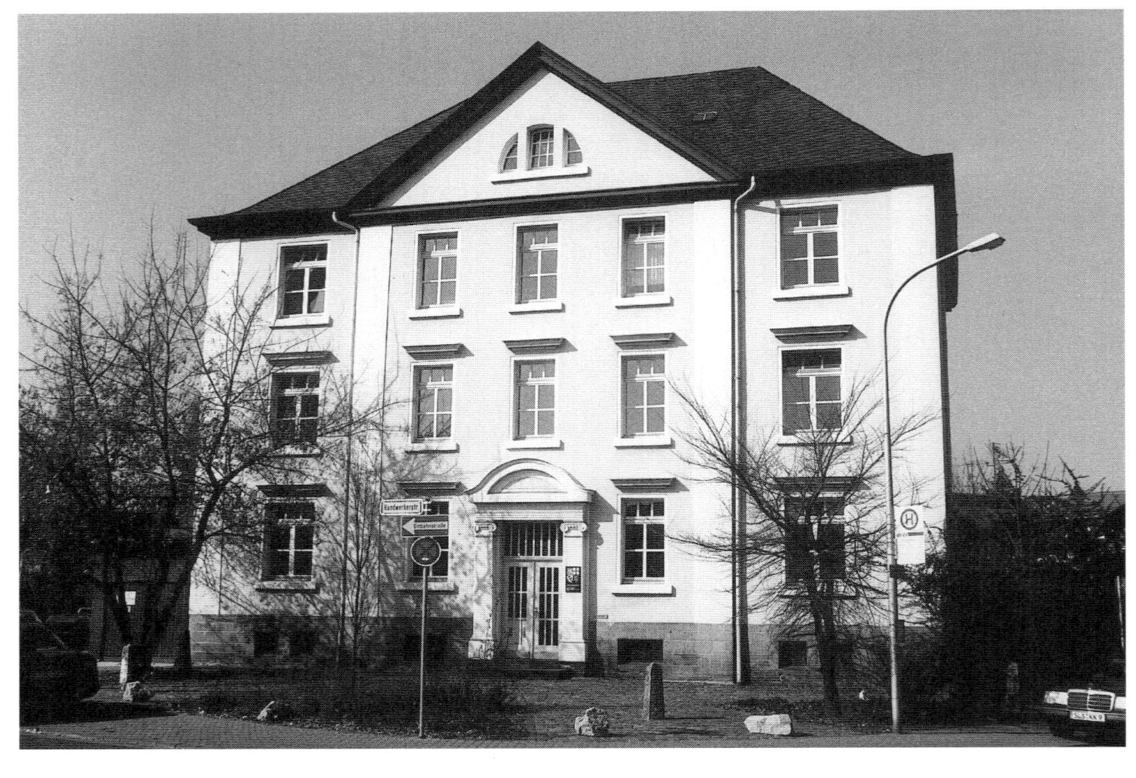

ARBEITSGERICHT SAARLOUIS

Das Arbeitsgericht Saarlouis
- ein Rückblick -

von
HANS GEORG DUTT

Das Arbeitsgericht Saarlouis wurde erstmals Mitte der 30er Jahre aufgrund der Verordnung über die Errichtung von Arbeitsgerichten und eines Landesarbeitsgerichts im Saarland vom 16.5.1935[1] errichtet. Sein Zuständigkeitsbereich erstreckte sich auf die Arbeitsgerichtsbezirke Saarlouis, Merzig und Lebach. Gegen Ende des 2. Weltkrieges kam die Arbeitsrechtspflege zum Stillstand. Ab Mai 1944 fanden bei dem Arbeitsgericht Saarlouis keine Sitzungen mehr statt, wie ein Blick in den Verhandlungskalender verdeutlicht. Die wenigen zunächst anberaumten Verhandlungstermine wurden wieder aufgehoben. Im Jahr 1945 wurde keine einzige Sitzung abgehalten.

Nach Kriegsende erhielten zunächst die Amts- und Landgerichte die Arbeitsrechtsstreitigkeiten zugewiesen. Gemäß § 1 der Rechtsanordnung über die Errichtung von Arbeitsgerichten und das Verfahren in Arbeitsstreitigkeiten vom 1.4.1947[2] wurde je ein Erstinstanzgericht in Saarbrücken, Neunkirchen und Saarlouis errichtet. Die örtliche Zuständigkeit des Arbeitsgerichts Saarlouis erstreckte sich auf die Amtsgerichtsbezirke Saarlouis, Merzig, Lebach, Saarburg, Perl und Wadern. Die Aufgaben der Geschäftsstelle des Arbeitsgerichts erledigte aufgrund § 5 der Rechtsanordnung die Geschäftsstelle des am Ort befindlichen Amtsgerichts, also des Amtsgerichts Saarlouis. Eine Ausführungsbestimmung vom 9.12.1947 zur Rechtsanordnung ermächtigte die Arbeitsgerichte zur Aufnahme ihrer Tätigkeit. Zum Jahreswechsel 1947/48 nahm das Arbeitsgericht Saarlouis die Arbeit wieder auf. Die bei den Amtsgerichten und dem Landgericht anhängigen Verfahren wurden übernommen. Die erste Sitzung fand am 3.3.1948 unter dem Vorsitz von Amtsgerichtsdirektor Dr. Schreder statt. Noch während des ganzen ersten Jahrzehnts seines Bestehens nach dem Krieg war das Arbeitsgericht personell und räumlich dem Amtsgericht angegliedert. Der Amtsgerichtsdirektor (bis 1954 Dr. Schreder, dann Mattar) war bis 1957 zugleich Vorsitzender des Arbeitsgerichts, danach noch stellvertretender Vorsitzender. Bis 1950 nahm der Amtsgerichtsdirektor den

---

1 RGBl. S. 686.
2 Amtsbl. S. 147.

Sitzungsdienst beim Arbeitsgericht allein wahr, danach nur noch im Vertretungsfall. Von 1950 bis 1958 oblag der Sitzungsdienst nahezu ausschließlich dem Amtsgerichtsrat Bäcker, stellvertretender Vorsitzender des Arbeitsgerichts. Die Tätigkeit als Vorsitzender bzw. stellvertretender Vorsitzender des Arbeitsgerichts entsprach einem halben Richterpensum.

Die Sitzungen des Arbeitsgerichts fanden seit 1950 samstags (!) statt, weil Amtsgerichtsrat Bäcker an drei weiteren Wochentagen Sitzungen in seiner Funktion als Amtsrichter abhielt. Außerdem sollte dadurch eine zeitliche Kollision mit den Sitzungen des Landesarbeitsgerichts vermieden werden. Als der Deutsche Gewerkschaftsbund 1957 für seine Angestellten die Fünftagewoche einführte, bat der Sitzungsvertreter der Gewerkschaft darum, einen anderen Wochentag als Sitzungstag zu bestimmen. Amtsgerichtsrat Bäcker - inzwischen Vorsitzender des Arbeitsgerichts - lehnte dies unter Hinweis auf die fortbestehenden Gründe für den Samstag als Sitzungstag ab. Dies geht aus einem Schreiben vom 6.11.1957 an das Ministerium für Arbeit und Wohlfahrt hervor, das offenbar in dieser Angelegenheit eingeschaltet worden war.

Der Samstag hatte als Sitzungstag ausgedient, als im Frühjahr 1958 Assessor Maxem (Arbeitsgerichtsdirektor bis 1977) zunächst zum stellvertretenden Vorsitzenden und im August 1958 zum Vorsitzenden des Arbeitsgerichts bestellt wurde. Der Vorsitzende des Arbeitsgerichts war jetzt ausschließlich für Arbeitssachen zuständig. In diese Zeit fiel die organisatorische Trennung vom Amtsgericht und der Umzug des Arbeitsgerichts in das Anwesen Luxemburger Ring 6 (ehemalige Kaibel-Kaserne). In dem Anwesen war seinerzeit das Arbeitsamt untergebracht, das dem Arbeitsgericht aufgrund einer Vereinbarung vom 21.6.1958 zwei Räume und den Sitzungssaal unentgeltlich zur Verfügung stellte. Ab Januar 1959 hatte sich das Arbeitsgericht anteilig an den Gebäudekosten zu beteiligen. Daß die räumliche Ausstattung alles andere als zufriedenstellend war, wird unter anderem daran erkennbar, daß die Kanzlei in einem Raum hinter dem Sitzungssaal untergebracht war, welcher auch als Beratungszimmer genutzt wurde und nur durch den Sitzungssaal zugänglich war. Eine entscheidende Verbesserung der räumlichen Ausstattung trat erst 14 Jahre später ein, als das Arbeitsgericht im November 1972 das Anwesen Handwerkerstraße 2 (ehemaliges Katasteramt) bezog, in dem es sich bis heute befindet.

Nach einem 6 Jahre andauernden kontinuierlichen Anstieg der Zahl der beim Arbeitsgericht eingereichten Klagen kam es 1974 zur Bildung einer 2. Kammer. Den Vorsitz der 1. Kammer führte fortan der Arbeitsgerichtsdirektor (seit 1977 Loës). Den Vorsitz der 2. Kammer hatten inne die Richter Degel (1974 bis 1977), Fromm (1977 bis 1984) und der Verfasser dieses Beitrages (seit 1984).

Ende der 70er Jahre fand der längste Prozeß in der Geschichte des Arbeitsgerichts Saarlouis seinen Abschluß. Es handelte sich um die im Jahr 1955 erhobene Klage eines Maschinenbauunternehmens gegen einen von Januar 1951 bis Februar 1952 bei ihm angestellten Ingenieur wegen fehlerhafter Konstruktion von Mischbaggern. Durch Zwischenurteil vom 30.11.1957 hatte das Arbeitsgericht den von der Klägerin geltend gemachten Schadensersatzanspruch dem Grunde nach für gerechtfertigt erklärt. Am 1.10.1970 war die Einholung eines Sachverständigengutachtens über die Schadenshöhe beschlossen worden. Durch Endurteil vom 31.3.1977 gab das Arbeitsgericht der Klage schließlich statt. Sein Ende fand der Rechtsstreit jedoch erst im Juni 1978 durch einen vor dem Landesarbeitsgericht abgeschlossenen Vergleich.

Das nachfolgende Schaubild vergleicht die Gesamtzahl der beim Arbeitsgericht Saarlouis eingereichten Klagen mit der Zahl der Kündigungsschutzklagen über nahezu 5 Jahrzehnte hinweg. Dabei fällt zunächst der schwankende, insgesamt aber aufwärts gerichtete Kurvenverlauf ins Auge. Auffallend sind bei der oberen Kurve die Spitzen in den Jahren 1967 und 1993. In beiden Jahren befand sich die wirtschaftliche Rezession auf dem Höhepunkt. Bei der unteren Kurve ist zunächst die geringe Zahl der Kündigungsschutzklagen in dem Zeitraum von 1948 bis 1957 auffallend. Dies mag damit zusammenhängen, daß ein wirksamer Kündigungsschutz im Saarland erst mit Inkrafttreten des Kündigungsschutzgesetzes von 1951 zum 1.1.1959 geschaffen wurde. Auffallend und für den Verfasser unerklärlich ist ferner, daß die Zahl der Kündigungsschutzklagen im Laufe der 60er und 80er Jahre trotz Schwankungen insgesamt kaum zunahm, ganz im Gegensatz zur Gesamtzahl der eingereichten Klagen.

Im Anschluß an das Schaubild werden Urschriften und Leseabschriften der beiden ersten streitigen Urteile des Arbeitsgerichts Saarlouis nach dem 2. Weltkrieg aus der noch vollständig vorhandenen Titelsammlung wiedergegeben.

Anzahl der eingegangenen Klagen beim Arbeitsgericht Saarlouis

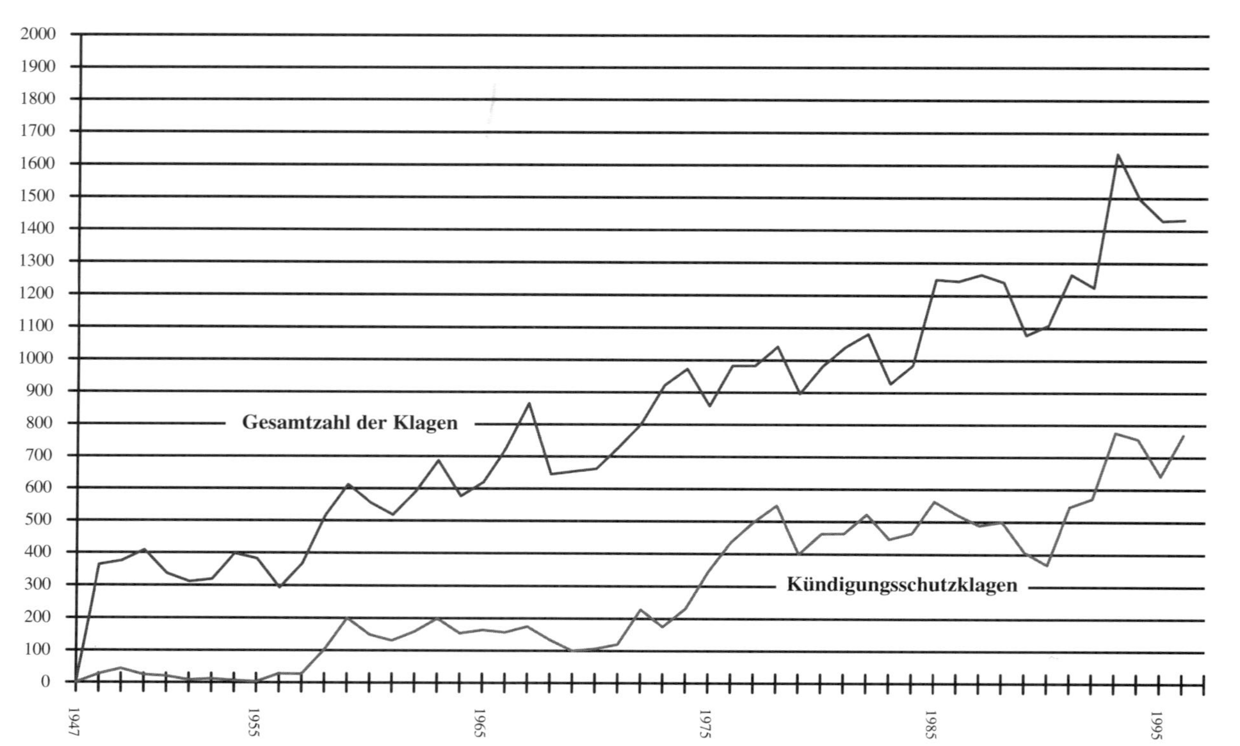

Arbeitsgericht Saarlouis

Es wird gebeten, bei allen Eingaben die nachstehende Geschäftsnummer anzugeben.

Im Namen des Volkes!

Geschäftsnummer:
1 Ca 17/1948

In dem Rechtsstreit des Paul Tiuner, Hüttersdorf/Saar, Leidenweg 9,

Verkündet
am 21. 4. 1948.

[Unterschrift] Angest.
als Urkundsbeamter der Geschäftsstelle.

Kläger

– ~~Prozeßbevollmächtigter~~:

gegen die Gemeinde Hüttersdorf/Saar, vertreten durch ihren Bürgermeister

Beklagte

– ~~Prozeßbevollmächtigter~~:

wegen Widerspruchs gegen die Kündigung

hat das Arbeitsgericht

in Saarlouis

auf die mündliche Verhandlung vom 21. April 1948 19

durch den Amtsgerichtsdirektor Dr. Schneider als Vorsitzenden und die [illegible] als Beisitzer

für Recht erkannt*): Die Klage wird abgewiesen und der Kläger verurteilt, die Kosten des Rechtsstreits zu tragen.

[Unterschrift]

*) Wegen der erforderlichen Rechtsmittelbelehrung vgl. § 9 Abs. 4 AGG.

Tatbestand und Entscheidungsgründe

Der →

Z. P. A.
12 Ausfertigung eines Urteils (§ 317 ZPO., § 46 Abs. 2, § 61, § 9 Abs. 4 AGG.) — Arbeitsgericht.

...-Bartscher Handelsdruckerei GmbH., Saarbrücken 6 233147 – 38844 – 4b – 5000

~~Der Wert des Streitgegenstandes wird auf Fr. festgesetzt.~~

~~Der Betrag der Kosten wird wie folgt festgestellt:~~

~~a) Gerichtskosten . . . . Fr.~~

~~b) dem zu erstattende Kosten Fr.~~

Tatbestand und Entscheidungsgründe

[illegible]

[illegible] 26/4.

Tatbestand und Entscheidungsgründe

Der Kläger war im Januar 1947 von dem Bürgermeister der Gemeinde Hüttersdorf mit 5 anderen Einwohnern als Wächter für das Zeltlager der Besatzungstruppe bei Hüttersdorf ausgewählt worden. Am 31.12.1947 kündigte auf Verlangen des Gemeinderats der Bürgermeister dem Kläger das Dienstverhältnis zum 1.1.48 auf.

Der Kläger beantragte, diese Kündigung für rechtsunwirksam zu erklären und die Beklagte zur Lohnzahlung bis zum Zeitpunkt der rechtswirksamen Auflösung des Arbeitsverhältnisses zu verurteilen. Er ist der Auffassung, daß die Kündigung grundlos erfolgt sei, und behauptet, daß auch die Zustimmung des Arbeitsamts zur Kündigung nicht erteilt worden sei.

Die Beklagte beantragte die Abweisung der Klage.

Sie wendet ein, daß der Bürgermeister nur als Beauftragter des Lagerkommandanten gehandelt hat, als er den Kläger eingestellt und später wieder entlassen habe. Die Gemeinde sei nicht Arbeitgeberin des Klägers gewesen, dessen Bezahlung auch durch das Besatzungsamt erfolgt sei.
Die Verhandlung und die Beweisaufnahme - Vernehmung des Zeugen Stephan Schreder - haben die Einlassung der Beklagten bestätigt.
Demnach ist die Gemeinde Hüttersdorf nicht die Arbeitgeberin oder die Vertragsgegnerin des Klägers gewesen, und der Bürgermeister hatte lediglich als Stellvertreter der Besatzungstruppe gehandelt, als er den Kläger einstellte und entließ. Der Kläger muß daher, wenn er Lohnansprüche zu haben glaubt, diese auf dem vorgeschriebenen Wege bei der Dienststelle geltend machen, die zur Regelung von Lohnforderungen der Arbeiter in Diensten der Besatzungstruppe zuständig ist.

Die Klage war daher abzuweisen mit Kostenfolge nach § 91 ZPO, ohne daß noch geprüft und entschieden zu werden braucht, ob die fristlose Entlassung berechtigt war oder nicht und ob eine Zustimmung des Arbeitsamts zur fristlosen Kündigung in diesem Falle, und allgemein bei Arbeitern der Besatzungstruppe, erforderlich war.

gez. Dr. Schreder

Arbeitsgericht Saarlouis

Es wird gebeten, bei allen Eingaben die nachstehende Geschäftsnummer anzugeben.

Geschäftsnummer:

7 Ca 6/1948

Im Namen des Volkes!

In dem Rechtsstreit des Holzarbeiters Franz Zimmermann, Thailen/Baden, Ostertor 40.

Verkündet

am 21. 4. 1948.

Weinand, J. Angest.

als Urkundsbeamter der Geschäftsstelle.

Kläger

~~Prozeßbevollmächtigter~~

gegen den Holzgroßhändler Peter Wolfscheid, Neunkirchen/Saar, Bahnmarkt.

Beklagter

~~Prozeßbevollmächtigter~~:

wegen Urlaubsforderung

hat das Arbeitsgericht

in Saarlouis

auf die mündliche Verhandlung vom 21. April 1948

durch den Amtsgerichtsdirektor Dr. Schreder als Vorsitzenden und die Arbeitsrichter Kiser und Trautwein als Beisitzer

für Recht erkannt[*]: Die Klage wird abgewiesen und der Kläger verurteilt die Kosten des Rechtsstreits zu tragen.

[illegible signature]

Wegen der erforderlichen Rechtsmittelbelehrung vgl. § 9 Abs. 4 AGG.

Z. P. A.
Nr. 12 Ausfertigung eines Urteils (§ 317 ZPO., § 46 Abs. 2 § 61, § 9 Abs. 4 AGG.) Arbeitsgericht.

Zurück →

[illegible printer's line], Saarbrücken

Der Wert des Streitgegenstandeswird auf Fr. festgesetzt.

Der Betrag der Kosten wird wie folgt festgestellt:

a) Gerichtskosten . . . . Fr.

b) dem zu erstattende Kosten Fr.

Tatbestand und Entscheidungsgründe

Der Kläger stand seit dem 15.10.1946 im Dienste des Beklagten als Hilfsarbeiter. Unter dem 21.1.1948 erhob der Kläger [illegible] mit dem Antrage auf Verurteilung des Beklagten zur Zahlung [illegible] für das Jahr 1947 [illegible]. Am 24.1.1948 [illegible] im [illegible]. Der Kläger [illegible] Klageantrag [illegible] auf Verurteilung des Beklagten zur Zahlung von 768.– [illegible]. [illegible] für 6 Arbeitstagen zu 8 Stunden à 80 Pfennig [illegible].

Der Beklagte beantragte die Abweisung der Klage. [illegible] für das Jahr 1947 [illegible] 138 Tage [illegible]

Der Kläger [illegible] 138 Tage im Jahre 1947 [illegible] an 138 [illegible] tagen infolge Krankheit nicht arbeiten konnte. [illegible] des Beklagten, [illegible] 60 Arbeitstagen im Jahre 1947 [illegible] der Arbeit [illegible], hat er nicht widersprochen.

[illegible] Kläger [illegible] Arbeitstagen [illegible] Art. 47–65 Amtsblatt 1947 S. 70 [illegible] (§ 24 [illegible]) [illegible] § 46 Arb.G.G. [illegible] § 91 Z.P.O. [illegible] Kläger [illegible].

[illegible signature] 26/4.

Tatbestand und Entscheidungsgründe

Der Kläger stand seit dem 15.12.1946 in Diensten des Beklagten als Holzarbeiter. Unter dem 21.1.1948 erhebt er Klage mit dem Antrag auf Verurteilung des Beklagten zur Gewährung der ihm - dem Kläger - für das Jahr 1947 zustehenden Urlaubs. Am 24.1.1948 endigte jedoch bereits das bestehende Arbeitsverhältnis im beiderseitigen Einverständnis.

Der Kläger änderte seinen Klageantrag daher auf Verurteilung des Beklagten zur Zahlung von 768,- Franken. Diese Summe stellt den Bruttolohn für 6 Arbeitstage zu 8 Stunden à 80 Pfennig dar.

Der Beklagte beantragt die Abweisung der Klage.

Er wendet ein, daß dem Kläger kein Urlaubsanspruch für das Jahr 1947 zustehe, weil der Kläger im ganzen Jahre nur 138 Tage gearbeitet habe, vereinbart seien pro Monat 1 Tag Urlaub, der Tag verwirkt sei bei unentschuldigtem Fernbleiben von mehr als 1 Tag.
Der Kläger gibt zu, daß er nur 138 Tage im Jahre 1947 gearbeitet habe, behauptet aber und weist nach, daß er außerdem an 138 Kalendertagen infolge Krankheit nicht arbeiten konnte. Der Behauptung des Beklagten, daß er dennoch an mindestens 60 Arbeitstagen im Jahre 1947 unentschuldigt und pflichtwidrig die Arbeit versäumt habe, hat er nicht widersprochen. Die Verhandlung hat demnach ergeben, daß der Kläger pflichtwidrig der Arbeit ferngeblieben ist an bedeutend mehr Arbeitstagen als ihm Urlaubstage gemäß Vereinbarung oder gemäß Verfügung Nr. 47 - 65 (Amtsbl. S. 704 ff.) zustehen. Sein jetziges Verlangen auf bezahlten Urlaub ist daher als arglistig (§ 242 BGB) abzuweisen, ohne daß noch Beweis erhoben zu werden braucht über die vom Beklagten behauptete Vereinbarung der Verwirkungsklausel für den Fall unentschuldigten Fernbleibens von der Arbeit.

Nach § 46 ArbGG und § 91 CPO waren dem Kläger noch die Kosten des Verfahrens aufzuerlegen.

gez. Dr. Schreder

Der Deutsche Arbeitsgerichtsverband im Saarland

von
DIRK NEUMANN

Die Wiedereingliederung des Saarlandes nach der Volksabstimmung ist heute fast in Vergessenheit geraten und nach der Wiedervereinigung der beiden deutschen Staaten von diesen viel größeren Problemen überschattet. Dabei hatte das Saarland nach der Eingliederung in das französische Wirtschafts- und Währungssystem im Jahre 1947 auch arbeitsrechtlich eine Reihe von Besonderheiten aufzuweisen. Die rechtliche Vereinigung mit der Bundesrepublik warf schon damals manche Probleme auf, die heute überwunden sind. Sieht man von dem zuletzt am 9.7.1993[1] geänderten Zusatzurlaubsgesetz Nr. 186 vom 22.6.1950[2] und der sonst nur in Bremen und Wien bestehenden Arbeitskammer ab, sind inzwischen alle Besonderheiten des saarländischen Rechts an die allgemeine Rechtslage angeglichen. Die Arbeitsgerichtsbarkeit hat von jeher bestanden und funktioniert. Der Arbeitsgerichtsverband hat sich aber sofort nach der Wiedereingliederung besonders um das Saarland bemüht und dort zahlreiche Tagungen abgehalten.

Die 1. Landestagung fand bereits am 7.3.1958 in Saarbrücken statt. Ich entsinne mich, daß die Vorbereitung mit einigen Schwierigkeiten verbunden war, da bei der Anreise im November 1957 noch französische Währung galt, die Zollvorschriften einzuhalten waren, noch die Grenzkontrollen bestanden und auch die Hotellerie in Saarbrücken nur spärlich vertreten war. Man konnte praktisch nur im Industriehotel in der Dudweilerstraße wohnen. Dafür gab es aber auch noch Besonderheiten, die Bundesbürger staunen ließen. Im *Gasthaus Horch* am Markt wurde ein herrliches Pilsner Urquell gezapft, und in der Kantine des Arbeitsministeriums empfahl man uns Remy Martin - den einzigen Cognac, der nicht nach Seife schmeckt, wie es hieß -, und der nur ca. 13,50 DM die Flasche kostete. Man mußte ihn nur durch den Zoll bringen oder vorher (an-)trinken.

Die 1. Landestagung wurde mit einer Sitzung des Verbandsausschusses verbunden, was sich als großer Erfolg erwies. Wie üblich reisten die Ver-

1 Amtsbl. S. 760.
2 Amtsbl. S. 759.

bandsausschußmitglieder schon zur Landestagung an und trugen mit ihrer hochkarätigen Besetzung durch zahlreiche Beiträge zum Gelingen der Veranstaltung bei.
Der ebenfalls übliche Empfang durch die Landesregierung führte dann allerdings dazu, daß die am nächsten Tag angesetzte Verbandsausschußsitzung etwas in Mitleidenschaft gezogen wurde. Ministerpräsident Reinert ließ es sich nicht nehmen, selbst den Empfang mit einem großen Essen französischer Tradition zu gestalten und hatte (doppelbeinamputiert) ein großartiges Sitzfleisch. Bei einem solchen Essen werden Reden gehalten, und damals war es auch noch üblich, zwischen Hauptgang und Nachtisch eine „Damenrede“ vorzuführen. Dazu wurde Prof. Dietz verurteilt, der sich dem Thema *„Nipperdey und die Damen“* widmete. Das war so umwerfend, daß Ministerpräsident Reinert - zum Entsetzen des ebenfalls anwesenden Haushälters - Champagner befahl, der dann in Strömen floß. Die Freude der Rückgliederung, das gemeinsame Erlebnis der gelungenen Tagung, die Verbundenheit von Verbänden, Behörden, Gerichten und Wissenschaft, das alles trug dazu bei, daß man sich erst weit nach Mitternacht zum Hotel aufmachte. Heute kann man es ja sagen: Einen unserer hochangesehenen Rechtsprofessoren mußten wir gemeinsam ins Bett verfrachten, da er vor seiner Zimmertür eingeschlafen war. Unter diesem, den Teilnehmern wohl ewig in Erinnerung bleibenden Abend litt dann etwas die Verbandsausschußsitzung, auf der Wasser der gefragteste Gegenstand war. Trotzdem konnte man noch etwas lernen durch die Vorträge des (damals noch als Oberlandesgerichtsrat fungierenden) Philipp Marzen über die arbeitsrechtlichen Besonderheiten im Saarland und des Verwaltungsdirektors der Arbeitskammer Himber über die Organe und Tätigkeit der Arbeitskammer.

Diese besondere Verbindung zum Saarland führte dann zu einer hervorragenden Vertretung des Saarlandes im Verbandsausschuß des Verbandes. Ministerialdirigent Bernhard Appel wurde bereits auf der nächsten Verbandsversammlung in den Verbandsausschuß als Vertreter der mit dem Arbeitsrecht und der Arbeitsgerichtsbarkeit befaßten Behörden gewählt und gehörte ihm bis zu seinem leider viel zu frühen Tode an.

Auf der nächsten Verbandsversammlung wurde dann auch der inzwischen zum Landesarbeitsgerichtspräsidenten ernannte Philipp Marzen in den Verbandsausschuß gewählt, dem er dann auch noch lange Jahre angehörte, als er schon OVG-Präsident geworden war. Erst 1972 wurde dann an seiner Stelle der Landesarbeitsgerichtspräsident Strobelt in der Verbandsausschuß gewählt, der dann auch nach seiner Pensionierung noch eine Weile dem Ausschuß angehörte.

Allerdings war Philipp Marzen für den Verband auch deshalb zunächst unverzichtbar, weil er zusammen mit Kraegeloh als Kassenprüfer fungierte und jährlich die Finanzen unter die Lupe nehmen mußte, was er mit Hingabe und sehr gesundem Gespür für die eine oder andere Übertreibung auch eifrig betrieben hat. Das kleine Saarland war deshalb stets groß im Arbeitsgerichtsverband vertreten und ist und bleibt ungeheuer angesehen - jetzt allerdings mehr durch die Verbindung zum Sport und dabei natürlich besonders zum Fußballsport - und zu Juris.

So eindrucksvoll die 1. Tagung in Saarbrücken war, andere, nicht minder wesentliche folgten. Die 2. Landestagung am 29.6.1962 fand wiederum in Saarbrücken statt und stand unter dem Eindruck des Vortrages von „Papa" Reuß, dem Staatssekretär und Arbeitsrechtsprofessor aus Wiesbaden. Unvergeßlich ist der Abend - außerhalb Saarbrückens -, an dem Prof. Reuß bis spät in die Nacht aus seinem Leben und den vielen Erfahrungen erzählte, die Runde war fasziniert und konnte gar nicht genug hören. Noch genußreicher dann der Vortrag über die staatsfreie Sphäre im Arbeitsrecht, über das selbstgesetzte Recht der Berufsverbände im autonomen kollektiven Arbeitsrecht. Man sollte das heute mal wieder den Tarifvertragsparteien hinter die Ohren schreiben - aber ein Nipperdey, ein Herschel und ein Reuß fehlen uns heute.

Die 3. Landestagung Saarland fand am 24.6.1966 in Saarbrücken statt. Marzen leitete, Appel überbrachte die Grüße seines Ministers, der neue Präsident und Nachfolger Nipperdeys, Präsident Monjau, grüßte für den Verband, und Clemens Pleyer, damals noch Mainz, später Köln und dem Arbeitsrecht als Bankrechtler leider weitgehend verloren gegangen, behandelte den Arbeitsvertrag bei Betriebsinhaberwechsel - den § 613 a BGB gab es damals noch nicht. Eine Besonderheit bei dieser Tagung war auch der Vortrag eines Sekretärs der im Saarland stets besonders stark vertretenen Christlichen Gewerkschaften im Landeskartell Saar über die Grenzen der Tarifmacht von Dr. Schleh. Ein Thema, das heute noch die Gemüter bewegt.

Am 24.4.1970 fand dann - jetzt unter Leitung des Präsidenten Strobelt - die 4. Landestagung in Saarbrücken statt. Hier befaßte sich Prof. Isele aus Frankfurt mit dem neuen Problem der Zeitarbeit und der Zeitarbeitsvermittlung - ebenfalls ein bis heute fortwirkendes Thema im Arbeitsrecht. Ist es übrigens für das Saarland - nach unseren ersten Erfahrungen im Jahre 1958 - bezeichnend, daß dabei auch über *„Arbeitsrechtliche Probleme bei Trunkenheit des Arbeitnehmers"* gesprochen werden mußte? Bei allem Durst im

Bergbau und der eisenschaffenden Industrie, die es damals ja noch in großem Umfang im Saarland gab, ich halte es bei aller Fröhlichkeit der Saarländer nicht für ein saartypisches Problem. Man erlebte nach der Wiedervereinigung, daß auch in der früheren DDR das Problem Alkohol ein typisches arbeitsrechtliches Thema geworden war.

Schon 1972 kam es dann in der neu gebauten Kongreßhalle zum Großereignis der 11. Verbandsversammlung am 8. und 9. Juni mit immerhin 500 Teilnehmern. Prof. Richardi sprach zum Thema Richterrecht und Tarifautonomie. Dabei kam es auch zum Übergang der Präsidentenschaft von Monjau zum Präsidenten des Bundesarbeitsgerichts Prof. Dr. Gerhard Maria Müller. Damit endete leider die herausragende Rolle des Saarlandes im Leben des Arbeitsgerichtsverbandes. Zwar war noch der Präsident des Landesarbeitsgerichts Strobelt im Verbandsausschuß vertreten, die nächste Landestagung fand aber gar nicht mehr im Saarland, sondern gemeinsam mit der Landestagung Rheinland-Pfalz am 28.4.1977 in Kaiserslautern statt. Die Tagesleitung wurde getrennt, am Vormittag Präsident Philippsen, am Nachmittag Präsident Strobelt. Prof. Wiese aus Mannheim sprach über Initiativrecht des Betriebsrates nach dem Betriebsverfassungsgesetz.

Zum Ausgleich wurde die 6. Landestagung Saarland/Rheinland-Pfalz dann am 3.6.1982 in Saarbrücken abgehalten. Die Tagungsleitung wurde deshalb umgekehrt: Erst Strobelt, dann Philippsen. Hauptthema war jetzt wieder ein bis jetzt fortwirkendes neues Recht: Der Datenschutz und die Mitbestimmung, behandelt von dem Trierer Professor Horst Ehmann. Wichtig war dazu die gleichzeitig am 2.6.1982 abgehaltene Verbandsausschußsitzung mit dem Thema Arbeitsrecht in den Medien, vorgeführt vom Präsidenten des Bundesarbeitsgerichts Prof. Dr. Otto Rudolf Kissel und dem Journalisten Dr. Siegfried Löffler sowie dem jetzigen Journalismus-Professor Dr. Rudolf Gerhard, früher FAZ, damals noch ARD. Öffentlichkeitsarbeit - ein immer wiederkehrendes Thema der gesamten Arbeitsgerichtsbarkeit. Wie viele Mißverständnisse sind hier noch auszuräumen, und nie gelingt es, Arbeitsrecht und arbeitsrechtliche Entscheidungen richtig und verständlich zu vermitteln - noch eine ewige Geschichte.

Die 7. und 8. Landestagungen Rheinland-Pfalz/Saarland fanden dann wieder in Mainz am 7.11.1985 und am 20.4.1989 in Trier statt. In Mainz ging es um Leiharbeitnehmer in der Betriebsverfassung anhand eines Vortrages von Prof. Alfons Kraft, in Trier wurde der Entwicklung des Arbeitsrechts und des Arbeitsschutzes seit dem vor 150 Jahren erlassenen Preußischen Regulativs von 1839 gedacht. Hier hielt Prof. Kaufhold aus Göttingen den

Hauptvortrag dazu. Der dann eintretenden Wiedervereinigung Deutschlands ist es zuzuschreiben, daß seither keine Tagung mehr im Saarland stattgefunden hat. Berlin, Leipzig, Rostock, Erfurt, Potsdam wurden vorgezogen, kein Wunder angesichts des in den neuen Bundesländern bestehenden Nachhol- und Aufbaubedarfs.

Um so erfreulicher ist es, daß am 7. und 8. November 1996 wieder eine Landestagung und eine Verbandsausschußsitzung in Saarbrücken stattfinden werden. Das Saarland ist nicht vergessen. Durch Juris und den Präsidenten des Landesarbeitsgerichts Saarland Hilpert bildet es nach wie vor einen großen Anziehungspunkt - und einen guten Tropfen in Maßen genossen dazu!

September 1996

Die Betriebsordnung im Wandel der Zeit
- ein nicht ganz ernstzunehmender Beitrag -

von
GERTRUD THIERY

„*Mit dem Arbeitsvertrag wird im allgemeinen nur die Arbeitsverpflichtung des Arbeitnehmers festgelegt*[1]." Zugegebenermaßen ist dieser Satz aus dem Zusammenhang gerissen. Für die Zwecke dieses Beitrages kann er aber so stehenbleiben.

Wenn vom Ansatz her die Einzelheiten der zu erbringenden Arbeitsleistung ungeregelt bleiben, so steht dem Arbeitgeber eine Leitungs- oder Weisungsbefugnis bzw. ein Direktionsrecht bei der Ausführung der Arbeit zu. Er kann arbeitsbezogen Weisungen erteilen, durch welche die Art der Arbeit und ihre Methode geregelt wird, mit arbeitsbegleitenden und organisationsgebundenen Weisungen Verhaltensregeln aufstellen, durch die die Ordnung im Betrieb gewährleistet werden soll. Die Befugnisse des Arbeitgebers bei der Ausübung seines sogenannten Direktionsrechtes sind u.a. durch das Arbeitsschutzrecht und das Betriebsverfassungsrecht eingeschränkt. Sie unterliegen aber auch der Billigkeitskontrolle. - All das kennen wir, klingt nach Lehrbuch! - Immerhin haben diese wenigen Zeilen bereits einen nicht zu unterschätzenden Vorteil: sie laden jeden Juristen - je fachkundiger desto intensiver - ein, zu beginnen: mit Subsumtion, mit Auslegungen (anerkannte wie erfundene) nach allen Regeln der Kunst und insbesondere mit der schwärmerischen Suche nach den berühmten besonderen Umständen des Einzelfalles. Ohne den Einzelfall zu kennen, hat jeder selbstbewußte Anwalt schon nach dieser theoretischen Einleitung fünf Antworten auf jede nicht gestellte Frage parat. Dem wollen wir uns jedoch nicht anschließen.

Was ist gewollt?

Wir wollen einen kleinen Ausflug machen, einen Spaziergang in die Vergangenheit der Betriebsordnung. Dabei denken wir weniger an die jüngere - und doch zum Glück schon alte - Vergangenheit, in welcher Gegenstand einer Betriebsordnung war: Die „*Erhöhung der Arbeitsfreudigkeit der Belegschaft*", „*die Schaffung des Geistes wahrer Betriebsgemeinschaft zum gemeinsamen Nutzen von Volk und Staat*", „*die Verbindung von höchster Pflichterfüllung und Einsatzbereitschaft mit Kameradschaft und Treue*" und

1 SCHAUB, Arbeitsrechtshandbuch, 6. Aufl., § 3 VI, 1.

„das große Aufbauwerk ...[2]". - Das weitere läßt sich erahnen und hat - erfreulich genug - keine Bedeutung mehr.

Wohin aber führt uns mein Spaziergang?
Wir laden Sie ein zu einer (steuerlich abzugsfähigen!) Reise in das Jahr 1870. Damals stellte sich das Arbeitsleben so dar:

„Arbeitsordnung für Angestellte

Täglich vor Arbeitsbeginn ist das Bureau gründlich auszufegen, der Ofen auszuräumen und der Staub zu beseitigen.

Alle Angestellten sind dafür verantwortlich, daß der Arbeitsraum gleichmäßig beheizt wird. Für das Heizmaterial sind die Herren Commis verantwortlich. Jeder Angestellte hat einen gleichmäßigen Anteil Kohlen beizusteuern.

Privatunterhaltungen während der Dienstzeit sind prinzipiell unerwünscht.

Die regelmäßige Arbeitszeit beträgt 12 Stunden. Es wird erwartet, daß jedermann ohne Aufforderung Überstunden macht, wenn es die Arbeit erfordert.

Angestellte, die sich politisch betätigen, werden fristlos entlassen.

Es wird erwartet, daß sich der Angestellte nicht übermäßigem Alkohol- und Tabakgenuß hingibt.

Ladys und anderen hochgestellten Personen ist anständig zu begegnen.

Jeder Angestellte hat die Pflicht, für die Erhaltung seiner Gesundheit Sorge zu tragen. Kranke Angestellte erhalten keinen Lohn. Deshalb sollte jeder verantwortungsbewußte Commis von seinem Lohn eine gewisse Summe zurücklegen.

Ein Angestellter darf sich nicht irren. Wer es dennoch tut, wird entlassen.

Wer dem Chef widerspricht, zeigt damit, daß er vor seinem Prinzipal keinen Respekt empfindet. Daraus ergeben sich Konsequenzen.

Weibliche Angestellte haben sich eines frommen Lebenswandels zu befleißigen.

Urlaub gibt es nur in dringenden, familiären Fällen. Lohn wird für diese Zeit nicht gezahlt.

Jeder Angestellte hat die Pflicht, den Chef über alles zu informieren, was über diesen dienstlich und außerdienstlich gesprochen wird.

Denken Sie immer daran, daß Sie Ihrem Brotgeber Dank schuldig sind. Er ernährt Sie schließlich! Und vergessen Sie nicht, daß viele Menschen froh wären, wenn sie an Ihrer Stelle sein könnten!

Dokument aus dem Jahre 1870 Den Herren Prinzipalen mit geziemender Hochachtung überreicht."

---

2 Zitat aus dem Vorwort der Betriebsordnung einer saarländischen Gesellschaft aus dem Jahre 1938.

Diese Betriebsordnung heute vor einem Arbeitsgericht vertreten zu müssen, dürfte auch für einen fachkundigen Juristen einer Quadratur des Kreises nahekommen.
Aber lassen wir diese „Arbeitsordnung“ doch zunächst einmal in ihrer Zeit: Wir befinden uns am Ende der industriellen Revolution. Die Arbeiterschaft hatte sich gerade eben zu einer eigenen Klasse mit eigenem Klassen- und Selbstbewußtsein herausgebildet. Die Heimarbeit - innerhalb der Arbeiterschaft durchweg von Frauen besetzt - war überproportional angestiegen. Bezahlung und Arbeitsbedingungen waren oft willkürlich. Einzelne Großunternehmer versuchten zwar, das Elend unter ihrer Arbeiterschaft einzugrenzen, indem sie Werkswohnungen, Werksschulen, Altersversorgungen etc. einrichteten. Diese Versuche waren jedoch Ausnahmefälle und blieben meist in den Anfängen stecken, weil sie zum einen nichts an den Wurzeln des Übels - den zu niedrigen Löhnen und den zu langen Arbeitszeiten - änderten und zum anderen weil fortgefahren wurde, die Arbeiter politisch, oft aber auch persönlich zu bevormunden.

Mit Fortschreiten der industriellen Revolution prägten die Großunternehmer das Gesicht der Industrie. Die in ihr tätigen Arbeiter wurden für Unternehmer und Betriebsleitung zu anonymen Massen. Trotz einiger wegweisender Beispiele betrieblicher Sozialpakete war die Entfremdung zwischen den Arbeitgebern und den Arbeitnehmern noch gestiegen.
Vor diesem arbeitspolitischen und -geschichtlichen Hintergrund muß die Arbeitsordnung von 1870 überdacht werden. Bei allem berechtigten Stirnrunzeln über den Inhalt dieser Arbeitsordnung: War da nicht ein Arbeitgeber, der sich Gedanken auch über das menschliche Miteinander mit seinen Arbeitnehmern, dieser „anonymen Masse“, gemacht hat? Der so etwas wie eine soziale Fürsorgepflicht empfunden hat? Der versucht hat, seinen soeben erst zu eigenem Klassenbewußtsein erstarkten Arbeitnehmern ein bißchen - wenn auch aus heutiger Sicht noch bevormundend - Lebenshilfe zu geben?

Im Jahre 1870 hätte es wohl Anlaß gegeben, dem „Chef“ dieses Unternehmens Respekt zu zollen. Auch war er in den Zeitgeist eingebunden, scheint aber seinen Blick vorsichtig nach vorn gerichtet zu haben.

Mehr als 125 Jahre sind seither vergangen. Welch jämmerliches Bild würde aber unser armer (reicher) „Chef“, der Autor dieser Arbeitsordnung, heute vor einem deutschen Arbeitsgericht abgeben?
Er sollte mit dieser Arbeitsordnung besser gar nicht antreten.
Denn: Es beginnt schon mit der Überschrift.

Ein heutiger Arbeitgeber wäre vorsichtig genug, ein solches Machwerk nicht *„Arbeitsordnung“* zu nennen und damit die Arbeit derart provokativ in den Vordergrund zu stellen. Sensibilität im verbalen Umgang ist angesagt. Gegen den Begriff *„Betriebsordnung“* - neutral genug - haben sich ernstzunehmende Stimmen bislang noch nicht erhoben. Bis zur nächsten EuGH-Entscheidung über Rechtsfragen des deutschen Arbeitsrechtes können wir es also dabei belassen.

Noch mehr Vorsicht sollte unser Arbeitgeber jedoch bei den einzelnen Klauseln dieser Arbeitsordnung walten lassen:

1. ***„Täglich vor Arbeitsbeginn ist das Bureau gründlich auszufegen, der Ofen auszuräumen und der Staub zu beseitigen.“***

Diese Klausel zeigt, daß die Humanisierung der Arbeitsplätze 1870 noch nicht weit fortgeschritten war.
Die Arbeitsordnung richtet sich nur an die Angestellten. Diesen gegenüber dürfte die Weisung wohl unzulässig, weil unterwertig, sein. Auch bei großzügiger Auslegung des Weisungsrechtes kann hier nicht mehr von zulässigen Nebenarbeiten die Rede sein. Hierzu gehören zwar auch die Pflege der Arbeitsmittel und die Säuberung des Arbeitsplatzes[3]. Dem Weisungsrecht ist jedoch eine Grenze gesetzt mit dem Begriff „billiges Ermessen“ (§ 315 Abs. 1 BGB), welches sich vor allem an dem betreffenden Berufsbild und der Branchenüblichkeit orientiert.

Ein Angestellter, der fegen muß etc., - nicht denkbar!

Hinzu kommt, daß die Säuberung des Arbeitsplatzes als zulässige Nebenpflicht nur den eigenen Arbeitsplatz des betreffenden Arbeitnehmers erfassen kann. Kollektives Denken ist bei der Verteilung der Arbeitnehmerpflichten einem solchen Gebot nicht zugänglich.
Umgekehrt stellt sich die Frage nach dem öffentlich-rechtlichen Arbeitsschutz. Wir sehen einen Verstoß gegen das Gebot, arbeitsbedingte Gesundheitsbeeinträchtigungen - hier: gesundheitsgefährdender Kontakt mit Ruß und Staub - zu verhindern[4].
Um derartigen Mißständen vorzubeugen, ist der Arbeitgeber nach § 3 ArbeitsstättenVO ja auch verpflichtet, die Arbeitsstätte u.a. nach den allgemein anerkannten hygienischen Regeln einzurichten und zu betreiben.

---

3 Münchener Handbuch für Arbeitsrecht, 1992, § 46 Rn. 27.
4 Münchener Handbuch für Arbeitsrecht, 1992, § 199 Rn. 9.

Diese Verpflichtung ist dem Arbeitgeber ureigen. Er darf sie nicht durch Weisung oder Arbeitsordnung an seine Arbeitnehmer weitergeben (§ 619 BGB).

Also: Der Arbeitgeber soll selbst putzen oder eine Putzfrau einstellen.
Oder: Haben die Arbeitnehmer (nach § 3 ArbeitsstättenVO) einen Anspruch darauf, daß der Arbeitgeber eine Putzfrau beschäftigt?

2. „Alle Angestellten sind dafür verantwortlich, daß der Arbeitsraum gleichmäßig beheizt wird. Für das Heizmaterial sind die Herren Commis verantwortlich. Jeder Angestellte hat einen gleichmäßigen Anteil Kohlen beizusteuern."

Hier liegt ein ganz klarer Verstoß gegen § 6 ArbeitsstättenVO vor: *„In Arbeitsräumen muß während der Arbeitszeit eine unter Berücksichtigung der Arbeitsverfahren und der körperlichen Beanspruchung der Arbeitnehmer gesundheitlich zuträgliche Raumtemperatur vorhanden sein."*
Dies gilt de lege lata zwar nur für Gewerbebetriebe. Die noch ausstehende Umsetzung der EG-Richtlinie 89/654/EWG über die Durchführung von Maßnahmen zur Verbesserung der Sicherheit und des Gesundheitsschutzes der Arbeitnehmer bei der Arbeit vom 12.6.1989[5] wird jedoch sicherlich einen wesentlich erweiterten Anwendungsbereich des Arbeitsschutzrechtes mit sich bringen.
Es versteht sich von selbst, daß der Gesundheitsbegriff nach der ArbeitsstättenVO sehr weit gefaßt ist. Wenn zudem Aufgabe der ArbeitsstättenVO der vorbeugende Gesundheitsschutz ist[6], so bedarf es keiner Erläuterung, daß die Sicherstellung der Beheizung und die daraus entstehenden Kosten ausschließlich der Rechtspflicht des Arbeitgebers anheimfallen.
Bleibt unser Arbeitgeber bei dieser Anordnung, so riskiert er je nach dem Einzelfall und Verschuldensgrad seitens seiner fachkundig beratenen Arbeitnehmer:

- eine privatrechtliche Erfüllungsklage;
- eine Unterlassungsklage auf der Basis eines quasinegatorischen Beseitigungsanspruches analog §§ 12, 862, 1004 BGB;
- die Leistungsverweigerung der Arbeitnehmer gemäß § 273 BGB;
- Schadensersatzanspruch seiner Arbeitnehmer wegen pVV
- und schlimmsten-(besten?)falls die Arbeitnehmerkündigung.

5 Amtsbl. 1989 Nr. L 183/1.
6 Münchener Handbuch Arbeitsrecht, 1992, § 94 Rn. 11.

Also, lieber Arbeitgeber: Ab sofort wird kostenfrei geheizt, sonst heizen Dir Deine Arbeitnehmer ein.

3. *„Privatunterhaltungen während der Dienstzeit sind prinzipiell unerwünscht."*

Hier gibt es eigentlich wenig zu beanstanden. Diese Regelung dürfte auch heute noch ihre Gültigkeit und Berechtigung haben (vor allem im öffentlichen Dienst? Dort müßten vielleicht auch das Radiohören und die Teilnahme an Radio-Telefon-Spielen während der Dienstzeit Erwähnung finden. Aber was fährt nicht alles unter der Flagge der menschengerechten Arbeitsbedingungen!?).
Allerdings stellen wir zufrieden fest: Unser Arbeitgeber hat Privatunterhaltungen nicht verboten, sondern diese nur für prinzipiell unerwünscht erklärt. Dabei war ihm wohl bewußt, daß Privatunterhaltungen durchaus geeignet sein können, das Betriebsklima und die Schaffensfreude der Arbeitnehmer zu verbessern und damit vielleicht auch den betrieblichen Kommunikationsfluß zu fördern!

4. *„Die regelmäßige Arbeitszeit beträgt 12 Stunden. Es wird erwartet, daß jedermann ohne Aufforderung Überstunden macht, wenn es die Arbeit erfordert."*

Wenn der Arbeitgeber die Arbeitszeit festlegt, so erwartet er in dieser Zeit zunächst die Arbeitsbereitschaft seiner Arbeitnehmer. Arbeitsbereitschaft wiederum wird definiert *als „Zeit wacher Achtsamkeit im Zustand der Entspannung*[7]". Was heißt das?

Bei diesem Begriff der Arbeitsbereitschaft muß deutlich zwischen der arbeitsrechtlichen und der lohnrechtlichen Seite unterschieden werden. Zur Arbeitsbereitschaft gehört es, daß der Arbeitnehmer an seiner Arbeitsstelle anwesend ist und sich dort dafür bereit hält, seine Arbeit aufzunehmen, im übrigen jedoch keine Arbeit leistet[8]. Über die Höhe des Vergütungsanspruchs ist damit noch nicht das letzte Wort gesagt, denn: „Auch mindere Arbeitsleistung, die gegenüber der sonstigen Arbeit geringer entlohnt wird, kann Vollarbeit sein, während auf der anderen Seite vollbezahlte Arbeit noch nicht Vollarbeit zu sein braucht, sondern auch Arbeitsbereitschaft enthalten oder sogar insgesamt nur aus Arbeitsbereitschaft bestehen kann".

---

7 BAG, 28.1.1981, AP Nr. 1 zu § 18 MTL II.
8 DOBBERAHN, Das neue Arbeitszeitrechtsgesetz, 1994, S. 18.

Unseren Arbeitgeber hat diese Sprach- und Definitionsakrobatik wohl weniger berührt. Er erwartet Arbeit im Sinne von Arbeitsbereitschaft, -einsatz *und* -leistung (wobei letzteres auch heute nicht mit einem bestimmten Qualitätsanspruch gefordert werden kann). Vor diesem Hindergrund stellt sich unsere Arbeitsordnung als klarer Verstoß gegen das Arbeitszeitrechtsgesetz von 1994 dar:

Die werktägliche Arbeitszeit gemäß § 3 ist eindeutig überschritten. Es fehlt jede Regelung für die Vor- und Nachbereitungszeit (wie z.B. Fegen, Ofen ausräumen, Staub beseitigen: Ordnungsklausel Nr. 1).
Obwohl die Arbeit nicht auf die Werktage beschränkt ist, wollen wir unserem Arbeitgeber nicht unterstellen, daß er die Sonn- und Feiertagsruhe (§ 9 ArbZRG) einfach ignorieren wollte. Ignoriert wird aber, daß die ohnehin unzulässig hoch angesetzte Arbeitszeit innerhalb des Ausgleichszeitraumes des § 3 Satz 2 ArbZRG kompensiert werden müßte.
Nachdem die gesetzlich zulässige Höchstarbeitszeit des § 3 ArbZRG schon mit der regelmäßigen Arbeitszeit überschritten ist, stehen Überstunden (ohne Aufforderung!) nicht mehr zur Diskussion.

Nur nebenbei: Das Schwergewicht der Überstundenproblematik hat sich im Laufe der Jahrzehnte deutlich verlagert. Für die Arbeitnehmer stellt sich weniger die Frage, ob sie Überstunden machen müssen. Der Trend geht ja dahin, daß die Arbeitnehmer das Recht auf Überstunden für sich beanspruchen - ob angeordnet bzw. genehmigt oder nicht - und sich die Überstunden auch bei der Entgeltfortzahlung im Krankheitsfalle zunutze machen.

5. *„Angestellte, die sich politisch betätigen, werden fristlos entlassen.“*

Erstens:
Gründe für eine fristlose Entlassung können nicht vertraglich vereinbart, erst recht nicht durch Arbeitsordnung einseitig festgelegt werden. Sie werden vom Arbeitsgericht auf ihre Stichhaltigkeit geprüft.

Zweitens:
Vorab muß unterschieden werden zwischen der verfassungsfeindlichen und der verfassungskonformen politischen Betätigung.

a) Die verfassungskonforme politische Betätigung ist schon durch Artikel 2 und 5 GG geschützt. Sie scheidet deshalb als Kündigungsgrund aus, solange nicht das Arbeitsverhältnis durch politische Agitationen des Arbeitnehmers konkret beeinträchtigt wird.

b) Eine verfassungsfeindliche politische Betätigung ruft da schon eher den Detaillisten unter den Juristen auf den Plan. Es muß schon eine provozierende oder sonst radikale Betätigung auf politischem Gebiet sein. Eine konkrete Störung des Betriebsfriedens oder Arbeitsablaufes ist gefordert[9], eine abstrakte Gefährdung genügt in der Privatwirtschaft nicht[10].

Mit den Begriffen „konkrete Störung" und „abstrakte Gefährdung" ließe sich ja gegebenenfalls noch etwas anfangen. Wie aber steht es mit der „konkreten Gefährdung"? Stört sie genug oder ist sie als Gefährdung doch noch zu abstrakt? Was auch immer eine konkrete Gefährdung - in Abgrenzung zur konkreten Störung oder abstrakten Gefährdung - sein mag: Sie reicht zur Begründung einer Kündigung wegen politischer Betätigung nicht aus, sagt das BAG[11], wobei es allerdings auf heftigen Widerspruch stößt[12].

Roenheld[13] und Weber[14] haben zutreffend erkannt, daß die Unterscheidung zwischen konkret und abstrakt, Störung und Gefährdung - in welcher Kombination auch immer - zu unklar und praktisch undurchführbar ist. *„Eine kündigungsrechtlich erhebliche Störung des Arbeitsverhältnisses ist deswegen[15] nur anzunehmen, wenn der Arbeitnehmer durch die Art und Weise seiner politischen Tätigkeit oder Meinungsäußerung entweder das Vertrauensverhältnis zu den Mitarbeitern innerhalb des Betriebes oder zum Arbeitgeber oder den Arbeitsablauf tatsächlich[16] gestört hat[17]."*

Aha, ein neuer Begriff: „Die tatsächliche Störung". Und keiner widerspricht. Aber können wir mit diesem Wirrwarr und dieser Scheinlösung wirklich vernünftig und überzeugend arbeiten?

Eines steht aber fest: Unsere Arbeitsordnung wird der Problematik nicht annähernd gerecht. Sie ist schon deshalb für die Arbeitnehmer unverbindlich und kann keine Grundlage für eine Kündigung sein.

---

9 KR, § 626 Rn. 93, m.w.N.
10 KR, aaO.
11 BAG, 17.3.1988, EzA § 626 n.F. Nr. 118.
12 KR, § 626 Rn. 93, m.w.N.
13 SAR 84, 160 f.
14 Anm. AP Nr. 5 zu § 611 BGB Beschäftigungspflicht.
15 Unterstreichung vom Autor.
16 Unterstreichung vom Autor.
17 Zitat aus KR, § 626 Rn. 93, m.w.N.

6. ***„Es wird erwartet, daß sich der Angestellte nicht unmäßigem Alkohol- und Tabakgenuß hingibt.“***

Diese Klausel kann nur bestätigt werden. Es darf auf vorstehend Ziffer 3 verwiesen werden.
Doch am Rand: Wir haben es erlebt, daß ein engagierter Kollege die Volltrunkenheit eines Brauerei-Mitarbeiters am Arbeitsplatz als *„gefahrgeneigte Arbeit“* entschuldigt hat!

7. ***„Ladys und anderen hochgestellten Personen ist anständig zu begegnen.“***

Dies sollte eigentlich eine Selbstverständlichkeit sein. - Allerdings ist die Beschränkung auf „Ladys“ offensichtlich eine Abgrenzung zu sonstigen Personen weiblichen Geschlechts und bedenklich. Wir wollen dies jedoch nicht weiter vertiefen.
Doch wie steht es um die Herren der Schöpfung? Diese sind von dem Gebot nur erfaßt, wenn sie zugleich den (geschlechtsneutral formuliert) hochgestellten Personen zugehören. Nicht alle Herren sind aber hochgestellte Personen.
Die nicht hochgestellten Personen sollten sich schleunigst auf das Benachteiligungsverbot des § 611 a BGB berufen, welches schon dem Gesetzestext nach auch Weisungen des Arbeitgebers erfaßt. Rechtfertigungsgründe für die Ungleichbehandlung sind nicht ersichtlich.
Oder soll die Formulierung dieser Klausel gar implizieren, daß doch alle Herren, anders als die gesondert erwähnten Ladys, den hochgestellten Personen zugehören? Auch in diesem Falle gilt die Drohung mit § 611 a BGB, nunmehr aber aus der Richtung der Ladys und aller anderen Frauen.

Wie auch immer: Diese Klausel bedarf einer Klarstellung. Dem Grundgedanken nach ist sie nicht zu beanstanden.

8. ***„Jeder Angestellte hat die Pflicht, für die Erhaltung seiner Gesundheit Sorge zu tragen. Kranke Angestellte erhalten keinen Lohn. Deshalb sollte jeder verantwortungsbewußte Commis von seinem Lohn eine gewisse Summe zurücklegen.“***

Diese Klausel würden alle Arbeitgeber gerne als Gesetzestext lesen. Doch noch nicht einmal der derzeit diskutierte *„Katalog der Grausamkeiten“* der Bundesregierung geht soweit, die Entgeltfortzahlung im Krankheitsfalle generell zu streichen.

Auch der fürsorgliche Sparappell an die Herren Commis ändert nichts daran, daß der zweite Satz dieser Klausel nicht die Tinte wert ist, mit der er geschrieben wurde. Dies aus gutem Grund. Zulässig muß es aber sein, dem Versuch des Mißbrauches der Entgeltfortzahlung energisch entgegenzutreten.

9. *„Ein Angestellter darf sich nicht irren. Wer es dennoch tut, wird entlassen."*

Hier verbietet die Arbeitsordnung den Irrtum auf seiten der Arbeitnehmer unter Androhung von Konsequenzen.
Solange Menschen am Werk sind, passieren Fehler. Dies gilt auch oder gerade im Arbeitsleben. Deshalb gilt der Grundsatz: Der Arbeitnehmer muß die ihm übertragene Arbeit unter Anspannung der ihm möglichen Fähigkeiten ordnungsgemäß verrichten, d.h. sorgfältig und konzentriert arbeiten[18].
Der Inhalt dieser Verpflichtung ist jedoch - wie könnte es anders sein - unter Juristen strittig. Nach der einen Meinung besteht die geschuldete Leistung in Arbeit, nach einer anderen Meinung wird nur Arbeitsbereitschaft gefordert[19].
Da bei der einfachen Bereitstellung der Arbeitskraft kaum ein Irrtum unterlaufen kann, könnte diese Unterscheidung von Bedeutung sein. Beide Meinungsträger sind sich im Ergebnis aber wieder einig, daß der Arbeitnehmer - die Arbeitgeber dürfen wieder aufatmen - im Bedarfsfalle die vorgesehene Dienstleistung auch tatsächlich erbringen muß[20]. (Wozu dann dieser Meinungsstreit?).

Dem Irrtum und Fehlern sind also wieder Tor und Tür geöffnet.

Geschuldet werden nur die versprochenen Dienste nach dem persönlichen Leistungsvermögen des Arbeitnehmers[21]. Eine Mindestqualität der Leistung kann der Arbeitgeber nicht beanspruchen. Insoweit kann er bei der Einstellung eines Arbeitnehmers nur hoffen und beten.
Grundsätzlich besteht zwar die Möglichkeit, eine Verpflichtung zu einer ganz korrekten Leistungsqualität zu regeln. Das dem menschlichen Wesen immanente Grundrisiko des Irrens und des Fehlers läßt sich jedoch auch auf

---

18 BAG, 14.1.1986, AP Nr. 10 zu § 87 BetrVG 1972 Ordnung des Betriebes (unter B 2 c).
19 Münchener Handbuch Arbeitsrecht, 1992, § 46 Rn. 56, m.w.N.
20 So schon BAG, 21.12.1954, AP Nr. 2 zu § 611 BGB Lohnanspruch.
21 Münchener Handbuch Arbeitsrecht, 1992, § 46 Rn. 56, m.w.N.

diese Weise nicht ausräumen, erst recht nicht auf dem Weg der einseitigen Weisung durch Arbeitsordnung.
Ein Irrtum kann also nicht mit Rechtswirkung verboten werden. Befassen wir uns also mit den angedrohten Konsequenzen: „*Wer es dennoch tut, wird entlassen.*“
So einfach geht es nicht. Erneut mangelt es dieser Arbeitsordnung an dem erforderlichen Detailbewußtsein. Wir unterscheiden zwischen

- Leistungsmängeln aufgrund mangelnder persönlicher Eignung, wobei nochmals zu trennen ist zwischen mangelnder fachlicher Qualifikation und persönlicher Ungeeignetheit;
- Schlechtleistung bei vorhandener persönlicher und fachlicher Qualifikation;
- Minderleistung infolge Krankheit und schließlich
- tendenzbezogenen Leistungsmängeln[22].

Je nachdem, welcher Mißstand zu beklagen ist, muß der Arbeitgeber sich entscheiden, ob er eine personen- oder verhaltensbedingte Kündigung ausspricht oder gar ein Mischtatbestand vorliegt[23]. In jedem Falle aber muß er darlegen und beweisen, worin das Versagen eines Arbeitnehmers im einzelnen besteht, welche Fehl- oder Schlechtleistung ihm zur Last zu legen ist und welche Mängel in der fachlichen oder persönlichen Qualifikation vorliegen[24].
Und damit beginnt die Diskussion: Was ist ein Irrtum? Vielleicht weiß es der Arbeitnehmer tatsächlich besser als sein Chef? Vielleicht hat nur der Arbeitgeber geirrt? Auch das soll es geben.

10 „Wer dem Chef widerspricht, zeigt damit, daß er vor seinem Prinzipal keinen Respekt empfindet. Daraus ergeben sich Konsequenzen.“

Hier wird deutlich, daß im Jahre 1870 das Grundgesetz noch nicht in Kraft war. Es ist die Rede von Artikel 5 I 1 GG. Doch schon Artikel 118 WV sah vor, daß die Ausübung der Meinungsfreiheit durch ein Arbeits- oder Anstellungsverhältnis nicht behindert werden darf.

Die Grenzen der Freiheit zur Meinungsäußerung werden durch Artikel 5 II GG gesetzt, und nicht durch eine Arbeitsordnung.

---

22 KR-ETZEL, § 1 KSchG Rn. 431.
23 KR-ETZEL, § 1 KSchG Rn. 256.
24 BAG, 15.8.1984, EzA § 1 KSchG Nr. 40.

Der Arbeitnehmer muß schon zu einer groben Beleidigung oder Bedrohung übergehen, bevor er mit „*Konsequenzen*" rechnen muß. Auch in einem solchen Fall haben Recht und Gesetz vor die Kündigung noch eine Interessenabwägung gestellt. Zu berücksichtigen sind dabei: betrieblicher oder branchenüblicher Umgangston, Bildungsgrad und psychischer Zustand des Arbeitnehmers und die konkrete Gesprächssituation[25].
Regelmäßig wird jedoch eine vorhergehende Abmahnung erforderlich sein. Hat unser Arbeitgeber dies vielleicht schon im voraus bedacht und mit Satz 2 dieser Klausel eine Globalabmahnung erteilt?

Nein, denn bei der Abmahnung handelt es sich um eine empfangsbedüftige, geschäftsähnliche Willensäußerung des Arbeitgebers, welche dem Arbeitnehmer zugehen und zur Kenntnis gebracht werden muß[26]. Daran mangelt es, weil die Arbeitsordnung ausweislich der Fußleiste nur den Herren Prinzipalen mit geziemender Hochachtung überreicht, nicht aber allgemein bekanntgegeben wurde. Aber auch letzteres würde nicht ausreichen. „*Abgegeben*" im Sinne des § 130 BGB ist eine geschäftsähnliche Willensäußerung nur dann, wenn an der Endgültigkeit dieser Äußerung im konkreten Fall kein Zweifel möglich ist. Eine Vorabmitteilung zu Informationszwecken genügt nicht[27].
In jedem Fall fehlt aber - wie so oft in der Praxis - die ausreichend deutlich zum Ausdruck gebrachte Warnfunktion der Abmahnung.
Somit muß unser Arbeitgeber zunächst einmal Widerspruch ertragen. Vielleicht erfährt er dabei auch etwas Richtiges und/oder Wichtiges!?

11. „Weibliche Angestellte haben sich eines frommen Lebenswandels zu befleißigen."

Wie denn, nur die weiblichen Angestellten?
Und die Herren können tun und lassen was und wie sie wollen?
Mitnichten! Wenn schon, dann gilt dieses Gebot für alle (§ 611 a BGB; vgl. vorstehend Ziffer 7).

Tatsächlich aber gilt das Gebot für keinen, weil es nämlich keine Konsequenzen mit sich zieht. Selbst ein lockerer oder unsittlicher Lebenswandel stellt von Ausnahmen abgesehen grundsätzlich weder einen verhaltensbe-

---

25 KR-Etzel, § 1 KSchG Rn. 446.
26 BAG, 9.8.1984, EzA § 1 KSchG Verhaltensbedingte Kündigung, Nr. 11.
27 Palandt, § 130 Rn. 4.

dingten noch einen personenbedingten Kündigungsgrund dar[28], ist mithin noch nicht einmal für eine Abmahnung geeignet.
Einen „*frommen*" Lebenswandel kann unser Arbeitgeber schon gar nicht gebieten. Die Religionsfreiheit gemäß Artikel 4 GG steht dem entgegen. Dieses Grundrecht schließt auch das Recht ein, nichts zu glauben, keiner Religion anzugehören[29] und damit - gleichgültig, um welche Religion es gehen könnte - schlicht und einfach nicht fromm durchs Leben zu wandeln.

12. „Urlaub gibt es nur in dringenden, familiären Fällen. Lohn wird für diese Zeit nicht gezahlt."

Diese Klausel könnte allenfalls hingenommen werden, wenn hier die Rede wäre von Sonderurlaub oder unbezahltem Urlaub. Ansonsten aber gilt - muß gelten!: Jeder Mensch bedarf in regelmäßigen Abständen der Ruhe und Erholung[30], denn: Ohne zwischenzeitliche Erholungsphasen wäre nicht gewährleistet, daß der Arbeitnehmer seine fortlaufend geschuldete Arbeitsleistung ordnungsgemäß gegenüber dem Arbeitgeber erbringen kann.

Wenn somit der Erholungszweck im Vordergrund steht und diesem Zweck in der Regel auch Genüge getan wird, so ist der Urlaubsanspruch aber keineswegs von einer konkreten Erholungsbedürftigkeit abhängig. Mehr noch: Für den Arbeitnehmer besteht keine Verpflichtung, sich während des Urlaubs zu erholen[31].
Damit versteht sich von selbst, daß der Urlaub auch nicht auf bestimmte Urlaubszwecke, z.B. die dringenden familiären Fälle, beschränkt werden kann.
So gut und richtig der vorstehende Grundsatz auch ist: Der gesetzliche Urlaubsanspruch wird nicht selten zweckentfremdet. Er ist zum Tummelplatz geworden für Streitereien unter Fortzahlung der Vergütung. Gestritten wird über jeden Teilaspekt der Urlaubsgewährung, vor allem gegen oder bei Ende eines Arbeitsverhältnisses. Bisweilen entsteht der Eindruck, als sei der Urlaubsanspruch in einen Zahlungsanspruch eigener Art pervertiert. Es wird keine Gelegenheit ausgelassen, den Urlaub zu Geld zu machen. Urlaub in natura scheint für die Arbeitnehmer bisweilen eine unerwünschte Folge des BUrlG zu sein und dies nicht nur für die Arbeitnehmer selbst, sondern sogar

---

28 KR-Etzel, § 1 Rn. 437, m.w.N.
29 Maunz-Dürig-Herzog, Art. 4 Rn. 54 ff.
30 Hohmeister, BUrlG 1995, S. 21 Rn. 1.
31 Hohmeister, BUrlG 1995, S. 22 Rn. 2.

für deren Erben. Wie sonst könnte man über die Frage diskutieren, ob ein Urlaubsanspruch vererblich ist?

Umgekehrt setzen die Arbeitgeber bisweilen alles daran, die Arbeitnehmer um ihren Urlaubsanspruch zu prellen. Ist dies die Folge oder etwa die Ursache des vorstehend aufgezeigten Arbeitnehmerverhaltens?

13. „Jeder Angestellte hat die Pflicht, den Chef über alles zu informieren, was über diesen dienstlich oder außerdienstlich gesprochen wird.“

Wir haben alle Verständnis dafür, daß die Arbeitgeber neugierig sind, insbesondere wenn es um die Wertschätzung der eigenen Person geht.
In der Zeit, als unsere Arbeitsordnung verfaßt wurde, paßte diese Klausel sicherlich in das Sozialgefüge. Das Arbeitsverhältnis wurde verstanden als personenrechtliches Gemeinschaftsverhältnis mit der Folge, daß der Treuepflicht seitens der Arbeitnehmer in jeder Hinsicht besondere Bedeutung zukam. In Form einer Kritik am BGB-Entwurf 1889 wollte Otto von Gierke das Arbeitsverhältnis als *„eigenartige gegenseitige Verbindlichkeit von sittlichem und sozialem Gehalt“* verstehen. Ausgehend von seiner Genossenschaftslehre hatte er 1885 die Kategorie der *„Gemeinschaften kraft herrschaftlicher Gewalt“* ins Privatrecht eingeführt und gefolgert, daß auch zwischen dem Geschäftsherrn und seinen *„Beamten, Gehülfen und Arbeitern“* eine personenrechtliche Verbundenheit anzuerkennen sei, innerhalb derer sich die gegenseitigen Pflichten *auf „die Pflicht zur Treue“* als Grundpflicht zurückführen ließen[32].
Die so verstandene Treuepflicht des Arbeitnehmers fordert wie selbstverständlich, daß der Arbeitnehmer den Arbeitgeber über alle Vorkommnisse informiert, die seine Person betreffen können.
Mit kleineren oder größeren Varianten - der politischen Entwicklung folgend - hielt sich diese Lehre von der Treuepflicht, von der engen persönlichen Verbindung der Arbeitsvertragsparteien in einem Gemeinschaftsverhältnis bis in die 60er Jahre unseres Jahrhundert. Dann war aber damit Schluß. Das Arbeitsverhältnis wurde fortan als *„normales“* Schuldverhältnis angesehen, wenn auch die Persönlichkeiten der Vertragspartner in einer ganz besonderen Weise einbezogen sind. Es entstand hieraus die Aufteilung in Haupt- und Nebenpflichten, wobei deren Gegenstand selbstverständlich nicht stets klar zu definieren ist (sonst könnten die Juristen ja nicht streiten!). Damit einhergehend hat sich der Begriff der Treuepflicht weitgehend aufgelöst. Es war dies nicht unbedingt ein Abschied von der Treuepflicht,

32 Münchener Handbuch Arbeitsrecht, 1992, § 49 Rn. 6.

sondern nur die Reduzierung ihres Erkenntniswertes auf den eigentlichen Beitrag zur dogmatischen Erfassung sämtlicher flankierender Pflichten, eine allgemein anerkannte Sammelbezeichnung für ein ganzes Bündel arbeitsvertraglicher Nebenpflichten.

Wenn auch heute noch die Treuepflicht des Arbeitnehmers grob vereinfacht darin bestehen soll, daß er sich nach besten Kräften für die Interessen des Arbeitgebers und das Gedeihen des Betriebes einzusetzen und alles zu unterlassen hat, was dem Arbeitgeber oder dem Betrieb abträglich sein könnte: Das Bespitzelungsgebot unserer Arbeitsordnung ist hiervon nicht mehr erfaßt.
Ein neuzeitlicher Arbeitgeber wäre gut beraten, wenn er auf der Einhaltung dieses Gebotes - so es rechtmäßig wäre - nicht besteht. Es läuft auf eine Aufforderung zur Störung des Betriebsfriedens hinaus.

14. „Denken Sie immer daran, daß Sie Ihrem Brotgeber Dank schuldig sind. Er ernährt sie schließlich! Und vergessen Sie nicht, daß viele Menschen froh wären, wenn sie an Ihrer Stelle sein könnten!"

Wie wahr, und wie oft wird dies

- auf seiten der Arbeitnehmer vergessen und
- auf seiten der Arbeitgeber ausgenutzt.

Ethische Aspekte sind nicht justitiabel, und das ist auch gut so. Deshalb handelt es sich hier auch nicht um eine Ordnungsklausel, sondern um eine Art „Ante-ambel" unserer Arbeitsordnung.
Nicht selten muß man erkennen, daß Arbeitsverhältnisse verkommen in Anspruchsverhältnisse. Die Gegenseitigkeit bleibt oft auf der Strecke, nicht nur bezüglich der Leistungen, sondern auch bezüglich der Achtung, Würde und Rücksichtnahme. Nicht nur auf dem Gebiet des Arbeitsrechtes ist zu beobachten, daß jeder nur noch auf seine Rechte, seinen persönlichen Vorteil bedacht ist.
Es wäre nicht schädlich, wenn der eine oder andere Arbeitnehmer sich diese Klausel in Erinnerung rufen würde. Gedanklich müßte dies allerdings ergänzt werden um einen Appell an die Arbeitgeber, der etwa lauten könnte:

„Denken Sie immer daran, daß Sie es im Arbeitsverhältnis mit Menschen zu tun haben, die Anerkennung für sich und ihre Leistung verdienen."

Bei allem Verständnis für das Anspruchsdenken auf seiten der Arbeitnehmer und für das Streben nach Gewinnmaximierung auf seiten der Arbeitgeber dürfte doch eines unstreitig sein:

Eine Vielzahl von Konflikten wäre vermeidbar, und unser gesamtes soziales Netz würde weniger durchhängen, wenn sich beide Seiten etwas mehr auf das Miteinander besinnen würden.

Insbesondere die Arbeitsrechtler auf beiden Seiten können hierzu einen wichtigen Beitrag leisten, ohne daß dabei die Interessen der jeweiligen Partei vernachlässigt werden.

II.

Neue Anforderungen an die arbeitsgerichtliche Vergleichspraxis in einer Wendezeit?

von
MATTHIAS BAUER

Das Arbeitsrecht ist wie kaum ein anderes Rechtsgebiet dem Zeitenwandel mittelbar und unmittelbar unterworfen. Die Arbeitsgerichtsbarkeit hat darauf zu reagieren und tut dies in der ihr eigenen sondergerichtlichen Art, die sie von der sonstigen Zivilgerichtsbarkeit unterscheidet.

Der Verfasser versteht von daher seinen Beitrag als Versuch einer kritischen Zeitschau, was eine Reduktion auf rein juristische Themen verbietet.

Für den Arbeitnehmervertreter geht die Frage dahin, ob der gesellschaftliche Wertewandel und die derzeitige Rechts- und Arbeitsmarktpolitik nicht eine andere Einstellung der Arbeitsgerichtsbarkeit bei vergleichsweiser Erledigung von Bestandsstreitigkeiten fordert.

Die Fragestellung wird nicht unmaßgeblich bestimmt durch die forensische Erfahrung. Der Rechtsschutz des Deutschen Gewerkschaftsbundes verfügt immerhin über ca. 500 Rechtssekretäre in 276 Rechtsstellen. Allein im Arbeitsrecht wurden z.B. 1995 117.702 Verfahren abgeschlossen. Davon 15.847 durch Urteil, aber 49.123 durch Vergleich. 55.443 Verfahren betrafen den Bestandsschutz.

Nebenbei sei erwähnt, daß der gewerkschaftliche Rechtsschutz in diesem Jahr ebenfalls ein Jubiläum feierte. Als Wurzel gewerkschaftlicher Tätigkeit beging er sein 100jähriges Bestehen[1]. Die Gewerkschafter im Saarland können im übrigen auf eine vergleichbare Tradition verweisen. Der 1892 gebaute Rechtsschutzsaal in Bildstock gilt als Geburtsort der Arbeiterbewegung an der Saar und als das älteste Haus einer Gewerkschaftsbewegung in Deutschland[2].

---

1 Vgl. TENFELDE, Die Entstehung des gewerkschaftlichen Rechtsschutzes in Deutschland 1894 bis 1933; KRASNEY, Organisierter Rechtsschutz aus richterlicher Perspektive; ENGELEN-KEFER, Rechtsschutzversicherung oder gewerkschaftliche Interessenvertretung vor Gericht, in: AuR 1995, 289 ff.

2 Vgl. Saarbrücker Zeitung v. 11.9.1996, S. 13.

I. Gesellschaftspolitischer Rahmen

1. Die Arbeitsmarktpolitik

Die Arbeitslosigkeit ist in den letzten Jahren in einem Ausmaß angestiegen, was Parallelen zur Weimarer Republik nahelegt. Registriert sind ca. 5 Millionen Arbeitslose; mit den sogenannten „stillen Reserven“ sind Zahlen um 8 Millionen zu lesen. Jugendarbeitslosigkeit und Langzeitarbeitslosigkeit nehmen erschreckend zu. Im Saarland war 1993 mehr als jeder 4. Haushalt, 28 %, wegen der Hauptursache Arbeitslosigkeit auf die laufende Hilfe zum Lebensunterhalt angewiesen[3].
Die Politik hat keine Konzepte dagegen entwickeln können. Anfang des Jahres 1996 kam es zu einem Kanzlergespräch auf Initiative der IG Metall. Der Versuch einer konzertierten Aktion mit dem Ziel der Halbierung der Arbeitslosigkeit bis zum Jahre 2000 scheiterte kläglich. Statt dessen stritt man sich um die Frage, wer das Scheitern zu vertreten hatte.

Derweil rationalisieren die Unternehmen weiter, bauen Arbeitsplätze ab oder verlagern sie ins Ausland. Neu an dem Phänomen ist, daß der Arbeitsplatzabbau kaum noch auf die konjunkturelle Lage zurückgeführt wird. In früheren Jahren signalisierte ein Arbeitsplatzabbau dem Wertpapierhändler wirtschaftliche Schwierigkeiten des Unternehmens, während dies heute als Zeichen marktangepaßter gesunder Unternehmensführung angesehen wird.
Das sozialpolitisch schlimme Ergebnis ist, daß das einzelne Unternehmen sich im Hinblick auf seine soziale Verantwortung exkulpieren kann, indem es auf die anonymen und von ihm nicht beherrschbaren Marktmechanismen verweist. Es regiert nicht mehr die nationale Regierung, sondern allein der Markt, das Geld, das Kapital. Oder mit einer biblischen Metapher ausgedrückt: der Tanz ums Goldene Kalb hat seinen Höhepunkt erreicht.

Für die Zukunft prognostizieren Ökonomen noch drastischere Auswirkungen auf die abhängig Beschäftigten. Im kommenden Jahrhundert reichten 20 % der arbeitsfähigen Bevölkerung, um die Weltwirtschaft in Schwung zu halten. Nicht mehr die 2/3-Gesellschaft, vor der sich die Europäer seit den 80er Jahren fürchten, beschreibt demnach die künftige Verteilung von Wohlstand und gesellschaftlicher Stellung. Das Weltmodell der Zukunft folgt der Formel 20 : 80[4]. Dieser neuen industriellen Revolution[5] steht die nationale Regierung anscheinend hilflos gegenüber.

---

3 Vgl. Arbeitnehmer 1996, 285 ff.
4 Der Spiegel, Ausgabe v. 23.9.1996, S. 90.

2. Die Rechtspolitik

Die Rechtspolitik folgt dieser herrschenden Logik des Marktes. Mit dem Schlagwort „Standort Deutschland“ wird der Abbau des Sozialstaats eingeläutet. Am 13.9.1996 ist das sogenannte „Sparpaket“ gegen den Widerstand der Arbeitnehmerorganisationen, der Kirchen und Wohlfahrtsverbände verabschiedet worden. Zweck des Gesetzes soll die Förderung von Wachstum und Beschäftigung sein. Bei näherer Betrachtung geht es ausschließlich um Wachstumsförderung und keineswegs um das Schicksal der Millionen Arbeitslosen. Die einzelnen Änderungen isoliert betrachtet, mögen aus der Sicht des jeweils gerade nicht Betroffenen relativ harmlos erscheinen. So ist es auch fatal, wenn die Spargesetze in der breiten Öffentlichkeit nahezu ausschließlich am Beispiel der Verringerung der Lohnfortzahlung diskutiert werden. Als wesentlich einschneidender in die Rechtsposition der Arbeitnehmer sind die Änderungen im Kündigungsschutzgesetz zu betrachten. Nicht nur, daß die Auswahlkriterien eingeschränkt werden, hat der Arbeitgeber auch künftig die Möglichkeit, die Sozialauswahl an dem Spezialistenbedarf und der Altersstruktur des Betriebs zu orientieren, um sich so die vielbesagte „olympiareife Mannschaft“ zu erhalten. Es stellt sich z.B. die Frage, wie das mit dem besonderen Schutz bestimmter Personengruppen, insbesondere der Schwerbehinderten, in Einklang zu bringen ist. Der besondere Arbeitsplatzschutz von Schwerbehinderten und Alleinerziehenden ist vom Bundesverfassungsgericht im „Warteschleifen-Urteil“ vom 24.4.1991 als unverzichtbar bezeichnet worden[6].

Es ist die Summe der Gesetzesänderungen zu Lasten der Arbeitnehmer, die erkennbar macht, auf wessen Kosten der Versuch unternommen wird, die Zeit des Umbruchs möglichst heil zu überstehen in der irrigen ökonomisch antiquierten Annahme, mehr Wachstum bedeute mehr Beschäftigung (siehe oben unter 1.).

Betroffen ist nicht nur das Arbeitsrecht (Kündigungsschutz, Entgeltfortzahlung im Krankheitsfall, Urlaubsrecht, Interessenausgleich und Sozialplan), sondern auch das Sozialrecht, zum Teil mit bereits zuvor verabschiedeten Änderungen im Arbeitsförderungsgesetz und dem Rentenrecht (z.B. Anrechnung von Abfindungen, Verkürzung der Bezugsdauer von Arbeitslosengeld, Wegfall der Zumutbarkeitsgrenze bzw. zeitliche Verkürzung, Abschläge bei vorzeitiger Berentung usw.). Welche Folgen diese weiteren

---

5 Der Spiegel, aaO., S. 80.

6 Vgl. DIETERICH, Präsident des Bundesarbeitsgerichts, in seinen kritischen Anmerkungen zu den Änderungen, AiB 1996, 514.

Löcher im sozialen Netz bewirken, hat der Verfasser anhand einer alltäglichen Berufsbiographie anläßlich eines Pressegesprächs dargestellt[7].

Was die Bundesregierung mit ihrem Sparpaket losgetreten hat, muß sie im nachhinein selbst erschreckt haben. Maßgebliche Arbeitgebervertreter äußerten die Ansicht, daß die Absenkung der Lohnfortzahlung auf ihren Tarifbereich per Gesetz wirke, obwohl die meisten Tarifverträge den vollen Anspruch regeln. Bestimmte Medien und ein paar wenige Arbeitsrechtler gaben sich dazu her, diese Ansicht zu unterstützen. Es bedurfte eines klärenden Wortes des Bundesarbeitsgerichtspräsidenten Dieterich, um die Rechtsverhältnisse in der Öffentlichkeit klarzustellen. Eine erwähnenswerte Zivilcourage zum Zweck der partiellen Rechtsbefriedung und zum Schutz der Arbeitsgerichtsbarkeit vor unnötigen Massenklagen.

Denjenigen, denen die bisherige Darstellung der Verhältnisse allzu dramatisch erscheinen mag, sei gesagt, daß nicht nur die Gewerkschaften die Auffassung vertreten, daß mit der Verabschiedung der Spargesetze am Schwarzen Freitag des September 1996 der Marsch in eine andere Republik angetreten wurde. Anläßlich der Teilnahme am Sozialgipfel des Deutschen Gewerkschaftsbundes haben sich auch die Kirchen und Wohlfahrtsverbände des Landes gegen eine einseitige Sparpolitik zu Lasten der Schwächeren ausgesprochen und ihrer Befürchtung Ausdruck verliehen, daß es zu einer Entsolidarisierung der Gesellschaft kommt und zu einem Verlust der Sozialstaatlichkeit mit verheerenden Folgen. Dazu der Vorsitzende der Kath.-Deutschen Bischofskonferenz Karl Lehmann:

„Arbeitsrechtlicher Schutz und soziale Sicherung sind nicht nur für Zeiten gemacht, in denen sie wegen guter Wirtschafts- und Beschäftigungslage nur von wenigen in Anspruch genommen werden müssen. So steht heute außer Zweifel, daß dem Sozialstaat seine entscheidende Bewährungsprobe erst noch bevorsteht, er bisher aufgrund der wirtschaftlichen Entwicklung kaum existentiellen Belastungsproben ausgesetzt war. Um so notwendiger ist es, nicht den sozialen Frieden durch eine Preisgabe dessen, was ihn substantiell ausmacht, zu gefährden. Solidarität und soziale Gerechtigkeit nicht einseitigen Interessen zu opfern, sich jedoch auch nicht notwendigen Reformen zu widersetzen."

7 Vgl. Arbeitnehmer 1996, 309, „Und plötzlich lebt Trostlos von der Sozialhilfe".

3. Der gesellschaftliche Wertewandel

Daß ein Wertewandel eingetreten ist, bedarf danach eigentlich keiner Begründung mehr. Allenthalben findet sich der Mensch nur noch in der Rolle des Kostenfaktors. Vorbei sind die Zeiten, wo bei arbeitsgerichtlichen Abfindungsvergleichen die Arbeitgeberseite bereit war, soziale Aspekte mit einfließen zu lassen. Die spannendere Frage ist deshalb, ob dieser Wertewandel, und zwar nicht nur im Kleid der Gesetzesänderungen, Einfluß auf die Gerichte haben kann. Es geht wohlgemerkt nicht um den Nachweis, daß und in welcher Weise Gerichtsentscheidungen von der herrschenden Ideologie beeinflußt werden. Das Politisieren über Gerichtsentscheidungen wie im Fall des „Soldaten-Urteils" oder „Kruzifix-Urteils" sei der Politik überlassen. Es geht um die Schärfung des Bewußtseins, daß dies nicht ausgeschlossen ist und besonders nicht in einer Zeit des Umbruchs.

Als ein Teil staatlicher Gewalt ist die Jurisprudenz dem Zeitgeschehen unmittelbar unterworfen. Dies nicht nur in der verfaßten Abhängigkeit von der gesetzgebenden Gewalt. Gesellschaftliche und gesellschaftspolitische Anschauungen haben einen nicht zu verhindernden Einfluß auf die Richterschaft. Die Juristerei ist eben keine exakte Wissenschaft. Über diese Erkenntnis hilft auch nicht der Hinweis auf den Gebrauch juristischer Logik hinweg oder gar die rechtsphilosophische Begründung, die Rechtsanwendung erfolge begriffsjuristisch. Im Arbeitsrecht kann bezweifelt werden, ob die Begriffsjurisprudenz nicht in weiten Teilen von der Interessenjurisprudenz verdrängt wurde. Ob z.B. eine fristlose Kündigung gerade noch gerechtfertigt ist, oder das Interesse des Arbeitnehmers an der Weiterbeschäftigung überwiegt, entscheidet der Arbeitsrichter ohne gesetzliche Vorgaben nach seinem Wertebild. Das Bundesarbeitsgericht zeigt zwar weite Grenzen für diese Interessenabwägung auf und spielt - wie so oft im Arbeitsrecht - die Rolle des Ersatzgesetzgebers, es bleibt jedoch letztlich dem Tatrichter vorbehalten, innerhalb dieser Grenzen zu werten, in denen er den einen oder anderen Sachverhaltsmoment überwiegen läßt. Es kann als Reflex des Gesetzgebers darauf gesehen werden, daß er in den Instanzenzügen dem ehrenamtlichen Element eine streitentscheidende Rolle zugedacht hat und auch in der Berufungsinstanz auf die Einrichtung eines Kollegialgerichts verzichtete. Um so höher ist im arbeitsgerichtlichen Verfahren der Einfluß gesellschaftlicher Auffassungen zu veranschlagen.

Rechtsnormen sind ein Stück normativ verfestigter dauerhaft gemachter Politik und insofern niemals ideologiefrei. Ideologiefreies Recht kann es nicht geben, weil jede Rechtsordnung einer bestimmten Wertordnung zugrunde liegt. Jedes Verfassungssystem hat seine spezifische Systemideologie. Die rechtsanwendenden Juristen setzen diese Wertordnung und Systemideologien in die Praxis des gesellschaftlichen und staatlichen Lebens um[8]. Es wäre daher töricht zu fordern, Rechtssetzung habe im ideologiefreien Raum zu geschehen. Das Gegenteil ist historisch belegt, was Rüthers zum Teil mit erschreckender Eindeutigkeit anläßlich der Systemeinbrüche der Weimarer Zeit, des Nazi-Regimes und des SED-Regimes nachweist[9]. Diese historischen Erkenntnisse verbieten es, ins Extrem zu verfallen und die Problematik zu negieren. Der Erfolg wäre lediglich, daß sie ihr Schattendasein weiterführt und unbewußte und damit unkontrollierbare Ergebnisse zeitigt.

Nach Aristoteles ist der Mensch nicht nur ein rationales, sondern auch ein soziales Wesen. Rüthers fügt hinzu, daß er auch ein ideologisches Wesen ist, indem er auch glaubt und vertraut. Für diesen Teil seines Wesens braucht er eine Richtschnur. Definitiv wird diese durch die Grundrechte und die Kerngehalte der Staatsorganisation der Verfassung gebildet (Menschenwürde, unveräußerliche Menschenrechte, Demokratie, Gewaltenteilung, sozialer Rechts- und Bundesstaat). Zu Recht wird immer wieder betont, daß sich die Grundwerte nicht allein durch den Text der Verfassung gewährleisten lassen. Sie müssen geglaubt, anerkannt und gelebt werden. Rüthers weist zu Recht darauf hin, daß dies keine metaphysische Zielsetzung sein kann, weil staatliche Instanzen und rational-orientierte Wissenschaftsapparate die Sehnsucht des Menschen nach dauerhaftem Glück und letztgültiger Gerechtigkeit nicht erfüllen können. Forderbar ist im besten Falle lediglich der redliche Annäherungsversuch im Rahmen des jeweiligen politischen Systems, seiner Handlungsspielräume, seiner Ideologien und seines Zeitgeistes. Authentischer hat dies der naziverfolgte Anwalt Otto Gritschneder formuliert, wenn er fordert: *„Wer in der Demokratie schläft, wacht in der Diktatur auf“*. Als größtes Glück der Menschen in Mitteleuropa bezeichnet er den seit über 50 Jahren anhaltenden Frieden. Er beklagt jedoch als düstere Aussichten für die Zukunft, das spürbare Schwinden der Moral, das Millionenheer von Arbeitslosen, die Vernachlässigung des Umweltschutzes und die rasch wachsende Zahl von Gewaltverbrechen. Er fürchtet Zustände wie in der kraftlosen Weimarer Parteiendemokratie[10].

---

8 Vgl. RÜTHERS, Rechtsordnung und Wertordnung, zur Ethik und Ideologie im Recht, Konstanz 1986.

9 Vgl. RÜTHERS, Die Wende-Experten, zur Ideologieanfälligkeit geistiger Berufe am Beispiel der Juristen, 2. Aufl. 1995.

10 Vgl. dazu DÜWELL in: ArbuR 1996, 211.

Die Zeiten des Umbruchs, ihre Folgen für die Menschen und die politischen Versuche der Bewältigung werden nicht ohne Einfluß auf das Rechtssystem bleiben. Es gilt das Bewußtsein zu schärfen, den eigenen Standpunkt zu überdenken und die Antwort zu geben, die irgendwann von jedem gefordert ist.

II. Der arbeitsgerichtliche Rahmen

1. Rechtsgrundlagen für den arbeitsgerichtlichen Vergleich

Nach der Legaldefinition des § 779 BGB ist ein Vergleich ein Vertrag, durch den der Streit über die Ungewißheit der Parteien über ein Rechtsverhältnis im Wege gegenseitigen Nachgebens beseitigt wird. Daß es sich dabei um eine privatrechtliche Vereinbarung handelt, ist gerade den Arbeitnehmern als Beteiligte eines Verfahrens oft nicht bewußt. Der Grund hierfür liegt nicht nur in der Unkenntnis der Arbeitnehmer über das Gerichtsverfahren, sondern auch in der Rolle des Arbeitsrichters, die der Gesetzgeber ihm über das Arbeitsgerichtsgesetz gerade in Bestandsstreitigkeiten zugedacht hat. Es gilt der allgemeine Beschleunigungsgrundsatz des § 9 Abs. 1 ArbGG und der besondere Beschleunigungsgrundsatz des § 61a ArbGG in Bestandsstreitigkeiten. Institutionalisiert ist dieser Grundsatz für das Güteverfahren in § 54 ArbGG. Dieses ist zwingende Voraussetzung und hat den Zweck, daß der Vorsitzende des Gerichts das gesamte Streitverhältnis mit den Parteien unter freier Würdigung aller Umstände erörtert. Dazu gehören sowohl die rechtlichen als auch die wirtschaftlichen und sozialen Gesichtspunkte. Zu den rechtlichen gehören z.B. die Schlüssigkeit der Klage, die Möglichkeiten der Verteidigung gegen die Klage, die Unsicherheit über den Ausgang einer denkbaren Beweisaufnahme, der Streit um eine ungeklärte Rechtsfrage, der Hinweis auf die Ungewißheit des Verfahrens usw.

Zu den wirtschaftlichen Gesichtspunkten zählen die Hinweise auf die Dauer des Verfahrens und das Kosten- und Kostenfolgerisiko.

In Bestandsstreitigkeiten sind nicht zuletzt Erwägungen im Hinblick auf die psychischen Belastungen eines nach dem Rechtsstreit fortgesetzten Arbeitsverhältnisses, die Bedeutung einer Kündigung für die sozialen Verhältnisse des Arbeitnehmers, die wirtschaftlichen Belastungen eines nicht intakten Arbeitsverhältnisses und anderes mehr anzustellen[11].

11 Vgl. GK-ArbGG DÖRNER, § 54 Rn. 21.

2. Die gerichtliche Vergleichspraxis in Bestandsstreitigkeiten

Von allen Arbeitsgerichtsverfahren im Saarland betreiben die Rechtsstellen des Deutschen Gewerkschaftsbundes nahezu ein Drittel. Der daraus resultierende große Erfahrungswert berechtigt uns zur Aussage, daß in Bestandsstreitigkeiten es einen seltenen Ausnahmefall darstellt, daß die Kündigung im Laufe des Verfahrens zurückgezogen wird oder das Arbeitsverhältnis aufgrund einer kontradiktorischen Entscheidung fortgesetzt werden muß. Zwei oder drei Fälle im Jahr sind die Regel.

Die Jahresstatistiken des Landesarbeitsgerichts und der Arbeitsgerichte spiegeln diese Erfahrung wider. Zwar ist die Art der Erledigung bei Bestandsstreitigkeiten nicht eigens erfaßt, jedoch beträgt die Urteilsquote bezogen auf alle Verfahren, z.B. für das Jahr 1995, auch nur 6,9 % im Durchschnitt. Abzüglich der Leistungsklagen und der bekannt hohen Urteilsquoten bei Drittschuldnerklagen und Eingruppierungsklagen liegt der Anteil der streitigen Entscheidungen bei Bestandsstreitigkeiten auch danach bei schätzungsweise nur 1 bis 2 %. Dies entspricht auch einer Erhebung des Max-Planck-Instituts aus dem Jahre 1978, was zugleich darauf hinweist, daß die Praxis der Arbeitsgerichte unverändert geblieben ist.

Entgegen dieser Praxis ist das Kündigungsschutzgesetz - jedenfalls bis jetzt - unstrittig auf Bestandsschutz ausgerichtet. Die Klage der Arbeitnehmervertretungen darüber, daß aus dem Kündigungsschutzgesetz ein Abfindungsgesetz in der Praxis gemacht wurde, ist von daher nachvollziehbar. Wären die Verhältnisse noch diejenigen der 70er-Jahre, ließe sich die gerichtliche Praxis noch vertreten. Die Bereitschaft der Arbeitgeber, sich gegebenenfalls auch durch eine höhere Abfindung von einem Arbeitsverhältnis freizukaufen war höher, ebenso wie die Bereitschaft der Arbeitnehmer, das Arbeitsverhältnis zugunsten der Abfindung freizugeben in der Gewißheit, alsbald ein neues Arbeitsverhältnis beginnen zu können. Dementsprechend war der Aktenumfang eines Verfahrens im Verhältnis zu heute zum Teil verschwindend gering und die Verfahren in der Regel mit der Güteverhandlung erledigt. Sie basierten damals wohl eher auf der biblischen Prämisse[12]:

> *„Wenn Du Deinen Diener entläßt und wegschickst, sollst Du ihn nicht mit leeren Händen von Dir gehen lassen..."*

---

12 5. Buch Mose, Kap. 15 Satz 13.

Die Situation hat sich heute grundlegend geändert. Ein Indikator ist zunächst die Heftigkeit, mit der gestritten wird. Obwohl § 47 Abs. 2 ArbGG vorsieht, daß in der Regel keine Aufforderung an den Beklagten ergeht, sich auf die Klage schriftlich zu äußern, ist die Klagereplik vor der Güteverhandlung die Regel. Der Beschleunigungsgrundsatz nach § 61 a Abs. 3 ArbGG impliziert die streitige Verhandlung unmittelbar im Anschluß an die Güteverhandlung. Auch das kommt in der Praxis nur ausnahmsweise vor, z.B. wenn nur Rechtsfragen streitentscheidend sind. Die zu beobachtende Intensität der Verfahren ist bei der Arbeitnehmerschaft sicher auf die Angst vor der Perspektivlosigkeit am Arbeitsmarkt zurückzuführen. Rationalisierungswellen ergreifen ganze Berufsgruppen und lassen Berufsbilder vom Arbeitsmarkt verschwinden. Gab es früher noch Existenznischen, insbesondere für leistungsgeminderte Arbeitnehmer, sind diese heute fast völlig den gnadenlosen Bedingungen des Marktes geopfert. Der Arbeitnehmervertreter, der hier mit sozialen Aspekten argumentiert, ist eher der Lächerlichkeit preisgegeben, als daß er auf Gehör stieße.

Der Arbeitnehmer erfährt das für ihn existentielle Kündigungsschutzverfahren als Abwicklungsinstrumentarium, für ihn ohne wesentlichen Bezug zu seiner sozialen Situation und seinen Lebensverhältnissen. Sehr oft ist die Klage zu vernehmen, das Gericht habe sich mit seinem Anliegen überhaupt nicht befaßt, was nicht nur bedeutet, daß der Betroffene ein falsches Vorverständnis vom Gerichtsverfahren hatte. Insbesondere in Vergleichsverhandlungen wird nach Auffassung des Verfassers die soziale Situation des Arbeitnehmers zu wenig gewichtet. Tragende Gründe für einen Vergleichsvorschlag sind die vermuteten Erfolgsaussichten. Dabei orientiert sich der Maximalvorschlag regelmäßig an der „saarländischen Faustformel"; pro Beschäftigungsjahr ein halbes Bruttomonatsgehalt. Bei kurzer Beschäftigungszeit kann dies nach unten variieren.

Woher diese Faustformel stammt, ist nicht nachvollziehbar. Zwar bietet sich eine Analogie zu §§ 9,10 KSchG an, die den höchst seltenen Fall einer richterlichen Auflösung des Arbeitsverhältnisses behandeln. Dabei sieht § 10 KSchG jeweilige Höchstbeträge vor, aber hauptsächlich gekoppelt an das Lebensalter und erst in zweiter Linie für ältere Arbeitnehmer auch an eine Mindestbeschäftigungszeit. Die Analogie verbiete es dem Vorsitzenden jedenfalls nicht, bei einem z.B. 3jährigen Arbeitsverhältnis eine Abfindung von sechs Monatsgehältern vorzuschlagen.

Diesbezüglich bietet sich ein interessanter Vergleich zum Beamtenrecht an. Nach § 47 BeamtVG erhält ein entlassener Beamter Übergangsgeld, wenn die Beschäftigungszeit nicht als ruhegehaltsfähige Dienstzeit angerechnet wird und er die Entlassung nicht verschuldet hat. Ein Beamter auf Probe, der mangels Eignung nicht übernommen wird, hat Anspruch auf Übergangsgeld nach einjähriger Beschäftigungszeit auf das einfache und bei längerer Beschäftigungszeit für jedes weitere volle Jahr auf die Hälfte, insgesamt höchstens das 6fache der Dienstbezüge. Dies basiert auf dem Fürsorgeanspruch des Beamten, unabhängig von der Prüfung der Erfolgsaussichten einer Klage gegen die Entlassungsverfügung.

Auch die Dauer der Bestandsstreitigkeiten verstärkt nicht die Position des Arbeitnehmers. Mit dem Gesetz zur Beschleunigung und Bereinigung des arbeitsgerichtlichen Verfahrens aus dem Jahre 1979 wurde § 61a ArbGG eingeführt, der eine vorrangige Erledigung von Bestandsstreitigkeiten vorschreibt. Die Güteverhandlung soll innerhalb von zwei Wochen nach Klageerhebung stattfinden. Ist diese erfolglos, oder wird das Verfahren nicht in einer sich unmittelbar anschließenden weiteren Verhandlung abgeschlossen, hat der Vorsitzende die Möglichkeit, durch prozeßleitende Verfügungen den Gang des Verfahrens zu beschleunigen. Seinerzeit wurde die Novellierung damit begründet, daß wegen der langen Verfahrensdauer Kündigungsschutzklagen auch bei erfolgreichem Abschluß keine Arbeitsplätze sicherten. Denn während der Dauer des Rechtsstreits waren regelmäßig von beiden Seiten andere Lösungen (Abfindungen, neue Arbeitsverhältnisse) gesucht und gefunden worden. Diese Situation veranlaßte den Gesetzgeber zur Kodifizierung einer besonderen Beschleunigung für Verfahren, deren Ziel die Sicherung eines bestehenden Arbeitsverhältnisses ist[13].

Tatsache ist, daß sich die Verfahren zwar beschleunigt haben, aber eben nicht im Sinne des gesetzlich intendierten Bestandsschutzes. Nach den bereits erwähnten Jahresstatistiken des Landesarbeitsgerichts und der Arbeitsgerichte wurden 1995 19,6 % der Bestandsstreitigkeiten in einem Zeitraum bis zu einem Monat, 40,5 % in einem Zeitraum von 1 bis 3 Monaten und 20,3 % in einem Zeitraum von 3 bis 6 Monaten erledigt, die Masse der Verfahren von 80 % also innerhalb einer Zeit von bis zu einem halben Jahr. Wie dargestellt, hat die Beschleunigung aber nicht das gesetzgeberische Ziel erreicht, möglichst den Bestand des Arbeitsverhältnisses zu erhalten. Die Abwicklung des Arbeitsverhältnisses geschieht nur zu einem früheren Zeitpunkt. Im Hinblick auf die Absichten des Verfassers, dem Bestandsschutzgedanken bei der heutigen Rechts- und Arbeitsmarktlage wieder mehr Geltung zu verschaffen, ist die Beschleunigung - jedenfalls in den Sachen,

---

13 Vgl. GK-ArbGG DÖRNER, § 61a Rn. 1.

die für den Kündigungschutzkläger erfolgversprechend sind - nachgerade kontraproduktiv. Aufgrund unserer begrenzten räumlichen Erfahrungen mag es dahinstehen, ob es zutrifft, daß der Güteversuch als Mittel empfunden wird, dem Richter eine hohe Erledigungsquote und so wenig wie möglich Arbeit zu verschaffen[14]. Jedenfalls kann der Druck zur möglichst frühzeitigen und vielzähligen Erledigung der Verfahren für den Gang der doch sehr wichtigen Güteverhandlung nicht förderlich sein.

Ergebnis:

Wir erleben eine Zeit mit einschneidenden Veränderungen zu Lasten der abhängig Beschäftigten. Die Perspektivlosigkeit am Arbeitsmarkt hat dem Kündigungsrechtsstreit eine wesentlich größere Bedeutung im Sinne der Erhaltung der Existenzgrundlage des Arbeitnehmers verschafft. Angesichts dessen ist der Abfindungsvergleich zur zweitbesten Lösung geworden. Demgegenüber verfehlt die Verfahrenspraxis nach wie vor das gesetzliche Ziel, bei erfolgversprechenden Kündigungsschutzverfahren den Bestand des Arbeitsverhältnisses zu gewährleisten. Die Arbeitsgerichtsbarkeit muß auf diesen Wandel reagieren.

III.Lösungsansätze

1. Zur Psychologie des Konflikts

Nach dem bekannten Ausspruch Gamillschegs sind *„die Richter die Herren des Arbeitsrechts"*. Das gilt im besonderen Maße für die Güteverhandlung. An den Vorsitzenden Richter ergeht daher der Appell, die Verhandlung verstärkt dafür zu nutzen, bei erfolgversprechenden Klagen den Arbeitgeber zur Weiterbeschäftigung zu bewegen.

Feststehenden psychologischen Erkenntnissen nach spielen sich menschliche Interaktionen nur zu einem Drittel an der objektivierbaren Oberfläche ab, zwei Drittel im Subjektiven, meist Unbewußten (Eisberg-Theorie). Der arbeitsrechtliche Praktiker weiß, daß sehr vielen Kündigungen andere Motivationen zugrunde liegen, als die, die im Kündigungsschreiben enthalten sind oder im Verfahren vorgebracht werden. Das hat seine Ursache darin,

---

14 GIFT-BAUR, Das Urteilsverfahren vor den Gerichten für Arbeitssachen, 1993, Teil E, Rn. 607.

daß das Arbeitsverhältnis sich nicht in reiner Rechtsbeziehung erschöpft, sondern vielschichtige Lebensbeziehungen beinhaltet. Im Arbeitsrecht kann deshalb eine Güteverhandlung das Ziel der „Güte", des „Miteinander wieder Gutwerdens", nur dann erreichen oder wenigstens ausloten, wenn diese Aspekte offen angesprochen werden.

Es läßt sich beobachten, daß vermehrt Kündigungen ausgesprochen werden, von denen der Arbeitgeber selbst weiß, daß sie arbeitsrechtlich nicht halten. In Kenntnis der arbeitsgerichtlichen Praxis hofft er aber, mit einem blauen Auge, nämlich einer möglichst geringen Abfindung, durchzukommen. Geboten wäre hier, daß der Arbeitsrichter ihn an seine soziale Verpflichtung erinnert und durch Erforschen seiner Motive, ihm seine Handlung bewußt macht.

Eine einmal ausgesprochene Kündigung entfaltet die „normative Kraft des Faktischen" (s. Begründung zur Beschleunigungsnovelle). Wie bei einer Ehescheidung ist der neutrale Beobachter daher geneigt, zunächst von einer Zerrüttung auszugehen. Entgegen dem Bestandsschutzgedanken des Kündigungsrechts werden daher allzu oft die Weichen für das Verfahren in Richtung Auflösung gestellt. Die Bereitschaft zur Auflösung wird bei dem Arbeitnehmer in der Regel dadurch geweckt, daß er auf die psychischen Belastungen eines nach dem Rechtsstreit fortgesetzten Arbeitsverhältnisses hingewiesen wird. Zu fordern ist, daß zunächst diese psychologisch durchaus richtigen Ansätze nicht nur auf den Arbeitnehmer Anwendung finden. Vor allem aber bedarf die arbeitspsychologische Betrachtung einer tiefergehenden Aufklärung der Lebenssachverhalte. Ob eine weitere gedeihliche Zusammenarbeit möglich ist, muß ermittelt werden, weil sonst der psychologische Hinweis an den Arbeitnehmer - jedenfalls aus dessen Sicht - zu einem bloßen patriarchalischen Gedanken verkommt.
Er nährt - zu Unrecht - die landläufige Meinung, daß der Arbeitgeber letztlich doch den längeren Arm habe.

Dem sollte auch deshalb entgegengewirkt werden, weil die heutige Betriebsführung wahrlich nicht mehr das positive Element des Patriarchismus, nämlich Fürsorge und Schutz für den Arbeitnehmer, und zwar unabhängig von Recht und Gesetz, enthält. In jüngster Zeit ist in der öffentlichen Diskussion wie in der Wissenschaft verstärkt ein Thema aufgegriffen worden, das in seinen unterschiedlichen Erscheinungsformen vielfach zum betrieblichen Alltag gehört. Die psychosoziale Belastung am Arbeitsplatz (Mobbing) in Form von Belästigung, Beleidigung, Schikane bis hin zu Psychoterror, Intrige und Erpressung (*„Wenn Du nicht willst..., draußen* *stehen genügend vor der Tür, die Deinen Arbeitsplatz wollen*"), als Mittel der Betriebsführung. Die Folgen für einen solchen Arbeitnehmer sind im Arbeitsgerichtsverfahren ebenso fatal. Der Arbeitgeber läßt sich als Verursacher meist nicht dingfest machen. Gleich große Schwierigkeiten hat der Arbeitnehmer, entscheidungsrelevanten Sachverhalt vorzutragen, oder gar unter Beweis zu stellen. Selbst wenn er aussagebereite Arbeitnehmer des Betriebs findet, wäre eine Spaltung der Arbeitnehmerschaft die Folge und der offene Bruch vorhanden. Die weitere Konsequenz wäre die Auflösung des Arbeitsverhältnisses auf Antrag des Arbeitgebers nach §§ 9,10 KSchG. Zu fordern wäre in einem solchen Falle, wenigstens den Versuch in der Güteverhandlung zu unternehmen, beim Arbeitgeber das Unrechtsbewußtsein zu wecken.

2. Weiterentwicklung der Rechtsprechung

Im Rahmen dieser eher soziologischen Betrachtungen kann das Thema der Weiterentwicklung der Rechtsprechung nur angerissen werden. Es liegt im Spannungsfeld zwischen „hergebrachten Grundsätzen des Arbeitsrechts" und den gewandelten Erscheinungsformen im Kündigungsrecht. Zu denken ist zum Beispiel an die nicht mehr hinterfragte Prämisse, daß die unternehmerische Entscheidung, die zu einer betriebsbedingten Kündigung führt, arbeitsrechtlich nicht kontrollierbar ist. Bei Einführung des Kündigungsschutzgesetzes gab es hierüber extreme Meinungsunterschiede. Nach der ständigen Rechtsprechung des Bundesarbeitsgerichts, der sich die Instanzgerichte weitgehend angeschlossen haben, entzieht sich die Unternehmerentscheidung, z.B. über eine organisatorische oder technologische Rationalisierung, der gerichtlichen Kontrolle, es sei denn, daß sie offensichtlich unsachlich, unvernünftig oder willkürlich ist[15].

Zweifellos kann diese Rechtsprechung nach wie vor Geltung beanspruchen für Unternehmerentscheidungen, die, der Not gehorchend, notwendig sind. Sei es, weil rote Zahlen geschrieben werden oder die Konkurrenzsituation technologische und organisatorische Änderungen notwendig macht, um ein Abrutschen in die Verlustzone zu vermeiden. Was aber ist mit den neueren Erscheinungsformen unternehmerischer Politik, die die Vermehrung der Machtposition und die Erhöhung der Dividende zum Ziel haben?

---

15 Vgl. KR, 4. Aufl., § 1 KSchG Rn. 492, m.w.N. auf die Rechtsprechung.

Stichworte sind:

- Verlagerung von Betrieben oder Betriebsteilen ins Ausland
- Spaltung und Verschmelzung von Unternehmen sowie
- Betriebsteilung mit sozialen Folgen für die Arbeitnehmer
- Outsourcing
- Buyout
- Leanproduction,
- Nötigung zur Scheinselbständigkeit und anderes mehr.

Die Arbeitsplätze vieler Arbeitnehmer werden bei diesen unternehmerischen Entscheidungen neuer Prägung immer öfter nicht mehr zugunsten dringender Anpassungsnotwendigkeit geopfert sondern zugunsten reiner Gewinnmaximierung. Dabei ist das Gewinnstreben des Unternehmens zweifellos nichts Verwerfliches. Die Grenze des sozial Erträglichen ist aber dann überschritten, wenn amerikanische Verhältnisse Platz greifen, wonach z.B. Betriebe zu schließen sind, wenn sie nicht mehr wenigstens 20 % vom Umsatz als Gewinn ausweisen. Diese reine Ideologie des Marktes findet in unserer Verfassung keine Entsprechung. Im Gegenteil gebietet Art. 14 Abs. 2 GG - im Rahmen der allgemeinen Gesetze - die Sozialpflichtigkeit des Eigentums. Seine Ausgestaltung findet dieser Sozialstaatsgedanke in § 1 KSchG. Danach ist eine betriebsbedingte Kündigung sozial ungerechtfertigt, wenn sie nicht durch dringende betriebliche Erfordernisse, die einer Weiterbeschäftigung des Arbeitnehmers in diesem Betrieb entgegenstehen, bedingt ist. Die vom Gesetz dergestalt vorgegebene Kausalitätsprüfung wird von der Rechtsprechung des Bundesarbeitsgerichts - basierend auf der Prämisse, daß die Unternehmerentscheidung nicht gerichtlich nachprüfbar ist - reduziert auf die Prüfung der Einhaltung einer gewissen Rangfolge bei der Durchführung von betrieblichen Maßnahmen im personellen Bereich. Dem ultima-ratio-Prinzip folgend, verbleibt es bei der Nachprüfung, ob nicht andere personelle Maßnahmen, wie z.B. Versetzung oder Änderungskündigung ebenso geeignet waren, das gesteckte unternehmerische Ziel zu erreichen und das härteste Mittel der Beendigungskündigung sich damit als unverhältnismäßig erweist[16].

Unter dem Eindruck heutiger unternehmerischer Zielsetzung kann diese Auffassung nicht mehr als zeitgemäß betrachtet werden. Muß eine unternehmerische Entscheidung der gerichtlichen Nachprüfung entzogen bleiben, die darin besteht, daß ein florierendes Großunternehmen sich entschließt,

---

16 Vgl. KR, 4. Aufl., § 1 KSchG Rn. 492, m.w.N. auf die Rechtsprechung des BAG.

seine Reinigungskräfte nicht weiterzubeschäftigen und den Reinigungsdienst an eine Fremdfirma zu vergeben, oder darin, daß ein marktbestimmender Kaufhauskonzern zum Entschluß gelangt, er könne die Dividenden dadurch erhöhen, daß er seine Kantinen abstößt und möglichst noch durch vormalige Angestellte als nunmehr Selbständige weiterbetreiben läßt? Oder was ist davon zu halten, wenn ein Unternehmen vermeintlicher Konkurrenzvorteile wegen eine Betriebsaufspaltung vornimmt, um eine teilweise Tarifflucht bzw. die Änderung der Arbeitsverhältnisse nach Ablauf der Schutzfrist des § 613 a BGB zu Lasten der Arbeitnehmer zu erreichen?

Ist es mit dem Sozialstaatsprinzip wirklich zu vereinbaren, wenn eine Kreismusikschule die Arbeitsverträge aller Musiklehrer kündigt, um ihnen die Weiterbeschäftigung als freie Mitarbeiter auf Honorarbasis anzubieten? Alles Fälle aus der Praxis, die beliebig erweiterbar sind.

In einigen dieser Fälle verhindert § 613 a BGB wenigstens die Beendigung des Arbeitsverhältnisses, wenngleich unter dem Druck und der Ungewißheit der Fortsetzung des Arbeitsverhältnisses bei dem Übernehmer. Je nach den weiteren Absichten des Übernehmers hat die Vorschrift aber auch nur die Funktion eines sozialen Feigenblatts. Ob die Rechtsprechung des Europäischen Gerichtshofes[17] hieran Grundlegendes zu verändern vermag, darf bezweifelt werden. Diese Entscheidung in der Sache Schmidt ist nicht nur auf schärfste Kritik sondern auch auf Polemik in der Wissenschaft gestoßen. Das Bundesarbeitsgericht hat sich dann auch beeilt, eine neue Vorlage an den Europäischen Gerichtshof zu beschließen[18]. Die Fragestellung des Vorlagebeschlusses läuft darauf hinaus, ob der EuGH tatsächlich meint, daß ein Betriebsübergang entgegen der nationalen Rechtsprechung auch dann vorliegt, wenn keine materiellen oder immateriellen Betriebsmittel übertragen werden, sondern der Arbeitgeber lediglich bestimmte Tätigkeiten, die in seinem Betrieb ausgeführt werden, nicht selbst erledigt sondern aufgrund eines Dienst- oder Werkvertrags von einem Dritten erledigen läßt, der auch die dazu benötigten Arbeitnehmer einstellt und deren Arbeitgeber ist. Die so umschriebene Funktionsnachfolge hat der EuGH ohnehin nicht ausdrücklich bejaht. Ein Einlenken auf die Rechtsprechung des BAG darf daher erwartet werden.

Daß der Gesetzgeber auf diese neue Unternehmensphilosophie eine arbeitsplatzsichernde Antwort sucht, ist mehr als unwahrscheinlich. Geboten ist

17 Urteil v. 14.4.1994 - C-392/92.

18 Beschluß v. 21.3.1996 - 8 AZR 156/95.

von daher eine Rückbesinnung auf die Kernvorschrift des Kündigungsschutzes in § 1 KSchG. Die gewandelten Arbeitsbedingungen und das gewandelte Kündigungsverhalten fordern ein Überdenken langjähriger Anschauungen zur Frage der Nachprüfbarkeit unternehmerischer Entscheidungen. Sie muß dann der vollen gerichtlichen Nachprüfung unterliegen, wenn ihre Zielsetzung die Gewinnmaximierung ist, ohne daß betriebliche, technologische, strukturelle usw. Anpassungen den Schritt erfordern. Das ist eine der möglichen Antworten der Rechtsprechung auf die geänderten Verhältnisse und eine Möglichkeit - anlehnend an die Worte von Karl Lehmann - Solidarität und soziale Gerechtigkeit nicht einseitigen Interessen zu opfern.

Schlußbemerkung:

Die Anforderungen an die Richterschaft in der Arbeitsgerichtsbarkeit sind hoch. Verursacht einerseits durch ein großes Arbeitspensum für den einzelnen Richter und andererseits durch das Gebot der Verfahrensbeschleunigung. Die saarländische Arbeitsgerichtsbarkeit hat in der Zeit ihres 50jährigen Bestehens die Aufgaben in hervorragender Weise bewältigt. Beständigkeit in der Rechtsanwendung schafften auf diesem sensiblen Rechtsgebiet Rechtssicherheit und Rechtsbefriedung. Sie hat sich verdient gemacht in der Fortbildung von Arbeitnehmern und ehrenamtlichen Beisitzern sowie in der Beilegung betrieblicher Regelungsstreitigkeiten in Einigungsstellenverfahren. Dafür gebührt ihr Dank und Anerkennung.

Ich möchte meiner Hoffnung Ausdruck verleihen, daß das Vertrauen der organisierten saarländischen Arbeitnehmerschaft in eine sozial ausgewogene Rechtsprechung auch künftig ungebrochenen Bestand hat. In eine Rechtsprechung, die dem Zeitgeist nur in dem Maße folgt, als es Gesetz aber auch Gewissen zulassen oder gebieten.

Verständnisschwierigkeiten
- Ein Saarländer in der Berliner Arbeitsgerichtsbarkeit -

von
GERHARD BINKERT

I.

Eines Tages, schon Jahre meiner Tätigkeit als Arbeitsrichter in Berlin waren vergangen, trug es sich zu. Ein Kläger, persönlich und alleine erschienen, erklärte sein Anliegen und drückte sein Klagebegehren aus. Er hatte auf dem Bau hart gearbeitet, machte nun Akkordlohn geltend, während sein Arbeitgeber hiervon nichts wissen und lediglich Stundenlohn zahlen wollte - unter Abzug für „Schlechtleistungen"; mithin eine nicht unübliche Situation in Teilen des Baubereiches. Der Kläger seinerseits stellte nun dar, wie die Akkordvereinbarung im einzelnen geschlossen worden war, wie seine Kollegen und er die Akkordpositionen gearbeitet und aufgeschrieben hatten und vieles mehr. Er erzählte, wie ihm der Schnabel gewachsen war: Es handelte sich um einen nicht eben alltäglichen Dialekt. *„Mir hann schon ebbes weggeschafft!"* Meine Beisitzer blickten mich fragend an, ein wenig irritiert. *„Was sagt der? Den versteht man kaum"*, flüsterte mir einer zu.

Ich aber nickte dem Kläger zu - vielleicht sogar ein wenig wohlwollend -; denn ich verstand ihn, meinen saarländischen Landsmann, der so anders redete, als es hier üblich ist.

II.

Das Anliegen der Parteien zu verstehen, ist eine der Grundanforderungen an die Richterinnen und Richter in der Arbeitsgerichtsbarkeit.

Denn das arbeitsgerichtliche Verfahren ist im besonderen Maße - und auch insoweit vom „allgemeinen Zivilprozeß" emanzipiert - darauf angelegt, den zur Entscheidung gestellten Rechtsstreit zuvörderst schlichtend zu lösen, nicht aber durch Urteil zu entscheiden. Das Anstreben der gütlichen Einigung (§ 57 Abs. 2 ArbGG) setzt maßgeblich voraus, daß der Richter mit den Parteien das Gespräch über die tatsächlichen und rechtlichen Probleme des Falles führt. Und zwar unter „*freier* Würdigung *aller* Umstände", zunächst also losgelöst von den Formalien des Prozeßrechts. Wie sonst sollte die angestrebte „gütliche Einigung“ zustande kommen?!

Gefordert ist mithin die Kommunikationsfähigkeit des Arbeitsrichters - natürlich auch die Kommunikationsbereitschaft. Arbeitsgerichtsverfahren „leben“ von diesen Elementen; sie unterscheiden sich in dem Verlauf der mündlichen Verhandlung gerade hierin gelegentlich von solchen in anderen Gerichtszweigen. Dies hängt zweifellos auch mit der dem Arbeitsrichter häufig obliegenden Aufgabe zusammen, Generalklauseln und unbestimmte Rechtsbegriffe wertend auszufüllen - und dies in einer Arbeitswelt, die ständigen Wandlungen unterworfen ist. Der Arbeitsrichter muß eben oftmals die Frage beantworten, ob ein bestimmtes Verhalten eines Arbeitnehmers einen „wichtigen Grund“ darstellt, der dem Arbeitgeber die Fortsetzung des Arbeitsverhältnisses (auch nur bis zum Ablauf der Kündigungsfrist) „unzumutbar“ macht.

Dies als bloßen Akt der „Rechtserkenntnis“ zu qualifizieren, erschiene kühn. Denn der Arbeitsrichter steht doch vor der wesentlichen Aufgabe, den Geschehensablauf so weit wie möglich zu ermitteln und das so - oft nur grob - feststehende Verhalten des Arbeitnehmers an den Vorgaben des § 626 Abs. 1 BGB zu messen. Beide Schritte verlangen unterschiedliche Methoden des Vorgehens. Gemeinsam wohnt ihnen indes die Notwendigkeit inne, in hohem Maße den Parteien zuzuhören, die Erklärungen und Argumente in der Vorstellungswelt der Parteien und in deren sozialem Umfeld zu begreifen und *hieraus* die Frage der beispielsweise „Unzumutbarkeit“ der Weiterbeschäftigung abwägend zu beantworten. Absolute Kündigungsgründe gibt es bekanntlich nicht. Und der bei der Prüfung anzulegende objektive Maßstab ist auf einen „verständigen *Arbeitgeber*“, nicht aber auf das (Vor-)Verständnis des *Richters* bezogen. Verhalten des Arbeitnehmers und Verhältnisse des Betriebes im Kontext der örtlichen Gegebenheiten bilden eine Wertungseinheit. Der Genuß einer Flasche Bier während der Arbeitszeit ist auf einer Baustelle anders zu bewerten als beispielsweise in einer Sparkasse, in Bayern (und vielleicht auch im Saarland?) anders als anderswo.

III.

Für den Arbeitsrichter gilt es mithin in besonderem Maße, sich in die konkrete Arbeitssituation einzudenken, die - im umfassenden Sinne - „Sprache“ der Parteien zu verstehen und - für eigene Fragestellungen und Vorschläge -

auch zu sprechen. Dies stellt den „ortsfremden“ Arbeitsrichter, dem zunächst auch Mentalität und Gepflogenheiten der betroffenen Parteien nicht eigen sind, vor Anlaufschwierigkeiten.

Dabei ist die Diskrepanz zwischen saarländischer Art und Berliner Art augenfällig hoch. Hier prallen (saarländische) Freundlichkeit, Leutseligkeit und gewiß auch Betulichkeit auf harsche und ruppige (Berliner) Umgangsformen. Und bei dem Aufprall zieht der Saarländer - wenigstens zunächst - den Kopf ein; und damit den kürzeren. Nachgeben wird hier oft als Schwäche ausgelegt; auftrumpfen, „cleverer“ sein als andere (worunter oft genug auch das „Sich-an-der-Schlange-Vorbeimogeln“ verstanden wird), das ist vielfach die Devise und wird gelegentlich sogar zur Tugend erhoben. Die Großstadt hat ihre eigene Atmosphäre.

Entsprechend geprägt ist immer wieder auch das Prozeßverhalten der Parteien und ihrer Vertreter im arbeitsgerichtlichen Verfahren, das auch von einheimischen Arbeitsrichtern gelegentlich als „ruppig und rücksichtslos“ charakterisiert wird[1].

All das macht die Suche nach dem Kompromiß, das Gespräch mit den Parteien im arbeitsgerichtlichen Verfahren nicht stets leicht. Der Arbeitsrichter muß sich häufig auch der harschen Sprache bedienen und Zumutungen im Verhalten der Parteien und ihrer Vertreter mit deutlichen Worten zurückweisen. Das fällt dem Saarländer nicht immer leicht, es geht aber nicht anders.

Und er muß zugleich aber auch Sprache und Ton in die örtlichen Gepflogenheiten einordnen. Zum einen ist manches nämlich gar nicht so harsch gemeint, wie es ausgesprochen wird. Vor allem aber - das muß konzediert werden: „Berliner“ (eigentlich sollte man ja nie verallgemeinern...) können auch einiges „einstecken“, ohne beleidigt zu sein. Und schließlich: Haben beide Kontrahenten den gleichen Ton angeschlagen, verbinden sie damit für sich die gleichen Einstufungen. Sie verstehen *sich* gegenseitig, auch wenn sie sich übermäßig scharf attackiert haben; die Skalenwerte sind eben verschoben. Der (saarländische) Richter sieht und hört bisweilen staunend zu; und muß dann bei der Bewertung des Verhaltens der Parteien im Arbeitsleben, im Betrieb, auf der Baustelle primär eben deren und nicht seine eigenen Maßstäbc anlegen.

---

1 Vgl. B. PREIS, ArbuR 1994, 165, 167.

Solches Sozialverhalten muß „am Ort" erlernt werden.

Und viele Richterinnen und Richter der Berliner Gerichte für Arbeitssachen durchlaufen solche „Lernprozesse". Denn die Zusammensetzung der Richterschaft - mitverursacht wohl auch durch die enormen Kapazitäten der Berliner Hochschulen, die zahlreiche Studenten aus dem Bundesgebiet anziehen, die dann wiederum ihren weiteren Berufsweg hier fortsetzen - weist den einheimischen Kolleginnen und Kollegen eine geradezu untergeordnete Rolle zu. Zahlenmäßig, versteht sich. Von den rd. 70 Kolleginnen und Kollegen 1. Instanz und 17 in der 2. Instanz machen die „waschechten" Berliner einen Anteil von nur etwa ¼ aus. Die übrigen sind erst mehr oder minder lang in Berlin (Ab wann wird man eigentlich „Berliner"? Nach 20 Jahren? Oder nie?). Dies ergibt eine gute Mischung, die gerade durch gegenseitige Aufgeschlossenheit geprägt ist. Im Kollegenkreis sind die meisten miteinander zumindest gut bekannt bis hin - natürlich in geringerem Umfange - eng befreundet. Es existieren zahlreiche, sich teilweise überschneidende Gruppen für Fachgespräche, aber eben auch für Freizeitaktivitäten; dies führt im Ergebnis zu einer Arbeitsatmosphäre, die als ideal bezeichnet werden kann und es gerade den Neuanfängern in besonderem Maße leicht macht, Fuß zu fassen. Im „Kantinensenat", also zum Mittagessen in der Kantine, finden sich täglich gut 20 - 30 Kolleginnen und Kollegen ein; eine Gelegenheit für die einen, ihre Anspannung aus der Sitzung loszuwerden, für die anderen die Möglichkeit, parallele Fälle zu diskutieren oder Tips oder Anregungen für die Dezernatsarbeit zu erhalten. Die geschäftsverteilungsplanmäßige Aufteilung nach dem „Fachkammerprinzip" (u.a.: Öffentlicher Dienst, Metall- und Elektrogewerbe, Handel, Chemie) bewirkt eine oft enge Zusammenarbeit der jeweiligen Kolleginnen und Kollegen.

Dieses hohe Maß an Zusammenarbeit und gegenseitiger Unterstützung ist notwendig. Denn die Rechtsstreite (1995: rd. 48.000) werden überwiegend vehement geführt, hier kommen Berliner und Großstadtelemente (synergetisch) zusammen. Sich etwa zurückzunehmen, den eigenen Rechtsstandpunkt auch einmal in Frage zu stellen, Kompromisse einzugehen, das ist dem Groß- (und jetzt Haupt-)Städter nicht stets eigen. Hinzu kommt - mit rasant steigender Tendenz - ein immer rücksichtsloser werdendes Geschäftsgebaren, der Wunsch nach der „schnellen Mark" um jeden Preis. Das schlägt sich im übrigen auf beiden Seiten des Arbeitslebens nieder: Es betrifft sowohl Verfechter von knallharten Arbeitgeberstandpunkten bis jenseits der rechtlichen Grenzen, oft strafrechtlich relevante Verschiebungen zwischen verschiedenen GmbHs mit entsprechenden Konkursen und anderen „Fluchten“ des Arbeitgebers bis hin zu Illoyalitäten, Konkurrenztätigkeiten und Schmiergeldannahmen durch Arbeitnehmer. Auch der öffentliche Dienst ist von letzterem nicht verschont. Redlichkeit - auch im prozessualen Verhalten - ist längst nicht mehr die Regel.

Zu den Spezifika Berliner Arbeitsgerichtsverfahren gehören neben den Parteien aber auch ihre Vertreter. Angesichts der enormen Zahl der in Berlin zugelassenen Rechtsanwälte (Ende 1996: ca. 5.700) ist anwaltlicher Beistand leicht zu realisieren; die zahlreichen arbeitsrechtlich spezialisierten Anwälte siedeln die Auseinandersetzungen sowohl im Tatsachenvortrag als auch in der rechtlichen Argumentation oft auf einem hohen Niveau an. Hinzu kommt ein dichtes Netz gewerkschaftlicher und arbeitgeberverbandlicher Rechtsberatung und -vertretung; und zwar durch arbeitsrechtlich versierte Juristen. Wobei letzteres - zugegebenermaßen - oft deeskalierend wirkt: Die Verbandsvertreter sind regelmäßig fairer zueinander, sie wissen, daß sie im Ergebnis eben auch in Zukunft miteinander auskommen müssen.

Wenn der Arbeitsrichter sich gelegentlich die Frage stellt, ob der eine oder andere Rechtsstreit, auch das eine oder andere Beschlußverfahren oder Einigungsstellenverfahren, nicht hätte vermeidbar sein können, so kann der beschriebene Bestand an spezieller und zahlreich vorhandener Rechtsvertretung aus der Kette der zu den Prozessen führenden Ursachen nicht hinweggedacht werden. Aber genauso richtig ist, daß am Anfang dieser Kette oft eine mangelnde Konsensbereitschaft des Arbeitgebers mit dem in seinem Betrieb gebildeten Betriebsrat besteht, die diesem die Inanspruchnahme entsprechender Rechtsvertretung mit der Folge nahelegt, daß sich der Arbeitgeber alsbald mit einer Reihe von Beschluß- oder Einigungsstellenverfahren konfrontiert sieht. Hier muß sich der Arbeitsrichter gelegentlich auch vor mißbräuchlicher Inanspruchnahme schützen. Auch hier sind Lernprozesse zu durchlaufen; etwa, wenn man als Einigungsstellenvorsitzender bemerkt, daß es der einen Betriebspartei gar nicht um den Gegenstand der konkreten Einigungsstelle, sondern darum geht, die Gegenseite im Hinblick auf andere Ziele „mürbe zu machen“.

IV.

Der 3. Oktober 1990 markierte auch für die Berliner Gerichte für Arbeitssachen den Beginn einschneidender Veränderungen.

Diese stellten sich schon am Folgetage ein: Mit Lastkraftwagen wurden aus dem Ostteil der Stadt, aus den ehemaligen Stadtbezirksgerichten, die unerledigten Akten der Arbeitsrechtsstreitigkeiten (rd. 6.500 an der Zahl) abgeholt und auf die Richterinnen und Richter des Arbeitsgerichts Berlin verteilt. Dieses war das nämliche geblieben, nunmehr aber für mehr als 1 Mio. Menschen zusätzlich zuständig. Die Rechtsstreite mußten teilweise nach altem formellen und materiellen DDR-Recht unter Berücksichtigung von Übergangsregelungen bearbeitet werden, was den Richtern die „Freude" bescherte, sich in Rechtsvorschriften einarbeiten zu müssen, deren alsbaldiger Wegfall abzusehen oder schon festgeschrieben war. Gleichzeitig stiegen die Neueingänge beim Arbeitsgericht Berlin von 20.500 im Jahre 1990 auf rd. 50.000 im Jahre 1991 an. Auch die hiermit einhergehende Fast-Verdoppelung der Richterstellen vermochte diese Entwicklung nur teilweise aufzufangen.

Diese Zeit gehört zu den Abschnitten meiner richterlichen Tätigkeit, die mich am meisten bewegt haben. Nicht so sehr wegen der Zahl der zu bearbeitenden Fälle, auch nicht wegen des neuen (alten) Rechts. Sondern wegen der menschlichen und sozialen Tragweite, die den Rechtsstreitigkeiten innewohnte und die bislang Erlebtes in diesem Bereich in den Schatten stellte.

Die Betriebe der DDR, die durch die - vielleicht zu früh und zu rigoros eingeführte - Wirtschafts- und Währungseinheit zusammengebrochen waren, entließen Tausende und aber Tausende Beschäftigte in die Arbeitslosigkeit; die Schließung und Abwicklung der (zentral-)staatlichen Behörden und Dienststellen der DDR, in Ostberlin konzentriert, führte zum beruflichen Aus für weitere Tausende oft gut qualifizierter Menschen. Für viele war das Arbeitsgericht in dieser Zeit Ort der Hoffnung, die von hier aus indes nicht erfüllt werden konnte. Es gab keine Arbeitsplätze mehr, deren Existenz die Kündigung hätte in Frage stellen können; es gab nicht einmal mehr Geld für eine vernünftige Abfindung. Aus den Monaten unmittelbar nach dem Beitritt der DDR sind mir Verfahren erinnerlich, in denen Abfindungsvergleiche mit Abfindungen in Höhe von 300,00 DM oder 500,00 DM bei Beschäftigungszeiten von 20 Jahren und mehr geschlossen worden sind. Denn der Arbeitsplatzwechsel war in der DDR unüblich, so daß stets hohe Beschäftigungszeiten im Raume standen.

Bei der Abwicklung von Behörden wiederum traten immer wieder Fälle auf, in denen die Zuordnung des Arbeitnehmers zu einer „kommunalen" oder „zentralstaatlichen" Stelle über das berufliche Schicksal entschied:

denn erstere wurden weitgehend unverändert vom Land Berlin fortgeführt, letztere hingegen abgewickelt. Erinnerlich sind mir in diesem Zusammenhang Rechtsstreitigkeiten von Lehrerinnen, die aus dem (kommunalen) bezirklichen Schuldienst zum „Institut für Lehrerbildung“ (staatlich) versetzt oder abgeordnet worden waren. Diese waren i.d.R. höher qualifiziert als andere, und für sie stellte sich die Abordnung oder Versetzung gewissermaßen als „Beförderung“ dar. Jenes (staatliche) „Institut für Lehrerfortbildung“ wurde nun aber abgewickelt, die dort Beschäftigten in die Arbeitslosigkeit entlassen, während die in der (kommunalen) bezirklichen Schule verbliebenen Kolleginnen und Kollegen nahtlos übernommen wurden, sodann dem Schutzbereich des Bundesangestelltentarifvertrages - wenn auch zunächst „Ost“ - unterfielen und sich mittlerweile gelegentlich darüber streiten, ob die Besoldung nun nach A 13 oder A 14 zu erfolgen hat. In diesem Zusammenhang hing es manchmal von Zufälligkeiten ab, ob jemand in die Arbeitslosigkeit mußte (was bei einem Lebensalter ab Mitte 40 oft das Ende der beruflichen Tätigkeit bewirkte) oder sich einem Lebenszeitbeamtenstatus näherte. Denn Versetzungen und Abordnungen hin und her waren nicht unüblich; und es gab viele Fälle, in denen die Abordnung oder Versetzung an das „Institut für Lehrerbildung“ vielleicht gerade mal ein halbes Jahr her oder umgekehrt gerade im Auslaufen begriffen war. Und davon hing nun in vielen Fällen das weitere berufliche Schicksal ab. Hier gab es menschliche Tragödien, die einem über das gewöhnliche Maß hinaus zu Herzen gingen.

V.

Als Saarländer war mir der Prozeß der Vereinigung, wenn auch auf der Grundlage nur von - allerdings lebendigen - Kindheitserinnerungen, nicht unbekannt. Der Beitritt der DDR am 3.10.1990 brachte indes ungleich größere Friktionen mit sich als derjenige des Saarlandes im Jahre 1957; er führte sich diametral entgegenstehende Wirtschafts- und Gesellschaftssysteme zusammen. Und es erscheint nicht ausgeschlossen, daß dies und nicht etwa nationale Identitäten für das Zusammenwachsen von primärer Bedeutung ist.

Die neuen Klägerinnen und Kläger vor den Berliner Arbeitsgerichten sprachen zwar deutsch (oder „berlinerisch“, was im Ostteil der Stadt noch ausgeprägter war). Und doch mußte ich - wiederum - eine „neue“ Sprache lernen - und die sich hinter den Begriffen verbergenden sozialen Umstände. Die Notwendigkeit hierzu ergab sich nicht in erster Linie aus manchen

Verquastheiten der offiziellen Sprache des DDR-Staates, sondern eben daraus, daß mir vieles aus dem Alltag der Deutschen in der DDR schlicht unbekannt war. Zudem bringen 40 Jahre der Teilung unterschiedliche Denkstrukturen und Redeweisen hervor. Ich muß gestehen: Die Menschen aus den Nachbarregionen des Saarlandes - selbst wenn sie französisch sprechen - standen mir mentalitätsmäßig und von der Lebensform eben näher als die Nachbarn, die die ehemalige Stadt „West-Berlin“ umgeben hatten. Aber als jemand, der in einer Grenzregion aufgewachsen ist, ist man es vielleicht auch eher gewohnt, über den „Tellerrand“ zu blicken.

Bemerkenswert war das Auftreten der Ostberliner Klägerinnen und Kläger. Dieses war - und ist abgemindert immer noch - als rücksichtsvoller, auch ehrlicher zu bezeichnen. Bei Befragung der persönlich erschienenen Partei erhielt und erhält man - selbst in den oft unappetitlichen Kündigungsverfahren wegen Stasi-Tätigkeit - vielfach von Nachdenklichkeit geprägte und der Wahrheit entsprechende Erklärungen. Und eben nicht selbstgefällige, erkennbar nur dem eigenen Vorteil gewidmete, vorbereitete „Statements“, wie es sonst so häufig der Fall ist. Geduldiges Nachfragen, das Ausredenlassen der Parteien führt hier häufig dazu, daß bestimmte Umstände unstreitig werden; noch mehr aber dazu, daß sich der Richter ein recht gutes und wenig verfälschtes Bild von den Parteien und den Verhältnissen machen kann. Behutsamkeit des Richters war und ist hier durchaus erfolgversprechend.

VI.

Vielleicht kommt letzteres saarländischer Art und Sprache wieder näher. *Mit* den Parteien reden, statt von oben herab auf sie einzureden; sich in die soziale Realität hineinzuversetzen, statt sich bloß hinter Formalien zu verschanzen; Milde im Umgang mit den Parteien an den Tag legen, ohne daß dies zur „Schwäche“ wird; erkennbares Bemühen, die Parteien zu verstehen und ihnen „gerecht“ - im Wortsinne - zu werden: das sind Tugenden, die einem Arbeitsrichter gut anstehen. Vielleicht sind sie saarländischer Lebensart nicht ganz fremd.

Als Arbeitsrichter in Berlin ist dieses „Programm“ - aus den aufgezeigten regionalspezifischen Gründen - nicht ganz einfach umzusetzen. Ich versuche es; und ich versuche auch, ein bißchen von saarländischer Lebensfreude und Freundlichkeit in meinem prozessualen Verhalten durchscheinen zu lassen. Gelebter „Pragmatismus“ - auch im Amt. Dies verblüfft manchmal -

aber gelegentlich, vielleicht sogar überwiegend, erhalte ich positive Signale von den Parteien zurück.

In solchen Momenten habe ich das Gefühl, dem „großen“ Berlin mit etwas Lebensgefühl des „kleinen“ Saarlandes auf die Sprünge geholfen zu haben. Und ich empfinde stille Freude; Freude eines Saarländers, der dies auch nach 20 Jahren Berlin geblieben ist - und zwar mit durchaus wohlwollender Zustimmung meiner befreundeten Berliner Kolleginnen und Kollegen, die zwar nicht „wissen“ (wie sollten sie?), aber schon ein bißchen ahnen, „*was gudd is*“.

ARBEITSGERICHT SAARBRÜCKEN / LANDESARBEITSGERICHT SAARLAND

Vom Judiz

von
ERWIN FROMM

A. Das Problem

„Vom guten Richter sagt man, daß er ein gutes Judiz hat, und das ist die Vorstellung der überzeugenden Entscheidung, unabhängig von aller Gesetzes- und Lehrbuchkenntnis, eine Gabe. Ohne diese Gabe ist ein funktionierendes Justizwesen bei aller Gesetzesflut nicht zu denken."
Ist das nicht „starker Tobak", den uns hier Klaus Adomeit[*] [1] verordnet?
Bei allen Differenzen im Detail, besteht nicht in der gesamten juristischen Methodenlehre[2] die Überzeugung, daß Rechtsfindung, die ihren Namen verdient[3], an verbindliche Vorgaben des Gesetzes[4] oder wenigstens von Präjudizien[5] gebunden ist? Denn nur so wird jenes Maß von Verläßlichkeit und Rechtssicherheit[6] erreicht, das eine Rechtsordnung braucht, um einem instinktarmen Wesen wie dem Menschen Orientierungssicherheit[7] zu geben.

---

* Im Nachfolgenden werden zitierte Werke nur bei ihrer Erstnennung vollständig aufgeführt. Standardwerke werden nur mit dem Autorennamen zitiert. Ist ein Autor mit mehreren Werken vertreten, so wird das jeweilige Werk nur durch ein Schlagwort gekennzeichnet.

1 ADOMEIT, Klaus, Rechtstheorie für Studenten, 2. Aufl., Heidelberg 1981, S. 13.

2 LARENZ, Karl, Methodenlehre der Rechtswissenschaft, 6. Aufl. Berlin u.a. 1991, passim; BYDLINSKI, Franz, Juristische Methodenlehre und Rechtsbegriff, 2. Aufl., Wien u.a. 1991, S. 192 ff.; ENGISCH, Karl, Einführung in das juristische Denken, 4. Aufl., Stuttgart u.a. (1956) 1968, Kap. IV = S. 63 ff.; RAISCH, Peter, Juristische Methoden, Vom antiken Rom bis zur Gegenwart, Teil IV, K, 2, 3 S. 136 ff.

3 PAWLOWSKI, Hans-Martin, Methodenlehre für Juristen, 2. Aufl., Heidelberg 1991, Rn. 37 ff.

4 HASSEMER, Winfried, Rechtssystem und Kodifikation: Die Bindung des Richters an das Gesetz, in: KAUFMANN, Arthur / HASSEMER, Winfried, Einführung in die Rechtsphilosophie und Rechtstheorie der Gegenwart, 5. Aufl., Heidelberg 1989, S. 212 ff.; RÜßMANN, Helmut, Möglichkeiten und Grenzen der Gesetzesbindung, in: Symposium zum 80. Geburtstag von Franz Wieacker, hrsg. von Okko BERENDS u.a. 1990, S. 35 ff. Zur Justiztheorie des 19. Jahrhunderts, vgl. OGOREK, Regina, Richterkönig oder Subsumtionsautomat, Frankfurt 1986, passim.

5 FIKENTSCHER, Wolfgang, Methoden des Rechts, IV, Tübingen 1977, S. 336 ff.; KRIELE, Martin, Recht und praktische Vernunft, Göttingen 1979, S. 91 ff.; ders., Theorie der Rechtsgewinnung, Berlin 1976, S. 243 ff.; RAISCH, Methoden, S. 190 ff.; RÖHL, Klaus F., Allgemeine Rechtslehre, Köln usw. 1995, S. 567 ff.

6 Vgl. BYDLINSKI, S. 312 ff.; COING, Helmut, Rechtsphilosophie, 4. Aufl., Berlin 1985, S. 147 ff.; HENKEL, Heinrich, Rechtsphilosophie, 2. Aufl., Hamburg 1977, S. 436 ff.;

B. Die Lehre vom Rechtsgefühl und die Erkenntnis des Rechts

Wer der Überzeugung ist, Recht werde ohnehin durch Rechtsgefühl und praktische Vernunft, nicht aber durch Rechtsnormen gefunden[8], dem bereitet Adomeits Bemerkung keine Schwierigkeiten.

Aber können wir wirklich uns einer rein intuitiven Rechtsfindung anvertrauen?

Ist die Rechtsordnung nicht ein außerhalb des erkennenden Subjekts angelegter, objektiv vorgegebener Gegenstand[9]? Gibt es für jedes Rechtsproblem mehrere vertretbare Lösungen statt einer einzigen allein richtigen[10]?

Die Antwort auf all diese Fragen hängt davon ab, welche Position man im Streit um die Kriterien richtigen Rechts[11] vertritt.

Der Relativismus[12] in Reinform, wie ihn vor allem die Anhänger eines rationalistischen[13] und normativistischen[14] Positivismus vertraten, wird solche Kriterien gänzlich verneinen wollen. Indessen ist eine solche Auffassung nicht haltbar. Wie vor allem Heinrich Henkel[15], Arthur Kaufmann[16], Karl

---

KAUFMANN, Arthur, Grundprobleme der Rechtsphilosophie, München 1994, S. 170 ff.; ZIPPELIUS, Rechtsphilosophie, 3. Aufl., München 1994, § 23.

7 Vgl. dazu GEHLEN, Moral und Institution, in: GEHLEN, Arnold, Anthropologische Forschung, Reinbek bei Hamburg (1961) 1972, S. 37 ff., 67 ff.; ZIPPELIUS, Rechtsphilosophie, § 23 I; RÖHL, Klaus F., Rechtssoziologie, Köln u.a., § 16 = S. 119 ff.; POPITZ, Heinrich, Die normative Konstruktion der Gesellschaft, Tübingen 1980, S. 18.

8 So vor allem ISAY, Herrmann, Rechtsnorm und Entscheidung, Berlin 1929, z.B. S. 370; vgl. auch ROßMANITH, Günther, Rechtsgefühl und Entscheidungsfindung, Herrmann ISAY 1873 - 1938, Berlin 1975.

9 KAUFMANN, Arthur, Grundprobleme der Rechtsphilosophie, München 1994, S. 44 ff.; COING, S. 333 ff.; KRAWIETZ, Das positive Recht und seine Funktion, Berlin 1967, S. 110 ff.; SMID, Stefan, Einführung in die Philosophie des Rechts, München 1991, S. 122.

10 Zur von ADOMEIT vertretenen Zertitätstheorie vgl. ADOMEIT, Zur Einführung-Rechtswissenschaft und Wahrheitsbegriff, JuS 1972, 628 ff.; KAUFMANN, Grundprobleme, S. 208, 51; weitere Einzelheiten bei FROMM, Erwin, Die arbeitnehmerbedingten Kündigungsgründe, Berlin 1995, S. 297 ff.

11 Ausführlich: HENKEL, § 41 = S. 521 ff.; später dann LARENZ, Karl, Richtiges Recht, Grundzüge einer Rechtsethik, München 1979; BYDLINSKI, [ML], S. 177 ff., 299 ff.; RADBRUCH, Gustav, Gesetzliches Unrecht und übergesetzliches Recht (1946) in: RADBRUCH, Gustav, Rechtsphilosophie, 8. Aufl., Stuttgart 1975, S. 339 ff. COING, S. 215 ff.; mit Einschränkungen ENGISCH, Karl, Auf der Suche nach der Gerechtigkeit, Hauptthemen der Rechtsphilosophie, München 1971, S. 281 ff.

12 Zum Relativismus-Problem ausführlich: ENGISCH, Hauptthemen, S. 246 ff.

13 HENKEL, S. 487 ff.

14 HENKEL, S. 494 ff.; allgemein zum Rechtspositivismus KAUFMANN, Grundprobleme, S. 29 ff.

15 Rechtsphilosophie, §§ 39 - 43.

16 Grundprobleme, S. 217 ff.; Naturrecht und Geschichtlichkeit (1957), in: KAUFMANN, Arthur, Rechtsphilosophie im Wandel, Frankfurt a.M. 1972, S. 1 ff.; ders. über die Wissenschaftlichkeit der Rechtswissenschaft, ARSP 1986, 425 ff.

Larenz[17], aber auch viele andere[18] gezeigt haben, gibt es durchaus Kriterien richtigen Rechts. Es erscheint zwar möglich, daß deren Umsetzung und Anwendung *allein* nicht immer bereits zu der vielgerühmten einzig richtigen Entscheidung[19] führt, aber die Kriterien richtigen Rechts schließen doch die ihnen nicht genügenden Entscheidungsvorschläge[20] (= negative Kandidaten[21]) aus.

Bei allem Unterschied in ihrem jeweiligen rechtsphilosophischen Ausgangspunkt lassen sich heute zahlreiche Autoren[22] anführen, die allesamt sich darüber einig sind, daß Recht trotz aller richterlichen Gesetzesbindung[23] kein Gegenstand ist, den man ähnlich wie ein Pferd (und sei es ein fliehendes) mit einem Lasso einfangen kann, sondern durch die Bemühungen einer Kommunikationsgemeinschaft[24] erst konstituiert wird. Zwar handelt es sich hierbei nicht um den freien, prinzipiell unendlichen Diskurs[25] einer idealen Kommunikationsgemeinschaft, sondern um den endlichen, von institutionellen Rahmenbedingungen durchaus verzerrten realen Diskurs des Rechts-

---

17 Richtiges Recht.

18 COING, S. 217 ff.; KRIELE, Recht und Vernunft, S. 132 ff.; BYDLINSKI, S. 179 ff., 299 ff.; zum Standpunkt des Verfassers vgl. FROMM, S. 297 ff. (305 f.).

19 KAUFMANN, Grundprobleme, S. 208, 51; DWORKIN, Ronald, Bürgerrechte ernst genommen, Frankfurt a.M., 1990, S. 144 ff.; HENKEL, S. 530; FROMM, S. 299 f.

20 NEUFELDER, Martin / TRAUTMANN, Wolfgang, Kennzeichen Unrecht, Eine pragmatische Rechtsphilosophie, 2. Aufl. 1994, S. 328 ff.; vgl. auch die Ausführungen von SEELMANN, Kurt, Rechtsphilosophie, München 1994, S. 196 Rn. 6.

21 Zum Begriff der negativen Kandidaten: HERBERGER, Maximilian / SIMON, Dieter, Wissenschaftstheorie für Studenten, Frankfurt a.M. 1980, S. 285 ff.; KOCH, Hans-Joachim / RÜßMANN, Helmut, Juristische Begründungslehre, München 1982, S. 194 ff.

22 ESSER, Josef, Vorverständnis und Methodenwahl in der Rechtsfindung (1970), Frankfurt a.M. 1972, passim; KAUFMANN, Grundprobleme, S. 44 ff., 54 ff.; GAST, Wolfgang, Juristische Rhetorik, 2. Aufl., Heidelberg 1990, Rn. 444 ff.; MEYER-HESEMANN, Wolfgang, Abschied vom sogenannten Rechtsgefühl, ARSP 1987, 405 ff. (410); NEUFELDER/TRAUTMANN, S. 297 ff.; SMID, insbes. S. 161 f.; ZIPPELIUS, Rechtsphilosophie, § 20.

23 LARENZ, S. 155 ff.; KOCH/RÜßMANN, z.B. S. 15 ff., 24 ff.; auch HASSEMER, Rechtssystem und Kodifikation, in: KAUFMANN/HASSEMER, S. 212 ff.; RÜßMANN, Symposium, S. 35 ff.; OGOREK, Richterkönig, passim.

24 Zur Entwicklung dieses Begriffs vgl. APEL, Karl-Otto, Transformation der Philosophie, Bd. I und II, Frankfurt a.M. 1973.

25 HABERMAS, Jürgen, Faktizität und Geltung (1992), Frankfurt a.M. 1994, S. 272 ff.; ALEXY, Robert, Recht, Vernunft, Diskurs, Frankfurt a.M. 1995, S. 94 ff.; ders. Theorie der juristischen Argumentation, Frankfurt a.M. 1978, S. 51 ff.; KAUFMANN, Grundprobleme, S. 215; ders. ARSP 1986, 425 ff. (433 ff.); KRIELE, Martin, Recht und praktische Vernunft, S. 30 ff.; NEUMANN, Ulfried, Juristische Argumentationslehre, Darmstadt 1986, S. 70 ff.

stabs einer Gesellschaft[26] unter Einbeziehung öffentlicher Meinungen[27]. Allerdings kann dieser reale Diskurs allein noch nicht bestimmen, was rechtens sei.
Dies gilt nicht nur für die Konkretisierung von Normen, sondern auch für die Bildung von Normen, insbesondere von Gesetzesnormen.
Beiden Rechtsfindungsverfahren ist gemeinsam, daß jeweils die Integration rechtlicher Neuschöpfungen in die bisherige Rechtsordnung sichergestellt werden muß. Zwar hat hierbei der Gesetzgeber wesentlich größere Spielräume als der Rechtsanwender, aber eine Bindung an elementare Kriterien richtigen Rechts besteht auch für den Gesetzgeber. Neben Rechtsprinzipien[28], oftmals im Rang von Verfassungsgrundsätzen, sind bei der Rechtsfindung - und hier insbesondere bei der Normanwendung - auch das innere System[29] der gesetzlichen und wohl auch richterrechtlichen Bewertungsnormen zu beachten. Wie schon Radbruch und Kelsen erkannt haben[30], können alle Rechtsnormen[31] als *Bewertungsnormen* begriffen werden. Diese stehen nicht beziehungslos nebeneinander, sondern bilden einen inneren Zusammenhang. So entstehende axiologische Ordnungen[32] müssen durch sorgfältige Analysen und durch die Synthese der in der Analyse gewonnenen Teileinsichten zu größeren Aussagensystemen fortentwickelt werden[33]. Sowohl die Formulierung wie die Anwendung solcher Aussagensysteme ist ein durch und durch rationales Geschäft. Gleiches gilt auch für die Anwendung der Mehrzahl der übrigen Kriterien richtigen Rechts.
Wie also soll bei diesem Befund für eine entscheidungsdeterminierende Relevanz von Rechtsgefühl und praktischer Vernunft noch Raum sein?

Hier bedarf es nun einer grundlegenden Einsicht[34]: Eine Vielzahl der rechtsdogmatischen Theorienstreitigkeiten und erst recht der Kontroversen der

26 KAUFMANN, Grundprobleme, S. 222; NEUMANN, 4.2.3.1.1 = S. 84 f.; differenzierend RÖHL, Allgemeine Rechtslehre, § 21 III 2 = S. 187. Weitere Ausführungen bei FROMM, S. 298 f.

27 FROMM, S. 306 ff.; skeptisch SMID, S. 138 ff.

28 KAUFMANN, Grundprobleme, S. 49 ff.; DWORKIN, S. 144 ff.; ALEXY, Robert, Zum Begriff des Rechtsprinzips, in: ALEXY, Recht usw., S. 177 ff. (= Rechtstheorie 1987, Beiheft 1, S. 405 ff.).

29 LARENZ, S. 473 ff.; FROMM, S. 262 ff., insbes. Fn. 194.

30 KELSEN, Hans, Reine Rechtslehre, 2. Aufl., Wien 1960, S. 3 f.; RADBRUCH, S. 132. Die Originalzitate sind wiedergegeben bei FROMM, S. 246.

31 Zur Untergliederung der Rechtsnormen vgl. ADOMEIT, S. 41 ff., 48 ff.; HENKEL, S. 42; FROMM, S. 246.

32 CANARIS, Claus-Wilhelm, Systemdenken und Systembegriff in der Jurisprudenz, 2. Aufl., Berlin 1983, S. 41; weitere Nachweise bei FROMM, S. 262.

33 So z.B. für das Gebiet des materiellen Kündigungsrechts FROMM, S. 620 ff.

34 PAWLOWSKI, Rn. 124 ff.; FROMM, passim.

Rechtsmethodologie beruht nicht darauf, daß nur eine Seite der Kontrahenten Recht hätte, sondern darauf, daß die Geltungsbereiche der konkurrierenden Theorien[35] zu weit gefaßt werden und nicht erkannt wird, daß viele scheinbar unvereinbare Thesen auf den zutreffenden Geltungsbereich reduziert durchaus miteinander harmonieren können.

So dürfte es auch beim Streit um das Rechtsgefühl sein. Selbst eher deterministisch orientierte Methodenlehren[36] räumen ein, daß *zuletzt* die persönlichen Anschauungen und Präferenzen des Richters mit in die Entscheidungsfindung einfließen dürfen, wenn das Bemühen um methodengerechte Fallösung zu keinem zwingenden Ergebnis führt.

Den Verfechtern des sogenannten Rechtsgefühls[37] jedoch erscheint die Annahme einer solchen subsidiären, personal determinierten Entscheidungsfindung doch eher als eine erhebliche Verharmlosung, die den wirklichen Determinanten vor allem richterlicher Entscheidungsfindung nicht gerecht zu werden vermag.
Hermann Isay hat in seiner heute noch lesenswerten Untersuchung „*Rechtsnorm und Entscheidung*[38]" fast die gesamte Prominenz der zeitgenössischen Richterschaft mit Selbstbezeugnissen ins Feld geführt. Diese allesamt bekundeten, zunächst suche man die als richtig empfundene Entscheidung, dann erst bemühe man sich um eine dogmatisch haltbare Begründung der Entscheidung[39]. Selbst ein so berühmter Jurist wie der Konsiliator Bartolus[40] soll auf diese Weise seine Fallösungen entwickelt haben. Hier drängt sich die Parallele zur Sprachbeherrschung auf. Auch Sprachen

---

35 Zum in der Rechtswissenschaft häufig unbedachten Gebrauch des Terminus „Theorie": WAGNER, Heinz, Die Theorie in der Rechtswissenschaft, JuS 1963, 457 ff.; DREIER, Ralf, Zur Theoriebildung in der Jurisprudenz, in: DREIER, Recht-Moral-Ideologie, Frankfurt a.M. 1981, S. 70 ff.; WEIMAR, Robert, Zur Theoriebildung in der Rechtswissenschaft, in: Gedächtnisschrift für Ilmar Tammelo, Berlin 1989, S. 703 ff.

36 LARENZ, S. 294 f.; ENGISCH, Einführung, S. 189 ff.; BYDLINSKI, S. 393 ff.; RAISCH, S. 210.

37 Vor allem Herrmann ISAY, Rechtsnorm und Entscheidung, aaO. Ähnlich später, wenn auch mit wesentlich stärkerer Rückkoppelung an rechtsdogmatische Bindungen: ESSER, Vorverständnis, S. 171 ff.

38 ISAY, S. 60 ff.

39 Von ähnlichen Selbstbezeugnissen erfahrener Juristen berichten: BÖHMER, Franz, Grundlagen der bürgerlichen Rechtsordnung, II 1, Tübingen 1951, S. 212; HUBMANN, Heinrich, Naturrecht und Rechtsgefühl, in: Wertung und Abwägung im Recht, Köln usw. 1977, S. 134 (Erstveröffentlichung: AcP 153, 297 ff.); SCHEUERLE, Wilhelm, Finale Subsumtionen, AcP 167, 305 (315); mit Einschränkungen auch BYDLINSKI, S. 152 f.

40 Vgl. etwa ZIPPELIUS, Reinhold, Juristische Methodenlehre, 6. Aufl., München 1994, § 3 I b; weitere Nachweise bei FROMM, S. 239 Fn. 93.

werden von einer Vielzahl von Sprechern in der Regel zutreffend angewandt, obwohl diese nicht die geringsten Kenntnisse eines grammatikalischen Regelwerkes haben[41].

Vielleicht sah sich Ernst Rabel[42] aus ähnlichen Erwägungen - fast schon die Luhmannsche Erkenntnis[43] der systemfunktionalen Notwendigkeit gelegentlicher Selbsttäuschung vorwegnehmend - zu der sarkastischen Bemerkung veranlaßt, ein guter Jurist habe zwar seine Methode, aber er rede nicht darüber.
Aber ist derlei Skeptizismus gegenüber Methodenehrlichkeit[44] wirklich angebracht? Können nicht vielmehr die tradierte Methodenlehre und die Vorstellung über Rechtsgefühl und Judiz, wenn erst einmal der Geltungsbereich ihrer Aussagen zutreffend definiert ist, doch miteinander vereinbart werden?

Bevor hierauf eine endgültige Antwort gegeben werden kann, sollen einige Umschreibungen des Begriffs des Judizes (C I) erfolgen. Dann soll der zutreffende Begriff des Judizes etwas genauer expliziert[45] werden, indem in einem Näherungsverfahren zunächst die Erscheinungen erörtert werden, die *nicht* mit dem Begriff „Judiz“ faßbar oder erklärbar sind (C II).

Es wird sich zeigen, daß mit Judiz eine Erkenntnisweise gemeint ist, die weniger *sprachgebunden* erfolgt, sondern sich eher *bildbezogen* an den Prototypen eines mentale Modelle aufbauenden kognitiven Systems orientiert (D). Erkenntnisse der juristischen Methodenlehre (i.w.S.) im Bereich des typologischen Denkens (D I) werden hier mit denk- und kognitionspsychologischen Einsichten (D II) erklärt. Auf der Grundlage der Methode des

---

41 Vgl. auch RIEZLER, Erwin, Das Rechtsgefühl, Rechtspsychologische Betrachtungen, 3. Aufl., München 1969, S. 117 f.; CHOMSKY, Noam, Sprache und Geist, Frankfurt a.M. (1970), 1973, S. 144 ff., nimmt eine angeborene Sprachkompetenz an. Zu CHOMSKY auch STEGMÜLLER, Wolfgang, Hauptströmungen der Gegenwartsphilosophie, Bd. II, 7. Aufl., Stuttgart 1986, S. 19 ff.

42 FIKENTSCHER, Wolfgang, Methoden des Rechts, Bd. I, Tübingen 1975, S. 10.

43 LUHMANN, Niklas, Das Recht der Gesellschaft, Frankfurt a.M. 1993, S. 545 ff.

44 Dazu nach wie vor unübertroffen: BRECHER, Fritz, Scheinbegründungen und Methodenehrlichkeit im Zivilrecht, in: Festschrift für Arthur Nikisch, Tübingen 1958, S. 227 ff. (247): „Welch besseren Wappenspruch könnte man dem Adepten der Methodenlehre mitgeben, als jenes Wort, das nach einem apokryphen Evangelium Christus gesagt hat zu dem Mann, der am Sabbat arbeitete: *Mensch, so du weißt, was du tust, bist du selig, so du es aber nicht weißt, bist du ein Übertreter des Gesetzes und also gerichtet*!“.

45 Die Explikation ist neben der empirischen Analyse und der Bedeutungsanalyse die dritte Methode der Realdefinition. Ihr Schwerpunkt liegt in der Klärung von Sachfragen, vgl. WANK, Rolf, Die juristische Begriffsbildung, München 1985, S. 56 ff.

hypothetisch-experimentellen Denkens bzw. der Fallvariation (D III) und des Phänomens der Ideal- und Realkumulationen der Prototypen juristischen Denkens im jeweiligen Anwendungsfall wird der durchaus rationale Charakter der Rechtsfindung durch Judiz demonstriert werden. Dabei wird auch der Konstitution des Tatbestandes (D IV) und der ihr eigenen Logik der Situation besonders Rechnung zu tragen sein. Schließlich sind die Grenzen judizieller Rechtsfindung aufzuzeigen (E).

C. Judiz und Rechtsgefühl

Nach überwiegender Vorstellung muß zwischen dem in der Tat diffusen[46] Rechtsgefühl und dem Judiz unterschieden[47] werden.

Judiz in diesem Sinne meint allein die Fähigkeit, die „richtige" Entscheidung rasch und ohne komplizierte Subsumtionsarbeit zu finden.

---

46 In der Literatur gibt es zahlreiche psychologische, soziologische, soziobiologische und rechtsphilosophische Überlegungen zur Erfassung des Rechtsgefühls. Vgl. etwa: BIHLER, Michael, Rechtsgefühl, System und Wertung, München 1979; RIEZLER, aaO.; WEIMAR, Robert, Psychologische Strukturen richterlicher Entscheidung, Basel u.a. 1969, z.B. S. 103 ff.; HUBMANN, Naturrecht, aaO.; VENZLAFF, Friedrich, Über die Schlüsselstellung des Rechtsgefühls bei der Gesetzesanwendung, Frankfurt a.M. 1973; OESTREICH, Gisela, Im Dschungel der Paragraphen, Rechtsgefühl zwischen Klischee und Information, Opladen 1984. Weiter sind zu beachten die sehr unterschiedlichen Ansätze in den Beiträgen der Bielefelder Arbeitstagung im Dezember 1983 über das „sogenannte Rechtsgefühl" von ZIPPELIUS, KRIELE, MÜLLER-DIETZ, HENDRICHS, ECKENSBERGER, LAMPE, ELEY, WEIMAR, REHBINDER, Franz-Xaver KAUFMANN, LAUN, KARSTEDT-HENKE, DÖLLING, KILLIAS, BRESSER, LAUTMANN, SCHWINGE und GRAUMANN in: Ernst-Joachim LAMPE, Das sogenannte Rechtsgefühl (= Jahrbuch für Rechtssoziologie und Rechtstheorie, Bd. 10), Opladen 1985; dazu auch die Rezension von MEYER-HESEMANN, ARSP 1986, S. 406 ff. Aus der älteren Literatur: v. JHERING, Rudolf, Der Kampf ums Recht in: WOLF, Erik (Hrsg.), Deutsches Rechtsdenken, Heft 10, 7. Aufl., Frankfurt a.M. 1989, S. 23 f., 30 ff. ; RÜMELIN, Gustav, Über das Rechtsgefühl, 1871, in: WOLF, Erik (Hrsg.), Deutsches Rechtsdenken, Heft 9, 2. Aufl., Frankfurt a.M. 1948. Aus der Aufsatzliteratur: KARSTENDIECK, Helmut, Das Dilemma zwischen Dogmatik und Rechtsgefühl, DRiZ 1981, S. 249 ff.; REHBINDER, Manfred, Fragen an die Nachbarwissenschaften zum sogenannten Rechtsgefühl, JZ 1982, S. 1 ff.; OBERMAYER, Klaus, Über das Rechtsgefühl, JZ 1986, S. 1 ff. Einen guten Überblick über die Vielzahl und Unterschiedlichkeit der Fragestellungen gibt MEIER, Christoph, Zur Diskussion über das Rechtsgefühl, Berlin 1986, insbes. S. 126 ff.

47 Die Differenzierung geht auf RIEZLER, S. 6 ff., 14 ff., 84, 117 f. zurück. Zustimmend BIHLER, S. 15; HENKEL, S. 534; REHBINDER, Manfred, Rechtssoziologie, 2. Aufl., Berlin-New York 1989, S. 161.

I. Die Leistung des Judizes

Sieht man genauer hin, so zeigt sich, daß dieses vermeintliche Vermögen des erfahrenen Juristen unterschiedlich eingeschätzt wird.

1. Es lassen sich eine ganze Reihe von Autoren aufführen, die letztlich allesamt dem Leistungsvermögen des Judizes skeptisch gegenüberstehen[48].

2. Überwiegend wird das Judiz jedoch als wichtiges Element der Rechtsfindung anerkannt.

a) Man kann dem Judiz die Aufgabe zuweisen, wenigstens die Entscheidungsmöglichkeiten auszusondern, die als unzutreffend angesehen werden (= sogenannte negative Kandidaten). So bezeichnet etwa Wolfgang Gast[49] Judiz als *„das - aus Routine erwachsene - Gespür dafür, 'was geht'. Die technische Aufarbeitung folgt nach."*

b) Auch die Anhänger der „Kompaßfunktion[50]" des Judizes sehen dessen Bedeutung in der Einkreisung der überhaupt als vertretbar erscheinenden jeweiligen Zwischen- und Schlußentscheidungsvarianten.

c) Nach der These vom „sensus juridicus[51]" soll dem Judiz gar die Fähigkeit zukommen, die „allein richtige Entscheidung" in einem abgekürzten, teils intuitiven, teils intellektuell gesteuerten Verfahren zu erfassen[52]. Man ist hier geneigt, den Vergleich mit dem Westernhelden anzustellen, der blitzschnell aus der Hüfte schießend sein Ziel nie verfehlt.

---

48 BYDLINSKI, S. 152 f.; MÜLLER, Friedrich, Juristische Methodik, 3. Aufl., Berlin 1989, S. 17; WEIMAR, in: LAMPE, Rechtsgefühl, S. 162/163; LAMPE, ebenda, S. 110 (118 f.); ENGISCH, Einführung, S. 49.

49 Juristische Rhetorik, Rn. 131; ähnlich HENKEL, S. 539.

50 HENKEL, S. 18 f., 539; auch v. JHERING, Rudolf, Über die Entstehung des Rechtsgefühls (1884), in: JHERING, Der Kampf ums Recht, Ausgewählte Schriften, hrsg. v. Christian RASCHE, Nürnberg 1965, 275 (296 ff.); vgl. ebenda auch S. 421 ff.

51 RIEZLER, S. 7 f., 15 f., 117 f.; HUBMANN, S. 132 ff.

52 RIEZLER, S. 15, vergleicht den fertigen Juristen mit dem geübten Leser, der anders als das Schulkind nicht mehr die einzelnen Buchstaben lesen muß; vgl. auch ADOMEIT, S. 13; KRIELE, in: LAMPE, Rechtsgefühl, S. 30.

II. Die Ursachen für das (vorhandene bzw. fehlende) Leistungsvermögen des Judizes

1. Vielfach wird betont, daß Judiz nicht mehr als ein erster Eindruck sein könne[53], hingegen sei es nicht als eine meta-rationale Gabe[54] zu verstehen, sondern nur eine vorläufige emotionale Grobeinschätzung eines rational zu bewertenden Sachverhaltes[55].

2. Wer hingegen dem Judiz eine wichtige Funktion bei der Rechtsfindung zubilligt, der wird - je nachdem, ob er eher einem rationalistischen oder einem intuitiven Rechtsgewinnungsverständnis anhängt - zu weiterreichenden, wenn auch inhaltlich unterschiedlichen Erklärungen des Phänomens „Judiz" gelangen.

a) Aus der rationalistischen Sicht ist das Judiz *„nur eine 'besondere intellektuelle Behendigkeit', welche das Finden der richtigen Lösung ermöglicht, ohne daß dem Betreffenden 'das Durcheilen aller vermittelnden Urteile und Schlüsse bewußt wird'*[56]*"*.

b) Die Gegenposition sieht Intuition[57] als eigenständige Erkenntnisquelle an. Allerdings wird oftmals Intuition und intellektuell geprägtes Handeln nicht als Gegensatz empfunden.
Diese Auffassung[58] kann sich dabei auf eine gewisse philosophische Tradition[59] und die Psychologie der Gestaltwahrnehmung[60] berufen.

---

53 BYDLINSKI, S. 153; MÜLLER, Friedrich, S. 17.

54 WEIMAR, in: LAMPE, Rechtsgefühl, S. 163; ders. Psychologische Strukturen, S. 110; MEYER-HESEMANN, ARSP 1987, S. 405 ff. (410).

55 MEIER, Rechtsgefühl, S. 115 f.; LAMPE, in: LAMPE, Rechtsgefühl, S. 118.

56 So Heinrich HENKEL, S. 534 Fn. 1, im Anschluß an Franz KLEIN, Die psychischen Quellen des Rechtsgehorsams und der Rechtsgeltung, 1912, S. 38. Ähnlich Gerhard HUSSERL, Recht und Welt, Festschrift für Edmund Husserl, Halle 1929, S. 111 ff. (148); HECK, Philipp, Begriffsbildung und Interessenjurisprudenz, Tübingen 1932, S. 111 f.; MÜLLER-ERZBACH, Rudolf, Gefühl und Vernunft als Rechtsquelle, bei ELLSCHEID/ HASSEMER, Interessenjurisprudenz, Darmstadt 1974, S. 70. Ausdrücklich ablehnend zu derartigen Deutungen: ISAY, Rechtsnorm und Entscheidung, S. 76.

57 Wie wenig die moderne Kognitions- und Denkpsychologie von Intuition weiß, belegt EDELMANN, Lernpsychologie, 4. Aufl., Weinheim 1994, S. 242 f.

58 Z.B. HUBMANN, S. 48, 133 f.; ISAY, S. 68 ff.; WEIMAR, Psychologische Strukturen, S. 110; RIEZLER, S. 14 f.

59 So BERGSON und E. v. HARTMANN, vgl. ISAY, S. 68 ff.

60 LORENZ, Konrad, Gestaltwahrnehmung als Quelle wissenschaftlicher Erkenntnis (1959) in: LORENZ, Konrad, Vom Weltbild des Verhaltensforschers, München 1970, S. 97 ff.; letztlich auch RIEZLER, S. 15 f.; WEIMAR, Psychologische Strukturen, S. 110.

c) Eine vermittelnde Ansicht[61] betont das letztlich gar nicht exakt trennbare Zusammenspiel rationaler und eher intuitiver Entscheidungsdeterminanten. Für sie steht der Anspruch der Methodenehrlichkeit im Vordergrund. Ihr geht es vor allem um einen rationalen Umgang mit dem Irrationalen[62]. Gelegentlich wird auch auf die Bedeutung der Rezeption sozialer und kultureller Standards bei diesem Prozeß hingewiesen[63].

III. Näherung zum Begriff „Judiz" im Ausschlußverfahren

Wollen wir nach diesem kurzen - vielleicht zu knappen[64] - Überblick das Phänomen Judiz schärfer in den Blick bekommen, so empfiehlt es sich zunächst einmal darzustellen, was Judiz *nicht* ist.

1. Zwar wird auch dem *Laien* ein Rechtsgefühl zugebilligt[65]. Nicht hingegen auch ein Judiz. Judiz setzt nicht nur Rechtskenntnisse voraus, es erfordert in aller Regel eine *langjährige einschlägige Erfahrung als Rechtsanwender*[66].

2. Erst die längere Teilnahme an dem Kommunikationsprozeß, als den wir Rechtsanwendung begreifen[67], begründet das Judiz. Auch hier drängt sich die Parallele zum Sprachgefühl auf. Nur wer aktuell Mitglied einer Sprachgemeinschaft ist, entwickelt unabhängig von Grammatikkenntnissen ein Gefühl für die Sprache.

---

61 KRIELE, in: LAMPE, Rechtsgefühl, S. 30 ff.; LAMPE, ebenda, S. 118; HENKEL, S. 541; KAUFMANN, Grundprobleme, S. 61; ESSER, Vorverständnis, insbes. S. 119 ff.; OBERMAYER, JZ 1986, S. 1 ff. (4).

62 KAUFMANN, Grundprobleme, S. 61.

63 ESSER, Vorverständnis, insbes. S. 171 ff.; HENKEL, S. 539 i.V.m. 521 ff.; KAUFMANN, Grundprobleme, S. 44 ff., ders., Analogie und „Natur der Sache". Zugleich ein Beitrag zur Lehre vom Typus, 2. Aufl., Heidelberg 1982, S. 37 ff., 44 ff. Ähnlich auch REHBINDER, in: LAMPE, Rechtsgefühl, S. 182.

64 Weitere Einzelheiten bei MEIER, Christoph, S. 112; JOACHIM, Willi E., Brauchen Juristen (Rechts)Gefühl?, ZVglRWiss 1994, S. 343 ff.

65 HUBMANN, S. 134; KAUFMANN, Franz-Xaver, in: LAMPE, Rechtsgefühl, S. 185 ff.; ebenda ZIPPELIUS, S. 12; ebenda MÜLLER-DIETZ, S. 37 ff.; ebenda KRIELE, S. 23 ff.; KAUFMANN, Grundprobleme, S. 61; RADBRUCH, S. 196 ff.; OBERMAYER, JZ 1986, S. 1 ff.

66 PAWLOWSKI, Rn. 137, Fn. 55; RIEZLER, S. 14 f., 84, 118 f.; BIHLER, S. 29; WEIMAR, Psychologische Strukturen, S. 110; ADOMEIT, S. 13; GAST, Rn. 131; DIETERICH, Thomas, Arbeitsrechtsprechung und Rechtswissenschaft - Gedanken zu einem nicht störungsfreien Gespräch, RdA 1995, S. 321 (323), der Judiz als eine Verbindung von Professionalität und Lebensnähe bezeichnet.

67 Vgl. oben B.

Deshalb dürfen Rechtsanwender sich weder aus dem fachspezifischen noch aus dem gesamtgesellschaftlichen Kommunikationsprozeß ausklinken[68]. Sie müssen Lebensnähe bewahren[69]. In einer zusehends in Teilwelten zerfallenden Welt wird hier vom Rechtsanwender einiges abverlangt. So vermerkte bereits 1929 Adolf Baumbach[70], daß darüber, was gute Sitten im Sinne von § 1 UWG seien, „*das Anstandsgefühl älterer Richter in hoher Stellung, die das praktische Geschäftsleben ganz überwiegend nie kennengelernt haben*" entscheide.

3. *Dogmatische Streitfragen* können nicht durch Judiz entschieden werden. Ob die Zweischrankentheorie[71] entgegen der Auffassung des BAG[72] gegenüber der Vorrangtheorie den Vorzug verdient, ob es neben § 23 III BetrVG einen allgemeinen Unterlassungsanspruch des Betriebsrats gibt[73], wie im Kündigungsrecht das Abmahnungserfordernis[74] begründet wird, über all das kann das Judiz nichts aussagen. Es ist nicht zur Lösung abstrakter System- und Ordnungsprobleme geeignet, sondern vermag nur bei der Lösung *konkreter Fälle* hilfreich zu sein.

Dieser Umstand gründet in der Eigenart des Judizes. Dieses ist nicht Ausdruck eines letztlich sprachbezogenen logisch-systematischen Denkens, sondern eines eher bildorientierten Denkens, das wegen seines tentativen Charakters diskursiv verläuft und letztlich auf die Anschaulichkeit des konkreten Lebenssachverhaltes angewiesen ist. Zwischen den strengeren Rechtsfindungsmethoden der klassischen Methodenlehre und den unstrengen Rechtsfindungsmethoden[75], die unter so unterschiedlichen Titeln wie

---

68 FROMM, S. 296, 305 ff.

69 JOACHIM, ZVglRWiss 1994, S. 343 (346 f.); Gerhard HUSSERL, Festschrift für E. Husserl, S. 111 (148); DIETERICH, RdA 1995, S. 323; FROMM, S. 275 ff., 518 ff.

70 RAISCH, S. 166; SACK, Rolf, Das Anstandsgefühl aller billig und gerecht Denkenden..., NJW 1985, S. 761 ff. (764 Fn. 42).

71 Vgl. dazu die Kritik von WANK, Rolf, Tarifautonomie und betriebliche Mitbestimmung, RdA 1991, S. 129 ff. Auch die Kommentatoren halten an der Zweischrankentheorie fest: FITTING-KAISER-HEITHER-ENGELS, BetrVG, 17. Aufl., München 1995, Rn. 49; GK-KREUTZ, BetrVG, Bd. II, 5. Aufl., Neuwied u.a. 1995, § 77 Rn. 118; GK-WIESE (5. Aufl.), § 87 Rn. 47.

72 BAG, Beschluß v. 24.2.1987 - 1 ABR 18/95, EzA § 87 BetrVG 1972 Nr. 10 = AP Nr. 21 zu § 77 BetrVG 1972; BAG, Beschluß v. 3.12.1991 - GS 2/90, EzA § 87 BetrVG 1972 Betriebliche Lohngestaltung Nr. 30 = AP Nr. 51 zu § 87 BetrVG Lohngestaltung.

73 BAG, Beschluß v. 3.5.1994 - 1 ABR 24/93, AP Nr. 23 zu § 23 BetrVG 1972. Aus der ausufernden Lit.: KONZEN, NZA 1995, S. 865 ff.; PRÜTTING, RdA 1995, S. 257 ff.

74 Vgl. nur KR-HILLEBRECHT, 4. Aufl. 1996, § 626 BGB Rn. 96 - 100 d.

75 WIEACKER, Franz, Über strengere und unstrenge Verfahren der Rechtsfindung, Festschrift für Werner Weber, Berlin 1974, S. 421 ff.; LARENZ, S. 132 ff.; RAISCH, S. 205 ff.

Topik[76], Juristische Hermeneutik[77] und Juristische Argumentationslehre[78] behandelt werden, besteht allerdings kein beziehungsloses und demnach bei der Präsentation der Rechtsfindung ignorierbares Nebeneinander[79]. Vielmehr kann - was Josef Esser[80] und Gustav Radbruch[81] schon früh erkannt haben - nicht zwischen Entdeckungs- und Begründungszusammenhang[82] getrennt werden[83].

Warum dies so ist, kann erst erklärt werden, wenn wir im Nachfolgenden die Eigenart juristischer Prototypenbildung und die Vernetzung der Prototypen zu einem als mentalem Modell beschreibbaren kognitiven System dargestellt haben.

D. Judiz und typologisches Denken

Um zwischen der vorstehenden Hypothese und der Rechtstheorie eine Verbindungslinie herzustellen, müssen zunächst *die drei kategorialen Erscheinungsformen von Aussagen über das Recht* dargestellt werden (I). Dann wird ihr Bezug zu dem kognitiven System der Prototypen hergestellt (II). Schließlich wird gezeigt werden, wie auf einer anderen Ebene als der herkömmlich beschriebenen Rechtsfindung das Judiz funktioniert, indem mittels der Methode der Fallvariation bzw. des hypothetisch-experimentellen Denkens der Lebenssachverhalt einschlägigen Prototypen näherungsweise zugeordnet wird (III). Besondere Aufmerksamkeit verdient dabei das Problem der Bestimmung des Sachverhalts bzw. der Konstitution des Rechtsfalls, weil hier die Prototypen die sachverhaltskonstituierenden Selektionsprozesse wesentlich steuern (IV).

---

76 VIEHWEG, Theodor, Topik und Jurisprudenz, München 1974, insbes. S. 95 ff.

77 KAUFMANN, Grundprobleme, S. 44; ders., Analogie, S. 37 ff., 44 ff.; ESSER, Vorverständnis, S. 135 ff.; kritisch RAISCH, S. 210.

78 NEUMANN, Ulfried, Juristische Argumentationslehre. Kritisch zur juristischen Argumentationslehre KAUFMANN, Grundprobleme, S. 46 ff.

79 Für eine Trennung von Entdeckungs- und Begründungszusammenhang plädiert PAWLOWSKI, Rn. 137, 138.

80 Grundsatz und Norm, Tübingen (1956) 1974, z.B. S. 174 ff.; Vorverständnis, S. 149 ff.

81 Einführung in die Rechtswissenschaft, Stuttgart 1952, S. 161; vgl. auch ENGISCH, Einführung, S. 82; SCHEUERLE, AcP 167, 305 (319).

82 NEUMANN, Juristische Argumentationslehre, S. 3; WIEACKER, Festschrift für Wilhelm Weber, S. 421 (441); m.w.N.

83 Zustimmend KAUFMANN, Grundprobleme, S. 61.

I. Die drei kategorialen Erscheinungsformen von Aussagen über Recht

Recht läßt sich als eine Sollensordnung begreifen, die aufgrund ihres Geltungsanspruchs[84] sich auf eine Wirklichkeit bezieht, die durch eben diese Sollensordnung einer Gestaltung unterzogen wird. Aus dieser Wechselbezüglichkeit von Wirklichkeit und Rechtsordnung ergeben sich die drei Grundformen, in denen Recht dargestellt und begriffen werden kann[85].

1. Soweit die Sinnhaftigkeit rechtlicher Regelungen erörtert wird, geht es um die Einordenbarkeit einzelner rechtlicher Regelungen in die der rechtlichen Sollensordnung eigene Sinnordnung. Bezugsrahmen für die Bestimmung derartiger Überlegungen sind vor allem die durch Rechtsregelungen geschaffenen teleologischen bzw. axiologischen Ordnungen. Deshalb sind Analysen der Rechtsordnung, die deren rationes legis[86] und noch allgemeiner deren materielle Prinzipien[87] unmittelbar faßbar machen wollen, stets der *axiologischen Grundform* rechtlicher Aussagen zuzuordnen.

2. Den umgekehrten Weg beschreitet man, wenn man nicht den Gehalt der Rechtsordnung als solcher beschreibt, sondern wenn man - meist in Form von Konditionalprogrammen[88] - genauestens beschreibt, wie eine normkonforme Wirklichkeit jeweils auszusehen hat.
Hier versucht man im Interesse der Rechtssicherheit durch Ausführungsbestimmungen und subtile Fallgruppenbildungen[89], aber auch durch detaillierte Gesetzesregelungen eine Präzision[90] zu erreichen, wie sie bei weniger ausdifferenzierten Rechtsnormen nicht anzutreffen ist.

---

84 Vgl. KAUFMANN, Grundprobleme, S. 176 ff.; ENGISCH, Hauptthemen, S. 56 ff.; HENKEL, S. 543 ff.; RADBRUCH, S. 170; RÖHL, Allgemeine Rechtslehre, § 36 = S. 298 ff.

85 Zur Vertiefung hinsichtlich der nachfolgenden Ausführungen: FROMM, S. 225 - 238.

86 Zum Begriff vgl. ESSER, Vorverständnis, S. 32 ff. (34); BYDLINSKI, S. 454; RAISCH, S. 149.

87 ALEXY, Rechtsregeln und Rechtsprinzipien, ARSP 1985, Beiheft 25, S. 13 ff.; ders., Theorie der Grundrechte (1985), Frankfurt a.M. 1986, S. 71 ff.; LARENZ, S. 474 ff.; BYDLINSKI, S. 132 f.; KAUFMANN, Grundprobleme, S. 49 ff.; RAISCH, S. 168 ff.; RÖHL, Allgemeine Rechtslehre, § 32 = S. 272 ff.

88 Zum Begriff: LUHMANN, Niklas, Legitimation durch Verfahren, Frankfurt a.M. 1983, S. 130; dazu das Zitat bei FROMM, S. 391 Fn. 106; RÖHL, § 29 I = S. 247 ff.

89 Zu den damit verbundenen Gefahren der Mediatisierung der Rechtsfindung: RAISCH, S. 167.

90 Zur Vagheit, Mehrdeutigkeit, Porösität und Inkonsistenz als Unterformen mangelnder Präzision vgl. WANK, Juristische Begriffsbildung, S. 37; HERBERGER/SIMON, 12.3.5.1; KOCH/RÜßMANN, S. 191 ff., 194 ff.

Die Folge solcher Tendenzen ist die Entfremdung von der Sinnhaftigkeit der ursprünglichen rechtlichen Regelung. Die Lektüre von Steuergesetzen, aber auch des Sozialgesetzbuchs bietet hier reichlich Anschauungsstoff!
Wegen dieser Tendenz, Aussagen über den Sinn einer rechtlichen Regelung zugunsten der Anhäufung von Sachverhaltsdetails hintanzustellen, soll im Anschluß an Watzlawick und Arthur Kaufmann diese Aussageform als *digitale Erscheinungsform*[91] rechtlicher Aussagen bezeichnet werden.

3. Zwischen dem auf Transparenz angelegten Versuch, den Sinn rechtlicher Regelungen dem unmittelbaren Zugriff des Rechtsanwenders zu eröffnen (= axiologische Erscheinungsform) und der sinnentleerten Vorliebe für die Sachverhaltsdetails (= digitale Erscheinungsform), die die Vielzahl der so notwendig werdenden Einzelregelungen bis zur Unüberschaubarkeit anschwellen läßt, liegt der *Typus* als *Ausdruck analogen Denkens*[92]. Dabei meint Analogie nicht das allseits bekannte Institut der juristischen Methodenlehre zur Ergänzung festgestellter Lücken[93], sondern jene eigentümliche Strukturverschlingung von Lebenssachverhalt und Normsinn, welcher typologisches Denken gerecht zu werden versucht[94].
Der Typus ist ein *Interpretationskonstrukt*[95], durch den die Wirklichkeit so betrachtet wird, daß der jeweils gebildete Wirklichkeitsausschnitt oder Sachverhalt nicht bloß irgendeinen von zahllosen denkbaren Anwendungs-

---

91 KAUFMANN, Grundprobleme, S. 101 f.; ders., Analogie, S. 73; weitere Nachweise aus KAUFMANNS Schriften bei FROMM, S. 230 Fn. 43, dort auch das WATZLAWICK-Zitat S. 226.

92 KAUFMANN, Grundprobleme, S. 111 ff.; ders., Analogie, S. 37 ff., 44 ff.; LARENZ, S. 460 ff.; LEENEN, Detlev, Typus und Rechtsfindung, Berlin 1971, S. 92 ff.; WANK, S. 124 ff. (130 ff.); FROMM, S. 228 - 230 m.w.N. Die Kritik am Typusbegriff durch KUHLEN, Lothar, Typuskonzeptionen in der Rechtstheorie, Berlin 1977, insbes. S. 160 ff., war eine primär begriffslogische, die durch KUHLENS eigene Untersuchung „Regel und Fall in der juristischen Methodenlehre", ARSP-Beiheft Nr. 45, 1992, S. 101 (119 ff.) und durch Irmgard PUPPE, Vom Umgang mit Definitionen in der Jurisprudenz, GS für Armin KAUFMANN, Köln u.a. 1989, S. 15 ff., weithin gegenstandslos geworden ist (vgl. SCHÜNEMANN, Bernd, Zum Verhältnis von Norm und Sachverhalt, in: Strafgerechtigkeit, Festschrift für Arthur Kaufmann zum 70. Geburtstag, Heidelberg 1993, S. 299 ff. (306), und FROMM, S. 238).

93 KAUFMANN, Grundprobleme, S. 112.

94 Dazu auch SCHÜNEMANN, in: Strafgerechtigkeit, aaO., S. 299 ff., und insbesondere ENGISCH, Karl, Logische Studien zur Gesetzesanwendung, Heidelberg 1943, S. 22 ff., 82 ff.

95 Vgl. LENK, Hans, Von Deutungen und Wertungen, Frankfurt a.M. 1994, S. 62 ff., vertiefend ders., Interpretation und Realität, Frankfurt a.M. 1995, insbes. S. 140 ff.; ABEL, Günter, Interpretationswelten, Frankfurt a.M. 1995.

fällen der Norm darstellt, sondern deren jeweiligen Modellfall[96]. Derartige Konstruktionen[97] von Wirklichkeit müssen darauf achten, daß sie das repräsentative Muster der Regelungsidee der Norm adäquat abbilden[98]. Modellfälle bzw. typologische Muster von Regelungsideen sind individuell, aber konkret und abstrakt zugleich. Digitale Erscheinungsformen rechtlicher Aussagen sind bei all ihrer (relativen) Konkretheit doch generell formuliert. Alle drei Aussagenebenen stehen in einem Stufenverhältnis und können daher in aller Regel jeweils von der einen Ebene in die andere *transformiert* werden[99].

II. Das kognitive System prototypischer Aussagen

Der ungeduldige Leser mag fragen, was dies denn nun mit dem Judiz zu tun habe?

Deshalb sei die Antwort vorweg gegeben: Juristen speichern ihr erworbenes Fachwissen in typologischen (inneren) Mustern ab, die sich zu kognitiven Systemen vernetzen. Diese Muster werden abgerufen, wenn das Judiz blitzschnell Problemlösungsvorschläge bereitstellt[100]. Neuere Einsichten in der Denk- und Kognitionspsychologie[101] sprechen dafür, daß Eigenschaftsbegriffe prototypisch durch eine logisch nicht begründbare ungleiche Gewichtung von kontextabhängigen Merkmalen gebildet werden. Als Prototyp fungiert dabei ein idealer Repräsentant des Eigenschaftsbegriffs (= Kategorie). Zwar haben die Prototypen, die das juristische typologische Denken beschreiben, oftmals auch den Charakter sogenannter Erklärungsbegriffe[102]. Aber auch Erklärungsbegriffe können Modellcharakter[103] aufweisen.

Derartige Begriffe bzw. die ihnen korrespondierenden Modellvorstellungen und Prototypen lassen sich zu Ordnungen höheren Grades durch Begriffs-

96 Vgl. HAFT, Einführung in das juristische Lernen, 5. Aufl., Bielefeld 1991, S. 22 ff. Zum Modellbegriff: FROMM, S. 235 f., insbes. Fn. 73.

97 BERGER, Peter L. / LUCKMANN, Thomas, Die gesellschaftliche Konstruktion der Wirklichkeit (1966), Frankfurt 1970, S. 43 ff.; SCHÜTZ, Alfred / LUCKMANN, Thomas, Strukturen der Lebenswelt, Bd. I, Neuwied 1975, S. 315 ff.; Bd. II, Frankfurt a.M. 1984, z.B. S. 131 ff.

98 Einzelheiten bei FROMM, S. 254 f.

99 FROMM, S. 232.

100 FROMM, S. 240, 266; RIEZLER, S. 14 f., 84; G. HUSSERL in: Festschrift für E. Husserl, S. 111 (148); JOACHIM, ZVglRWiss 1994, S. 343 ff. (345). Wohl auch HECK, Begriffsjurisprudenz, S. 111 f.

101 EDELMANN, Lernpsychologie, S. 200 ff. (206 ff.); HUSSY, Walter, Denkpsychologie, Bd. I, Stuttgart u.a. 1984, 3.3.1 = S. 82 ff.

102 Dazu EDELMANN, S. 210.

103 EDELMANN, S. 217.

ketten[104] fortbilden. Schließlich entstehen mentale Modelle[105], in denen der Rechtsanwender intern komplexe Modelle von Ausschnitten der Realität praktischer Rechtsanwendung aufbaut, die sich zu einer *kognitiven Struktur*[106] verdichten.
Solche hochentwickelten kognitiven Strukturen erlauben es dann, aus dem abgespeicherten Vorrat an Modellfällen Vergleichsmaßstäbe für die Lösung des jeweils zu entscheidenden Einzelfalls zu entwickeln[107].

Entsprechend der jeweils anstehenden Problemlösung können so (innere) Muster abgerufen werden, die nicht nur *kompaßähnlich* das weitere *Procedere* auf dem Weg zur abschließenden Fallösung bestimmen, sondern die *auch Beurteilungskriterien* für die Richtigkeit der zu erarbeitenden Fallösung selbst bereitstellen. Dieses *tentative* Vorgehen[108] mag als intuitiv bezeichnet werden, *irrational* ist es nicht!
Untersuchungen im Bereich der Begabtenforschung[109] haben gezeigt, daß der Meister seines Fachs, der offenbar in jahrelangem Training eine fachspezifische kognitive Struktur (das kann auch der Taxifahrer sein, der sich in New Yorks Straßenwirrwarr zurechtfindet[110]) aufgebaut hat, intuitiv Problemlösungen entwickelt.

III. Die Methode der Fallvariation

Erstaunlicherweise hat Karl Larenz[111] bereits die methodischen Implikationen der soeben aus denkpsychologischer Sicht dargestellten Phänomene 1958 erkannt. Er hat nämlich die *Technik der Fallvariation* entwickelt[112]. Der jeweilige *Problemfall* wird mit den in der kognitiven Struktur veran-

---

104 EDELMANN, S. 231; HUSSY, I, S. 96 ff.

105 EDELMANN, S. 261; HUSSY, I, S. 100 ff. (104).

106 EDELMANN, S. 329; HUSSY, Walter, Denkpsychologie, Bd. II, Stuttgart 1986, S. 38 ff., i.V.m. HUSSY, I, S. 187 ff.

107 vgl. auch schon RIEZLER, S. 14 f., 84, 117 f.; BIHLER, S. 29; FROMM, S. 240, 255, 266.

108 WEIMAR, Psychologische Strukturen, S. 109; ESSER, Vorverständnis, S. 155.

109 ERNST, Heiko (Hrsg.), Wenn du denkst ..., Thema: Intelligenz,; TROLLER, Robert J., Meisterschaft, Wissen, Erfahrung, Intuition, S. 127 ff.

110 TROLLER, aaO., S. 130. Ähnlich berichtet der Bergsteiger Reinhold MESSNER, Prognose- und Optimierungsprobleme „am Berg" habe er immer *instinktiv* richtig gelöst.

111 Wegweiser richterlicher Rechtsschöpfung. Eine rechtsmethodologische Untersuchung, in: Festschrift für Arthur Nikisch, Tübingen 1958, S. 275 ff.

112 Später sollte Reinhold ZIPPELIUS, Methodenlehre, S. 15, Rechtsphilosophie § 40 I; ders. Festschrift für Hans Huber, S. 143; ders. Festschrift für Engisch, S. 224 (235), vom hypothetisch-experimentellen Denken sprechen .Bei ESSER, Vorverständnis, passim, ist häufiger von der trial- and error-Methode die Rede. Weitere zahlreiche Nachweise bei FROMM, S. 42/43.

kerten *Modellfällen* verglichen. Dabei dient das Muster als *Folie* bei der Prüfung, ob nicht besondere Einzelheiten des konkreten Falles einer besonderen Behandlung bedürfen.

Nur wer - wie erfahrene Juristen - aus einer ausdifferenzierten kognitiven Struktur Muster abrufen kann, vermag sachangemessene Unterscheidungen in seine diesbezüglichen Überlegungen miteinzubeziehen.
Beim erfahrenen Juristen ist eben auch das System der Prototypen keine beziehungslose Anhäufung, sondern steht in einer inneren Ordnung, indem die in einem Merkmalsraum angesiedelten charakteristischen Elemente der Muster bzw. Prototypen in unterschicdlichen Kontinua Abstufungen, ja sogar Variationen und Modulationen erfahren, die ebenfalls abgespeichert jederzeit aktualisierbar sind.

Aber nicht nur der Vorrat von zum Vergleichen heranzuziehender, in sich vielfältig abgestufter und gelegentlich auch modulierter Muster macht das analogische Denken so wertvoll. Wichtiger ist noch, daß der im Muster veranschaulichte axiologische bzw. teleologische Gehalt der Rechtsnorm dem Rechtsanwender vor Augen geführt wird[113]. So ist dieser stets gefordert zu prüfen, ob nicht gerade dieser Normgehalt eine Betrachtung der Wirklichkeit unter veränderter Perspektive und Problemsicht gebietet und so letztlich völlig neue Entscheidungssachverhalte entstehen[114].

Gelegentlich zeigt sich aber auch, daß ein zu entscheidender Fall so vielschichtig und derart ineinander verschachtelt aufgebaut ist, daß hier dem Prozeß des Vergleichens eine sehr sorgfältige Analyse vorangehen muß. Der Fall ist dann in seine in ihm realkumulierenden[115] und idealkumulierenden[116] Elemente, die als jeweilige Abbilder der abgespeicherten Muster des kognitiven Systems erscheinen, zu zerlegen. Bei diesen analytischen Bemühungen bedarf es des viel zitierten „Hin- und Herwandern des Blickes[117]"

---

113 LARENZ, Festschrift für Nikisch, S. 275 (289 ff.); FIKENTSCHER, IV, S. 197 ff.; KAUFMANN, Analogie, S. 46; FROMM, S. 242 f.

114 ESSER, Vorverständnis, S. 59 ff.; HRUSCHKA, Joachim, Die Konstitution des Rechtsfalls, Berlin 1965, S. 74; ENGISCH, Logische Studien, S. 23 ff., 82 ff.; KAUFMANN, Grundprobleme, S. 61 f., ders., Analogie, S. 37 ff.; JOACHIM ZVglRWiss 1994, S. 343 (346 f.); WEIMAR, Psychologische Strukturen, S. 64 ff.; zahlreiche weitere Nachweise bei FROMM, S. 241 Fn. 105.

115 Beispiel für eine Realkumulation: Arbeitnehmer beleidigt Arbeitskollegen *und* verprügelt ihn 2 Stunden später. Einzelheiten: FROMM, S. 39, 222.

116 Beispiel für Idealkumulation: Arbeitnehmer betreibt seinen unerlaubten Wettbewerb zum Arbeitgeber *auch noch* während der Arbeitszeit. Einzelheiten: FROMM, S. 40, 222.

117 ENGISCH, Logische Studien, S. 15.

nicht nur, um diesen Blick auf der *Sachverhaltsebene* dem Gegenstand zuwenden zu können, sondern auch aus der Sicht des kognitiven Systems. Erst aus der Anschauung des ganzheitlichen Musters im Lichte des konkreten Lebenssachverhalts erhellt, was auf der Sachverhaltsebene an Sachfremdem zu trennen und zu eliminieren und was an Zusammengehörendem zu verbinden ist.

IV. Die Bedeutung des Einzelfalles

Einzelfälle beanspruchen des öfteren, sich durch besondere Eigentümlichkeiten auszuzeichnen. Die Betroffenen plädieren dann immer wieder gleich: Die einschlägigen Rechtsnormen und die aus diesen abgeleiteten allgemeinen materiellen Rechtsprinzipien sollen unzulänglich sein und die fallspezifische Sachproblematik nicht angemessen erfassen.
Die rechtsphilosophische Tradition diskutiert das angesprochene Thema unter dem Titel „*Recht und Billigkeit*[118]“, gelegentlich wird auch vom Spannungsverhältnis von Sachgerechtigkeit und Gleichgerechtigkeit[119] gesprochen. Die Thematik kann hier nicht vertieft erörtert werden. Aber eines ist gewiß: Gerechtigkeitsimpulse erfährt die Entscheidung nicht nur durch die Norm, sondern auch durch jene Gesichtspunkte, die herkömmlicherweise der „Natur der Sache[120]“ zugeordnet werden. Indessen ist dieser Begriff wegen seiner inhaltlichen Unbestimmtheit zu Recht kritisiert worden[121]. Richtiger dürfte es sein, von einer Logik der Situation[122] zu sprechen. Eine solche materiale Logik[123] ist zwar oft eingefordert worden, aber bis heute nicht geschrieben[124] worden.

---

118 HENKEL, S. 419 ff. (421 ff.); v. HOYNINGEN-HUENE, Gerrick, Die Billigkeit im Arbeitsrecht, München 1978, S. 1- 45; ENGISCH, Hauptthemen, S. 179 ff.; ZIPPELIUS, Rechtsphilosophie, § 24,; BYDLINSKI, S. 363 ff.; RÖHL, Allgemeine Rechtslehre, S. 668 f.; kritisch KAUFMANN, Grundprobleme, S. 145 ff.

119 FIKENTSCHER, IV, S. 188 ff.; im Ergebnis ebenso HENKEL, S. 421, und KAUFMANN, Grundprobleme, S. 147.

120 HENKEL, S. 371 ff.; RADBRUCH, Gustav, Die Natur der Sache als juristische Denkform (1948), Darmstadt 1960; BALLWEG, Ottmar, Zu einer Lehre von der Natur der Sache, Basel 1960, S. 63 ff.; ENGISCH, Hauptthemen, S. 232 ff.; KAUFMANN, Grundprobleme, S. 21; ders., Analogie, S. 44 ff.; LARENZ, S. 417 ff.

121 DREIER, Ralf, Zum Begriff der „Natur der Sache“, Berlin 1965, insbes. S. 125 ff.; RÖHL, Allgemeine Rechtslehre, S. 65; auch KAUFMANN, Analogie, Nachwort, S. 74.

122 Vgl. im Anschluß an Vorüberlegungen von Karl POPPER die Ausführungen bei FROMM, S. 269 ff.

123 Ob durch die sogenannte „Fuzzy Logic“, die vor allem von Rechtsinformatikern gefördert wird (vgl. PHILIPPS, Lothar, Unbestimmte Rechtsbegriffe und Fuzzy Logic, in: Strafgerechtigkeit, Festschrift für Arthur Kaufmann, Heidelberg 1993, 265 ff.) eine solche materiale Logik entwickelt werden kann, erscheint nicht unproblematisch (vgl. KAUFMANN, Grundprobleme, S. 109).

Jedoch auch ohne vertiefte Behandlung dieser Grundsatzfragen läßt sich eine weitere These aufstellen: Judiz besteht zu einem wesentlichen Teil in der Gabe, das Spannungsverhältnis von Sachgerechtigkeit und Gleichgerechtigkeit aufzulösen.
Jene Elastizität, die hierfür erforderlich ist, verleiht die Gesamtschau[125] der im fortdauernden Kommunikationsprozeß geübten und fortwährend weiterentwickelten kognitiven Struktur des erfahrenen Juristen. Mögen in vielen *erdachten* Rechtsfällen nur *vertretbare* Lösungen auffindbar sein[126], so begründet beim noch offenen, im Rechtsstreit erst zu konstituierenden Sachverhalt die Vielzahl der Wertungsmöglichkeiten[127] in einer erheblichen Anzahl von Fällen die Chance, die allein hic et nunc richtige Lösung[128] zu finden. Mit jedem weiteren Frageimpuls - sei es, daß er der Logik der Situation oder den Prototypen der kognitiven Struktur entspringt - wird der Sachverhalt um weitere Daten angereichert, unter deren Beachtung die bisher für brauchbar gehaltenen Problemlösungen und Entscheidungsvarianten (zumindest teilweise) als unangemessen erscheinen. Dieser Prozeß kann so lange vorangetrieben werden, bis alle rechtlich relevanten Erwägungen nur noch eine einzige Lösung als angemessen erscheinen lassen. Daß hierbei die Gleichgerechtigkeit nicht auf der Strecke bleibt, ist die ureigenste Aufgabe des Judizes[129]. Treffend bemerkte Gustav Radbruch[130]: *„Das Rechtsgefühl verlangt also einen behenden Geist, der vom Besonderen zum Allgemeinen und vom Allgemeinen wieder zum Besonderen hinüberzuwechseln vermag."*
Die scheinbar traumwandlerische Sicherheit des Judizes verschleiert gelegentlich, daß man sich bei dem geschilderten Prozeß häufig auf einer Gratwanderung befindet. Aber auch dies hat Radbruch[131] deutlich gesehen:
„... ein guter Jurist würde aufhören, ein guter Jurist zu sein, wenn ihm in jedem Augenblick seines Berufslebens mit der Notwendigkeit nicht auch die tiefe Fragwürdigkeit seines Berufes voll bewußt wäre".

---

124 Zu einem ersten Ansatz durch den Verfasser vgl. FROMM, S. 269 ff.

125 HUBMANN, Wertung und Abwägung, S. 145 ff.; LORENZ, Gestaltwahrnehmung, S. 143 ff.; EDELMANN, S. 329, 425 ff.; FROMM, S. 313 f.

126 Zur sogenannten Zertitätstheorie: ADOMEIT, JuS 1972, S. 628 ff.; vgl. auch FROMM, S. 299 f.

127 Zum Zusammenhang von Information und Norm: FIKENTSCHER, IV, S. 192 ff.; FROMM, S. 265 ff.

128 MAIHOFER, Werner, Die Natur der Sache, in: KAUFMANN, Arthur, Die ontologische Begründung des Rechts, Darmstadt 1965, S. 52 ff. (= ARSP 1958 (Bd. 44), S. 145 ff.; vgl. auch das Originalzitat bei FROMM, S. 42); weiter JOACHIM ZVglRWiss 1994, S. 343 (346).

129 DIETERICH, RdA 1995, S. 321 (323); KAUFMANN, Grundprobleme, S. 61.

130 RADBRUCH, S. 199.

131 RADBRUCH, S. 204.

E. Die Grenzen des Judizes

Damit sind wir an den Grenzen des Judizes angelangt. Daß dieses nicht geeignet ist, dogmatische Streitfragen zu klären und auf einer langjährigen einschlägigen Erfahrung des Rechtsanwenders basiert, wurde bereits erwähnt.
Gerade die Erfahrungen der Vergangenheit lehren, daß ein falsch verstandenes Judiz nicht dem jeweiligen politischen Zeitgeist nutzbar gemacht werden darf[132], sondern stets den Anpassungsgrenzen unterworfen ist, die auch sonst für typologisches Denken gelten. Diese ergeben sich aus einem bei aller Vielfalt der Meinungen doch eruierbaren Kernbestand von Kriterien richtigen Rechts[133], die vor allem auch Verfahrensgarantien[134] implizieren. Dabei ist insbesondere darauf zu achten, daß die Eigenständigkeit der Judikative auch in der Verfassungsrealität gewahrt bleibt. Deshalb ist es sehr wichtig, die persönliche, sachliche und politische Unabhängigkeit des Richters[135] sicherzustellen. Dazu gehört auch der Abbau etwaiger Zugangsbarrieren zum Richterberuf[136]. Am wichtigsten ist jedoch in diesem Zusammenhang die innere Unabhängigkeit des Richters, die ein ausgewogenes Verhältnis zum eigenen Selbst erfordert.

Viel Unsicherheit besteht darüber[137], ob Judiz auch in stark „technisierten" Rechtsgebieten wie dem formellen Grundbuchrecht oder dem Zwangsvollstreckungsrecht funktionieren kann. Soweit dort die oftmals stark digitalisierten Regeln relativ problemlos in typologische Muster transformiert werden können, ist dies zu bejahen. Allerdings ergeben sich da Einschränkungen, wo eine Vielzahl digital ausgestalteter Rechtsnormen und Rechtsvorschriften - wie z.B. im Steuerrecht - Ausfluß von zufälligen Zweckmäßigkeitserwägungen eines mehr und mehr populistisch agierenden politischen Tagesgeschäftes sind.

---

132 RÜTHERS, Bernd, Die unbegrenzte Auslegung (1968), Frankfurt a.M. 1973; ders., Entartetes Recht, München 1994.

133 HENKEL, S. 422 ff. (424, 427); LARENZ, Richtiges Recht, S. 45 ff., 57 ff., 114 ff.; KAUFMANN, Grundprobleme, S. 167 f., S. 217 ff. (221); ders., Analogie, S. 44 ff., 78; COING, S. 215 ff.; BYDLINSKI, S. 317 ff. Einschränkend ENGISCH, Hauptthemen, S. 270 ff.

134 LARENZ, Richtiges Recht, S. 156 ff.; COING, S. 228 f.; HENKEL, S. 441 ff.; RAISER, Thomas, Das lebende Recht, Rechtssoziologie in Deutschland, 2. Aufl., Baden-Baden 1995, S. 237 ff.

135 DÜTZ, Wilhelm, Richterliche Unabhängigkeit und Politik, JuS 1985, S. 745 ff.; FROMM, S. 71, insbes. Fn. 223.

136 REHBINDER, Rechtssoziologie, § 10 I 2 = S. 187 ff.; RAISER, Thomas, Das lebende Recht, Rechtssoziologie, S. 380 ff., 391; RÖHL, Klaus F., Rechtssoziologie, S. 347 f.

137 Vgl. den Diskussionsbericht zum Referat WEIMARS in: LAMPE, Rechtsgefühl, S. 173.

Wegen seines Doppelbezugs - einmal zur Wirklichkeit, zugleich aber auch zur jeweiligen Regelungsidee eines Rechtssatzes oder einer Vielzahl von Rechtssätzen - hat das Judiz also eine erhebliche heuristische Kraft.
Aber wollte man sich allein auf diese verlassen, so würde man übersehen, daß es immer wieder vorkommen kann, daß gesetzliche Regelungen existieren, hinsichtlich derer nicht gewiß ist, daß der jeweilige Rechtsanwender gerade ihnen in seinem kognitiven System ausreichend Rechnung zu tragen vermag. Weiter besteht bei allem Bemühen um Objektivität bei jedem Rechtsanwender die Gefahr, daß er seine persönlichen Wertmaßstäbe, Lebensgewohnheiten und Einstellungen mit der durch das System der Prototypen begründeten kognitiven Struktur vermengt[138]. Daher bedarf die Fruchtbarkeit des Judizes stets noch der Kontrolle[139] durch solide Begriffsarbeit und andere rechtsdogmatischen Betrachtungsweisen.

Entscheidend ist aber letztlich, daß jedem der verschiedenen Rechtsfindungsfaktoren der ihm gebührende Platz zukommt, so daß das Wechselspiel gewahrt bleibt, das zwischen diesen stattfinden sollte[140]. Insofern versteht sich der vorliegende Beitrag auch als Besinnung auf das rechte Maß[141]. Das ist die gerade in der heutigen Zeit oftmals so schmerzlich vermißte Mitte zwischen den Extremen.

---

138 LAMPE, in: LAMPE, Rechtsgefühl, S. 118 f.; WEIMAR, Psychologische Strukturen, S. 84 ff.; BIHLER, S. 29.

139 KAUFMANN, Grundprobleme, S. 61; KRIELE, in: LAMPE, Rechtsgefühl, S. 30; WEIMAR, ebenda, S. 162 ff.; RIEZLER, S. 119; JOACHIM ZVglRWiss 1994, S. 343 (348 f.); zusammenfassend MEIER, Christoph, S. 116. Eine Rückkoppelung zwischen Entscheidung und Norm leugnet auch Herrmann ISAY letztlich nicht (vgl. S. 177 ff. (181 f.)), da ohne Normen kein System und offenbar ohne System keine Entscheidung möglich wäre; vgl. auch ROẞMANITH, S. 84.

140 ESSER, Vorverständnis, S. 131 ff. (135).

141 ARISTOTELES, Nikomachische Ethik (Felix Meiner 1972), 2. Buch, 5. und 6. Kap. Weiter zur Thematik des rechten Maßes: BOLLNOW, Otto Friedrich, Wesen und Wandel der Tugenden, Frankfurt a.M. 1958, S. 56 ff., 75 f., 128 ff.; PIEPER, Josef, Das Viergespann, Klugheit-Gerechtigkeit-Tapferkeit-Maß (1964), Freiburg 1970, S. 201 ff.

„Recht ist Wahrheit,
Wahrheit ist Recht"

Mittels Wahrheit zum Recht im arbeitsgerichtlichen Urteilsverfahren

von

HORST HILPERT

Die Leitidee

Obige Inschrift ziert die Stirnseite des Plenarsaals des Hanseatischen Oberlandesgerichts. Sie verkündet eine Interdependenz zwischen Recht und Fakten[1]. Diese Gleichschaltung sollte Leitgedanke einer Verfahrensordnung für Streitigkeiten aus dem Zivil- bzw. Arbeitsrecht sein: Findet man die Wahrheit nicht, verfehlt man das Recht.

Der Prozeß, nach dem Wortsinn das Voranschreiten zur Entscheidung, hat durch Ermittlung von Tatsachen der Feststellung der Wahrheit zu dienen. Tatsachen entsprechen per se der Wirklichkeit - sind wahr. Wack[2] formuliert diese Grundwahrheit mit Pathos: *„Keine Macht in Himmel und Erde ändert etwas an der Wahrheit der Tatsachen.*". „Unwahre Tatsachen" - siehe etwa das so lautende Tatbestandsmerkmal des § 263 StGB - gibt es nicht, sondern lediglich das Vorspiegeln von etwas als „Tatsache". Die gerechte Lösung für einen Rechtsstreit ist die richtige Anwendung des Rechts auf einen tatsachengetreu ermittelten Sachverhalt[3].

Gemäß dieser Erkenntnis, daß der richtige Sachverhalt zum Recht, der nicht der Realität entsprechende Sachverhalt zum Unrecht führt, sollte die Pflicht zur Wahrheitserforschung Leitprinzip unserer Verfahrensordnung sein. Ihre Vorschriften sind das Handwerkszeug zur Ermittlung der Wahrheit.

Die nachfolgende Untersuchung soll ergründen, ob im arbeitsgerichtlichen Verfahren die Wahrheitserforschung oberstes Ziel ist, sowie ob ein teilwei-

1 AK-SCHMIDT, vor §§ 138, 139 (278 Abs. 3), Rn. 8.
2 WACK, Vorträge, 53, S. 133.
3 FROHN: Substantiierungspflicht der Parteien und richterliche Hinweispflicht nach § 139 ZPO in: JuS 1996, 243 ff.

ses Zurückbleiben hinter der Wahrheit hingenommen wird, bzw. sogar gewollt ist, gegebenenfalls, ob hierfür rechtfertigende Gründe bestehen. Sie soll aber auch den Versuch wagen, Wege aufzuzeigen, wie die Wahrheit gefunden wird.

Für diese Thematik bestimmt die Zivilprozeßordnung ohne inhaltliche Besonderheiten des Arbeitsgerichtsgesetzes das arbeitsgerichtliche Verfahren, so daß die Entwicklungen und Erfahrungen aus Rechtsprechung und Lehre zur allgemeinen Zivilgerichtsbarkeit maßgeblich bzw. parallel zu speziellen arbeitsgerichtlichen Erwägungen in die Betrachtung einbezogen werden können.

Historische Entwicklung seit 1877

Für unsere Fragestellung erstaunt, daß in der Civilprozeßordnung vom 30.1.1877 der Begriff „Wahrheit" nur nebenbei im Zusammenhang mit der Zeugenvernehmung als Bestandteil der Eidesnorm bzw. der richterlichen Zeugenbelehrung Erwähnung fand. Zu einem solchen Gesetz ohne ausdrücklich fixierte Wahrheitspflicht konnte die abwegige Auffassung vertreten werden, daß die Partei prozessual zur Aufstellung unwahrer Behauptungen befugt sei und es dem Gegner überlassen bleiben müsse, die Lüge zu bekämpfen[4].

Die CPO 1877 war als Kind der liberalen Epoche des ausgehenden 19. Jahrhunderts geprägt durch eine weit getriebene Parteiherrschaft über Prozeßstoff und Verhandlungsgegenstand (Verhandlungs- und Dispositionsmaxime) und sogar über das eigentliche Betätigungsfeld des Richters, den Verfahrensablauf (Parteibetrieb)[5]. Diese Grundeinstellung war eine Fortentwicklung des französischen Rechts, das zur *„Reinerhaltung des Richteramtes"* den Prozeßbetrieb den Parteien überließ[6].

Allmählich wurde aber diese übertriebene Parteiherrschaft zurückgedrängt durch eine zunehmende *„Aktivierung des Richters"* und eine stärkere Betonung der Parteipflichten; man spricht sogar von einer *„Ethisierung des Prozesses*[7]*"*. So brachte die Novelle 1933 neben der strafferen Konzentration in

4 STEIN-JONAS-LEIPOLD, ZPO, 20. Aufl., § 138 Rn. 1.

5 ZÖLLER/VOLLKOMMER, ZPO, 19. Aufl. 1995, Einl. Rn. 1.

6 BERNHARDT, JZ 1963, 245, 246; ROSENBERG/SCHWAB, Zivilprozeßrecht, 14. Aufl. 1986, § 77 II, S. 451.

7 ZÖLLER/VOLLKOMMER, aaO., Einl. Rn. 2.

der Hand des Richters die erstmalige Statuierung der Wahrheitspflicht in der ZPO. Der Vorspruch zu dieser Novelle verlangt von einem Kläger, der die Rechtsschutztätigkeit des Gerichts in Anspruch nimmt, die Pflicht, „*es anständig und nicht schikanös zu tun, ... keine unwahren Behauptungen aufzustellen, keine wahren zu bestreiten*[8]“. § 138 Abs. 1 ZPO dient seitdem der „Bekämpfung der Lüge im Prozeß[9]“.

Die sogenannte „Vereinfachungsnovelle“ vom 3.12.1976[10] verschärfte die Pflichten des Gerichts zur Prozeßlenkung und Aufklärung, was naturgemäß den Weg zur Wahrheit fördert. Über § 46 Abs. 2 ArbGG wirken sich diese Fortschritte unmittelbar auf das arbeitsgerichtliche Verfahren aus.

Bei all diesen Schritten in die richtige Richtung ist aber nicht zu verkennen, daß die Wahrheitspflicht auf ein Gesetz aufgepfropft wurde, das diese Wahrheitspflicht nicht gekannt hatte, und daß es bei den Novellierungen naturgemäß dem Gesetzgeber nicht gelungen ist, die gesamte Zivilprozeßordnung mit dieser neuen Wahrheitspflicht zu harmonisieren und die Regelungen aufeinander abzustimmen[11]. Der daraus resultierende Konflikt innerhalb des Prozeßrechts[12] ist bis heute noch nicht völlig aufgelöst.

Das Grundgesetz, das in Art. 20 Abs. 3 die Verwirklichung von Gesetz und Recht verlangt, will stets dem Recht zum Sieg verhelfen[13]. Nach der eingangs aufgezeigten Gleichsetzung zwischen Recht und Wahrheit wird damit auf dem Weg zum Recht die Wahrheit von Verfassungs wegen gesucht. Die Rechtsprechung des Bundesverfassungsgerichts ist in diesem Sinne mehr als segensreich.

Bezeichnenderweise haben die Bearbeiter des Zöller'schen Kommentars zur ZPO vor und über ihr Werk einen Satz aus einem Beschluß des Bundesverfassungsgerichts gestellt[14]:

---

8 Entwurf einer Zivilprozeßordnung, veröffentlicht durch das RJM, 1931.

9 ROSENBERG/SCHWAB, aaO., § 65 VII, S. 391.

10 BGBl. I S. 3281.

11 BERNHARDT, JZ 1963, 245 ff., 246.

12 SCHERER, Zweifel des Gerichts an der Wahrheit unstreitiger Tatsachenbehauptungen, in: DRiZ 1996, 58 ff., 60.

13 ZÖLLER/GREGER, aaO., § 139 Rn. 1.

14 Beschluß v. 24.3.1976 in: BVerfGE 42, 73; ebenso in der Folge ständige Rechtsprechung: u.a. 55, 93 f., 69, 139 f.

„Das Verfahrensrecht dient der Herbeiführung gesetzmäßiger und unter diesem Blickpunkt richtiger, aber darüber hinaus auch im Rahmen dieser Richtigkeit gerechter Entscheidungen."

Auch von außerhalb der nationalen Rechtsordnung kommen ergänzende Impulse in Richtung auf Wahrheit, so beispielsweise vom Europäischen Gerichtshof für Menschenrechte zur Waffengleichheit im Zivilprozeß[15].

Die 120 Jahre alte ZPO ist dank Nachbesserungen des Gesetzgebers und durch höchstrichterliche Verbesserungen wahrheitsbezogen geworden. Bei dieser gewonnenen Erkenntnis irritiert den Arbeitsrichter doch leicht die Feststellung, daß in den Sachregistern der beiden führenden Kommentare zum Arbeitsgerichtsgesetz (Grunsky und Germelmann) die Begriffe „Wahrheit" bzw. „Wahrheitspflicht" keine Aufnahme gefunden haben[16]. Doch: Manchmal sieht man vor lauter Bäumen den Wald nicht!

Einschränkungen des Wahrheitsprinzips

Trotz aller Orientierung an der Wahrheit bleiben im Zivilverfahrensrecht Vorschriften und Grundsätze, die die Priorität der Wahrheit nicht anstreben. Prozeßmaximen bzw. allgemeine Rechtsprinzipien von gleichgewichtigem Rang können Rechtfertigungsgründe hierfür sein, um sie in der durch Art. 20 Abs. 3 GG geprägten Rechtsordnung bestehen zu lassen. Dabei ist aber äußerste Zurückhaltung geboten.

Thesen wie, das Gericht dürfe dem materiellen Recht zuliebe nicht das Prozeßrecht brechen, bzw. sogar wie die, das Prozeßrecht habe seinen eigenen Wert, auch wenn das Urteil falsch sei[17], sind zu relativieren. Sie halten der Kontrolle an der Verfassung nur stand, wenn die Abweichung durch überragende Rechtsgüter gerechtfertigt ist.

Allein das Ausrichten an der richtigen Entscheidung ist bei einer Verfahrensordnung, die das Recht zwischen zwei Privatrechtssubjekten herbeiführen soll, anerkennenswert. Im Strafprozeß treten demgegenüber durchaus gewichtige andere Zwecke der Verfahrensnormen auf, die in einem Rechts-

---

15 EGMR, Urteil v. 27.10.1993, in: NJW 1995, 1413.

16 Auch der Kurzkommentar zum ArbGG aus dem Jahre 1996 von HAUCK macht keine Ausnahme.

17 SCHELLHAMMER, ZPO, 5. Aufl. 1992, Rn. 8.

staat auch *„schützende Formen"* (Eberhard Schmidt) für den Angeklagten sein sollen. Solche „Selbstzwecke" des Verfahrensrechts sind im Zivilprozeß nicht anzuerkennen. Dieser dient allein der Wahrung der Rechte der Prozeßbeteiligten[18]. Wer sie gleichwohl sucht oder als Richter sie gar „zelebriert", setzt sich dem Vorwurf aus, *„l'art pour l'art"* zu betreiben.

Zu ähnlichen Fehlsteuerungen hinsichtlich der richtigen, d.h. wahrheitsgemäßen Entscheidungsfindung kann ein schematisches Vorgehen nach der tradierten Relationsmethode führen. Über den Wert oder Unwert der zu einer regelrechten Kunstlehre gewordenen Relationstechnik soll hier nicht gestritten werden[19]. Der modernen Ausprägung der ZPO wird diese justitielle Arbeitsmethode jedenfalls nur teilweise gerecht, u.a. weil eine eigenständige Aufklärungsstation fehlt[20]. Die dezidierte Schlüssigkeits- und Erheblichkeitsprüfung kann zu Abwägungs- und Verurteilungsfolgen führen, ohne daß der eigentliche Kern des Rechtsstreits überhaupt angesprochen ist. Unter der Herrschaft der §§ 138, 139, 278 Abs. 3 ZPO hat jedoch die Praxis - teilweise sehenden Auges relationswidrig agierend - die in dem eigentlichen Relationskonzept und seinen Schlüssigkeits- bzw. Erheblichkeitsstationen nicht vorgesehenen Aufklärungsbeschlüsse zu Mitteln aus der Hausapotheke jedes Tatrichters werden lassen. Ob insoweit eine Heranführung an die gegenwärtige Gesetzeslage durch Einfügung eigenständiger Arbeitsabschnitte der Normaufbereitung und der Streitkomplettierung oder einer gesonderten Beilegungs- und Vergleichsstation[21] förderlich wäre, soll für unsere Untersuchung nicht vertieft werden. Insoweit ist aber wie bei allen Entwicklungen aus den ersten 50 Jahren der Geltung der ZPO - bei der Relation handelt es sich letztlich ohnehin nur um ein Arbeitskonzept - vorrangig die Orientierung an der technischen, damit meist formalistischen Bewältigung des Verfahrens zu konstatieren, was unter dem Motto unserer Untersuchung zu bedauern ist.

In diesem Zusammenhang schmerzt bereits der Begriff der „formellen Wahrheit", der besagt, daß der Richter nicht den wahren Sachverhalt, sondern den ihm von den Parteien vorgetragenen zu beurteilen hat[22]. Es wird von Richtern berichtet, die bei versehentlichem Vergessen des Wörtchens „nicht" oder bei augenfälliger Verwechslung der Parteibezeichnungen in

---

18 GemSOBG BGH 75, 348.

19 Vgl. zur Kontroverse insoweit GRUNSKY, JuS 1972, 29 ff., 134 ff.; STEIN/ARNDT/BERG in: JuS 1972, 520 ff.; SCHNEIDER in: MDR 1973, 100 ff.

20 AK-SCHMIDT, aaO., Einl. 111 ff.

21 AK-SCHMIDT, aaO., Einl. 115 und vor §§ 138, 139 (278 Abs. 3) Rn. 20.

22 SCHERER, aaO., S. 58.

einem Schriftsatz darauf aufbauend einen unstreitigen Sachverhalt annehmen und die dann folgende realitätsferne Entscheidung als ZPO-konform ansehen. Auch wenn dies extreme Ausnahmefälle sein mögen, sollte sich aber kein Richter damit begnügen, den Fall, wie er in den Akten seinen Niederschlag gefunden hat, „richtig" zu entscheiden, sondern den Fall, wie er im Leben stattgefunden hat, gerecht beurteilen.

Natürlich können bei allem Streben nach der materiellen Wahrheit die nie überwindbaren Erkenntnisgrenzen nicht verkannt werden. Wo Menschen handeln, ist die Wahrheit stets eine relative[23]. Man darf sich aber nur in diesen Fällen mit einer auf die Rekonstruktion der Wirklichkeit verzichtenden Entscheidungsgrundlage zufrieden geben. Eine gewollte Realitätsverleugnung als Ausfluß des angeblich den Zivilprozeß beherrschenden Verhandlungsgrundsatzes darf keine zulässige Prozeßmaxime sein[24]. Bei der „Prozeßwahrheit" darf man nicht stehenbleiben, wenn die reine (materielle) Wahrheit erschlossen werden kann. Deshalb ist für alle Stoffsammlungsmaximen zu fordern, daß sie die Erkenntnis der Wahrheit anstreben[25]. Die altrömischen Grundsätze *„da mihi factum, dabo tibi ius*[26]*"* bzw. *„quod non est in actis, non est in mundo*[27]*"* werden dem Geist des Grundgesetzes nicht mehr gerecht, da sie den Richter zum bloßen Informationsempfänger degradieren[28]. Die Verhandlungsmaxime darf sich deshalb nicht auf eine scheinbare Wahrheit ausrichten.

In diesem Zusammenhang ist auch vor der übertriebenen Form- und Fristenstrenge zu warnen. Auch die Formvorschriften sollen dem Schutz des sachlichen Rechts, nicht aber seiner Vereitelung dienen[29]. Die formalen Voraussetzungen des Rechtsschutzes dürfen nicht „zu förmlichen Stolpersteinen" oder „Fallstricken" werden[30]. Erfreulicherweise hat bereits das Reichsgericht etwa seit der Jahrhundertwende zunehmend eine übertriebene Formenstrenge abgelehnt und die dem materiellen Recht dienende Funktion des Zivilprozesses als Zweckmäßigkeitsrecht betont[31]. Zu unterscheiden ist zwischen sachlich gebotener sinnvoller Formstrenge und bloßem Formalismus,

---

23 STEIN-JONAS-LEIPOLD, aaO., vor § 128 Rn. 84.

24 Ähnlich AK-SCHMIDT, aaO., § 138 Rn. und Einl. Rn. 61.

25 STEIN-JONAS-LEIPOLD, aaO., vor § 128 Rn. 84.

26 S. Dekretalen 2, 1, 6.

27 Dieser Ausspruch ist wohl eher Ausdruck des Schriftlichkeitsprinzips.

28 AK-SCHMIDT, aaO., vor §§ 138, 139 (278 Abs. 3) Rn. 5.

29 ZÖLLER/VOLLKOMMER, ZPO, 19. Aufl. Einl. Rn. 94 m.w.N.

30 BGH in: NJW 1991, 1834.

31 So Beschluß der Vereinigten Zivilsenate v. 29.6.1901 (RGZ 48, 417, 418), der formale Einschränkungen der ZPO ausdrücklich „als bedauerlicher Mißstand" bezeichnet.

den die moderne ZPO nicht fordert[32]. Sie will, daß Formvorschriften praktikabel ausgelegt werden, d.h. nach ihrem Sinn im Rahmen der gesetzlichen Regelung und nach ihrer Bedeutung in der konkreten Prozeßsituation[33]

Ein Novellierungsbereich des Gesetzgebers unserer Zeit ist aber kontraproduktiv zum Wahrheitsprinzip: Die durch die Vereinfachungsnovelle vom 3.12.1976 in Verbindung mit der seit dem 1.7.1979 in Kraft getretenen Beschleunigungsnovelle zum Arbeitsgerichtsgesetz geschaffenen Präklusionsvorschriften für „verspätetes Vorbringen". Sie kollidieren - mögen sie auch manchen „forschen" Richters liebstes Kind sein - mit dem Grundrecht auf rechtliches Gehör (Art. 103 GG), der u.a. die realitätsnahe Sachentscheidung gewährleisten soll. Der Ansicht des BGH, der Gesetzgeber habe es hingenommen, daß die Zurückweisung gemäß § 296 ZPO *„unter Umständen zu einem materiell nicht befriedigenden Prozeßergebnis führt"*, wird zu Recht entgegengetreten[34].

Die Zurückweisungsregelungen sind stets für verfassungskonform erklärt worden[35]. Sie sind betonte Maßregeln zur Stützung der Rechtssicherheit und Zweckmäßigkeit, den beiden anderen wichtigen Komponenten der Rechtsidee neben der Gerechtigkeit[36]. *„Sehenden Auges Unrecht zu sprechen"*, könne so bei richtiger Erkenntnis des Wertsystems eine Verpflichtung des Richters sein. Weth[37] gebührt das Verdienst, dieses für einen Richter schockierende Ansinnen entschärft zu haben, indem er klarstellt, daß eine Zurückweisung immer nur zu einer *möglicherweise* ungerechten Entscheidung führt, weil die Zurückweisung Ungewißheit über erhebliche *streitige* Tatsachen voraussetzt.
Gleichwohl scheiden sich hier die Geister. Meines Erachtens ist es unerträglich, dann einer Partei nur noch die Erkenntnis Molières, der auch einmal die Rechte studierte, zum Trost zu geben, der vor mehr als 300 Jahren seinen Alceste resignierend feststellen ließ: *„Ich habe die Gerechtigkeit auf meiner Seite und verliere meinen Prozeß[38]"*.

32 ZÖLLER/VOLLKOMMER, ZPO, 19. Aufl. Einl. Rn. 94 m.w.N.
33 STEIN-JONAS-SCHUMANN, aaO., Einl. I E Rn. 81.
34 BGH in: NJW 1983, 575, 576; NJW 1980, 945; kritisch dazu ZÖLLER/GREGER, aaO., § 296 Rn. 3.
35 BVerfG in: NJW 1985, 3005.
36 BAUMBACH-LAUTERBACH-HARTMANN, ZPO, 54. Aufl. 1996, § 296 Rn. 2.
37 WETH: Die Zurückweisung verspäteten Vorbringens im Zivilprozeß, 1988, S. 51.
38 In: Le Misanthrope, Acte V, Scène 1, Vers 1492.

Entgegen den vorstehend aufgezeigten erratischen Blöcken auf dem Feld der Wahrheit, die weggeräumt bzw. abgebaut werden müssen, gibt es Regelungen, die dem Wahrheitsprinzip nicht gerecht werden, aber durch gleichwertige Rechtsprinzipien geboten und deshalb gerechtfertigt sind. So verbietet das hohe Gut der Rechtssicherheit die Ermittlung der Wahrheit in einem Folgeprozeß, wenn in einem Erstprozeß eine rechtskräftige Entscheidung ergangen ist. Insbesondere bei Versäumnisurteilen meldet sich eine Partei öfters erstmals bei der Zwangsvollstreckung und versucht, mit dem aus der Laienperspektive scheinbar einleuchtenden Argument, sie habe darauf vertraut, daß das Gericht die erkennbar unberechtigte Klage gegen sie abweisen werde, ihre unterbliebene Rechtsverteidigung zu rechtfertigen. Nichtreaktion auf die Klagezustellung, Nichterscheinen im Termin, Nichteinlegung des Einspruchs gegen das Versäumnisurteil - also gehäufte Versäumnisse - führen zur rechtskräftigen Entscheidung. Wenn diese nicht der Gerechtigkeit, weil nicht der Wahrheit entspricht, ist dies die Folge der das Zivilprozeßrecht beherrschenden und sachlich gerechtfertigten Parteimaxime: Einer Partei steht es frei, ob sie ihr Recht einklagt; einer Partei steht es frei, ob sie sich gegen ein gegen sie angestrengte Klage verteidigt. Es verbleiben zur Abhilfe nur die extremen Ausnahmefälle der Wiederaufnahmeklage bzw. eines Vorgehens nach § 826 BGB. Die Rechtskraft ist ein wesentliches Element der Rechtssicherheit und damit einer ebenso wichtigen Säule des Rechtsstaats wie der Gerechtigkeit. Eine berechtigte Durchbrechung des Wahrheitsprinzips im Zivilprozeß ist damit aufgezeigt.

Ein ebenfalls anzuerkennender Ordnungszweck der ZPO rechtfertigt die Beweislasturteile bei einem non liquet. Wenn sich der Sachverhalt nicht voll ermitteln läßt, führt der Richterspruch zu einer Ordnung zwischen den Parteien, wobei die ZPO in Kauf nimmt, daß es nicht zu einer ganz dem materiellen Recht gerecht werdenden Entscheidung kommt[39].

Die Wahrheit zu suchen, kann ferner zu Recht wegen entgegenstehender verfassungsrechtlich geschützter Individualrechte verboten sein. Die herrschende Meinung erkennt außer den gesetzlich geregelten Beweishindernissen etwa durch Ausüben von Zeugnisverweigerungsrechten die Existenz von Beweisverwertungsverboten an, die der Berücksichtigung bestimmter Beweisergebnisse entgegenstehen. Sie sind nicht in der ZPO geregelt, sondern aus der Verfassung abzuleiten. So muß beispielsweise die Wahrheit verdeckt bleiben bei Mithören von Telefongesprächen mit vertraulichem Charakter durch Dritte oder beim Belauschen von Gesprächen durch Mini-

39 STEIN-JONAS-SCHUMANN, aaO., Einl. I C Rn. 12.

sender, Richtmikrofone oder Sprechanlagen. In der gerichtlichen Verwertung von Kenntnissen und Beweismitteln, die unter Verstoß gegen das grundrechtliche Persönlichkeitsrecht erlangt sind, liegt in der Regel ein Eingriff in das Grundrecht aus Art. 2 I GG in Verbindung mit Art. 1 I GG[40]. Nur in besonders gelagerten Ausnahmefällen kann ein solches Verhalten durch eine Interessen- und Güterabwägung gerechtfertigt sein und dann die Verwertbarkeit zulässig sein[41].

Die Fälle, in denen die ZPO legitimiert von dem Weg zur Wahrheit abweicht bzw. ihn nicht ansteuert, sind wenige. Überwiegend sind scheinbar abweichende Regelungen verfassungskonform bzw. restriktiv auszulegen und führen dann an die Wahrheit oder nahe an diese heran. Sie werden so dem Schutzzweck des Zivilprozesses gerecht, nämlich der Bewährung des objektiven Rechts durch den Schutz subjektiver Rechte zu dienen[42]. Anspruch und Wirklichkeit sollten dabei nicht allzu weit auseinanderfallen.

Bei diesem Ergebnis ist es müßig, darüber zu streiten, ob man mit einer eventuellen h.M. einen Wahrheitszweck des Zivilprozesses[43] ablehnen kann. Letztlich ist dies eine Frage der Formulierung, wenn man sich einig ist, daß selbst bei Bestreiten eines eigenen zivilprozessualen Wahrheitszweckes die Wahrheitsfindung eine der wesentlichen Aufgaben des Richters bleibt und das wichtigste Mittel für die richtige Entscheidung darstellt[44].

Nicht Ausdruck von Resignation, sondern Ansporn sein soll dabei die Erkenntnis, daß die materielle Wahrheit zwar *„ein erwünschtes, aber nicht verbürgtes Resultat“* des Zivilprozesses ist[45].

Der Weg zur Wahrheit in der Praxis

Auf die biblische Frage (Johannes 18, 38) des Pontius Pilatus *„Was ist Wahrheit?“* kann eine über jeden Zweifel erhabene Antwort nicht gegeben werden. Nichts anderes gilt für die weniger philosophische Frage nach der

40 BVerfG, Beschluß v. 19.12.1991, in: NJW 1992, 817; näheres bei ZÖLLER/GREGER, aaO., § 286 Rn. 15 ff.; STEIN-JONAS-SCHUMANN, aaO. Einl. I C Rn. 10.

41 BGH in: NJW 1994, 2289, 2292.

42 STEIN-JONAS-SCHUMANN, aaO., Einl. I C Rn. 10.

43 Die Nachweise bei STEIN-JONAS-SCHUMANN, Einl. I C, Rn. 21 Fn. 33 für diese „h.M.“ sind fast alle 30 Jahre alt und geben zum Teil die Rechtsprechung vor dem 1. Weltkrieg wieder, haben also die Impulse der Rechtsprechung des BVerfG noch nicht verarbeitet.

44 STEIN-JONAS-SCHUMANN, aaO., Einl. I C Rn. 2.

45 WACK, aaO., S. 199.

Wahrheit eines konkreten Verfahrens. Hier bleibt ebenso die nüchterne Erkenntnis, daß auch diese Wahrheit letztlich unerreichbar ist, man sich oft mit einer relativen Wahrheit begnügen muß[46].

Die Wahrheit zu erstreben, bleibt aber trotz aller Schwierigkeiten im Einzelfall die vornehmste Pflicht des Richters. Sein Eid verpflichtet ihn, *„nur der Wahrheit und Gerechtigkeit"* zu dienen (§ 38 DRiG). Die Wahrheit mag oft ein verborgener Schatz sein. Ähnlich wie Saint Exupéry in seinem Kleinen Prinz angesichts der Aufgabe, *„auf gut Glück in der Endlosigkeit der Wüste einen Brunnen zu finden"*, schlicht und kategorisch erklärt: *„Machen wir uns auf den Weg"*, sollte der Richter weniger poetisch, sondern schlicht prosaisch allzeit sich auf der Suche nach der Wahrheit befinden. Wenn auch alle Wege nach Rom führen mögen, so gilt dies für die Fährten zur richtigen Entscheidungsgrundlage nicht. Es gibt viele Wege dahin - Autobahnen und schmale Stege, Umwege, Schleichwege, Seitenwege -, aber auch Sperren, Einbahnstraßen und Sackgassen. Der Rechtsweg kann nach Ekkehard Schumann[47] nicht die Umgehungsstraße sein, um den strikten Vorschriften des materiellen Rechts geschickt auszuweichen. Auf rot oder grün geschaltete Ampeln setzen Zeichen, Leitlinien lenken die Fahrtrichtung. Als solche - nach der StVO dürfen in Sondersituationen die Leitlinien durchaus überfahren werden - dienen die Stoffsammlungsmaximen der ZPO: Dispositionsmaxime, Verhandlungsgrundsatz, Konzentrationsmaxime, Beschleunigungsmaxime. Diese vier einfach gesetzlichen Verfahrensgrundsätze - mögen sie auch nicht alle ausdrücklich in der ZPO normiert sein - werden überlagert und ausgestaltet durch übergeordnete Verfahrensprinzipien mit Verfassungsrang: Anspruch auf rechtliches Gehör, Recht auf ein faires Verfahren, Gebot der Gleichbehandlung der Parteien, Recht auf effektiven Rechtsschutz.

Als Ausfluß unseres verfassungsrechtlichen Grundverständnisses von der Freiheit des einzelnen ist die Dispositionsmaxime deren wichtigste Ausprägung im Zivilverfahrensrecht. Danach ist den Parteien weitgehend die Verfügung über den Streitgegenstand eingeräumt. Sie bestimmen, ob überhaupt ein Prozeß stattfindet bzw. worüber, mit wem, wann, in welchem Verfahren und wie lange im Instanzenzug prozessiert wird[48].

---

46 IDE, Über das Selbstverständnis eines Richters der Arbeitsgerichtsbarkeit, in: Festschrift für Stahlhacke, 1995, S. 12.

47 In: Festschrift für Larenz, 1983, S. 571 ff., 584.

48 STEIN-JONAS-LEIPOLD, aaO., vor § 128 Rn. 63.

Die §§ 250, 253, 308 I, 269, 545, 91 a ZPO sind Ausfluß dieses Prinzips. Gesetzliche Lockerungen bestehen u.a. für die Kostenfrage. Spielraum für den Richter besteht im Rahmen des durch die Dispositionsmaxime abgesteckten Bereichs nicht. An der Vorgabe, daß die Parteien *„die Verfügungsmacht über den Streit haben*[49]“, darf nicht gerüttelt werden, da der freiheitliche Rechtsstaat die Bewährung der Rechtsordnung garantiert, aber keinen Zwang statuiert, den zum Schutz der Rechtsordnung geschaffenen Gerichtsschutz in Anspruch zu nehmen.

Erst wenn eine Partei den Wunsch auf Rechtsschutz geltend gemacht und durch die Klageanträge den Umfang bestimmt hat, kommen die Stoffsammlungsmaximen zur Anwendung, die die Tatsachengrundlage der Entscheidung schaffen sollen. Diese zu ermitteln, ist die eigentliche Aufgabe des Zivil- und Arbeitsrichters, da in deren Rechtsgebieten ein Zentner Tatsachen auf ein Lot Rechtsfragen kommt. Der betont theoretisch veranlagte Richter ist hier - Ausnahme in der Revisionsinstanz - fehl am Platz. Ein Richter kann sich nicht mit der süffisanten Ausrede Hegels trösten, der einem Kritiker, der auf die Unvereinbarkeit der Aussage des Meisters mit den Tatsachen hinwies, entgegnete: *„Um so schlimmer für die Tatsachen!“*

Bei der Suche nach den Tatsachen erfolgt die Weichenstellung durch das richtige Verständnis des Verhandlungsgrundsatzes. Er überträgt in seiner strengen Ausformung den Parteien die Herrschaft über den Tatsachenstoff und die Beweismittel, weshalb er anschaulicher als Beibringungsgrundsatz bezeichnet wird[50]. Den Vätern der ZPO schwebte die Erwägung vor, daß der Egoismus der Parteien und die Gegensätzlichkeit ihrer Interessen besser als eine staatliche Untersuchung vermöchten, für eine vollständige Beibringung und Aufhellung des Streitmaterials zu sorgen[51]. Als Fortsetzung der Privatautonomie in den Zivilprozeß hinein war Bezugsfigur der „freie Bürger“, der seine Geschicke vor Gericht weitgehend in die eigene Hand nimmt und seinen Kampf ums Recht gleichsam in der Manier eines Duells ebenbürtiger Kontrahenten ausficht[52].

Sicherlich sind es auch heute noch die Parteien, die in erster Linie den Tatsachenstoff in den Prozeß einführen, zumal sie die natürlichen Informanten

49 BLOMEYER, Zivilprozeßrecht, 2. Aufl., § 13 I.

50 ROSENBERG, aaO., § 78 I 3, S. 453.

51 WASSERMANN: Der soziale Zivilprozeß, 1978, S. 32 ff.; Eike SCHMIDT: Von der Privat- zur Sozialautonomie, in: JZ 1980, 153, 155.

52 AK-SCHMIDT, aaO., Einl. Rn. 49.

sind, weil sie dem Streitgeschehen am nächsten stehen[53]. Ihre Tatsachenhoheit hat sich aber durch den Regelungsdreiklang der §§ 138, 139, § 278 III ZPO, gewissermaßen das zentrale Nervensystem des Zivilprozesses[54], deutlich gewandelt. Die durch die Novelle 1933 in das Gesetz aufgenommene Wahrheitspflicht der Parteien (§ 138 ZPO) stellt den weitgehenden Parteirechten Parteipflichten zur Seite. Das Gesetz befiehlt den Parteien die Wahrhaftigkeit, statuiert die Pflicht zur subjektiven Wahrheit[55]. Dieses Gebot gilt für das Behaupten wie für das Bestreiten; für wahr Gehaltenes darf nicht bestritten werden - gerade insoweit wird oft gesündigt. Die ebenfalls in § 138 I ZPO aufgestellte Vollständigkeitspflicht ist die logische Ergänzung zur Wahrheitspflicht. Auf der Grundlage der dargestellten Parteipflichten normiert das Gesetz in § 139 ZPO durch die Aufklärungspflicht die Mitverantwortung des Gerichts bei der Stoffsammlung, die allein durch die aus ihr fließende Überprüfungsmöglichkeit die Wahrheits- und Vollständigkeitspflicht der Parteien unterstreicht, weil sie deren Verletzung aufdecken kann. Die richterliche Aufklärungspflicht prägt den Charakter des deutschen Zivilprozesses[56]. Die Richtermacht schränkt die Parteifreiheit ein und kontrolliert sie. Durch den § 139 ZPO arrondierenden § 278 III ZPO, der den Parteien die Gelegenheit zur Äußerung einräumt, entsteht eine allgemeine richterliche Prozeßförderungspflicht, die im konstruktiven Zusammenwirken mit den Parteien bzw. deren Prozeßvertretern wahrzunehmen ist[57]. In den letzten 60 Jahren des Bestehens der ZPO setzen somit die Wahrheitspflicht der Parteien und die Aufklärungspflicht des Gerichts dem tradierten Verhandlungsgrundsatz Grenzen.

Schranken werden aber insbesondere aufgebaut durch das Verfassungsrang besitzende Gebot des rechtsstaatlichen und fairen Verfahrens. Im Wege der verfassungskonformen Anwendung und Handhabung fließen überragende Prozeßgrundrechte ein, wie der Anspruch auf rechtliches Gehör (Art. 103 I GG), die aus dem Gleichheitssatz (Art. 3 I GG) folgenden Grundsätze der Rechtsanwendungsgleichheit, der Zugangsgleichheit, der Rechtsschutzgleichheit, der Waffengleichheit, des objektiven Willkürverbots und des

---

53 AK-SCHMIDT, aaO., vor § 138, 139, 278 III; BAUMBACH-LAUTERBACH-HARTMANN spricht bei § 139 von der Magna-Charta des Zivilprozesses, SCHELLHAMMER (aaO. Rn. 473) von dem Dreh- und Angelpunkt des Zivilprozesses.

54 STEIN-JONAS-LEIPOLD, aaO., § 138 Rn. 2.

55 STEIN-JONAS-LEIPOLD, aaO., § 139 Rn. 1.

56 SCHNEIDER in: MDR 1977, 969, 970.

57 S. die umfassende Übersicht über die Prozeßgrundrechte betreffende Rechtsprechung des BVerfG bei ZÖLLER/VOLLKOMMER, aaO., Einl. Rn. 101.

Übermaßverbotes (Art. 20 GG)[58]. Sie stellen die Rahmenbedingungen des verfassungsgemäßen Zivilprozesses dar. Für dessen Inhalt sind der Anspruch auf effektiven Rechtsschutz, auf ein faires Verfahren und der Grundsatz der Verhältnismäßigkeit prägend. Aus diesen drei Prinzipien gewinnt für den materiellen Entscheidungsinhalt die Forderung nach einem fairen Verfahren entscheidende Bedeutung. Nach Bundesverfassungsgericht[59] handelt es sich dabei um ein aus prozessualen und materiellen Grundrechten in Verbindung mit dem Rechtsstaatsprinzip (Art. 2 I bzw. Art. 20 III GG) entwickeltes *„allgemeines Prozeßgrundrecht"*, das der Konkretisierung bedarf. Es ist bisher vom Bundesverfassungsgericht in flexibler Weise eingesetzt worden, wenn die konkrete Verfahrensgestaltung nach seiner Ansicht den rechtsstaatlichen Anforderungen nicht genügte[60], wobei Unerträglichkeiten *(„Unfairneß"),* die vom Gericht ausgegangen bzw. von ihm zu vertreten waren, im Vordergrund standen. Überwiegend waren Strafverfahren Gegenstand der verfassungsrechtlichen Überprüfung. Wenn insoweit aus dem Fairneßgebot unter Ansetzen beim allgemeinen Freiheitsrecht nach Art. 2 I GG als zentrales Anliegen des Strafprozesses *„die Ermittlung des wahren Sachverhalts"* abgeleitet wurde[61], ist zu fragen, ob für das zivilgerichtliche Verfahren - eventuell ansetzend bei Art. 14 GG - ein ähnlicher Fundamentalsatz aufzustellen ist. Insoweit sieht das BVerfG den Anspruch auf wirksamen Rechtsschutz als das allgemeinere Prinzip gegenüber dem Anspruch auf faire Verfahrensführung an. Unter verfahrensrechtlichen Akzenten sind im Rahmen des Anspruchs auf rechtliches Gehör der Anspruch auf effektiven Rechtsschutz und der auf Verfahrensfairneß Garantien für die Parteien eines Rechtsstreits, auf ein gerechtes Urteil hinzuwirken[62]. Weitgehend deckungsgleich mit dem Gebot einer fairen Verfahrensführung ist unter materiell-rechtlichem Blickpunkt das Gebot der *„prozessualen Billigkeit"*. Es besteht gleichsam eine Wechselwirkung zwischen der Ausgestaltung einer materiellen Rechtsposition und der im Streitfall maßgeblichen Verfahrensart[63].

Um Konflikte zwischen materiellem Recht und Prozeßrecht zu vermeiden, sind die Verfahrensvorschriften möglichst materiellrechtsfreundlich auszu-

---

58 BVerfG in ständiger Rechtsprechung: BVerfGE 57, 250 (275); in: NJW 1991, 3140.

59 STEIN-JONAS-LEIPOLD, aaO., vor § 128 B III Rn. 66.

60 BVerfGE 57, 250, 275.

61 STEIN-JONAS-LEIPOLD, aaO., § 128 B II Rn. 12 und B III Rn. 66.

62 Vgl. BVerfGE 46, 334 = NJW 1978, 368, 369.

63 Ekkehard SCHUMANN: Die materiellrechtsfreundliche Auslegung des Prozeßgesetzes, in: Festschrift für Larenz, 1983, S. 571.

legen[64]. Das oberste Ziel jeder Auslegung von Verfahrensnormen muß sein, *„möglichst dem guten Recht zur Durchsetzung im Prozeß zu verhelfen und zu verhindern, daß der Prozeß zu Rechtsverlusten führt*[65]*"*. Da nach der eingangs als Überschrift abgedruckten Inschrift Wahrheit und Recht gleichzustellen sind, sind materiellrechtsfreundliche und wahrheitsfreundliche Verfahrensweisen gleichsam die Kehrseite einer Medaille. Bei mehreren möglichen Interpretationen ist die zu wählen, die dem materiellen Recht am besten entspricht[66]. Dabei genügt nicht ein gewisses Bemühen um die Wahrheit, sondern gefordert ist vielmehr eine streng wahrheitsorientierte Verfahrensweise, die unnachgiebig alle prozessualen Möglichkeiten zu deren Ermittlung einsetzt. Wahrheitsgetreue Verfahrensweise heißt dabei, auf die Ermittlung *„der Tatsachen des Prozesses"* ausgerichtet.

Der Zivil-/Arbeitsrichter soll aber keineswegs die Rolle eines Staatsanwalts übernehmen oder gar einen modernen Inquisitionsprozeß durchführen. Andererseits darf er weder bloßer Moderator eines Streitgespräches zwischen den Parteien sein, noch ein unerwünschter Bevormunder der streitenden Rechtsuchenden. Seine Kunst kann der Richter im Aufklärungsgespräch zeigen, in dem er in tatsächlicher und rechtlicher Hinsicht die Weichen für das weitere Vorgehen vor Gericht und Parteien stellt. In geeigneten Fällen können bereits vor dem Termin schriftliche Hinweise gegeben werden. Er hat mit solchen Maßnahmen oder mündlich in der Sitzung mit Gespür für eine lebensnahe Aufklärung fragend, nachhakend, stets wohlwollend das Parteivorbringen auslegend eine realitätsgetreue Sachverhaltsrekonstruktion anzustreben. Dabei ersparen sinnvolle Auslegungen des Parteivorbringens oft viele Aufklärungsschritte und erübrigen manche Schriftsätze. Was die Parteien in ihrem wohlverstandenen Interesse vortragen möchten, ist häufig unschwer zu erkennen. Mit einer sinnvollen Interpretation eines streitigen Vorbringens kommt der Richter oft der Wahrheit näher. Welches tatsächliche Substrat jeweils im Sachvortrag der Parteien hierfür gegeben ist, ist im Einzelfall zu finden.

Eine im vorstehenden Sinne verstandene Verhandlung findet nicht nur vor dem Gericht, sondern mit dem Gericht statt, um die Wahrheit ans Tageslicht zu bringen. Effizienz und Bonität des Rechtsschutzes hängen davon ab, ob das Gericht den Schlüssel zur Wahrheit findet. Es bleibt den Parteien dann

64 ZÖLLER/VOLLKOMMER, aaO., Einl. Rn. 99.
65 SCHUMANN (Fn. 63), aaO.
66 STEIN-JONAS-LEIPOLD, aaO., § 284 Rn. 44.

überlassen, durch die damit aufgeschlossene Tür einzutreten, um mit Ergänzungen zur Wahrheit der Gerechtigkeit näher zu kommen.

Die Kernthese der Untersuchung lautet also: Das Rechtsstaatsprinzip (Art. 20 III GG) gebietet, mit aller richterlicher Kunst eine wahrheitsgetreue Entscheidungsgrundlage zu schaffen.
Eine bare Selbstverständlichkeit ist das Ringen um eine realitätsbezogene Entscheidung aber nicht. Die ZPO eröffnet bzw. gestattet auch andere Wege, die oft einfacher und „bequemer“ für den Richter sind. Auf dem Deutschen Richtertag 1991 wurden *„Glasperlenspiele“* mit der Schlüssigkeitsprüfung und *„hochgeschraubte Substantiierungsanforderungen“* gerügt[67]. Auch ein noch so hoher Erledigungsdruck darf nicht zu übertriebenem Abstellen auf eine Nicht- bzw. nicht ausreichende Erfüllung der Verpflichtung zum hinreichend konkretisierten Tatsachenvortrag bzw. auf ein nicht ausreichend substantiiertes Bestreiten führen. Das Resultat solchen Vorgehens sind oft sogenannte „ZPO-Urteile“. Sie bestehen aus dürftigen materiell-rechtlichen Ansätzen, verbunden mit dem Aneinanderreihen von Kommentarstellen zu § 138 ZPO. Solche Urteilspassagen sind für unterschiedliche Streitverfahren austauschbar. Sie passen auf ein Abmahnungsentfernungsbegehren ebenso gut oder schlecht wie auf eine Eingruppierungsklage oder eine Kündigungsschutzklage. Der Bezug zu den Tatbestandsmerkmalen der Anspruchsnorm fehlt oft völlig oder ist nur schemenhaft erkennbar. Das 10-Punkte-Prüfschema[68] für eine betriebsbedingte Kündigung bietet z.B. Spielmaterial für Jonglieren mit der Substantiierungslast auf der einen oder der anderen Seite. Bei gleicher Sachlage kann man unschwer mit solch überspitzter Argumentationsakrobatik entweder den Kläger am fehlenden konkreten Vortrag oder den Beklagten an mangelndem substantiierten Bestreiten des ausreichenden Klägervorbringens scheitern lassen. Ein besser objektivierbares Beispiel soll angefügt werden: Wenn die Behauptung, den Lohn bezahlt zu haben, als nicht beachtlich angesehen wird, weil Ort und Zeit der Erfüllungshandlung nicht dargelegt worden seien, so handelt es sich um überhöhte und deshalb unzulässige Anforderungen[69]. Der betroffene Laie versteht von solchen theoretischen Spiegelfechtereien um *seinen* Prozeß ohnehin nichts; er wird in seinem Glauben an die Gerechtigkeit erschüttert, wenn er nicht verstehen kann, warum er seinen Prozeß verloren hat.

---

67 RUDOLPH: Prozeßflut und Erledigung, Vortrag, gehalten auf dem Deutschen Richtertag 1991, Köln, in: DRiZ 1992, 6 ff.

68 KITTNER-TITTNER, KSchR, 2. Aufl. 1995, § 1 KSchG Rn. 253.

69 STEIN-JONAS-LEIPOLD, aaO., § 284 Rn. 84.

Wie genau etwas vorzutragen ist, kann nicht generell gesagt werden; allenfalls läßt sich darlegen, daß es gewisse unverzichtbare Mindestanforderungen gibt[70]. Die Substantiierungslast hängt natürlich auch von der Qualität des gegnerischen Vorbringens ab. Man sollte aber eine Partei nicht einen Prozeß verlieren lassen, weil sie etwas nicht vorgetragen hat, sondern nur, weil sie es nicht vortragen kann, weil es nicht so ist. Ob letzteres der Fall ist, ist nach wohlwollender Ausschöpfung aller Auslegungsmöglichkeiten und/oder durch aufklärende Hinweise festzustellen. Wer dies nicht versucht, handelt nicht nur noch im Bereich der Bandbreite der richterlichen Entscheidungsmöglichkeiten, sondern in krassen Fällen des Abwürgens eines „wenn auch etwas defizitären" Parteivorbringens mißbräuchlich und pflichtwidrig. Der Weg zur Wahrheit wird bewußt nicht eingeschlagen. § 139 ZPO zeigt ihn!

Die Hinweispflicht gilt dabei richtigerweise unabhängig davon, ob die Partei bei defizitärem Vorbringen durch einen Prozeßbevollmächtigten vertreten ist oder nicht. Die Entscheidung des BGH[71], die in einem Anwaltsprozeß eine Pflicht des Gerichts verneint, den Kläger darauf hinzuweisen, daß sein Klagevorbringen nicht substantiiert und nicht schlüssig ist, atmet den Geist des vorigen Jahrhunderts und ist deshalb abzulehnen[72].

Wenn - wie dargelegt - ein anerkannter Prozessualist[73] Bundesrichter bezichtigt, bei der Interpretation der Aufklärungspflicht jeden Ansatz zu vermeiden, das gefundene Ergebnis aus dem Gesetz zu rechtfertigen, und wenn in einem Vortrag auf dem Deutschen Richtertag[74] Instanzrichtern *„Glasperlenspiele mit der Schlüssigkeitsprüfung"* vorgeworfen werden, bleibt trotz dieser handfesten Hinweise auf Mißstände und Fehlentwicklungen die erfreuliche Feststellung, daß die überwiegende Zahl der Richter die Hinweispflicht ernst nimmt und insbesondere in der Arbeitsgerichtsbarkeit den Rechtsstaat im offenen Rechtsgespräch für die Rechtsuchenden Anschaulichkeit und Gestalt gewinnen läßt, weil mit den Worten des Präsidenten des Bundesarbeitsgerichts Dieterich[75] *„nicht Prinzipien und Paragraphen, sondern Persönlichkeiten sein Bild prägen"*. Der obrigkeitliche Habitus, der die Justiz früher beherrscht hat, ist in der mündlichen Ver-

70 FROHN, aaO., S. 247.
71 NJW 1984, 310.
72 So auch ZÖLLER/GREGER, aaO., § 139 Rn. 13.
73 DEUBNER, Anmerkung zu BGH in: NJW 1984, 310.
74 RUDOLPH, aaO. (Fn. 67).
75 DIETERICH auf der 1. Landestagung des Deutschen Arbeitsgerichtsverbandes e.V. am 30.3.1995 in Erfurt, in: Mitteilung des MArbGV 1994, S. 11.

handlung auf weiten Strecken einer Vermenschlichung gewichen[76]. Gleichwohl bietet auch die Richterschaft natürlich kein einheitliches Bild: der schweigsame Richter, der den Prozeßstoff mehr oder weniger als passiver Beobachter entgegennimmt - agierend wie der englische Lordrichter mit Perücke, oft einer Sphinx ähnlich -, stellt das eine Extrem dar, der überaktive Richter das andere. Dynamische, mehr kämpferische oder konziliante bzw. zurückhaltende Richterpersönlichkeiten sind dazwischen einzureihen, wobei sie selten in dieser „reinen Entweder-oder-Form" anzutreffen sind[77]. Alle Richter haben die Amtspflicht nach § 139 ZPO (*„hat dahin zu wirken"*), sich um die Klärung des Streitverhältnisses zu bemühen. Eine Wahlfreiheit, ob ein Gericht aufklären will oder nicht, besteht nicht, es bleibt aber letztlich in der konkreten Prozeßlage der pflichtgemäßen Einschätzung des Richters überlassen, ob und welche Aufklärungsmaßnahmen geboten sind[78]. Der Richter, der erste Priorität für die Wahrheitserforschung setzt, wie der, der etwas restriktiver bei der Aufklärung handelt, verhält sich rechtmäßig. Die Grenze zum fehlerhaften Verhalten wird erreicht, wenn der Weg zur Wahrheit durch formalistisches Kleben am buchstäblichen Parteivortrag gar nicht angesteuert wird.

Es ist zu wünschen und wohl auch zutreffend, daß die große Mehrzahl der rund 1.000 in beiden Instanzen tätigen Arbeitsrichter in Deutschland der letzteren Kategorie nicht angehören. Ein besonderer Richtertyp ist in der Arbeitsgerichtsbarkeit nicht gefordert, da auch ohne empirische Erhebungen konstatiert wird, daß Arbeitsrichter Sachaufklärung in einem Maß betreiben, das puristischen Vertretern der zivilprozessualen Verhandlungsmaxime fremd erscheint[79]. Stets gilt aber: Wohl dem Richter, der den feinen Sinn für das Gerechte hat (Herschel), er wird die Wahrheit aufspüren und finden. Es gibt aber auch hier wie bezüglich aller Bereiche des Lebens unterschiedliche Begabungen.

Zum Schluß des theoretischen Teils der Untersuchung soll beleuchtet werden, ob bzw. in welchem Ausmaß die hier vertretene Verfahrensinterpretation im Gedankengut der modernen bzw. - falls der Begriff nicht überzogen ist - alternativen Verständnisform des Zivilverfahrens enthalten ist.

---

76 WASSERMANN, Die richterliche Gewalt, 1985, S. 48.

77 BIRK, Wer führt den Zivilprozeß - der Anwalt oder der Richter?, in: NJW 1985, 1489, 1490.

78 Vgl. STEIN-JONAS-LEIPOLD, aaO., § 139 Rn. 12.

79 BINKERT/PREIS, Subjekt und Objekt der Arbeitsgerichtsbarkeit: Historische und politische Determinanten einer eigenständigen Gerichtsbarkeit, in: 60 Jahre Berliner Arbeitsgerichtsbarkeit 1927 - 1987, S. 28.

Dies ist klar zu verneinen hinsichtlich des „sozialen Zivilprozesses[80]“, der gleichsam als Übertragung des Arbeitnehmerschutzrechts ins Prozeßrecht verstanden wird[81]. Ungleichgewichtslagen im Arbeitsgerichtsprozeß sind sicherlich auch noch im Zeitalter der weiten Verbreitung der Rechtsschutzversicherung neben dem Rechtsschutz durch die Gewerkschaften unbestreitbar. Sie sind durch die Richter auszugleichen, aber nicht wegen der sozialen Unterlegenheit des Arbeitnehmers. Die Rechtsprechung und damit der Zivilprozeß ist dem Recht verpflichtet, ganz gleich, ob es dem wirtschaftlich starken oder schwachen Bürger zusteht[82]. Der Begriff „sozialer Zivilprozeß“ ist eine Zusammensetzung von zwei Werten, die nicht nebeneinander, sondern hintereinander geschaltet sind. Soziale Schutzgedanken sind dem Verfahrensrecht grundsätzlich fremd (Ausnahme z.B. beim Recht der Prozeßkostenhilfe). Stellt der Prozeß einen materiellen Rechtsanspruch fest, bedarf es keiner sozialen Abfederung, besteht er nicht, kann der Sozialgedanke (Art. 20 I GG) helfen, wenn Not besteht. Auf dem Weg zur Gerechtigkeit sind aber soziale Erwägungen Fremdkörper, das suum cuique berücksichtigt nicht die soziale Situation. Die soziale Sicht bzw. eine Korrektur aus sozialen Erwägungen dürfen erst nach Rechtskraft eines justizförmigen Verfahrens einsetzen. Vorher darf ein social engineering[83] des Gerichts im Sinne einer flexiblen Handhabung des materiellen Rechtsprogramms nicht befürwortet werden. Der Ruf nach dem staatlich verordneten „Sozialarzt“ wird von niemandem ernsthaft erhoben[84]. Der „Schwächere“ im Zivilprozeß ist der, der sein Recht ohne Mithilfe des Gerichts nicht zu realisieren vermag. In der Fußballersprache heißt dies, daß weder Arbeitnehmer noch Arbeitgeber vor dem Arbeitsgericht ein Heim- oder Auswärtsspiel habe, sie treten bei dem Kampf um ihr Recht auf neutralem Gelände an.

Diese Einschätzung würde folgerichtig auch für die kompensatorische Verhandlungsführung, die Wassermann[85] geprägt hat, zu teilen sein, falls dieser Begriff im Sinne einer laut Duden[86] möglichen sprachlichen Deutung als *„... soziale Entwicklungsrückstände ausgleichen oder mildern sollen“* zu verstehen wäre. Nach dem gängigen Sprachverständnis heißt aber kompensatorisch *„ausgleichend“* ohne direkten Bezug zu einem bestimmten Aus-

80 Zurückgehend auf WASSERMANN: Der soziale Zivilprozeß, 1977.
81 DÄUBLER, Das Arbeitsrecht 2, 10.. Aufl., S. 1052 ff.
82 STEIN-JONAS-LEIPOLD, aaO., § 139 II Rn. 6.
83 AK-SCHMIDT, aaO., Einl. Rn. 60.
84 AK-SCHMIDT, aaO., Einl. Rn. 56.
85 WASSERMANN, Der soziale Zivilprozeß, aaO., S. 109.
86 DUDEN, Das Fremdwörterbuch, 5. Aufl. 1990, S. 414.

gangspunkt. In diesem eine typische richterliche Tugend ausmachenden Sinne ist unser Verfahrensverständnis mit der Wassermannschen Ausprägung in Konkordanz zu bringen, wobei Wahrheitsdefizite auf der einen *oder* anderen Prozeßseite durch den Richter zu kompensieren sind.
Das weiter diskutierte Kooperationsprinzip bzw. die Arbeitsgemeinschaft zwischen Gericht und Parteien gehen ebenfalls - wenn auch eher den Stil des Verfahrens als den Inhalt treffend - in die gleiche Richtung, insbesondere wenn man darin keine Kompetenzverwischung sieht, sondern die Inanspruchnahme aktuell vorhandener Kompetenzen[87].

Zum Schluß sollen zur Veranschaulichung unserer Thesen 10 Einzelschritte aus der nicht geheimen Werkstatt der Rechtsfindung dargestellt werden:

Die Leitidee in Beispielen

1. Die Auslegung des Parteivorbringens

Die wohlwollende und weitsichtige wahrheitsorientierte Auslegung des Parteivorbringens ist die erste Stufe zur Aufklärung und erübrigt oft weitere richterliche Hinweise. Die Devise in hierfür geeigneten Fällen ist: *Ohne Aufklärungsbeschlüsse (fortwährend) aufhellen und damit aufklären!* Es gibt allzu häufig lückenhaften Vortrag, sei es aus Gedankenlosigkeit, Nachlässigkeit, fehlender Übersicht, mangelndem Fleiß der Parteien oder meistens der Prozeßbevollmächtigten usw. Keiner dieser - sicherlich aus der Idealsicht der Prozeßbetrachtung unerwünschten - Gründe rechtfertigt, sehenden Auges ein ungerechtes Urteil zu fällen. Die Entscheidung hat davon abzuhängen, ob ein Tatbestandsmerkmal vorliegt oder nicht, nicht, ob es zufällig in einem Schriftsatz behauptet worden ist, wenn das Fehlen bei der gebotenen Weitsicht in den Sachvortrag als das in Wahrheit Gewollte vernünftigerweise hineininterpretiert werden kann. Die Ausgewogenheit der Auslegung und die Verfahrensfairneß gebieten dabei folgerichtig, daß das aus dem konkludenten Vortrag herausgelesene Tatbestandsmerkmal von der Gegenseite als ebenso konkludent bestritten angesehen wird, es sei denn, etwas anderes ist evident.

Vorstehende Arbeitsweise ist in vielen Fällen eine sinnvolle Abkürzung auf dem Weg zur richtigen Entscheidung, was an einem Beispiel gezeigt werden soll:

87 AK-SCHMIDT, aaO., Einl. Rn. 60.

Im unterstellten Fall soll die Klage aufgrund einer Anspruchskette begründet sein, wenn 10 Tatbestandsmerkmale erfüllt sind. Trägt in diesem Fall der Kläger 7 davon expressis verbis vor, 3 Merkmale (x, y, z) aber nicht, so bieten sich folgende Möglichkeiten des richterlichen Vorgehens an:
a) Die Klage wird wegen Nichtbehauptens der Tatbestandsmerkmale x, y, z als unschlüssig abgewiesen - dazu: s. oben, *„Glasperlenspiel...“!*

b) Durch Aufklärungsbeschluß wird darauf hingewiesen, daß die Klage erst schlüssig wäre, wenn die Merkmale x, y, z behauptet würden.
Entsprechender Vortrag mit Beweisantritt folgt mit großer Wahrscheinlichkeit. Der Gegner bestreitet. Eine Beweisaufnahme klärt den Sacherhalt.

c) Durch wohlwollende Auslegung des Klägervortrags wird daraus das konkludente Behaupten der Merkmale x, y, z herausgelesen, als bestritten gewertet und der häufig doch schon angebotene Beweis - dieser wird meistens abschnittsweise für zusammenhängende Sachverhaltsteile angeboten - sogleich erhoben.
Die Beweisaufnahme klärt den Sachverhalt in dem einen oder anderen Sinne.

Variante a) führt in den meisten Fällen zu einer Berufung. In der Berufungsbegründung werden die Merkmale x, y, z unter Beweisantritt vorgetragen. In der Rechtsmittelinstanz wird dann das Ergebnis wie bei c) erreicht.

Variante b) führt zwar zum gleichen Ergebnis wie c), bewirkt aber nach Hinweisbeschluß und wechselseitigen Schriftsätzen einen Zeitverlust zwischen 3 bis 6 Monaten.

Variante c) führt zu einem schnellen und richtigen Urteil bei Anlegen eines gerechtigkeitsorientierten Beschleunigungsprinzips, ohne dabei jemandem zu schaden. Kopfschütteln wird sie lediglich bei den strengen Anhängern der herkömmlichen Relationsmethode auslösen. Wer aber hier umdenken muß, ergibt sich aus Art. 20 Abs. 3 GG.

Auch bei scheinbar oder wirklich unsubstantiiertem Vortrag gilt diese „Nachhilfe-Auslegung“. Inwieweit er ergänzungsfähig ist, zeigt der Einzelfall.

2. Hinweise vor dem Termin

Falls die Lücken zum schlüssigen bzw. erheblichen Vortrag nicht durch die unter 1) beschriebene Auslegung geschlossen werden können, sind in den Fällen, in denen bei einer Erörterung des Sach- und Streitstandes erst im Termin eine Vertagung wegen „Nicht sofort Erklärenkönnens" einer Partei bzw. wegen noch herbeizuschaffender Beweismittel wahrscheinlich ist, schriftlich rechtzeitig vor dem Termin richterliche Aufklärung bzw. Hinweise vorwegzunehmen. Dabei ist ein aus Zurückhaltung geborener, vorsichtig formulierter Hinweis nicht zu empfehlen; Mißverständnisse bei den Parteien zwingen dann oft zum Nachbessern und lösen gegenüber der von Anfang an nicht verklausuliert erfolgten Klarstellung unnötige Zeitverluste aus.

Den möglichst frühen Zeitpunkt im Verfahren hierfür zu wählen, folgt aus dem Beschleunigungsgebot. Die Voraussetzungen und das Ausmaß der Maßnahmen werden nachfolgend unter 3) im Rahmen der Aufklärung im Termin erörtert.

3. Das Sach- und Rechtsgespräch im Termin

Im Termin ist für den Richter die Gelegenheit, mit Hilfe der Parteien die richtigen tatsächlichen und rechtlichen Voraussetzungen für die Entscheidung des Rechtsstreits zu schaffen. § 139 ZPO stellt dabei den Dreh- und Angelpunkt des Verfahrens dar[88]. Richterliche Kunst ist in zwei Phasen des Zivilprozesses besonders gefordert: in der mündlichen Verhandlung und bei der Entscheidungsfindung. Im Termin hat er die Weichen zu stellen für das spätere Urteil. Der beste Weg dafür ist der der Offenheit für die Parteien. Er sollte bei seiner Einführung (§ 278 Abs. 1 ZPO) die Karten auf den Tisch legen und seine vorläufige Beurteilung der Rechtslage offenbaren. Das dadurch eröffnete Rechtsgespräch soll aber keine offene Beratung werden. Der Weg zur Entscheidung wird dadurch transparent, so daß die Parteien sich argumentativ und initiativ darauf einstellen können. Das eventuell einleuchtende Gegenargument kann ansonsten erst in der Berufung, bei Landesarbeitsgerichts-Prozessen vielleicht nie mehr angebracht werden.

Dadurch haben die Parteien insbesondere Gelegenheit, vom richtigen Ausgangspunkt aus, ohne sich mit den für den Richter nicht relevanten Gesichtspunkten zu verzetteln, bei der dann einsetzenden Ausschöpfung des

88 BAUMBACH-LAUTERBACH-HARTMANN, aaO., § 139 Rn. 1.

Aufklärungspotentials ihrerseits unterstützend mitzuwirken. Fragen, Nachhaken, Hinweise, Anregungen, Erörterungen, Aufklärung, Komplettieren, Bereinigung etwaiger Antragsmängel usw. sind Teile des Arbeitsprogramms des Richters im Termin.

Vorstehende Interpretation der Verfahrensabwicklung ist keine subjektive Großzügigkeit, sondern in tatsächlicher (§ 139 Abs. 1 ZPO: „... *hat dahin zu wirken, daß* ...") und rechtlicher Hinsicht (§ 278 Abs. 3 ZPO: „... *darf nur stützen, wenn* ...") unmißverständlich gesetzlich vorgeschrieben, wodurch ein eindeutiges Überraschungsverbot[89] statuiert ist.

Oft wird ein Richter im allgemeinen Werturteil insbesondere seiner Vorgesetzten überwiegend an der Qualität seiner Urteile gemessen. Dies ist sicher ein wichtiger Maßstab. Die Richter, die Meisterstücke in der Verhandlung zu liefern vermögen, werden oft nicht voll erkannt. „Glatte" Urteile, die sich überzeugend lesen, sind leichter zu verfassen, wenn die Suche des Gerichts darauf ausgerichtet ist, was am Vortrag der Parteien fehlt. Wenn aber z.B. in Eingruppierungsrechtsstreitigkeiten des öffentlichen Dienstes ein Richter angesichts der nur von wenigen Prozeßbevollmächtigten in jedem Landesarbeitsgerichtsbezirk beherrschten Kunst der Darlegung der Arbeitsvorgänge die nötige Entscheidungsgrundlage für die richtige Eingruppierung eruiert, ist dies zwar eine aufwendigere, aber hoch einzuschätzende Dienstleistung am Recht. In dieser speziellen Fallkonstellation wie in vielen anderen Rechtsstreitigkeiten empfiehlt es sich, der Partei persönlich umfassende Gelegenheit zur eigenständigen Schilderung ihres Anliegens und ihrer Situation einzuräumen. Manchmal überraschende, häufig aber sehr aufschlußreiche Aspekte des Rechtsstreits treten dabei zutage, wobei insbesondere der Weg zur Wahrheit oft weit geöffnet wird.

Dem Einwand, vorstehende Terminsgestaltung sei zeitlich zu aufwendig, ist mit dem eingangs erwähnten Argument der Offenlegung der Rechtsansicht des Gerichts weitgehend der Wind aus den Segeln zu nehmen. Die damit ausgelöste Konzentration auf das für die Entscheidung Relevante und die Ausschaltung von die Parteien bewegenden Unerheblichkeiten läßt viel Zeit gewinnen.

Zu 1. bis 3.:
In bezug auf die richterliche Verfahrensweise in den Schritten 1) bis 3) wirkt auf den ersten Blick der Einwand des tüchtigen Anwalts frappierend,

89 AK-SCHMIDT, aaO., § 139 Rn. 9.

der darauf hinweist, daß man seiner Partei durch richterliche Nachhilfe nicht den Vorteil nehmen könne, sich einen „guten" Anwalt genommen zu haben. Beim Kampf um die Gerechtigkeit darf aber kein Wettstreiter - das sind die Parteien des Rechtsstreits und nicht die Anwälte - von vornherein mit Handicaps belastet sein. Gerade den in tatsächlicher bzw. rechtlicher Hinsicht Ahnunglosen schützt das in § 139 bzw. § 280 Abs. 3 ZPO statuierte Überraschungsverbot[90]. Dem Unkundigen dürfen die in der materiellen Rechtsordnung für ihn verbrieften Rechte nicht vorenthalten werden[91]. Die genannten Vorschriften als Ausdruck der hohen Werte Fairneß und Gerechtigkeit gebieten einen Ausgleich einer eventuell ungleichen Streitsituation der Parteien durch den Richter und können zugestandenermaßen so bewirken, daß dem weniger tüchtigen bzw. oft auch weniger fleißigen Anwalt, den dessen Partei aber mit besten Absichten ausgewählt hat, das richtige Urteil gleichsam in den Schoß fällt. Den tüchtigen Advokaten zum Trost: Die Wahl eines guten Anwalts zahlt sich trotz richterlichen Suchens nach dem wahren und vollständigen Sachverhalt in vielfach anderer Hinsicht für seine Partei positiv aus.

Aus vorstehenden Gründen scheitern auch alle Versuche, vermeintlich allzu große Aktivitäten des Richters im Rahmen der Prozeßförderungspflicht mit den Ablehnungsvorschriften bremsen zu wollen. Auch wenn durch das gebotene richterliche Aufklärungsverhalten die Prozeßchancen einer Partei verringert werden, liegt beim umfassenden Rechtsgespräch ohne auf Parteilichkeit hindeutende Begleitumstände kein Ablehnungsgrund vor[92]. Daß Hinweise, Anregungen, Belehrungen, Ratschläge bzw. Empfehlungen einen drohenden Rechtsverlust verhindern sollen, ist die Grundlage der §§ 139, 280 Abs. 3 ZPO. Andernfalls dürfte kein Hinweis zulässig sein, da Irrelevantes nicht angemahnt werden muß[93]. Selbstverständlich tragen alle richterlichen Meinungsäußerungen den Charakter der Vorläufigkeit und sind fortlaufend anhand einer veränderten Situation zu überprüfen und gegebenenfalls aufgrund besserer Einsicht bzw. anderer Fakten anzupassen. Der angemessene richterliche Stil verhindert insoweit ohnehin viele Fehldeutungen[94]. In einer Glasglocke soll kein Richter sitzen, sondern im offenen Dialog mit den Verfahrensbeteiligten das Recht suchen. Diese können so noch rechtzeitig ihre Sicht der Dinge entgegenhalten. Bei richtigem Verständnis

90 AK-SCHMIDT, aaO., § 139 Rn. 9.
91 Eike SCHMIDT, aaO., S. 157.
92 BVerfG in: NJW 1976, 1391 ff.; ZÖLLER-VOLLKOMMER, aaO., § 42 Rn. 26.
93 AK-SCHMIDT, aaO., § 139 Rn. 10.
94 DIETRICH in: Fremdrechtsprechung Arbeitsgerichte im östlichen Teil Deutschlands, in: NZA 1995, 553 ff.

der Situation können die Parteien schwerlich vom Richter ein Versteckspielen bzw. eine Schauspielerei erwarten. Im Arbeitsgerichtsprozeß ist das Urteil grundsätzlich im Anschluß an die Sitzung zu verkünden (§§ 60 Abs. 1, 69 Abs. 1 ArbGG). Sicherlich ist zuvor die endgültige Beratung vorzunehmen. In diese kann der Vorsitzende in den meisten Fällen wegen der zeitlichen Inanspruchnahme durch die übrigen anstehenden Streitigkeiten nur mit seinem aufgrund der Vorbereitung gewonnenen vorläufigen Rechtsstandpunkt gehen. Ohne einen solchen sich erarbeitet zu haben, wäre nicht zu verantworten, da der Ablauf einer Sitzung und die Begleitumstände einer Beratung mit einer größeren Zahl von zu entscheidenden Streitsachen die erforderliche Konzentration und Gelassenheit für eine umfassende Wertung des Streitstandes nicht zulassen. Bei diesen alltäglichen Begleitumständen vor und bis zur Entscheidung entspricht Ehrlichkeit gegenüber den Parteien eher dem Bild eines souveränen Richters als Passivität, Undurchsichtigkeit und Verschleierung. Wenn das Gericht die Parteien damit ehrt, daß es ihnen Einblick in seinen Denkprozeß gewährt[95], sind Erwägungen über eine Ablehnung wegen der Offenlegung des voraussichtlichen und kurze Zeit später endgültig folgenden Ergebnisses abwegig.

4. Inhalt des Beweisbeschlusses

Der Beweisbeschluß geht zurück auf die den früheren deutschen Zivilprozeß kennzeichnende Trennung zwischen Behauptungs- und Beweisverfahren (Beweisinterlokut)[96]. Ein förmlicher Beweisbeschluß ist zu erlassen, wenn die Beweisaufnahme ein besonderes Verfahren erfordert (§ 358 ZPO), ferner bei Anordnung einer Parteivernehmung (§ 450 ZPO) sowie bei vorterminlicher Beweisaufnahme (§ 358 a ZPO). Trotz dieser Beschränkung auf wenige Fälle ist der Erlaß eines „klassischen" Beweisbeschlusses in der Gerichtspraxis die Regel. Er erleichtert sicherlich die Durchführung der Beweisaufnahme durch Gliederung des Streitstoffes bzw. auch durch Beschränkung des Fragerechts auf das festgelegte Beweisthema. Bei der Suche nach der Wahrheit ist er in der detaillierten Form, in der ihn die ZPO in § 359 vorsieht, jedoch häufig schädlich. Zwar soll dem Zeugen bei der Ladung nur die summarische Bezeichnung seines Vernehmungsgegenstandes mitgeteilt werden, in der Praxis wird der Einfachheit halber häufig der den Zeugen betreffende Teil des Beweisbeschlusses übermittelt, so daß dieser präzise informiert ist, was eine bestimmte Partei im einzelnen behauptet hat

95 BAUMBACH-LAUTERBACH-HARTMANN, aaO., § 139 Rn. 11.
96 ZÖLLER/GREGER, aaO., § 358 Rn. 1.

- ein Kunstfehler des Gerichts[97]. Zudem erhalten die Zeugen gerade in Arbeitsgerichtsprozessen, in denen die Zeugen fast nie Zufallszeugen sind, sondern häufig der einen oder anderen Partei nahestehen, den Inhalt eines solchen Beweisbeschlusses oft vor dem Termin von den Parteien bzw. deren Anwälten zur Kenntnis. Wenn dann in der Beweisaufnahme die Zeugenaussage auch noch anhand des Beweisbeschlusses „abgefragt" wird, ist der Weg zur Unehrlichkeit für dazu entschlossene Zeugen leichter. Bei einer vorherigen Einstellung des Zeugen auf seine Aussage ist für das Gericht ein Abweichen von der Wahrheit schwerer zu erkennen. Eine gute Gelegenheit, die Glaubwürdigkeit des Zeugen zu „testen[98]", wird dadurch aus der Hand gegeben. Wenn die Aussagepsychologie die Erkenntnis gewonnen hat, daß die richtige Zeugenaussage eher die Ausnahme als die Regel ist, sollten solche erkennbaren Fehlerquellen seitens des Gerichts vermieden werden. Auch für den redlichen Zeugen übt die Mitteilung des genauen Beweisthemas einen starken Suggestionseffekt aus und erleichtert sicher Begünstigungstendenzen des Zeugen[99]. Eine pauschale Bezeichnung des Beweisthemas, etwa wie *„über den Inhalt der Verhandlung der Parteien am Tage x ...", „über den Ablauf der tätlichen Auseinandersetzung am Arbeitsplatz des Klägers...", „über die Auftragslage der Beklagten im Juli 19..."* o.ä., trägt diesen Erfahrungen Rechnung und erleichtert dem Gericht die Wahrheitsfindung.

Unter dem Postulat, alle Möglichkeiten der Wahrheitserkenntnis durch das Prozeßgericht auszuschöpfen, sollte bei der Übertragung von Zeugenvernehmungen auf ersuchte Richter Zurückhaltung geübt werden. Finanzielle Gründe rechtfertigen Erkenntnisverluste nicht.

Zur Frage, ob ein in erster Instanz bereits vernommener Zeuge vom Berufungsgericht nochmals vernommen werden soll, hat die Rechtsprechung eine Tendenz zur Einengung der Ermessensausübung des Berufungsgerichts entwickelt[100]. Darüber hinausgehend sollte jedenfalls bei prozeßentscheidenden Zeugen das Gericht selbst sich um ein Bild über die Glaubwürdigkeit des Zeugen bemühen. Wer das letzte Wort in einem Rechtsstreit zu sprechen hat, sollte seinen persönlichen Eindruck über die maßgeblichen Beweismittel zugrunde legen.

97 RÜßMANN: Die Zeugenvernehmung im Zivilprozeß, in: DRiZ 1985, 42 ff., 46.

98 BINKERT/PREIS, aaO., S. 78.

99 RÜßMANN, aaO., S. 44.

100 ZÖLLER/GREGER, aaO., § 526 Rn. 3.

Entgegen den anerkannten Regeln der Relationstechnik empfiehlt es sich, in geeigneten Fällen statt einer Entscheidungsbegründung über eine komplizierte Rechtsfrage den Weg über den nicht geführten Beweis zu einer Tatsache zu gehen. Den juristischen Laien überzeugt eine solche Verfahrensweise, falls sie sich anbietet, weit mehr. Akzeptanz der Entscheidung auch bei der unterliegenden Partei sollte ein Ziel sein, das ein Gericht nie aus den Augen verlieren sollte. Die Rechtsbegründung kann dann zusätzlich angefügt werden nach dem Motto „Hosenträger und Gürtel".

5. Die Beweisaufnahme

Die fünf klassischen Beweismittel der ZPO sind Augenscheineinnahme, Sachverständigenbeweis, Urkundenvorlage, Parteivernehmung und der Zeugenbeweis; letzterer ist die häufigste Form der Beweiserhebung. Erstere vier Beweisformen können auch von Amts wegen erfolgen, nur die Erhebung des Zeugenbeweises ist ausnahmslos von einem Parteiantrag abhängig[101].

Da die Beweisaufnahme sich auf die zwischen den Parteien streitigen Behauptungen erstreckt, ist sie eine der wichtigsten Stationen zur Wahrheitsfindung im Sinne des Themas unseres Beitrags. Sicherlich sind Richter keine Aussagen- oder Vernehmungspsychologen[102]; eine gewisse Vernehmungstechnik können sie sich aber sehr wohl aneignen. Statt des bereits kritisierten (vorstehend 4)) Befragens des Zeugen anhand der aktenmäßigen Parteibehauptung sollte - wie es § 396 Abs. 1 ZPO gebietet - mit einem zusammenhängenden Bericht des Zeugen begonnen werden. Dabei kann es sich empfehlen, den Vernehmungsbeginn auf unverdächtige Vorfragen aus dem Umfeld der engeren Frage zu lenken, weil oft eine Veränderung des Zeugenverhaltens und der Form der Aussage bei dem Übergang zu den „heißen" Beweisfragen deren Engagement in dem Streit erkennen läßt. Der Beweiswert der Bekundungen eines solchen am Ausgang des Rechtsstreits interessierten Zeugen ist besonders kritisch zu prüfen: Auch bei einer subjektiv ehrlichen Aussage ist gleichwohl eine interessenorientierte Verschiebung der Erinnerung oder bereits der Wahrnehmung als Fehlerquelle ebenso ins Auge zu fassen wie die allzu menschliche Lüge. Das vom Gesetz (§ 396 Abs. 2 und 3 ZPO) vorgesehene Verhör des Zeugen sollte bei Anhaltspunkten für Unredlichkeiten vorgenommen werden, womöglich auf den Zeugentyp abgestellt. Ein erneutes Nachhaken und die Bitte um eine nochmalige Schilderung des entscheidenden Teils der Aussage, eventuell von einem

---

101 STEIN-JONAS-LEIPOLD, aaO., § 128 B.
102 BINKERT/PREIS, aaO., S. 72.

anderen Ansatz aus, sind wichtige Bestandteile einer guten Vernehmungstechnik, denn: *„Wer nicht immer die Wahrheit sagt, muß ein gutes Gedächtnis haben"* (Tennessee Williams). Die teils verpönten Suggestivfragen können für manche Fälle durchaus gezielt eingesetzt werden, um die Suggestionsanfälligkeit des Zeugen zu prüfen[103]. Aggressive Fragen von Parteien bzw. Prozeßbevollmächtigten sind je nach Zeugentyp zu tolerieren.

Bei der Beweiswürdigung wird die Entscheidung nur allzu oft auf die widerspruchsfreie Schilderung des Zeugen gestützt. Häufiger ist es durchaus angebracht, wegen deutlicher Vorbehalte im Hinblick auf die Interessenlage des Zeugen - manchmal ist dieser rein zufällig Zeuge und nicht selbst Partei - trotz klarer Bekundungen die Gefolgschaft zu verweigern und - falls keine sonstigen Bestätigungen hinzukommen - eine Beweislastentscheidung zu fällen.

6. Das kleine „Wundermittel" des § 287 ZPO

Ein Prinzip unseres Beweisrechts ist, daß der Vollbeweis zu führen ist und bereits kleine Abstriche an dem Nachweis den Beweis mißlingen lassen. Eine Ausnahme sieht § 287 ZPO vor. Dessen Abs. 1 hilft bei der Schadensberechnung. Der zu selten herangezogene § 287 Abs. 2 ZPO verhindert in manchen Fallkonstellationen oft aleatorische Ergebnisse. So ist z.B. bei nach Grund und Höhe bestrittenen Mehrarbeiten über längere Zeiträume der Nachweis aller Merkmale und Arbeitszeiten oft nicht zu führen; manche Gerichte lassen den Kläger insgesamt scheitern, andere in durchaus vergleichbaren Konstellationen den Beklagten in vollem Umfang verlieren, da er dem substantiierten Vortrag des Klägers nicht - obwohl die Arbeiten in seiner Sphäre liegen - detailliert entgegengetreten sei. Gemäß § 287 Abs. 2 ZPO kann in diesem und in vielen anderen Fällen ein vernünftiges, wahrheitsnahes Ergebnis gefunden werden, etwa bei Aufwendungsersatzansprüchen für schlecht registrierte gefahrene Kilometer oder für unsorgfältig festgehaltene Geldausgaben oder etwa für Akkordlohnansprüche bei schwankenden Bestimmungsgrößen usw.

Es handelt sich jeweils um Unsicherheiten über die Höhe der Forderungen, bei denen eine couragierte Schätzung dem wahren Sachverhalt oft sehr nahekommt - vielleicht näher als manches kostenaufwendige Sachverständigengutachten im Strengbeweisverfahren. Bei der praktischen Handhabung kann man der alten Advokatenweisheit huldigen, daß die eine Partei nie so

---

103 RÜßMANN, aaO., S. 41 ff.

ganz unrecht und die andere Seite nie so ganz recht habe. Bevor man vor einer Beweisnot resigniert, sollte die Schätzung nach § 287 Abs. 2 ZPO in geeigneten Fällen gewagt werden.

7. Parteivernehmung von Amts wegen

Die Vorschrift des § 448 ZPO fristete lange Zeit ein Schattendasein. Vielleicht ist insoweit eine Änderung eingetreten. § 448 ZPO ist eine Ausnahme vom Beibringungsgrundsatz[104]. Das Gericht muß diesen Schritt erwägen, bevor es eine Partei für beweisfällig erklärt[105]. In der Literatur wird überwiegend eine zurückhaltende Anwendung empfohlen[106]. Nur vereinzelt wird bei Beweisschwierigkeiten eine verstärkte Anwendung der Parteivernehmung gefordert[107]. Der Verfasser macht insbesondere bei unverschuldeter Beweisnot einer Partei, so in den häufigen Fällen der Ereignisse „unter vier Augen" zwischen einer Partei und einem Angestellten der anderen Partei, im Interesse der Wahrheitsaufklärung von § 448 ZPO großzügig Gebrauch. Eine Entscheidung des Europäischen Gerichtshofs für Menschenrechte aus dem Jahre 1993[108] dürfte eine allgemeine Wende eingeleitet haben.

In diesem Urteil wird aus dem aus Art. 6 I EMRK folgenden Prinzip der Waffengleichheit im Zivilprozeß abgeleitet, daß *„jeder Partei eine vernünftige Möglichkeit eingeräumt werden muß, ihren Fall - einschließlich ihrer Zeugenaussage - vor Gericht unter Bedingungen zu präsentieren, die für diese Partei keinen substantiellen Nachteil im Verhältnis zum Prozeßgegner bedeuten"*. Dieser Grund wurde im Sinne *„einer fairen Balance zwischen den Parteien"* in einem Fall aufgestellt, in dem die klagende GmbH eine mündliche Vereinbarung zwischen ihr und der beklagten Bank zu beweisen hatte, wobei die streitige Übereinkunft in einem Vier-Augen-Gespräch zwischen dem Geschäftsführer der Klägerin und einem Repräsentanten der Bank zustande gekommen ist; daß Letzterer, wie vom nationalen Gericht geschehen, als Zeuge vernommen wurde, die andere „Schlüsselperson" nicht, weil diese mit der klagenden Gesellschaft als identisch anzusehen sei, wird als Verletzung des Art. 6 I EMRK gewertet.

---

104 THOMAS-PUTZO, ZPO, 19. Aufl. 1995, § 448 Rn. 1; ZÖLLER/GREGER, aaO., § 448 Rn. 1.

105 BGH in: NJW-RR 1994, 1143.

106 ZÖLLER/GREGER, aaO., § 448 Rn. 1.

107 WITTSCHIER: Die Parteivernehmung in der zivilprozessualen Praxis, 1989.

108 NJW 1995, 1413.

Als Folgerung hieraus für das deutsche Rechtssystem, das neben der Zeugenvernehmung ein eigenständiges Institut der Parteivernehmung hat, ist § 448 ZPO im Lichte der Entscheidung neu zu interpretieren[109], wobei der Ansatzpunkt bei dem Kriterium zu sehen ist, daß eine gewisse Wahrscheinlichkeit für die Behauptung besteht. Aber auch in anderen Fällen als den „Vier-Augen-Gesprächen“ ist aus dem Prinzip der prozessualen Waffengleichheit, einem Unterfall der Verfahrensfairneß, nach der Entscheidung aus Straßburg ein großzügigeres Gebrauchmachen von § 448 ZPO, wie sie eingangs dieses Kapitels angesprochen ist, abzuleiten[110]. Dafür spricht auch folgende Erwägung: Die in Deutschland wie auch in vielen anderen europäischen Staaten bestehenden Einschränkungen, daß niemand in eigener Sache Zeuge sein kann, und die Barrieren der ZPO für eine Parteivernehmung sind Ausdruck der berechtigten Einschätzung, daß die Vertrauenswürdigkeit dieser Beweispersonen von vornherein gemindert ist. Genau betrachtet ist aber die Umsetzung des erfahrungsgemäß geringen Wertes eines solchen Beweismittels Aufgabe der Beweiswürdigung im Einzelfall, nicht aber eine Rechtfertigung des Ausschlusses eines Beweismittels a priori durch den Gesetzgeber.

Der Gerichtshof in Straßburg hat nunmehr die Weichen für den Weg zur richtigen Lösung gestellt, die nationalen Gerichte sollten ihn begehen: § 448 ZPO könnte im Lichte der Entscheidung ohne die einschränkenden Voraussetzungen der Wahrscheinlichkeit der Behauptung interpretiert werden, bei § 447 ZPO könnte das Erfordernis der Zustimmung des Gegners entfallen[111].

8. Der sog. Ausforschungsbeweis

Das Ziel jeder Beweiserhebung ist die Erforschung der Wahrheit, so daß schon von daher der verbreiteten These von der Unzulässigkeit des *„Ausforschungsbeweises“* mit Vorsicht zu begegnen ist. In der Tat findet sich in der ZPO keine dahingehende Verbotsnorm und erst recht nicht in den für die Ablehnung eines Beweisantrags rechtsähnlich anzuwendenden (in „Anlehnung“)[112] Regelungen des §§ 244 Abs. 3 und 4 StPO.

---

109 SCHLOSSER: EMRK und Waffengleichheit im Zivilprozeß, in: NJW 1995, 1404, 1406; SCHÖPFLIN: Die Parteianhörung als Beweismittel, in: NJW 1996, 2134 ff.

110 SCHLOSSER, aaO., S. 1406.

111 SCHÖPFLIN, aaO., S. 2138.

112 BGHZ 53, 245, 259; BGH in: NJW 1993, 1391.

Über das Wesen des *„Ausforschungsbeweises"*, der auch als Beweisermittlungsantrag bezeichnet wird, und seine Anwendungsfälle herrscht in Rechtsprechung und Literatur große Unsicherheit, wobei für die Ablehnung von Beweisanträgen unter diesem Schlagwort oft angebliche praktische Bedürfnisse und nicht dogmatische Erkenntnisse maßgeblich sind[113].
Der BGH hatte verschiedentlich Anlaß, die Zurückweisung eines angeblichen Ausforschungsbeweises durch die Instanzgerichte zu rügen: So ist es keine unzulässige Ausforschung, wenn eine Partei mangels Kenntnis von Einzeltatsachen nicht umhin kann, von ihr zunächst nur vermutete Tatsachen in einen Rechtsstreit einzuführen[114]. Es ist einer Partei bei der Suche nach der Wahrheit nicht verwehrt, Tatsachen unter Beweis zu stellen, über die sie keine genauen Kenntnisse haben kann, die sie aber nach Lage des Falles für wahrscheinlich hält; unzulässig wird ein solches prozessuales Vorgehen erst, wo eine Partei ohne greifbare Anhaltspunkte willkürlich Behauptungen „aufs Geratewohl" oder „ins Blaue hinein" aufstellt[115]. Andererseits darf eine Partei nicht mit Hilfe der Beweisaufnahme Stoff für Tatsachenbehauptungen zu gewinnen suchen, weil dadurch die Behauptungslast der Parteien umgangen würde[116]. Letztlich ist dies aber durch eine geschickte Formulierung des Beweisantrags bei Anführen von ausreichend bestimmten Tatsachen zu verbergen. Lediglich die Wahrheitspflicht nach § 138 Abs. 1 ZPO darf nicht verletzt werden; verboten ist aber nach dieser Vorschrift allein die prozessuale Lüge[117]. Jedenfalls kann es nicht Aufgabe des Gerichts sein, vor einer Beweisaufnahme die Behauptungen einer Partei auf ihre Wahrheitschance hin zu prüfen, da darin eine vorweggenommene Beweiswürdigung liegen würde. Deshalb ist es keine Voraussetzung für einen zulässigen Beweisantritt, daß die Partei das Beweisergebnis zuvor wahrscheinlich macht[118].

Berechtigte Gründe für die Zurückweisung sind somit nicht die „Ausforschung der Wahrheit", vielmehr die Willkür als allgemeine Schranke des Parteiverhaltens, bei deren Annahme der BGH aber ausdrücklich den Instanzgerichten Zurückhaltung anempfiehlt[119]. Ob bei dieser Klar-

113 ROSENBERG, aaO., § 119 II 1, 3.
114 BGH in: NJW 1995, 1160, 1161; BGH in: LM § 138 ZPO Nr. 14 m.w.N.
115 BGH in: NJW 1995, 2111, 2112.
116 BGH in: MDR 1973, 233; ROSENBERG, aaO., § 119 II b.
117 GAMP: Die Bedeutung des Ausforschungsbeweises im Zivilprozeß, in: DRiZ 1982, 165, 168.
118 BGH in: NJW 1972, 249, 250; ROSENBERG, aaO., § 119 II c.
119 BGH in: NJW 1995, 2111.

stellung des Anwendungsbereichs der Ausforschungsbeweis ein Scheinproblem[120] ist oder nicht, braucht dann nicht vertieft zu werden.

9. Das Urteil - der Vergleich

Von den Erledigungen in Urteilsverfahren bei Arbeitsgerichten erfolgen durchschnittlich ca. 8 - 10 % durch streitiges Urteil und ca. 40 % durch Vergleich[121]. Diese hohe Vergleichsquote, die in keiner anderen Gerichtsbarkeit auch nur annähernd erreicht wird, ist unter anderem bedingt durch nur bei einem Vergleich mögliche Verbesserungen der Auswirkungen der Vermögensverschiebungen für beide Seiten über legale Wege, die die Abgaben herabsetzen, ist aber auch eine zwingende Notwendigkeit aus der Sicht des Arbeitsrichters, der in den letzten Jahren durchschnittlich oft 800 und mehr Streitsachen im Jahr zu bearbeiten hat.

Das Urteil ist ein für die Parteien wichtiger Hoheitsakt in unserer Staatsordnung, neben dem Gesetz der wichtigste überhaupt[122]. Darin hat der Richter den Sachverhalt festzustellen und darauf das Recht anzuwenden, demnach mit den Worten unseres Themas mittels Wahrheit zum Recht zu finden. Die Wahrheit kann er bei der Urteilsabfassung gegebenenfalls noch erdenken, das Erforschen derselben lag vorher. In Anlehnung an die Formulierung von Max Frisch *„Gerechtigkeit - eine Utopie"* mag man mit einiger Berechtigung auch die absolute Wahrheit im Prozeß als Utopie ansehen. Ein guter Richter ist sich dessen bewußt und wird nicht auf den Gedanken kommen, daß sein Spruch stets der Weisheit letzter Schluß ist. Er sollte der Wahrheit und der Gerechtigkeit jedoch möglichst nahe kommen, denn kraft der Rechtskraft stellt er die Rechtslage zwischen den Parteien fest.

- (Nebenbemerkungen am Rande des Themas:

  Bei dem Begriff „Urteil im Arbeitsgerichtsverfahren" fühle ich mich als Überwechsler von der ordentlichen Gerichtsbarkeit zur Arbeitsgerichtsbarkeit bemüßigt, mein ceterum censeo in zweierlei Richtungen anzubringen:

---

120 GAMP, aaO., S. 171.

121 Nach dem Bericht des Bundesministers für Arbeit und Sozialordnung über die Tätigkeit der Arbeitsgerichte im Jahre 1995 entfielen von 621.460 Erledigungen auf streitige Urteile 48.452 und 249.734 auf Vergleiche, bei den Landesarbeitsgerichten von 26.646 Erledigungen auf streitige Urteile 8.475 (ca. 33 %) und auf Vergleiche 8.493 (ca. 33 %).

122 LÜKE: Das Abfassen von Urteilen in der Arbeitsgerichtsbarkeit, in: NZA 1996, 562, 564.

- Es wäre für die allgemeine Zivilgerichtsbarkeit höchst empfehlenswert, wenn dort ebenfalls die Zurückweisung durch das Berufungsgericht wegen eines Mangels im Verfahren verboten würde (s. § 68 ArbGG, § 539 ZPO). Die Nachteile, daß einige Richter erster Instanz ziemlich schamlos ihre Prozesse „ungestraft" verfahrensfehlerhaft beenden können, rechtfertigt diesen zeitraubenden und kostenspieligen Weg nicht. Eine moderne Gerichtsbarkeit sollte solche Mängel wie auch den Instanzverlust in Kauf nehmen und den schnellen und billigen Weg zum Recht festlegen.
- Bewährt hat sich in der Arbeitsgerichtsbarkeit auch die grundsätzliche Pflicht zur Urteilsverkündung im Anschluß an die Sitzung. Außer der dadurch für die Parteien geschaffenen schnellen Klarheit zwingt sie zu stringenter Sitzungsvorbereitung, was dem Vergleichs- und Rechtsgespräch förderlich ist.) -

In bezug auf die Urteilsabfassung drängt sich aus der Sicht der saarländischen Arbeitsgerichtsbarkeit, der die Festschrift gewidmet ist, wegen der räumlichen Nähe zum französischen Rechtskreis die Empfehlung zu einer zumindest teilweisen Orientierung an den apodiktisch kurz und klar gefaßten dortigen Zivilurteilen auf. Der klassische französische Grundsatz lautet: *„La cour décide et ne discute pas"*. Niemand wird behaupten wollen, unser Nachbarland stehe in seiner Rechtskultur im internationalen Vergleich hinter der unseren zurück.

Manchmal ist das *„Recht"* im Urteil nicht zu finden, es ist dann Aufgabe des guten Richters, es im Vergleich zu finden. In ihm kann die Billigkeit als die Gerechtigkeit des Einzelfalles (Gustav Radbruch) ihren Niederschlag finden. Man darf Billigkeitserwägungen nicht unter dem Gesichtspunkt der strengen Rationalität des Rechtsfindungsprozesses aus der Rechtsanwendung verbannen wollen, muß sich aber stets prüfen, von welcher Art von Billigkeitserwägungen man sich leiten läßt[123]. Eine salomonische Lösung zu erarbeiten, ist gerade im Arbeitsgerichtsprozeß, wo die Parteien oft über Jahre hinweg in täglichen zwischenmenschlichen Beziehungen standen und häufig wieder zukünftig in einem Arbeitsverhältnis zusammenleben sollen, ein hehres Ziel. Hier kann sich die Rechtsordnung als Friedensordnung bewähren.

Der Vergleich ist dabei oft im Termin vom Gericht mit den Parteien zu erarbeiten. Viel Gespür für die Interessenlage und auch für die Gefühle der

123 FROMM: Die arbeitnehmerbedingten Kündigungsgründe, Diss. 1994, S. 567.

Parteien ist insoweit von Nutzen. Dabei ist der Versuch, einen Vergleich möglichst in der Mitte des Klagebegehrens anzusteuern, die falsche Methode. Auf die Dauer wird auch der Richter durchschaut und ohne Erfolg sein, der im Vergleichsgespräch abwechselnd eine und dann die andere Partei verlieren läßt.

Mit offenen Karten zu spielen bezüglich des vermeintlichen Ausgangs des Rechtsstreits ist dabei die faire Verfahrensweise, zu der auch gehört, einer die Situation nicht durchschauende Partei von einem für sie ungünstigen Vergleich offen abzuraten. Für den Prozeßvergleich bestehen dieselben Grenzen wie beim Anerkenntnis- und Verzichtsurteil. Verstößt der Vergleich gegen zwingendes materielles Recht, ist er nicht zu protokollieren[124].

Sieht der Richter seine Aufgabe beim Vergleich in vorstehendem Sinne, ist die Formulierung des Bundesgerichtshofs[125], der Richter werde beim Vergleich nicht bei einem autoritativen Akt wie beim Urteil, sondern lediglich als Beurkundungsstelle vergleichbar dem Notar tätig, eine nicht angebrachte Wertung.

Bei gebührender Berücksichtigung vorstehender für ein Urteil bzw. für einen Vergleich sprechenden Gesichtspunkte enthält der auf den ersten Blick banal klingende Satz: *„ein schlechter Vergleich sei immer noch besser als ein gutes Urteil“* im arbeitsgerichtlichen Verfahren mehr als ein Körnchen Wahrheit.

10. Umgang mit den Präklusionsvorschriften

Das richtige Umgehen mit den Präklusionsvorschriften ist eine der wichtigsten Aufgaben des Richters auf dem Weg zur Wahrheit. Drei bedeutsame Novellierungsschritte der ZPO hat der Gesetzgeber seit 1877 unternommen: die Statuierung der Wahrheitspflicht im Jahre 1933 und in der Vereinfachungsnovelle vom 3.12.1976 einerseits die Verstärkung der Pflicht zur richterlichen Prozeßleitung und Aufklärung, andererseits die Eröffnung der Präklusion verspäteten Parteivorbringens als schärfste Waffe, um die Beschleunigung des Prozesses zu erreichen[126]. Unter dem Aspekt der Wahr-

124 Ekkehard SCHUMANN, aaO., S. 586.

125 BGHZ 35, 309, 312.

126 Für die Arbeitsgerichtsbarkeit folgte das am 1. Juli 1979 in Kraft getretene Gesetz zur Beschleunigung und Bereinigung des Arbeitsgerichtsgesetzes (BGBl. I S. 545). Die darin enthaltenen eigenständigen Präklusionsnormen wie ohnehin die Verweisungen auf die diesbezüglichen ZPO-Vorschriften führen zu einer weitgehenden Entsprechung zur

heitsermittlung kann man diese gesetzgeberischen Bemühungen mit der Gangart der Echternacher Springprozession vergleichen: zwei Schritte vor ... zur Wahrheit, einen Schritt zurück ... weg von der Wahrheit! Daß letzterer nur ein halber ist, ist in erster Linie der Rechtsprechung des Bundesverfassungsgerichts zu verdanken. Die - verfassungsrechtlich zulässigen[127] - Präklusionsvorschriften wirken sich oft zwangsläufig nachteilig für das Bemühen um eine materiell richtige Entscheidung aus, müssen wegen dieser einschneidenden Folge für die säumige Partei aber strengen Ausnahmecharakter haben[128].

Trotz dieser klaren verfassungsrechtlichen Vorgaben überrascht die Bandbreite zwischen extensiver und restriktiver Auslegung der Präklusionsvorschriften in der täglichen Praxis, aber auch in der führenden Kommentarliteratur zur ZPO. Die vom Bundesverfassungsgericht fortwährend herausgestellte Pflicht des Richters, das Spannungsverhältnis zwischen dem grundrechtlichen Anspruch auf rechtliches Gehör und der Zurückweisung des Vorbringens zu berücksichtigen, wird in dem traditionell noch auf den Schreibtischen der meisten Zivilrichter stehenden Kommentar von Baumbach-Lauterbach schlicht verschwiegen; statt dessen wird in der „besonders wichtigen" Vorschrift des § 296 ZPO ein klarer Gesetzesbefehl gesehen, die dem Richter die unmißverständliche Pflicht zur Zurückweisung „unter den gesetzlichen Voraussetzungen" auferlegt[129]. Die solch einseitige Haltung eines völlig zu Recht zu den „überzeugten Verfahrensbeschleunigern[130]" zu zählenden Autors gipfelt darin, daß, ohne die gegenteilige h.M.[131] auch nur zu erwähnen, behauptet wird, die fehlerhafte Zulassung verspäteten Vortrags sei in der Rechtsmittelinstanz nachprüfbar, sie könne einen wesentlichen Verfahrensfehler darstellen und zur Zurückverweisung nach § 539 ZPO führen[132].

Sicherlich garantiert das Rechtsstaatsprinzip auch effektiven Gerichtsschutz, so daß das Ziel des § 296 ZPO, den Prozeß zu beschleunigen, der Verbesserung des Rechtsschutzes dienen kann. Zwischen diesen verfassungsrechtlichen Hintergründen und dem Gesichtspunkt des garantierten Anspruchs auf rechtliches Gehör ergibt sich gleichwohl kein verfassungsrechtliches

---

zivilprozessualen Regelung, so daß für unsere Problemstellung eine Differenzierung bei der Betrachtung unterbleiben kann.

127 BVerfGE 55, 72 (95).

128 BVerfG in ständiger Rechtsprechung: 59, 330 (334); 60, 1 (6); 62, 249 (254); 66, 260; 69, 139 ff.

129 BAUMBACH-LAUTERBACH, aaO., § 296 Rn.. 1, 3.

130 DEUBNER in: NJW 1980, 2363.

131 STEIN-JONAS-LEIPOLD, aaO., § 296 Rn. 129; ROSENBERG, aaO., § 69, b, S. 414; PRÜTTING in: Münchener Kommentar zur ZPO, 1992, § 296 Rn. 179.

132 BAUMBACH-LAUTERBACH-HARTMANN, aaO., § 296, Rn. 74.

Patt. Vielmehr bedarf der Eingriff in das Recht der Parteien auf Berücksichtigung ihres Vorbringens der besonderen Rechtfertigung[133]. Davor wird der Richter nicht deshalb bewahrt, weil der Gesetzgeber sich für den effektiven Rechtsschutz entschieden hat. M.E. scheint es nicht hinnehmbar, daß die materielle Gerechtigkeit der nachlässigen Partei dabei u.U. beeinträchtigt wird[134]. Die Gerichte haben vielmehr die Aufgabe, etwaige (?) gesetzgeberische Entscheidungen verfassungskonform im Sinne der materiellen Gerechtigkeit im Einzelfall zu korrigieren.

Unter dem Aspekt, daß die Handhabung der Präklusionsvorschriften eine angemessene Reaktion auf das Verhalten der Parteien darstellen soll, ehrt es den Richter, statt die Verspätung zu suchen, der Verspätung auszuweichen. Hierzu steht ihm zunächst das Instrumentarium der Gesetzesauslegung bei der Anwendung der §§ 282, 296, 528 ZPO, §§ 56, 61 a ArbGG zur Verfügung; Nahtstellen zur Weichenstellung in Richtung Wahrheit ergeben sich dabei im Rahmen des keine Ermessensentscheidung eröffnenden § 296 Abs. 1 ZPO bei den Anforderungen an die Fristsetzung, bei der Beachtung der Zuständigkeit und der Formvorschriften einschließlich der Belehrung dazu und insbesondere bei der Frage der Verzögerung des Rechtsstreits, wobei Fehler des Gerichts bzw. nur unfaires bzw. auch nur unklares Verhalten die Ausschließung verbieten. Für die Entschuldigung der säumigen Partei sollten keine allzu hohen Barrieren aufgebaut werden. Bei der Anwendung des § 296 Abs. 2 ZPO ist bei der Prüfung des Verstoßes gegen die allgemeine Prozeßförderungspflicht auch bei grober Nachlässigkeit, d.h. „*Pflichtverletzung in besonders schwerwiegender Weise*[135]“, die gebotene richterliche Sorgfalt zu entfalten. Die Einbruchsstelle für verfassungsrechtliche Erwägungen ist insbesondere das pflichtgemäße Ermessen, ob von der Befugnis zur Zurückweisung Gebrauch gemacht werden soll: dabei können das Parteiverhalten, insbesondere der Grad der Nachlässigkeit, die Prozeßlage, das voraussichtliche Gewicht der Angriffs- oder Verteidigungsmittel für den Prozeß, die Bedeutung des Prozeßgegenstands für die Partei, gebührende Berücksichtigung finden[136]. Der die gesamte Rechtsordnung beherrschende Gedanke der Verhältnismäßigkeit ist zu beachten[137]. Der Richter sollte sich vor Augen halten, ob für die Abkürzung des konkreten Verfahrens ein un-

---

133 STEIN-JONAS-LEIPOLD, aaO., § 296 Rn. 17.
134 So aber WETH, aaO., S. 56, 65, 298.
135 BVerfGE 69, 137; BGH in: NJW 1987, 502.
136 STEIN-JONAS-LEIPOLD, aaO., § 296 Rn. 110.
137 AK-DEPPE-HILGENBERG, aaO., § 296 Rn. 18.

richtiges Urteil nicht ein zu hoher Preis ist[138]. Im Rahmen der Ermessensausübung können nach richterlicher Erfahrung eingeschätzte mutmaßliche Erfolgsaussichten der neuen Angriffs- oder Verteidigungsmittel eine wichtige Rolle spielen. Nach Deubner[139] beschränkt sich die Zurückweisung im Ergebnis darauf, dem Gericht die ihm sonst verwehrte vorweggenommene Beweiswürdigung zu gestatten. Bei allen vorstehenden Einzelprüfungen sind nach der verfassungsrechtlichen Vorgabe die formellen wie die inhaltlichen Anforderungen an die Erfüllung des Präklusionstatbestands im Wege verfassungskonformer Auslegung so hoch anzusetzen, daß das Ziel einer materiell gerechten Entscheidung nicht stärker als im Interesse der Verfahrenskonzentration geboten eingeschränkt wird[140].
Der Richter, der zur restriktiven Handhabung der Präklusionsvorschriften aus Verpflichtung gegenüber der Wahrheit tendiert, kann sich damit beruhigen, daß die unterbliebene Zurückweisung weder die Berufung noch die Revision begründen kann. Unterlassene Beschleunigung kann nämlich nachträglich nicht mehr bewirkt werden, so daß kein Grund besteht, eine vorgenommene Sachaufklärung nicht zu berücksichtigen und dadurch evtl. sogar ein inhaltlich unrichtiges Urteil herbeizuführen[141]. Eine - unterstellt unzulässige - Zulassung oder Nichtzurückweisung verspäteten Vorbringens ist stets unanfechtbar und für das Rechtsmittelgericht bindend[142].

Wie immer, wenn verschiedene Meinungen vertreten werden, plädiert jede Seite für die Richtigkeit ihrer Ansicht. Die „energischen[143]" Anwender der Präklusionsvorschriften mögen zwar oft einen „kurzen Prozeß" haben. Dies ist aber nicht gewollt, sondern gewünscht wird ein „kurzes Verfahren[144]". Wer sich als Richter in seiner Grundhaltung zur weitgehenden „faktischen Nichtanwendung" der Präklusionsvorschriften entschieden hat, kann sich insbesondere damit beruhigen, entsprechend seinem Eid (§ 38 DRiG) gehandelt zu haben. Dies gilt insbesondere, wenn er für sich in Anspruch neh-

---

138 DEUBNER: Zurückweisung verspäteten Vorbringens nach der Vereinfachungsnovelle, in: NJW 1977, 921, 925; a.A. PRÜTTING in: Münchener Kommentar zur ZPO, 1992, § 296 Rn. 38, wo die Verhältnismäßigkeit aus dem Ziel der Beschleunigung der Prozesse insgesamt und damit der Entlastung der Zivilgerichte abgeleitet wird.

139 DEUBNER: Das Ende der Zurückweisung verspäteten Vorbringens im frühen ersten Termin, in: NJW 1985, 1140, 1143.

140 AK-DEPPE-HILGENBERG, aaO., § 296 Rn. e unter Bezugnahme auf die Gesetzesmaterialien - BT Drucksache 7/5250, S. 7.

141 STEIN-JONAS-LEIPOLD, § 296 Rn. 129; ROSENBERG, aaO., § 69, b, S. 414; PRÜTTING in: MüKo zur ZPO, aaO., § 296 Rn. 179; a.A. BAUMBACH-LAUTERBACH-HARTMANN, aaO., § 296 Rn. 74.

142 WETH, aaO., S. 284; AK-DEPPE-HILGENBERG, aaO., § 296 Rn. 28.

143 So BAUMBACH-LAUTERBACH-HARTMANN, aaO.

144 So auch Bundeskanzler KOHL in seiner Regierungserklärung 1984, in: DRiZ 1984, 47.

men kann, daß er trotz dieses Nichtgebrauchmachens von der Zurückweisungsmöglichkeit seine Rechtsstreitigkeiten sach- und zeitgerecht abschließt. Daß dies auch bei hoher Belastung möglich ist, wird täglich bewiesen. Geschicktes Ausfüllen von teils bewußt freigehaltenen oder teils durch Verlegung entstandenen Terminslücken können durchaus bewirken, daß die Gegenpartei nicht mehr als 4 bis 6 Wochen länger auf ihr Recht warten muß. Prozeßökonomisches Arbeiten ist die Grundlage dafür. Ebenso wie die Fähigkeit zur richtigen Rechtsanwendung gehört zu einem guten Richter auch die Fähigkeit zum geschickten „Managen" der Richteraufgaben. Viele Richter, die über nicht zu bewältigende Überpensen stöhnen, halten vorstehende Thesen für ketzerisch, aber auch für nicht realisierbar. Interessant ist in diesem Zusammenhang die häufigere Feststellung, daß gerade Richter, die sich selbst bei der Überschreitung der gesetzlichen Fristen für die Absetzung der Urteile allzu großzügig Freiheiten einräumen, oft die „energischen" Anwender der Präklusionsvorschriften sind, obwohl die fremdbestimmte Terminsarbeit in der Anwaltskanzlei viel eher Nachsicht fordert als das in richterlicher Freiheit selbstbestimmte Abwickeln der Prozesse.

Der Verfasser hat in 20 Jahren Tatrichtertätigkeit seit Inkrafttreten der Vereinfachungsnovelle am 1.1.1977 - davon 10 Jahre beim Landgericht, 10 Jahre beim Landesarbeitsgericht - insgesamt in weniger als 10 Fällen von der Präklusionsmöglichkeit Gebrauch gemacht. Der eingetretene zusätzliche Zeitaufwand ist bei einem Prozessieren, die durch vorstehende 9 Schritte exemplarisch dargelegt, im Interesse der Wahrheit hinzunehmen. Nicht verschwiegen werden soll, daß natürlich die präventive Funktion der Präklusionsvorschriften in vielen Fällen dazu mitwirkt, daß das Verfahren von Anfang an durch die Prozeßbevollmächtigten zügig betrieben wird. Keiner von ihnen kann sicher sein, daß er nicht einer der Ausnahmefälle sein könnte. Wenn man eine solch restriktive Einstellung zu dieser Art der Verfahrensbeendigung vertritt, stört besonders, daß derzeit gerade auch für die Arbeitsgerichtsbarkeit eine Verschärfung der Präklusionsvorschriften geplant wird. Der Entwurf des sogenannten 2. Entlastungsgesetzes für die Zivilgerichtsbarkeit der Justizministerkonferenz und eine geplante Arbeitsgerichtsnovelle zur Vereinfachung und Beschleunigung des arbeitsgerichtlichen Verfahrens, die derzeit auf verschiedenen Ebenen diskutiert werden, sollen u.a. die §§ 296 Abs. 4, 528 ZPO, § 67 Abs. 1 S. 1 ArbGG strenger werden lassen. Die 57. Konferenz der Landesarbeitsgerichte hat sich dagegen ausgesprochen[145]. Auch eine unter dem Diktat der leeren Kassen noch

145 Beschluß der 57. Konferenz der LAG-Präsidenten am 23.5.1995 in Dresden.

so knappe Ressource *„Arbeitsrecht“* rechtfertigt nicht ein weiteres Zurückdrängen der materiellen Prozeßwahrheit. Diese Absicht, wie auch das Vorhaben der Erhöhung der Berufungssumme auf 3.000,-- DM, schaden dem Recht und dem Ansehen der Arbeitsgerichtsbarkeit und bringen gleichwohl keine nachhaltige Besserung der Gesamtsituation in der Arbeitsgerichtsbarkeit.

Der Verfasser fürchtet, daß die geschilderte Handhabung der Präklusionsvorschriften nicht die h.M. ist - leider[146].

Mit vorstehenden 10 Einzelschritten sollten mitnichten Patentlösungen für jeden Fall angeboten werden und auch kein Passepartout für den Arbeitsrichter gereicht werden. Vielmehr sollten bewährte, manchmal auch etwas eigenwillige Rezepte vorgestellt werden, die schon oft geholfen haben. Stets ist dabei die dem Einzelfall angepaßte Rezeptur zu wählen.

Schluß:

Gustav Radbruch, der wohl größte deutsche Jurist in diesem Jahrhundert, hat in seiner Habilitationsschrift im Jahre 1904 ausgeführt, daß *„... die Überschätzung des logischen Elements in der juristischen Methode ...“* den Zufallsjuristen vom geborenen Juristen unterscheide und später in seiner berühmten *„Einführung in die Rechtswissenschaft“* der jüngeren Generation von Juristen ein Richterbild auf den Weg gegeben, bei dem die Menschen- und Lebenskenntnis die Rechtskenntnisse überwiegen solle[147].

Ob eine solche Priorität zu setzen ist oder ein Gleichgewicht zwischen den beiden Begabungen die Idealform ist, kann für unsere Untersuchung offenbleiben. Diese schließt mit einer Kurzfassung der eingangs aufgeführten Inschrift:

„Ohne Wahrheit kein Recht“.

146 Ein bekannter Vorsitzender Richter am OLG im Saarland frappierte die vor versammelten Rechtsanwälte bei der Verhandlung öfters mit dem Satz: *„Es gibt die herrschende Meinung und die richtige“.*

147 Arthur KAUFMANN: Gustav Radbruch, 1987, S. 193.

Zur sozialen Relevanz innerbetrieblicher Konfliktaustragung

von
TANIA MASLOH

Im Arbeitsrecht der Bundesrepublik Deutschland erfolgt der Schutz des Arbeitnehmers weniger über die Kontrolle des Inhalts von Arbeitsverträgen, als vielmehr durch die Aufstellung von Regeln für die Austragung von Konflikten[1]. Sie schaffen und garantieren auf betrieblicher Ebene Strukturen zur Konfliktaustragung zwischen Arbeitgeber und Arbeitnehmer, die verhindern, daß jede alltägliche Meinungsverschiedenheit überbetrieblich ausgetragen wird, also etwa vor die Arbeitsgerichte gelangt. Der bundesdeutsche Gesetzgeber hat daher versucht, Regeln zu setzen, die ein kooperatives Verhältnis zwischen Arbeitgebern und Arbeitnehmern, bzw. deren Vertretern, fördern, während die inhaltliche Ausgestaltung der Arbeitsverhältnisse zu einem erheblichen Teil den Tarifparteien überlassen bleibt. Somit ist ein System von gesetzlichen, tarifvertraglichen und betriebsinternen Normen vorhanden, das die im betrieblichen Alltag auftauchenden Konflikte regeln soll.

Maßgeblich für die Konfliktbewältigung auf betrieblicher Ebene sind die Regelungen des 1972 in Kraft getretenen Betriebsverfassungsgesetzes (BetrVG), in dem die Mitbestimmung der Arbeitnehmer im Betrieb geregelt ist. Grundgedanke ist dabei eine kooperative Konfliktlösungsstrategie auf der Basis vertrauensvoller Zusammenarbeit zwischen Arbeitgeber und Betriebsrat. Die durch die Mitbestimmungspraxis eingebürgerten Elemente konsensorientierter Vertrauensbeziehungen, wie diskursive Konfliktregulierung und eigenverantwortliches Arbeitshandeln, gehören nach über 20jähriger Praxis des BetrVG in Westdeutschland zwar noch nicht überall, aber doch mehrheitlich zu den praktizierten Umgangsformen im Betrieb. Vereinzelt sprechen Autoren bereits von einem betrieblichen Bürgerrecht bzw. Bürgerstatus im Betrieb[2], was mittlerweile als Voraussetzung für eine effektive Unternehmenspolitik gelte, die den anspruchsvoll gewordenen Markt- und Konkurrenzbedingungen gewachsen ist.

Allerdings reichen die Vorschriften des BetrVG allein nicht aus, konsensorientierte Umgangsformen zu etablieren. Da das geschriebene Recht nur

1 Vgl. hierzu stellvertretend SCHAUB, G., Arbeitsrechtshandbuch, 6. Aufl. 1987, S. 2 III.
2 KOTTHOFF, H., Betriebsräte und Bürgerstatus, 1994, S. 336.

vor dem Hintergrund des „lebenden Rechts“ (Eugen Ehrlich)[3] Geltung beanspruchen kann, spielt die Art und Weise, wie Rechtsprobleme von den einzelnen Akteuren definiert und schließlich angewandt werden, eine entscheidende Rolle für die Beantwortung der Frage nach der Wirksamkeit von Rechtssystemen in der Praxis. Dabei geht es darum, wie rechtliche Regeln effektiviert werden und welche Wirkungen sie entfalten. Gegenstand ist hier nicht abstrakt das „Recht“, sondern soziales Handeln im Hinblick auf Recht. Damit rücken bei einer empirischen Betrachtung nichtlegale und außerjustizielle Aspekte der Normgebung und der Normanwendung in den Mittelpunkt des Interesses.

Die Rechtssoziologie stellt die Beziehung zwischen rechtlichen Maßnahmen und sozialem Verhalten dar. Sie geht dabei auf die Gruppen, Organisationen und Institutionen ein, für die Rechtsregeln bedeutsam sein sollen. Die Diskussion in der Rechtssoziologie beschäftigt sich mit der Frage, ob das Recht ein Subsystem der Gesellschaft bildet, die Legitimation aus den Rahmenbedingungen von Kultur und Gemeinschaft braucht oder nicht. Die Diskrepanz zwischen gesetzlichem und gelernten Recht zum gelebten und praktizierten Recht ist das Thema von rechtssoziologischen Theorien, die die Implementation rechtlicher Normen als sozialen Interaktionsprozeß erklären, der nicht allein die Sanktionsfähigkeit von Normen, sondern vor allem ihre soziale Anerkennung voraussetzt. Dies läßt darauf schließen, daß Rechte nicht per se Geltung haben, sondern diese von gesellschaftlichen Akteuren mobilisiert werden müssen.

Rechtssoziologie und Betriebssoziologie gehen gleichermaßen davon aus, daß die Implementierung arbeitsrechtlicher Normen in Sozialbeziehungen und den daraus erwachsenden Vertretungsformen und Herrschaftspraktiken eingebettet sind. Die Anwendung rechtlicher Instrumentarien geschieht daher nicht voraussetzungslos. Die Anerkennung rechtlicher Normen setzt das Funktionieren informeller sozialer Beziehungen voraus. Nur gegenseitiges Vertrauen schafft erst die Basis für Alltagshandeln, das ohne routinisiertes und formalisiertes Ausschöpfen formeller rechtlicher Möglichkeiten, welches ein Anzeichen für das Versagen von Vertrauensbeziehungen bedeutet[4], auskommt. Rechtliche Schritte der Konfliktlösung, wie z.B. das Anrufen der Arbeitsgerichte funktionieren vielmehr nur als ultima ratio. Gerade die nichtlegalen und außerjustiziellen Aspekte der Normgebung und

---

3 EHRLICH, E., Grundlegung der Soziologie des Rechts, Nachdruck der 1. Aufl. 1913, München und Leipzig 1929, S. 33.

4 Vgl. BLANKENBURG, E./ROGOWSKI, R./SCHÖNHOLZ, S., Die Rolle der Gerichte bei der „Verrechtlichung“ von Arbeitsbeziehungen, in: BLANKENBURG, E./SCHÖNHOLZ, S., Zur Soziologie des Arbeitsgerichtsverfahrens. Die Verrechtlichung von Arbeitskonflikten (Demokratie und Rechtsstaat, Bd. 47), S. 28 f.

der Normanwendung müssen daher stärker in den Mittelpunkt des Interesses rücken. Zentral für eine angemessene Betrachtungsweise ist der Prozeßcharakter des Geschehens, der nicht als von Gesetzen geleiteter Befolgungszusammenhang gesehen werden darf, sondern durch informelle Aspekte der Uminterpretation resistenter Routinen, gezielten Unterlassens, Aushandelns etc. gekennzeichnet ist[5].
Die Wahrnehmungs- und Handlungsmöglichkeiten von sozialen Akteuren hängen aber ihrerseits von sozialen Interaktionsprozessen ab. Dazu gehört etwa das regional-kulturelle Umfeld, die Sozialordnung des Betriebes und die Persönlichkeit der Akteure[6]. Ebenso spielt das Angebot von Problemlösungen, die durch rechtliche Institutionen gewährleistet werden eine entscheidende Rolle[7]. Die Umsetzung des Arbeitsrechts in einem Betrieb stellt zudem hohe Kompetenzanforderungen an beide Konfliktparteien. Es kann nur sozial wirksam werden, wenn die Betroffenen hinreichend informiert und fähig sind, den ihnen zustehenden Rechtsschutz zu aktualisieren. Wesentlich aber ist: sie schlagen nicht ungebremst auf die Akteure im Betrieb durch, sondern werden durch die Sozialordnung, die partizipative Muster repräsentiert, „gefiltert". Sie entscheiden auch, welche Form innerbetriebliche Konflikte annehmen, wann und in welcher Weise also Recht in diesem Zusammenhang mobilisiert wird.

Die Erforschung von Aushandlungsprozessen, also der außerjustiziellen Aspekte der Normgebung und der Normanwendung, ist Gegenstand der Implementationsforschung[8]. Sie analysiert Prozesse der Entscheidungsfindung und -durchsetzung innerhalb von Organisationen sowie die Strategien und Programme der an diesen Prozessen beteiligten Akteure. Während der Implementationsansatz ursprünglich nur im Hinblick auf die Mechanismen der Entscheidungsfindung und -durchsetzung innerhalb der staatlichen Ad-

---

5 ROTTLEUTHNER, Zur Implementation arbeitsgerichtlicher Entscheidungen, in: BLANKENBURG, E./ VOIGT, R. (Hrsg.), Implementation von Gerichtsentscheidungen, 1987, S. 187.

6 Vgl. KOTTHOFF, Betriebsräte und Bürgerstatus, S. 317.
Die Partizipation eines Betriebsrates an den ihm durch das BetrVG zugesicherten Mitbestimmungsbereichen kann folglich weder durch Bezug auf deskriptive Kriterien (Betriebsgröße, Kapitalform, Branche, Konjunkturlage), noch auf die rechtliche garantierten Handlungsmöglichkeiten bestimmt werden. Bereits Anfang der 80er Jahre hat KOTTHOFF daher in seiner Studie „Betriebsräte und betriebliche Herrschaft", 1981, sehr anschaulich eine Typologie von Partizipationsmustern im Industriebetrieb erstellt.

7 BLANKENBURG, E. / REIFNER, U., unter Mitarbeit von GORGES, I. und TIEMANN, F., Rechtsberatung, 1982, S. 18.

8 Vgl. dazu stellvertretend: PRESMAN, J.L. /WILDAVSKY, A.B., Implementation, 1973; BERMAN, P. / MC.LAUGHLIN, M., Implementation. Problems, Patterns and Parameters, 1976.

ministration Anwendung fand, wurde er später auch im Hinblick auf die Beziehungen von Gerichten zu ihrer Klientel erweitert. Die Rechtssoziologie nutzt den Implementationsansatz zur Erforschung der Umsetzung von Gerichtsentscheidungen in die Praxis[9]. Wesentliches Ergebnis der Implementationsforschung ist das Aufzeigen der Kluft, die zwischen dem Wortlaut und den Wirkungen von Handlungsbereichen klafft, vor allem die marginale Rolle die Recht, allen Tendenzen zur Verrechtlichung unserer Lebensbereiche zum Trotz, in vielen Handlungsbereichen nach wie vor hat. Steuerung durch Recht wird nur dort effektiv, wo es durch informelle Strukturen unterstützt wird. Dadurch wird das Augenmerk auf die informellen Vorphasen rechtlicher Verfahren gelenkt, die als Implementationsbedingungen untersucht werden müssen. In diesen Forschungen wird deutlich, daß informelle Konfliktregelungsmechanismen zumeist den formellen vorgezogen werden.
Grundsätzlich läßt sich die Implementationssituation als Machtprozeß begreifen, der den Beteiligten Chancen eröffnet, ihren Interessen Ausdruck zu verleihen. Nun können, wie die Implementationsforschung zeigt, ganz unterschiedliche Handlungs- und Kooperationschancen entstehen. Sie können sogar zunichte gemacht werden, je nachdem wie stark die Betriebsorganisation die mitunter sehr starren arbeitsrechtlichen Normen widerspiegelt und je nachdem welche spezifischen Formationen von Macht- und Herrschaftsinteressen im Zusammenhang mit der Aushandlung von Arbeits- und Geschäftsbedingungen sich herauskristallisieren. Im Regelfall bildet sich ein soziales Grundarrangement heraus, das sich durch ein beträchtliches Maß an wechselseitigem Grundverständnis und an konfliktvermeidender Zusammenarbeit zwischen Management und Arbeitnehmern auszeichnet.

Solche Aushandlungsprozesse beschränken sich nicht allein auf individuelle Handlungen, sondern geschehen vor allem im Arbeitsrecht kollektiv durch Verbände und Gewerkschaften. Hierauf hat insbesondere Hugo Sinzheimer[10] aufmerksam gemacht. Durch die kollektive Veränderbarkeit von

---

9 Vgl. hierzu etwa: MAYNTZ, R., Implementation politischer Programme, Bd. 2, 1983; dies., Berücksichtigung von Implementationsproblemen bei der Gesetzesentwicklung, in: GRIMM, D. / MAIHOFER, W. (Hrsg.), Gesetzgebungstheorie und Rechtspolitik, 1988, S. 130-150.

10 Der Fortschritt des modernen Arbeitsrechts besteht darin, daß es nicht allein durch individuellen Arbeitsschutz und Arbeiterversicherung bestimmt ist, sondern durch soziale Selbstbestimmung der sie tragenden Kollektive vollzogen wird. Ganz besondere Bedeutung in diesem Zusammenhang erhalten nicht-staatliche Organisationen. Durch diese entsteht sozial hervorgebrachtes neues Recht in informellen Konfliktlösungspraktiken und im Schlichtungswesen, wie auch in den kollektiven Übereinkünften organisierter Arbeitgeber und Arbeitnehmer. (vgl. SINZHEIMER, H., Die Aufgabe der Rechts-

Normen in gesellschaftlichen Machtprozessen wird Recht ein mögliches Mittel, wirtschaftliches und soziales Gleichgewicht rechtlich zu sichern.

Für den betrieblichen Alltag bedeutet dies: Die Entstehung von Rechtsproblemen ist im Betrieb betriebsspezifisch verteilt. Blankenburg/Reifner sprechen in diesem Zusammenhang von einer „Theorie der Sozialverteilung von Rechtsproblemen[11]". Die Definition von Rechtsproblemen geschieht hier im Regelfall nicht durch einzelne, sondern durch Organe der Arbeitnehmer und des Arbeitgebers. Hierbei bestimmt die Innerbetriebliche Konfliktaustragung die Wahrnehmung von Problemen als potentiellen Rechtsproblemen. Sie wirkt als Filter und nimmt Konflikte vorweg, so daß nur ein Teil zur Aushandlung in außerbetriebliche Arenen gelangt. Wichtig ist daher, inwieweit diese Organe in ihrem Betrieb Handlungsbedarf feststellen und in welchen Themenbereichen sie dies tun. Es gilt zu ermitteln, wie der von den Rechtssubjekten wahrgenommene und verstandene Inhalt von Normen auf der betrieblichen Ebene durch soziale Faktoren modifiziert wird. Im Mittelpunkt steht dabei die Interaktion zwischen Arbeitgeber und Arbeitnehmer bzw. ihren Vertretern auf betrieblicher Ebene. Dabei ist es vor allem von Interesse zu untersuchen, welche Rolle bei der Zusammenarbeit von Personalleitung und Betriebsrat im Konfliktfall das formalisierte Ausschöpfen rechtlich kodifizierter Partizipationsmöglichkeiten spielt[12].
Im Rahmen einer kürzlich veröffentlichten Studie[13] auf der Basis einer Befragung von Personalleitern und Betriebsratsvorsitzenden in Betrieben der

---

soziologie (1935), in: ders.: Arbeitsrecht und Rechtssoziologie, Gesammelte Aufsätze und Reden, Bd. 2, 1976, S. 119 ff.)

11 BLANKENBURG/REIFNER, aaO., S. 3.

12 Da die bundesdeutschen Gerichte ohnehin überlastet sind, könnte eine Schnittstelle zwischen gerichtlicher und außergerichtlicher Konfliktregelung als Filter fungieren, der so gesteuert werden kann, daß damit nur die für die Gerichte als relevant erachteten Fälle vor die Justiz gelangen.
Eine sachgerechte Auseinandersetzung mit dieser für die Praxis arbeitsgerichtlicher Auseinandersetzung sehr interessanten Fragestellung ist im Rahmen dieses kleinen Beitrages, der sich als Einführung in die Thematik innerbetrieblicher Konfliktaustragung versteht, nicht zu leisten. Allerdings haben bereits BLANKENBURG/REIFNER darauf hingewiesen, daß eine wesentliche quantitative Entlastung der Gerichte nur von alternativen Verfahren zu erwarten ist, die gerichtliche Auseinandersetzungen überflüssig machen. (BLANKENBURG/REIFNER, aaO:, S. 183). In diesem Sinne werden in einer neueren Studie im Auftrag des Bundesministeriums für Arbeit und Sozialordnung, die Schiedsstellen für Arbeitsrecht in den neuen Bundesländern untersucht (STOCK, J. / WOLFF, H., Schiedsstellen für Arbeitsrecht in den neuen Bundesländern. Forschungsbericht 227 des Bundesministeriums für Arbeit und Sozialordnung, 1993).

13 MASLOH, T., Betriebliche Konfliktaustragung in Zeiten von Beschäftigungskrisen. Eine Befragung von Personalleitern und Betriebsräten in Betrieben der Metallindustrie der Tarifgebiete Nordwürttemberg/Nordbaden und Sachsen, 1996.

Metallindustrie der Tarifgebiete Nordwürttemberg/Nordbaden und Sachsen, die im Frühjahr 1993 durchgeführt wurde, konnte gezeigt werden, daß institutionalisierte Regelungswerke zur Konfliktlösung im Verhältnis zwischen Personalleitung und Betriebsrat von den Beteiligten eher selten herangezogen werden. Personalleiter wie Betriebsräte ziehen es vor, ihre Meinungsverschiedenheiten informell auf der innerbetrieblichen Ebene auszuhandeln, um eine Verlagerung auf andere Arenen der Konfliktaustragung zu vermeiden. Hierbei werden institutionalisierte Instrumentarien der Konfliktaustragung, wie sie das BetrVG vorsieht, in der Mehrzahl der Betriebe kaum herangezogen, insbesondere das Verfahren vor der Einigungsstelle wird als zu formal abgelehnt.
Unter dem Eindruck einer gravierenden Beschäftigungskrise in Ost- und Westdeutschland gewinnen Strategien zur Sicherung und Erhaltung von Arbeitsplätzen äußerste Priorität bei den Themen der betrieblichen Mitbestimmung. An zweiter Stelle folgen Fragen der Entlohnung sowie der Arbeitszeit. Andere Konfliktgegenstände, die nach dem BetrVG für die Mitbestimmung oder Mitwirkung des Betriebsrates vorgesehen sind, bleiben nahezu unerwähnt. Dementsprechend werden die allgemeinen Informations- und Konsultationsrechte des Betriebsrats in wirtschaftlichen Angelegenheiten kaum in Anspruch genommen. Die Befragten sind bemüht, in kooperativer Zusammenarbeit den Betrieb und damit die Arbeitsplätze für die Beschäftigten zu erhalten. Die Austragung und Beilegung von Streitigkeiten zwischen Betriebsrat und Personalleitung erfolgt durch die direkte, informelle Interaktion zwischen den beteiligten Parteien auf innerbetrieblicher Ebene. Hierzu werden vorzugsweise Strategien und Kooperationsmuster angewandt, die jenseits des BetrVG angesiedelt sind und die oftmals zu eigenwilligen und eigenständigen, dem Einzelfall angepaßten Regelungen führen, wodurch sich Betriebsrat wie Personalleitung nicht selten in Widerspruch und Konfrontation zu den Konzepten ihrer Verbands- bzw. Gewerkschaftsvertretung setzen, wobei solches Verhalten in Leipzig, angesichts des fundamentalen gesellschaftlichen und wirtschaftlichen Umbruchs, noch stärker als in Ulm ausgeprägt ist. Zu groß ist die Angst beider Seiten vor der Einigungsstelle und vor dem Arbeitsgericht, nicht zuletzt auch deshalb, weil dann der Einzelfall des Konflikts leicht zu einem Exerzierfeld der Verbände und Gewerkschaften werden kann und die involvierten Parteien der Gefahr unterliegen, die Kontrolle über ihren Konflikt zu verlieren[14]. Mit dieser

14 Soweit die Gesprächspartner überhaupt detaillierter auf diese Problematik eingegangen sind, so ist, direkt oder indirekt, ein Unbehagen oder Mißtrauen dahingehend auszumachen, betriebsfremde Dritte mit in die Lösung innerbetrieblicher Konflikte einzubeziehen und ggf. entscheiden zu lassen. Die sachgerechtere Lösung wird insoweit durchweg

vorgefundenen Scheu von Personalleitern und Betriebsräten vor dem Weg vor die Gerichte wird ein genereller Trend in der Forschungsliteratur bestätigt, der besagt, daß informelle Konfliktlösungmethoden dem gerichtlichen Prozeß vorgezogen werden[15]. Dies ist durchaus im Einklang mit anderen empirischen Forschungen über die Thematiken von Betriebsräten[16] und bestätigt die These, daß nicht alle potentiell rechtlich einklagbaren Möglichkeiten auch de facto genutzt werden, sondern diese von vorrechtlichen Definitionsprozessen abhängig sind, die die Nachfrage nach Recht regeln[17].

Die Einschätzungen der Befragten machen deutlich, daß gerade in Zeiten von Beschäftigungskrisen innerbetriebliche Konfliktaustragung die Kooperation zwischen Betriebsrat und Personalleitung ermöglicht und aufrechterhält. Damit ist die Relevanz der innerbetrieblichen Konfliktaustragung erwiesen. Allerdings, je größer das Unternehmen, desto weniger reicht ein informeller Rahmen zur Konfliktlösung aus[18]. Wo informelle Aushandlungen der Differenzierung von Interessen nicht mehr gerecht werden, können Betriebsräte und Personalleiter schon auf der Betriebsebene formalisierte Formen der Konfliktaustragung nutzen, um außerbetriebliche Institutionen zu vermeiden[19].

---

von den Befragten in informellen Konfliktlösungsansätzen, jenseits institutionalisierter und formalisierter Verfahren, gesehen.

15 BLANKENBURG, E.,, Mobilisierung des Rechts. Eine Einführung in die Rechtssoziologie, 1995, S. 50.

16 Vgl. hierzu stellvertretend: KOTTHOFF, Betriebsräte und Bürgerstatus.

17 Vgl. BLANKENBURG/REIFNER, aaO., S. 18, sowie BLANKENBURG, Mobilisierung des Rechts, S. 95 ff.

18 Die Einschätzung der Einigungsstelle und ihrer Bedeutung für innerbetriebliche Konfliktlösungen ändert sich mit zunehmender Größe des Betriebes. Als positiv wird bei Vertretern von Großbetrieben insoweit die Tatsache hervorgehoben, daß in vergleichsweise kurzer Zeit Ergebnisse vorliegen. Die auf diesem Wege erzielten Lösungen sind allerdings meist für den Betrieb recht teuer. Es zeigte sich daher auch bei den Interviews in Großbetrieben, daß auch hier, insbesondere von Seiten der Personalleitung, grundsätzlich informelle Lösungen zwischen Personalabteilung und Betriebsrat bevorzugt werden.

19 Wie BLANKENBURG feststellt, zeigen Prozesse vor Gerichten, daß vor, neben und auch nach dem Gerichtsprozeß ein politischer Prozeß des Aushandelns abläuft, in dem der Gang vor Gericht und dessen Entscheidung ein zuweilen nur taktischer Spielstein neben anderen ist (BLANKENBURG, Mobilisierung des Rechts, S. 120). BLANKENBURG kommt daher zu dem Schluß, daß ohne die Formalisierung von Konflikten in Großorganisationen die Inanspruchnahme der Gerichte noch höher sein könnte, daß hier formalisierte Konfliktentscheidungen die Gerichte dann auch entlasten (BLANKENBURG, Mobilisierung des Rechts, S. 51).

Besonderheiten der Arbeitsgerichtsbarkeit

von
STEPHAN WETH

I. Einleitung

1. *„Gleichzeitig mit der Entwicklung des modernen Arbeitsrechts hat sich das Bedürfnis nach einer Sondergerichtsbarkeit für Arbeitssachen herausgebildet"*. So lautet der erste Satz der Begründung des Regierungsentwurfs zum ArbGG 1953[1]. Dem Bedürfnis nach einer Sondergerichtsbarkeit, also der Loslösung der Arbeitsgerichtsbarkeit von der ordentlichen Gerichtsbarkeit, war im ArbGG 1926, dem Vorgänger des ArbGG 1953, nur teilweise Rechnung getragen. Nach dem ArbGG 1926 waren nämlich lediglich die erstinstanzlichen Gerichte eigenständige Gerichte. Die Berufungsgerichte und das Revisionsgericht waren hingegen der ordentlichen Gerichtsbarkeit angegliedert[2]. Das ArbGG 1953 hat auch die Berufungsgerichte und das Revisionsgericht als selbständige Gerichte ausgestaltet und damit erstmals in der Geschichte der deutschen Arbeitsgerichtsbarkeit eine in jeder Beziehung von der ordentlichen Gerichtsbarkeit losgelöste Gerichtsbarkeit geschaffen[3].

2. Trotz dieser Verselbständigung der Arbeitsgerichte in allen Instanzen ist die Arbeitsgerichtsbarkeit von der h.M. nicht als selbständige Gerichtsbarkeit angesehen worden. Die Verselbständigung durch das ArbGG 1953 habe - so ist behauptet worden - das Wesen der Arbeitsgerichtsbarkeit nicht grundlegend geändert; sie sei *besondere Zivilgerichtsbarkeit*. Nur so sei zu erklären, daß zwischen Arbeitsgerichten und ordentlichen Gerichten im Falle der Unzuständigkeit Verweisungen wie unter verschiedenen Gerichten desselben Rechtsweges erfolgen könnten[4]. In der Tat war vor Änderung des ArbGG durch das Gesetz zur Neuregelung des verwaltungsgerichtlichen Verfahrens vom 17.12.1990 (4. VwGO-ÄndG[5]) die Verweisung zwischen den ordentlichen Gerichten und den Arbeitsgerichten wie eine Frage der

---

1 RdA 1951, 456, 463.

2 Begründung des Regierungsentwurfs zum ArbGG 1953, RdA 1951, 456, 463.

3 Vgl. PRÜTTING, in: GERMELMANN/MATTHES/PRÜTTING, ArbGG, 2. Aufl. 1995, Einl. Rn. 21; KISSEL, GVG, 2. Aufl. 1994, § 13 Rn. 5.

4 Vgl. nur GÖTZ HUECK in: HUECK/NIPPERDEY, Lehrbuch des Arbeitsrechts, 7. Aufl. 1963, § 91 II 1, S. 879.

5 BGBl. I 1990 S. 2809.

sachlichen Zuständigkeit geregelt (§§ 48 a Abs. 4, 48 Abs. 1 a.F. ArbGG). Daraus ließ sich aber schon damals, worauf eine Mindermeinung in der Literatur zu Recht hingewiesen hatte[6], nicht schließen, daß die Arbeitsgerichtsbarkeit besondere Zivilgerichtsbarkeit ist. Dagegen sprach und spricht Art. 95 GG. Nach dieser Vorschrift steht die Arbeitsgerichtsbarkeit als eigenständige Gerichtsbarkeit neben den anderen Gerichtsbarkeiten[7]. Spätestens seit der Streichung des § 48 a ArbGG und der Änderung des § 48 durch das 4. VwGO-ÄndG ist auch durch den (einfachen) Gesetzgeber eindeutig klargestellt, daß das Verhältnis zwischen der Arbeitsgerichtsbarkeit und der ordentlichen Gerichtsbarkeit eine Frage der Zulässigkeit des Rechtsweges ist. Damit hat - wie Vollkommer[8] treffend formuliert - eine über 60jährige Rechtstradition ihren Abschluß gefunden. Die Arbeitsgerichte können nicht mehr als besondere Gerichte i.S. des § 14 GVG angesehen werden. Vielmehr ist der Rechtsweg zu den Arbeitsgerichten ein selbständiger Rechtsweg zu einer selbständigen Gerichtsbarkeit[9]. Insoweit weist die Arbeitsgerichtsbarkeit keine Besonderheit im Vergleich zu anderen Gerichtsbarkeiten auf; das ist wohl inzwischen unbestritten.

3. Die Notwendigkeit einer selbständigen Arbeitsgerichtsbarkeit wird in der Literatur damit begründet, daß das Arbeitsrecht in Folge der wirtschaftlichen Entwicklung zu einem eigenständigen Rechtsgebiet geworden sei, das insbesondere im kollektiven Arbeitsrecht den Rahmen des Zivilrechts weit überschreite[10]. Es sei daher erforderlich, daß die mit der Entscheidung von Arbeitsrechtsstreitigkeiten befaßten Gerichte besondere Fach- und Spezialkenntnisse auf dem Gebiet des Arbeitsrechts hätten[11]. Das werde durch die Besetzung der Arbeitsgerichte mit sachkundigen Beisitzern und dadurch erreicht, daß die berufsrichterlichen Mitglieder der Arbeitsgerichte nach

---

6 PRÜTTING, in: GERMELMANN/MATTHES/PRÜTTING, ArbGG, 1. Aufl. 1990, Einl. Rn. 36; GRUNSKY, ArbGG, 5. Aufl. 1987, § 1 Rn. 2; ROSENBERG/SCHWAB, ZRP, 13. Aufl. 1981, § 13 I.

7 PRÜTTING in: GERMELMANN/MATTHES/PRÜTTING, o.Fn. 6, Einl. Rn. 36; ROSENBERG/SCHWAB, Zivilprozeßrecht, o.Fn. 6, § 13 I.

8 VOLLKOMMER, Anm. zu BAG, Urteil v. 26.03.1992, AP Nr. 7 zu § 48 ArbGG 1979.

9 So zu Recht KISSEL, o.Fn. 3, § 14 Rn. 17; PRÜTTING in: GERMELMANN/MATTHES/PRÜTTING, o.Fn. 3, Einl. Rn. 42; vgl. auch ROSENBERG/SCHWAB/GOTTWALD, Zivilprozeßrecht, 15. Aufl. 1993, § 13 I; GRUNSKY, ArbGG, 7. Aufl. 1995, § 1 Rn. 1; BAG, Urteil v. 26.03.1992, AP Nr. 7 zu § 48 ArbGG 1979 „... *daß nach dieser Neuregelung (gemeint ist die Neuregelung des § 48a durch das 4. VwGO-ÄndG) das Verhältnis zwischen den Gerichten für Arbeitssachen und den ordentlichen Gerichten nunmehr ebenfalls eine Frage der Zulässigkeit des Rechtsweges ist*".

10 SCHAUB, Arbeitsrechtliche Formularsammlung und Arbeitsgerichtsverfahren, 6. Aufl. 1994, § 74 II 2, S. 499.

11 SCHAUB, o.Fn. 10, § 74 II 2, S. 499.

ihrer besonderen Eignung für Arbeitsrechtssachen ausgewählt werden könnten[12], und führe zu einer besonders sachkundigen vom Vertrauen der Beteiligten getragenen Rechtsprechung[13]. Das Bedürfnis nach der Selbständigkeit der Arbeitsgerichtsbarkeit wird zudem damit begründet, daß das arbeitsgerichtliche Verfahren den Bedürfnissen des Arbeitsrechts entsprechend besonders ausgestaltet sein müsse. Es sei hier ein besonders einfaches, schnelles und kostengünstiges Verfahren erforderlich, das zudem eine vergleichsweise Erledigung der Rechtsstreitigkeiten besonders begünstige[14].

4. Auch wenn heute die vollständige Loslösung der Arbeitsgerichtsbarkeit von der Zivilgerichtsbarkeit vollzogen ist und die Arbeitsgerichtsbarkeit nicht mehr als besondere Zivilgerichtsbarkeit angesehen werden kann, so weisen doch das arbeitsgerichtliche Verfahren einerseits und das zivilprozessuale Verfahren andererseits weitgehende Parallelen auf. Das dürfte jedenfalls für das arbeitsgerichtliche Urteilsverfahren, das im wesentlichen den Regeln der ZPO für das Verfahren vor den Zivilgerichten folgt[15], unstreitig sein. Aber auch das arbeitsgerichtliche Beschlußverfahren kann als ein auf die ZPO zentriertes Verfahren bezeichnet werden[16]. Die erheblichen Lücken, die das vom Gesetzgeber wahrlich stiefmütterlich behandelte Beschlußverfahren[17] läßt, werden nämlich durch Verweisung (insbesondere in §§ 80 Abs. 2, 87 Abs. 2, 92 Abs. 2 ArbGG) auf das Urteilsverfahren und damit (über § 46 Abs. 2 ArbGG) auf die ZPO geschlossen[18].

Der Frage, welche Abweichungen vom zivilprozessualen Verfahren das arbeitsgerichtliche Verfahren aufweist, soll im folgenden ebenso nachgegangen werden (unten II) wie der Frage, ob eine Beseitigung der Besonderheiten durch eine Angleichung von ZPO und ArbGG empfehlenswert ist (unten III).

---

12 LÖWISCH, Arbeitsrecht, 4. Aufl. 1996, § 29 I, Rn. 1505; GÖTZ HUECK, o.Fn. 4, § 91 IV, S. 883.

13 Vgl. GÖTZ HUECK, o.Fn. 4, § 91 IV, S. 883; GRUNSKY, o.Fn. 9, § 1 Rn. 1.

14 LÖWISCH, o.Fn. 12, § 29 I, Rn. 1505; SCHAUB, o.Fn. 10, § 74 II 2; GÖTZ HUECK, o.Fn. 4, § 91 IV, S. 883; GRUNSKY, o.Fn. 9, § 1 Rn. 1.

15 Vgl. nur LÖWISCH, o.Fn. 12, Rn. 1517.

16 WETH, Das arbeitsgerichtliche Beschlußverfahren, 1995, S. 35.

17 Vgl. AUFFARTH, Festschrift für G. Müller, 1981, S. 3.

18 Vgl. zur Frage, welche ZPO-Vorschriften auf Grund ausdrücklicher Verweisung im Beschlußverfahren anwendbar sind: WETH, o.Fn. 16, S. 35.

II. Besonderheiten im Überblick

1. Beteiligung ehrenamtlicher Richter

In der ordentlichen streitigen Gerichtsbarkeit gibt es ehrenamtliche Richter nur bei den Kammern für Handelssachen[19], also nur in geringem Umfang. Anders ist es im arbeitsgerichtlichen Verfahren. Hier sind die Gerichte in allen Instanzen mit ehrenamtlichen Richtern aus den Kreisen der Arbeitgeber und Arbeitnehmer besetzt (§ 6 ArbGG). Jede Kammer der Arbeitsgerichte und Landesarbeitsgerichte ist mit einem Vorsitzenden und je einem ehrenamtlichen Richter aus Kreisen der Arbeitnehmer und Arbeitgeber besetzt (§§ 16 Abs. 2; 35 Abs. 2 ArbGG). Jeder Senat des BAG wird in der Besetzung mit einem Vorsitzenden, zwei berufsrichterlichen Beisitzern und je einem ehrenamtlichen Richter aus den Kreisen der Arbeitnehmer und Arbeitgeber tätig (§ 41 Abs. 2 ArbGG).

Die ehrenamtlichen Richter nehmen grundsätzlich dieselben Aufgaben wahr wie die Berufsrichter[20]. Sie können in der mündlichen Verhandlung zur Aufklärung des Sachverhalts Fragen an Parteien, Prozeßbevollmächtigte, Zeugen und Sachverständige richten[21]; ihnen steht die Mitwirkung an der streitigen Verhandlung und an der Urteilsfällung zu[22].

Bestimmte richterliche Befugnisse sind allerdings allein dem Vorsitzenden übertragen. So wird die Güteverhandlung nur von ihm durchgeführt (§ 54 Abs. 1 ArbGG). Zudem haben die ehrenamtlichen Richter keine Kompetenzen außerhalb der Sitzungstermine. Alle nicht aufgrund mündlicher Verhandlung ergehenden Verfügungen und Beschlüsse erläßt der Vorsitzende allein (vgl. §§ 53, 55 ArbGG[23]).

Ziel der Mitwirkung der Laienrichter ist es, das Vertrauen der Bürger in die Rechtspflege zu steigern, den rechtsgelehrten Richtern die Anschauungen der Bevölkerung nahe zu bringen und sie zu zwingen, ihre Überzeugung

---

19 ROSENBERG/SCHWAB/GOTTWALD, o.Fn. 9, § 24 VII 3, S. 130.

20 SCHAUB, o.Fn. 10, § 75 IX 7, S. 516; GRUNSKY, o.Fn. 9, § 16 Rn. 6; PRÜTTING in: GERMELMANN/MATTHES/PRÜTTING, o.Fn. 3, Einleitung Rn. 104 und § 6 Rn. 16.

21 GRUNSKY, o.Fn. 9, § 16 Rn. 6; SCHAUB, o.Fn. 10, § 75 IX 7, S. 516; IDE in: Die Arbeitsgerichtsbarkeit, Festschrift zum 100jährigen Bestehen des Deutschen Arbeitsgerichtsverbandes, 1994, S. 253, 259.

22 PRÜTTING in: GERMELMANN/MATTHES/PRÜTTING, o.Fn. 3, Einleitung Rn. 104 und § 6 Rn. 16.

23 Vgl. SCHAUB, o.Fn. 10, § 75 IX 9, S. 517; PRÜTTING in: GERMELMANN/MATTHES/PRÜTTING, o.Fn. 3, Einleitung, Rn. 104 und § 6 Rn. 16.

auch Nichtjuristen verständlich zu machen[24]. Darüber hinaus sollen die ehrenamtlichen Richter ihre besondere Sachkenntnis sowie ihre Berufserfahrung und Berufsauffassung in das arbeitsgerichtliche Verfahren einbringen[25]. Schließlich wird behauptet, es komme der Tatsache, daß sich die typischen Interessengegensätze des Arbeitsgerichtsprozesses schon in der Besetzung der Richterbank widerspiegele, eine gewisse Befriedungsfunktion zu[26].

Ob die Beteiligung ehrenamtlicher Richter auch in heutiger Zeit noch sinnvoll ist, wird in der Literatur unterschiedlich beurteilt. So findet sich etwa in einem führenden Zivilprozeßrechtslehrbuch der Hinweis, die Schwierigkeit heutiger Zivilrechtsfälle gebiete Zurückhaltung gegenüber der Laiengerichtsbarkeit in der Zivilrechtspflege[27]. Es finden sich in der Literatur aber auch geradezu überschwengliche Stellungnahmen zugunsten einer Laienbeteiligung. So führt etwa Ide aus: *„Man kann deshalb ohne Übertreibung sagen, daß die ehrenamtlichen Richter eine wichtige Stütze der Arbeitsgerichtsbarkeit sind. In keiner anderen Gerichtsbarkeit haben sie eine so hervorragende Rolle zugewiesen erhalten, weil ohne ihren Sachverstand viele Probleme des Arbeitslebens nicht sachgerecht gelöst werden können*[28]".

Ob die Argumente, die für eine Laienbeteiligung genannt werden, heute noch tragfähig sind, scheint mir äußerst zweifelhaft. Wird das Vertrauen etwa eines Arbeitnehmers in ein Urteil wirklich dadurch gestärkt, daß irgendein, der Partei völlig unbekannter, Arbeitnehmer bei der Urteilsfindung mitgewirkt hat? Hat die Laienbeteiligung wirklich eine gewisse Befriedungsfunktion; wird also eine Partei ein Urteil, daß sie für grob falsch und ungerecht hält, deshalb eher akzeptieren, weil Laien mitgewirkt haben? Wird - außer in wenigen Ausnahmefällen - der ehrenamtliche Richter Spezialkenntnisse haben, die bei der Beurteilung des zu entscheidenden Falles wirklich weiterhelfen? Die angesprochenen Fragen sind wohl zu verneinen. Sind aber die Argumente, die für eine Beteiligung ehrenamtlicher Richter sprechen, wenig tragfähig, stellt sich die Frage, ob es Argumente für die Abschaffung der Laienbeteiligung gibt.

---

24 ROSENBERG/SCHWAB/GOTTWALD, o.Fn. 9, § 24 VII 1, S. 129.

25 GK-ArbGG/ASCHEID, § 6 Rn. 3; vgl. auch PRÜTTING in: GERMELMANN/MATTHES/PRÜTTING, o.Fn. 3, § 6 Rn. 4 m.w.N.

26 PRÜTTING in: GERMELMANN/MATTHES/PRÜTTING, o.Fn. 3, § 6 Rn. 4; GK-ArbGG/ASCHEID, § 6 Rn. 3.

27 ROSENBERG/SCHWAB/GOTTWALD, o.Fn. 9, § 24 VII 3, S. 129.

28 IDE, o.Fn. 21, S. 253, 254.

Wenn nun in dem im Sommer 1996 vorgelegten Entwurf des Arbeitsgerichtsbeschleunigungsgesetzes des Landes Nordrhein-Westfalen vorgeschlagen wird, das Alleinentscheidungsrecht des Vorsitzenden auszubauen, und wenn das damit begründet wird, daß diese Ausdehnung zu einer nennenswerten Verkürzung der Verfahrensdauer beitrage[29], so geht der Entwurf davon aus, daß durch die Beteiligung ehrenamtlicher Richter das Verfahren verzögert und durch das Zurückdrängen dieser Beteiligung eine erhebliche Verkürzung der Verfahrensdauer erreicht werden kann. Das könnte für die Abschaffung der ehrenamtlichen Richter sprechen.

Dadurch, daß im arbeitsgerichtlichen Verfahren der Vorsitzende für bestimmte Entscheidungen Alleinentscheidungskompetenz hat (vgl. §§ 51, 53, 54, 55 56 ArbGG) und daß für andere Entscheidungen die Kammer zuständig ist, kommt es zu einer unterschiedlichen Zusammensetzung des Spruchkörpers in ein und derselben Streitsache. Das ist - worauf zu recht hingewiesen worden ist[30] - eine wesentliche Besonderheit des arbeitsgerichtlichen Verfahrens. Ist diese Besonderheit aber noch zeitgemäß, und könnte nicht durch Abschaffung dieser Besonderheit und damit der ehrenamtlichen Richter das Verfahren vereinfacht und beschleunigt werden, ohne daß Qualität und Identität des arbeitsgerichtlichen Verfahrens beeinträchtigt würde? Diese Frage wäre einer intensiven Diskussion wert.

2. Parteifähigkeit und Prozeßvertretung

a) Die Fähigkeit, Partei im Urteilsverfahren *(Parteifähigkeit)* bzw. Beteiligter im Beschlußverfahren *(Beteiligtenfähigkeit)* zu sein, ist in § 10 ArbGG geregelt. Diese Vorschrift enthält allerdings keine abschließende Regelung; sie erweitert vielmehr die Partei- bzw. Beteiligtenfähigkeit über die für den Zivilprozeß geltenden Bestimmungen hinaus[31]. § 10 ArbGG knüpft also an § 50 ZPO an, nach dessen Absatz 1 derjenige beteiligten- bzw. prozeßfähig ist, der rechtsfähig ist. Darüber hinaus sind gemäß § 50 Abs. 2 ZPO nicht rechtsfähige Vereine passiv parteifähig. Sie können verklagt werden und im Rechtsstreit die Stellung eines rechtsfähigen Vereins haben. § 10 Halbsatz 1 ArbGG erweitert sodann den Kreis der Parteifähigen dahin, daß auch Gewerkschaften und Vereinigungen von Arbeitgebern

---

29 Entwurf eines Gesetzes zur Vereinfachung und Beschleunigung des arbeitsgerichtlichen Verfahrens (Arbeitsgerichtsbeschleunigungsgesetz), S. 15f.

30 PRÜTTING in: GERMELMANN/MATTHES/PRÜTTING, o.Fn. 3, Einleitung Rn. 124.

31 BAG, Beschluß v. 29.8.1985, AP Nr. 13 zu § 83 ArbGG 1979; BAG, Beschluß v. 29.11.1989, AP Nr. 3 zu § 10 ArbGG; PRÜTTING in: GERMELMANN/MATTHES/PRÜTTING, o.Fn. 3, Einl. Rn. 124.

sowie Zusammenschlüsse solcher Verbände (ohne Rücksicht auf ihre Rechtsform[32]) parteifähig sind. In § 10 Halbsatz 2 ArbGG wird sodann - allerdings nur für das Beschlußverfahren - der Kreis derjenigen, die beteiligtenfähig sind, nochmals um solche Personen und Stellen erweitert, die in den Fällen des § 2 a Abs. 1 Nr. 1 bis 3 nach dem Betriebsverfassungsgesetz, dem Sprecherausschußgesetz, dem Mitbestimmungsgesetz, dem Mitbestimmungsergänzungsgesetz, dem Betriebsverfassungsgesetz 1952 und den zu diesen Gesetzen ergangenen Rechtsverordnungen Beteiligte sind. Solche nach § 10 ArbGG beteiligtenfähige Stellen sind etwa der Betriebsrat, der Wirtschaftsausschuß oder der Wahlvorstand. In den Fällen des § 2 a Abs. 1 Nr. 4 ArbGG sind beteiligtenfähig auch die beteiligten Vereinigungen von Arbeitnehmern oder von Arbeitgebern sowie die oberste Arbeitsbehörde des Bundes oder derjenigen Länder, auf deren Bereich sich die Tätigkeit der Vereinigung erstreckt[33].

Über §§ 10 ArbGG, 50 ZPO hinaus auch solchen Rechtssubjekten die Partei- bzw. Beteiligtenfähigkeit zuzuerkennen, die nicht in diesen Vorschriften genannt sind, hat das BAG zu Recht abgelehnt[34].

b) Für die *Prozeßfähigkeit* gelten - anders als für die Parteifähigkeit - im arbeitsgerichtlichen Verfahren keine Besonderheiten[35]; es gelten §§ 51 ff ZPO[36].

c) Die *Prozeßvertretung* vor den Arbeitsgerichten ist in § 11 ArbGG geregelt, der einheitlich sowohl für das Urteils- als auch für das Beschlußverfahren gilt[37]. Die Regelung der Prozeßvertretung hat eine wechselvolle Geschichte[38]. Das Arbeitsgerichtsgesetz 1926 sah bezüglich der Prozeßvertretung noch starke Abweichungen vom zivilprozessualen Verfahren vor[39]. So schloß etwa § 11 Abs. 1 ArbGG 1926[40] im erstinstanzlichen Verfahren Rechtsanwälte als Verfahrensbevollmächtigte aus[41]. Dieser Ausschluß

---

32 GK-ArbGG/WENZEL, Einführung, Rn. 67.
33 Vgl. zum Ganzen: BAG, Beschluß v. 29.11.1989, AP Nr. 3 zu § 10 ArbGG 1979.
34 BAG, Beschluß v. 29.11.1989, AP Nr. 3 zu § 10 ArbGG.
35 SCHAUB, o.Fn. 10, § 87 II 1, S. 607.
36 Vgl. nur GRUNSKY, o.Fn. 9, Rn. 30.
37 GRUNSKY, o.Fn. 9, § 11 Rn. 1.
38 GERMELMANN in: GERMELMANN/MATTHES/PRÜTTING, o.Fn. 3, § 11 Rn. 1.
39 Vgl. PRÜTTING in: GERMELMANN/MATTHES/PRÜTTING, o.Fn. 3, § 11 Rn. 124.
40 RGBl. I 1926, 507, 509.
41 Vgl. dazu GERMELMANN in: GERMELMANN/MATTHES/PRÜTTING, o.Fn. 3, § 11 Rn. 2 ff; vgl. zur Geschichte der Prozeßvertretung im arbeitsgerichtlichen Verfahren auch TENFELDE, ArbuR 1995, 289 f; BAUER, AnwBl. 1987, 383.

wurde damit begründet, daß die Zulassung der Rechtsanwälte vor den Arbeitsgerichten in zahlreichen Fällen zu einer ungleichen Stellung der Verfahrensbeteiligten führen würde, weil weniger wohlhabende Parteien nicht in der Lage seien, einen Rechtsanwalt mit ihrer Vertretung zu betrauen[42]. Das Arbeitsgerichtsgesetz 1926 hat sodann (erstmals) die Prozeßvertretung durch Verbandsvertreter eingeführt. Bei den Arbeitgeber- bzw. Arbeitnehmerverbänden - so wird in der Begründung des Regierungsentwurfes ausgeführt - sei den Mitgliedern die Möglichkeit der Betrauung dieser Verbände ohne Rücksicht auf ihre soziale Lage gegeben. Andererseits seien die Verbandsvertreter den Beteiligten und den Arbeitssachen durch ihre berufliche Tätigkeit so nahe, daß durch ihre Bevollmächtigung die Unmittelbarkeit des Verfahrens nicht gefährdet werde; das Verfahren werde vielmehr sachkundig gefördert[43].

Der Ausschluß der Rechtsanwälte als Prozeßbevollmächtigte in erster Instanz ist durch das ArbGG 1953[44] teilweise und schließlich durch das Gesetz zur Beschleunigung und Bereinigung des arbeitsgerichtlichen Verfahrens vom 21.05.1979[45] vollständig aufgehoben worden. Heute ist die Prozeßvertretung im arbeitsgerichtlichen Verfahren weitgehend dem Zivilprozeß angeglichen[46]. Abweichungen bestehen zunächst hinsichtlich der Frage, durch welchen Anwalt sich die Parteien wirksam vertreten lassen können. Im arbeitsgerichtlichen Verfahren ist § 78 Abs. 1 ZPO nicht anwendbar[47]. Die Parteien können sich daher in allen Instanzen von jedem zugelassenen Anwalt vertreten lassen[48]. Hingegen müssen sich die Parteien gemäß § 78 Abs. 1 ZPO vor den Landgerichten und vor allen Gerichten des höheren Rechtszuges durch einen bei dem Prozeßgericht zugelassenen Rechtsanwalt als Bevollmächtigten vertreten lassen[49] (sog. *Lokalisierungsgrundsatz*[50]).

---

42 Regierungs-Entwurf eines Arbeitsgerichtsgesetzes nebst amtlicher Begründung, 33. Sonderheft zum Reichsarbeitsblatt, 1925, S. 70.

43 Regierungs-Entwurf eines Arbeitsgerichtsgesetzes nebst amtlicher Begründung, 33. Sonderheft zum Reichsarbeitsblatt, 1925, S. 71.

44 BGBl. I 1953 S. 1267.

45 BGBl. I 1979 S. 545.

46 PRÜTTING in: GERMELMANN/MATTHES/PRÜTTING, o.Fn. 3, Einleitung Rn. 124.

47 GERMELMANN in: GERMELMANN/MATTHES/PRÜTTING, o.Fn. 3, § 11 Rn. 46.

48 GRUNSKY, o.Fn. 9, § 11 Rn. 4; GERMELMANN in: GERMELMANN/MATTHES/PRÜTTING, o.Fn. 3, § 11 Rn. 46, 109, 117. Eine Ausnahme gilt insoweit für Rechtsanwälte, die beim Bundesgerichtshof zugelassen sind, vgl. § 172 BRAO.

49 Ab dem 1.1.2000 können sich die Parteien vor den Landgerichten allerdings durch einen bei irgendeinem deutschen Amts- oder Landgericht zugelassenen Rechtsanwalt vertreten lassen; bei allen Gerichten des höheren Rechtszuges bleibt es dabei, daß sich

Auch bezüglich der Frage, ob sich die Parteien überhaupt durch einen Anwalt vertreten lassen müssen, gibt es Unterschiede. In der ordentlichen Gerichtsbarkeit herrscht Anwaltszwang vor dem BGH, dem BayObLG, den Oberlandesgerichten und den Landgerichten. Lediglich bei den Amtsgerichten (mit Ausnahme der Familiengerichte) gilt kein Anwaltszwang[51]. In der Arbeitsgerichtsbarkeit herrscht nur beim BAG Anwaltszwang; hier müssen sich die Parteien von einem bei einem deutschen Gericht zugelassenen Anwalt vertreten lassen (§ 11 Abs. 2 S. 1 ArbGG[52]). Bei den Landesarbeitsgerichten herrscht Vertretungszwang[53], d.h. die Parteien müssen sich entweder von einem Rechtsanwalt oder durch einen Vertreter von Gewerkschaften oder von Vereinigungen von Arbeitgebern oder von Zusammenschlüssen solcher Verbände vertreten lassen (§ 11 Abs. 2 ArbGG[54]). Bei den Arbeitsgerichten besteht kein Vertretungszwang (§ 11 Abs. 1 S. 1 ArbGG[55]); hier können sich die Parteien aber von Rechtsanwälten oder Verbandsvertretern vertreten lassen (§ 11 Abs. 1 S. 2 ArbGG). § 11 Abs. 1 S. 2 stellt eine Ausnahmeregelung zu § 157 Abs. 1 ZPO dar[56]. Nach der letztgenannten Vorschrift sind nämlich mit Ausnahme der Mitglieder einer Rechtsanwaltskammer, solche Personen, die die Besorgung fremder Rechtsangelegenheiten geschäftsmäßig betreiben, als Bevollmächtigte und Beistände in der mündlichen Verhandlung ausgeschlossen. Vertreter von Gewerkschaften und Arbeitgeberverbänden können daher vor den ordentlichen Gerichten ihre Mitglieder nicht vertreten[57].

Eine weitere Abweichung vom zivilprozessualen Verfahren besteht darin, daß § 157 Abs. 3 ZPO im arbeitsgerichtlichen Verfahren nicht anwendbar ist. Personen, denen das mündliche Verhandeln vor Gericht durch die Justizverwaltung gestattet worden ist, sind daher im arbeitsgerichtlichen

---

die Parteien von einem beim jeweiligen Prozeßgericht zugelassenen Rechtsanwalt vertreten lassen müssen, vgl. nur THOMAS/PUTZO, ZPO, 19. Aufl. 1995, § 78 vor Rn. 1.

50 Vgl. ZÖLLER/VOLLKOMMER, ZPO, 20. Auflage 1997, § 78 Rn. 20.

51 Vgl. zum Umfang des Anwaltszwangs nur ZÖLLER/VOLLKOMMER, o.Fn. 50, § 78 Rn. 4.

52 GRUNSKY, o.Fn. 9, § 11 Rn. 24, GERMELMANN in: GERMELMANN/MATTHES/PRÜTTING, o.Fn. 3, § 11 Rn. 117.

53 GRUNSKY, o.Fn. 9, § 11 Rn. 22, für das Beschlußverfahren gilt eine abweichende Regelung, vgl. § 87 Abs. 2 S. 2 ArbGG.

54 Vgl. GERMELMANN in: GERMELMANN/MATTHES/PRÜTTING, o.Fn. 3, § 11 Rn. 108.

55 Vgl. GERMELMANN in: GERMELMANN/MATTHES/PRÜTTING, o.Fn. 3, § 11 Rn. 15.

56 GERMELMANN in: GERMELMANN/MATTHES/PRÜTTING, o.Fn. 3, § 11 Rn. 54.

57 AG Stuttgart, AnwBl 1953, 160; ZÖLLER/VOLLKOMMER, o.Fn. 50, § 157 Rn. 2; BAUMBACH/HARTMANN, ZPO, 55. Auflage 1997, § 157 Rn. 4; STEIN/JONAS/ROTH, ZPO, 21. Auflage, § 157 Rn. 44.

Verfahren als Bevollmächtigte und Beistände in der mündlichen Verhandlung ausgeschlossen[58].

Es lassen sich abschließend bezüglich der Prozeßvertretung als wichtige, auch für die Praxis außerordentlich bedeutsame Unterschiede festhalten: Soweit sich die Parteien in der Arbeitsgerichtsbarkeit durch einen Anwalt vertreten lassen müssen, können sie dies durch jeden, bei einem deutschen Gericht zugelassenen Anwalt tun; anders als im zivilprozessualen Verfahren besteht kein Zwang, sich durch einen beim Prozeßgericht zugelassenen Anwalt vertreten zu lassen. Die Parteien können sich in erster und zweiter Instanz durch Verbandsvertreter vertreten lassen; das ist im zivilprozessualen Verfahren nicht möglich.

3. Sachliche Zuständigkeit

Die sachliche Zuständigkeit verteilt die Erledigung der Klagen auf die verschiedenen Arten der erstinstanzlichen Gerichte[59]. Sie beantwortet in der ordentlichen Gerichtsbarkeit die Frage, ob das Amts- oder das Landgericht zur Entscheidung berufen ist[60]. Anders als in der ordentlichen Gerichtsbarkeit bietet die sachliche Zuständigkeit in der Arbeitsgerichtsbarkeit keine Probleme. Im ersten Rechtszug sind ausschließlich die Arbeitsgerichte zuständig[61].

4. Allgemeines Beschleunigungsgebot

Gemäß § 9 Abs. 1 S. 1 ArbGG ist das Verfahren in allen Rechtszügen zu beschleunigen. Die ZPO enthält keine dieser Vorschrift vergleichbare Bestimmung[62]. Unterschiede zwischen arbeitsgerichtlichem und zivilprozessualem Verfahren bezüglich der Beschleunigung des Verfahrens lassen sich daraus allerdings nicht herleiten, da sich aus § 9 Abs. 1 S. 1 ArbGG keine konkreten Rechtsfolgen für den Ablauf des arbeitsgerichtlichen Verfahrens ergeben. So kann etwa die Zurückweisung verspäteten Vorbringens nicht auf das allgemeine Beschleunigungsgebot gestützt werden, sondern allenfalls auf spezielle Normen, die die Zurückweisung vorsehen (etwa §§ 56

---

58 GRUNSKY, o.Fn. 9, § 11 Rn. 18; GERMELMANN in: GERMELMANN/MATTHES/PRÜTTING, o.Fn. 3, § 11 Rn. 37; STEIN/JONAS/ROTH, o.Fn. 57, § 157 Rn. 40.

59 ROSENBERG/SCHWAB/GOTTWALD, o.Fn. 9, § 30 II 1, S. 152.

60 ROSENBERG/SCHWAB/GOTTWALD, o.Fn. 9, § 30 II 1, S. 152.

61 PRÜTTING in: GERMELMANN/MATTHES/PRÜTTING, o.Fn. 3, § 8 Rn. 4. Es gibt allerdings seltene Ausnahmen, vgl. dazu PRÜTTING, aaO., Rn. 7.

62 GRUNSKY, o.Fn. 9, § 9 Rn. 3.

Abs. 2, 61 a Abs. 4[63]). Es sind also diese speziellen Normen, die konkret die Beschleunigung des Verfahrens bewirken, nicht das allgemeine Beschleunigungsgebot. Insoweit besteht Einigkeit. Fraglich ist allerdings, ob dem Beschleunigungsgrundsatz dann Bedeutung zukommen kann, wenn es im Ermessen des Richters steht, ob er ein Verfahren zu einem langsameren oder zu einem schnelleren Ende führt (z.B. Aussetzung des Verfahrens nach §§ 148, 149 ZPO, Zulassung einer Klageänderung nach § 263 ZPO, Zurückweisung verspäteten Vorbringens nach § 296 Abs. 2 ZPO). Daß das allgemeine Beschleunigungsgebot im Rahmen der Auslegung zu berücksichtigen ist, wird in der Literatur teilweise[64] bejaht. Dem kann allerdings nicht gefolgt werden. Zu Recht ist darauf hingewiesen worden, daß ein Ermessen des Richters, ob er ein Verfahren zu einem langsameren oder zu einem schnelleren Ende führt, nicht gegeben ist[65]. Das allgemeine Beschleunigungsgebot ist also letztlich nicht mehr als die an sich selbstverständliche Mahnung an den Richter, das Verfahren nicht unnötig in die Länge zu ziehen[66].

Schließlich ist darauf hinzuweisen, daß - obwohl es eine Formulierung wie die des § 9 Abs. 1 ArbGG in der ZPO nicht gibt - auch dort das Verfahren beschleunigt zu betreiben ist. Das folgt schon aus dem allen Verfahrensarten immanenten Gebot des effektiven Rechtsschutzes, das Rechtsschutz in angemessener Zeit fordert[67].

5. Fristen

Es finden sich im arbeitsgerichtlichen Verfahren einerseits und im zivilprozessualen Verfahren andererseits eine Reihe unterschiedlicher Fristen. So beträgt die Frist zum Widerspruch gegen einen Mahnbescheid, den die ordentlichen Gerichte erlassen haben, zwei Wochen (§ 692 Abs. 1 Nr. 3 ZPO). Die Frist gegen einen vom Arbeitsgericht erlassenen Mahnbescheid beträgt eine Woche (§ 46 a Abs. 3 ArbGG). Die Einlassungsfrist beträgt in der Arbeitsgerichtsbarkeit eine Woche (§ 47 Abs. 1 ArbGG), bei den ordentlichen Gerichten zwei Wochen (§ 274 Abs. 3 S. 1 ZPO). Die Einspruchsfrist gegen ein Versäumnisurteil beträgt bei den ordentlichen

---

63 Vgl. PRÜTTING in: GERMELMANN/MATTHES/PRÜTTING, o.Fn. 3, § 9 Rn. 5; GRUNSKY, o.Fn. 9, § 9 Rn. 3; HAUCK, ArbGG, 1996, § 9 Rn. 3.

64 GRUNSKY, o.Fn. 9, § 9 Rn. 3; SCHAUB, o.Fn. 10, § 90 V 8, S. 663; vgl. auch GK-ArbGG/BADER, § 9 Rn. 14.

65 PRÜTTING in: GERMELMANN/MATTHES/PRÜTTING, o.Fn. 3, § 9 Rn. 7.

66 GRUNSKY, o.Fn. 9, § 9 Rn. 3; a.A. GK-ArbGG/BADER, § 9 Rn. 18.

67 Vgl. dazu BVerfGE 55, 369.

Gerichten zwei Wochen (§ 339 Abs. 1 ZPO), bei den Arbeitsgerichten hingegen nur eine Woche (§ 59 S. 1 ArbGG).

6. Zwei gleichwertige Verfahrensarten

Im arbeitsgerichtlichen Verfahren stehen zwei gleichwertige Verfahrensarten zur Verfügung. Zum einen das Urteilsverfahren zur Entscheidung der in § 2 ArbGG genannten bürgerlichen Rechtsstreitigkeiten, zum anderen das Beschlußverfahren für die in § 2 a ArbGG genannten kollektivrechtlichen Streitigkeiten. Zwar gibt es bei den ordentlichen Gerichten auch Beschlußverfahren, also Verfahren, die mit einem Beschluß enden. Beschlüsse und Verfügungen werden aber im zivilprozessualen Verfahren gegenüber Urteilen als minderwichtige Entscheidungen angesehen[68]. In der Arbeitsgerichtsbarkeit kann aber nicht davon gesprochen werden, daß die im Beschlußverfahren behandelten Streitigkeiten von geringerer Bedeutung seien. Hier stehen vielmehr zwei gleichwertige Verfahrensarten nebeneinander[69]. Das führt allerdings direkt zu der Frage, wer darüber entscheidet, ob ein Rechtsstreit im Urteils- oder im Beschlußverfahren entschieden wird. Zunächst muß der Antragsteller in seinem Antrag deutlich machen, ob er im Urteils- oder Beschlußverfahren entschieden haben will. Läßt sich seine Entscheidung nicht eindeutig aus der Antragsschrift entnehmen, ist diese auszulegen. Notfalls ist der Antragsteller zu befragen. Ergibt sich dann, daß die falsche Verfahrensart gewählt ist, verweist das Gericht von Amts wegen in die richtige Verfahrensart. Es kann also heute davon gesprochen werden, daß bei ordnungsgemäßem Vorgehen des Gerichts das Begehren den Antragstellers ohne sein Zutun in der richtigen Verfahrensart behandelt wird. Der Sachantrag des Antragstellers kann nicht mehr - wie dies vor Änderung des § 48 ArbGG durch das vierte Gesetz zur Änderung der VwGO vom 17.12.1990[70] möglich war - mit der Begründung als unzulässig zurückgewiesen werden, er habe die falsche Verfahrensart gewählt[71].

7. Urteilsverfahren

Einige wichtige Abweichungen des arbeitsgerichtlichen Urteilsverfahrens vom zivilprozessualen Verfahren finden sich in § 46 Abs. 2 S. 2 ArbGG, der die Anwendung bestimmter zivilprozessualer Vorschriften für das arbeitsgerichtliche Verfahren ausschließt.

---

68 ROSENBERG/SCHWAB, ZPR, 14. Auflage 1986, § 148 I 1, S. 949.
69 Vgl. dazu WETH, o.Fn. 16, S. 1.
70 BGBl I 1990 S. 2809.
71 Vgl. zum Ganzen: WETH, o.Fn. 16, S. 239.

a) Die Vorschriften über das vereinfachte Verfahren (§ 495 a ZPO) sind nicht anwendbar. Gemäß § 495 a ZPO kann das Gericht sein Verfahren nach billigem Ermessen bestimmen, wenn der Streitwert 1200 DM nicht übersteigt. Eine rechtstatsächliche Untersuchung zur Praxis von § 495 a ZPO hat eine Reihe sehr bedenklicher Arten der Handhabung dieser Vorschrift durch die Gerichte aufgezeigt[72]. Es ist daher zu begrüßen, daß ein Verfahren nach billigem Ermessen des Richters vor den Arbeitsgerichten nicht möglich ist. Die Anwendung von § 495 a ZPO würde - darauf hat Germelmann zu Recht hingewiesen - auch keine wesentliche Erleichterung im arbeitsgerichtlichen Verfahren bringen, sondern zu einer erheblichen Rechtsunsicherheit für die betroffenen Parteien und zu Fehlerquellen führen[73].

b) Auch die Vorschriften über die Entscheidung ohne mündliche Verhandlung (§ 128 Abs. 2 und 3 ZPO) finden im arbeitsgerichtlichen Verfahren keine Anwendung. Der Ausschluß dieser Vorschriften im arbeitsgerichtlichen Verfahren betont die Bedeutung des Grundsatzes der Mündlichkeit[74].

c) Während der Ausschluß der Vorschriften über das vereinfachte Verfahren (§ 495 a ZPO) und über die Entscheidung ohne mündliche Verhandlung (§ 128 Abs. 2 und 3 ZPO) unmittelbar einleuchtet und aus dem Wesen des arbeitsgerichtlichen Verfahrens gut erklärbar ist, ist schwer verständlich, warum die Vorschriften über den Urkunden- und Wechselprozeß (§§ 592 bis 605 a ZPO) nicht anwendbar sind. Zwar wird in der Regel für einen Anspruch, der im Urkunden- oder Wechselprozeß geltend gemacht werden soll, die sachliche Zuständigkeit fehlen[75]. Es sind aber durchaus Fälle denkbar, in denen die sachliche Zuständigkeit gegeben ist, etwa, wenn der Arbeitslohn durch Scheck oder Wechsel bezahlt worden ist. Es ist nicht ersichtlich, warum der Arbeitnehmer in diesem Fall nicht im Wege des Urkunden- oder Wechselprozesses vorgehen kann. Auch das Argument, dem Arbeitnehmer solle die Rigorosität des Urkunden- und Wechselprozesses nicht zugemutet werden[76], leuchtet nicht ein. Schließlich bleiben dem beklagten Arbeitnehmer im Nachverfahren alle Möglichkeiten, sich gegen den Klageanspruch zu wehren.

---

72 ROTTLEUTHNER, NJW 1996, 2473.

73 GERMELMANN in: GERMELMANN/MATTHES/PRÜTTING, o.Fn. 3, § 46 Rn. 21 a.

74 HAUCK, Arbeitsgerichtsgesetz 1996, § 46 Rn. 7; GERMELMANN in: GERMELMANN/MATTHES/PRÜTTING, § 46 Rn. 22.

75 GERMELMANN in: GERMELMANN/MATTHES/PRÜTTING, o.Fn. 3, § 46 Rn. 24.

76 GK-ArbGG/DÖRNER, § 46 Rn. 14.

d) Schließlich sind gemäß § 46 Abs. 2 die Vorschriften über den frühen ersten Termin zur mündlichen Verhandlung und das schriftliche Vorverfahren (§§ 275 bis 277 ZPO) ausgeschlossen. Hier enthält das ArbGG in den §§ 54 (Güteverhandlung), 56 (Vorbereitung der streitigen Verhandlung) und 61 a (besondere Prozeßförderung im Kündigungsverfahren) Sonderregelungen[77]. Wegen dieser Sonderregelungen kommt die Anwendbarkeit der Vorschriften der ZPO nicht in Betracht[78]. Das arbeitsgerichtliche Verfahren beginnt also nicht entweder mit dem schriftlichen Vorverfahren oder mit einem frühen ersten Termin sondern mit der Güteverhandlung vor dem Vorsitzenden (§ 54 ArbGG).

e) Weitere Besonderheiten bestehen bezüglich der Gerichtskosten und insoweit, als die arbeitsgerichtliche Entscheidung mit einer Rechtsmittelbelehrung zu versehen ist. Darauf ist zurückzukommen.

8. Beschlußverfahren

Das arbeitsgerichtliche Beschlußverfahren hat in §§ 80 ff. ArbGG eine vom Urteilsverfahren und damit auch vom zivilprozessualen Verfahren erheblich abweichende Regelung gefunden[79].

a) Allerdings werden dem Beschlußverfahren auch eine Reihe von Besonderheiten zugeschrieben, die es nicht hat und die den Abstand zum Urteilsverfahren weit größer erscheinen lassen, als er tatsächlich ist.

aa) Noch in jüngster Zeit ist behautet worden, das Beschlußverfahren sei kein Verfahren der streitigen Gerichtsbarkeit, bei dem es um das Bestehen von Ansprüchen gehe, vielmehr handele es sich um ein gebühren- und auslagenfreies *Verfahren eigener Art, das dem Verfahren der freiwilligen Gerichtsbarkeit nachgebildet sei*[80].

---

77 HAUCK, ArbGG, 1996, Rn. 7; GERMELMANN in: GERMELMANN/MATTHES/PRÜTTING, o.Fn. 3, § 46 Rn. 21.

78 Regierungsentwurf eines Gesetzes zur Beschleunigung und Bereinigung des arbeitsgerichtlichen Verfahrens, BT-Drucks. 8/1567, S. 31.

79 Vgl. GK-ArbGG/WENZEL, Einführung Rn. 79; PRÜTTING in: GERMELMANN/MATTHES/PRÜTTING o.Fn. 3, Einl. Rn. 129.

80 SCHLOCHAUER, Die Arbeitsgerichtsbarkeit, Festschrift zum 100jährigen Bestehen des Deutschen Arbeitsgerichtsverbandes, S. 373, 377.

Die Behauptung, das Beschlußverfahren sei nicht zur streitigen Gerichtsbarkeit zu rechnen, hat Tradition[81]. Kny hat sie schon 1928 aufgestellt und weiter behauptet, im Beschlußverfahren finde kein normaler Prozeß statt, es fehle an den Parteien, an der Klage, am Urteil. Wie im FGG-Verfahren herrsche die Offizialmaxime. Das Arbeitsgericht fungiere nicht als streitentscheidendes Gericht, das privatrechtliche Ansprüche durch Subsumtion feststelle und verwirkliche, sondern es wirke an der Gestaltung von Privatrechtsverhältnissen mit. Diese Tätigkeit sei ihrem Wesen nach freiwillige Gerichtsbarkeit[82]. Neben der Behauptung, es handele sich beim Beschlußverfahren um ein Verfahren der freiwilligen Gerichtsbarkeit, findet sich auch die Behauptung, es handele sich um ein verwaltungsgerichtliches Verfahren[83]. Aus dem Charakter des Beschlußverfahrens als Verfahren der freiwilligen Gerichtsbarkeit bzw. der Verwaltungsgerichtsbarkeit wird sodann auf die Anwendbarkeit anderer Verfahrensordnungen (VwGO, FGG) geschlossen[84].

Diesen Weg versperrt Art. 95 Abs. 1 GG, der die Arbeitsgerichtsbarkeit als eigenständige Gerichtsbarkeit anerkennt. Eine der Arbeitsgerichtsbarkeit zugewiesene Verwaltungsgerichtsbarkeit kann es unter Geltung des Art. 95 GG nicht geben. Die Arbeitsgerichte können nur Arbeitsgerichtsbarkeit ausüben. Es handelt sich beim Beschlußverfahren also weder um ein verwaltungsgerichtliches Verfahren noch um ein Verfahren der freiwilligen Gerichtsbarkeit. Im übrigen sind alle wesentlichen Regelungslücken des Beschlußverfahrens durch die Verweisungen in §§ 80 Abs. 2, 46 Abs. 2 ArbGG auf das arbeitsgerichtliche Urteilsverfahren und die ZPO geschlossen, so daß eine analoge Anwendung von FGG und VwGO nicht in Betracht kommt[85].

bb) Auch die Auffassung, das arbeitsgerichtliche Beschlußverfahren kenne keinen *Antragsgegner*[86], trifft nicht zu.

Zur Begründung dieser Auffassung wird darauf hingewiesen, das Gesetz kenne nur Beteiligte mit gleicher Rechtsstellung; nur für den Antragsteller

---

81 Vgl. KNY, Die Arbeitsgerichtsbehörden. Ihr Aufbau und ihre Zuständigkeit nach dem ArbGG vom 23.12.1926, Berlin 1928, S. 114 ff.; KÖRNICH, Das arbeitsgerichtliche Beschlußverfahren in Betriebsverfassungssachen, Berlin 1978, S. 27 ff.

82 KNY, o.Fn. 81, S. 114 ff.

83 Vgl. nur DIETZ, NJW 1953, 1489.

84 Vgl. etwa KÖRNICH, o.Fn. 81, S. 34.

85 Vgl. zum Ganzen: WETH, o.Fn. 16, S. 15 ff.

86 MATTHES in: GERMELMANN/MATTHES/PRÜTTING, o.Fn. 3, § 83 Rn. 15; SCHAUB, o.Fn. 10, § 113 II 4, S. 932.

gelte etwas anderes. Auch derjenige, gegen den Rechtsschutz begehrt werde, sei Beteiligter des Beschlußverfahrens wie jede sonstige Person oder Stelle[87].

Diese Auffassung verkennt eine für die Rechtsstellung der Parteien bzw. Beteiligten grundlegende Tatsache. Diese ist für den Zivilprozeß prägnant dahin formuliert worden, daß die Rechtsstellung der Parteien formell eine gleiche, materiell aber ungleichartig ist. Formelle Gleichheit zeige sich darin, daß beiden Parteien in gleicher Weise und unter denselben Voraussetzungen dieselben prozessualen Rechte zustünden. Hier sei auf den Anspruch der Parteien auf rechtliches Gehör, auf Akteneinsicht, auf Antragstellung und auf Rechtsmitteleinlegung hinzuweisen. Materiell allerdings sei die Rechtsstellung der Parteien durchaus unterschiedlich. Der Kläger könne allenfalls mit der Klage abgewiesen und in die Kosten verurteilt werden. Der Beklagte aber könne außer zur Kostentragung auch zu einer Leistung an den Kläger verurteilt werden[88]. Was für den Zivilprozeß gilt, daß nämlich eine Person eine gänzlich andere Rechtsstellung hat, weil sie verurteilt werden kann, das gilt auch für das Beschlußverfahren. Es gibt nach dem ArbGG eindeutig außer dem Antragsteller unterschiedliche Beteiligte, nämlich solche, die verurteilt werden können (vgl. § 85 Abs. 1 S. 1 ArbGG) und gegen die vollstreckt werden kann (vgl. § 85 Abs. 1 ArbGG), und solche, gegen die ein Urteil nicht ergehen kann und gegen die nicht vollstreckt werden kann. Das wird von denjenigen, nach deren Auffassung es im Beschlußverfahren keinen Antragsgegner gibt, übersehen[89].

cc) Schließlich sei hier kurz darauf hingewiesen, daß bezüglich der Erstreckung der Rechtskraft auf am Verfahren nicht beteiligte Dritte im Beschlußverfahren nichts anderes gilt als im Urteilsverfahren. Eine solche Rechtskrafterstreckung ist nur zulässig, wenn sie durch Gesetz angeordnet ist (etwa im Fall des § 9 TVG). Demgegenüber hat das BAG etwa im Urteil vom 17.2.1992[90] Rechtskrafterstreckung ohne gesetzliche Grundlage angenommen. Es ist in dieser Entscheidung davon ausgegangen, eine zwischen den Betriebspartnern ergangene gerichtliche Entscheidung über den Inhalt einer Betriebsvereinbarung wirke auch gegenüber dem Arbeitnehmer, der Ansprüche gegen seinen Arbeitgeber aus dieser Betriebsvereinbarung geltend macht. Diese Rechtsprechung verstößt allerdings gegen Art. 103 Abs.

---

87 MATTHES in: GERMELMANN/MATTHES/PRÜTTING, o.Fn. 3, § 83 Rn. 15 ff.; vgl. auch § 81 Rn. 46 und § 80 Rn. 33.

88 ROSENBERG/SCHWAB, ZPR, 14. Aufl. 1986, § 40 V, S. 218.

89 Vgl. zum Ganzen: WETH, o.Fn. 16, S. 180 ff.

90 BAG, Urteil v. 17.2.1992, NZA 1992, 999.

1 GG; es wird nämlich dem Arbeitnehmer, der Ansprüche aus der Betriebsvereinbarung geltend macht, das rechtliche Gehör abgeschnitten. Er kann etwa zur Wirksamkeit der Betriebsvereinbarung in seinem Prozeß nicht Stellung nehmen, weil deren Wirksamkeit aufgrund der Entscheidung zwischen den Betriebspartnern für ihn rechtskräftig feststeht[91].

b) Zu Recht werden in der Literatur folgende Abweichungen des Beschlußverfahrens vom Urteilsverfahren genannt:

aa) Das Beschlußverfahren wird nicht durch Klage, sondern gem. § 81 durch Antrag eingeleitet[92]. Das ist aber lediglich eine terminologische und nicht eine Abweichung in der Sache. Wesentliche Unterschiede bei der Einleitung des Verfahrens bestehen nämlich zwischen Urteilsverfahren und Beschlußverfahren nicht. Das arbeitsgerichtliche Beschlußverfahren wird wie das zivilprozessuale Verfahren vom Dispositionsgrundsatz beherrscht. Der Inhalt der Antragsschrift richtet sich nach § 253 Abs. 2 ZPO. Die Antragsschrift muß danach einen bestimmten Sachantrag enthalten. Der Sachantrag muß den Streitgegenstand so genau bezeichnen, daß die eigentliche Streitfrage mit Rechtskraftwirkung zwischen den Parteien entschieden werden kann. Nur in dem durch den Streitgegenstand abgesteckten Rahmen darf das Gericht tätig werden. Das Gericht ist auch insoweit an den Antrag gebunden, als es den Beteiligten nicht etwas zusprechen darf, was nicht beantragt ist (§ 308 Abs. 1 ZPO). Der Sachantrag muß begründet werden. Die Antragsschrift muß neben dem Sachantrag die Bezeichnung des Gerichts und die Bezeichnung des Antragstellers enthalten. Abweichungen zum Urteilsverfahren bestehen allerdings insoweit, als die Bezeichnung des Antragsgegners und der übrigen Beteiligten nicht erforderlich ist. Diese Beteiligten muß das Gericht von Amts wegen vollständig feststellen. Die Antragsschrift muß unterschrieben sein. Schließlich muß der Antragsteller in der Antragsschrift die Verfahrensart bestimmen; er muß also angeben, ob im Beschluß- oder Urteilsverfahren entschieden werden soll[93].

bb) Anders als im Urteilsverfahren ist dem Beschlußverfahren ein Güteverfahren vor dem Vorsitzenden nicht vorgeschaltet[94]. Für eine solche Verhandlung allein vor dem Vorsitzenden ist kein Raum, da gem. § 83 Abs. 4

---

91 Vgl. zum Ganzen: WETH, o.Fn. 16, S. 369 ff.

92 Vgl. GK-ArbGG/WENZEL, Einführung Rn. 79; PRÜTTING in: GERMELMANN/MATTHES/PRÜTTING, o.Fn. 3, Einl. Rn. 130.

93 Vgl. zum Ganzen: WETH, o.Fn. 16, S. 233 ff.

94 GK-ArbGG/WENZEL, Einführung Rn. 80; PRÜTTING in: GERMELMANN/MATTHES/PRÜTTING, o.Fn. 3, Einl. Rn. 141.

S. 1 ArbGG die gesamte mündliche Verhandlung vor der Kammer erfolgen muß. Auch im arbeitsgerichtlichen Beschlußverfahren soll aber - wie im Urteilsverfahren - während des gesamten Verfahrens eine gütliche Erledigung des Rechtsstreits angestrebt werden (§§ 80 Abs. 2, 57 Abs. 2 ArbGG). Im Beschlußverfahren muß gem. § 83 Abs. 4 S. 3 ArbGG eine mündliche Verhandlung stattfinden. Allerdings können die Parteien auf die mündliche Verhandlung verzichten.

Ein Versäumnisverfahren kennt das Beschlußverfahren nicht. Das Gesetz hat in § 83 Abs. 4 S. 2 ArbGG eine andere Regelung für den Fall vorgesehen, daß ein Beteiligter trotz Ladung unentschuldigt ausbleibt. In diesem Fall ist der Pflicht zur Anhörung des Beteiligten genügt; das Gericht kann - sofern Entscheidungsreife gegeben ist - entscheiden. Ansonsten muß der Sachverhalt weiter aufgeklärt werden. Der säumige Beteiligte hat aber sein Recht auf rechtliches Gehör verwirkt; er muß im weiteren Verlauf des Verfahrens nicht angehört werden[95].

cc) Im arbeitsgerichtlichen Beschlußverfahren erfolgt die Entscheidung über den gestellten Antrag durch Beschluß (vgl. § 84 S. 2 ArbGG) und nicht durch Urteil. Auch insoweit liegt aber nur eine terminologische Abweichung vor. Der Beschluß entspricht nämlich in seiner Funktion dem Urteil im Urteilsverfahren. Er ergeht - wie das Urteil -, wenn der Rechtsstreit zur Endentscheidung reif ist, wenn also der Sachverhalt hinreichend geklärt ist oder weitere Aufklärung nicht zu erreichen ist. Der Beschluß ergeht durch die Kammer. Die ehrenamtlichen Richter wirken an der Entscheidung mit[96].

Schließlich besteht ein Unterschied insoweit, als das Beschlußverfahren gem. § 12 Abs. 5 ArbGG kostenfrei ist.

dd) Neben den bisher genannten Abweichungen weist das arbeitsgerichtliche Beschlußverfahren zwei weitere gravierende Unterschiede zum Urteilsverfahren auf. Zum einen gilt im Beschlußverfahren der Untersuchungsgrundsatz und nicht wie im Urteilsverfahren der Beibringungsgrundsatz[97]. Zum andern werden die am Verfahren teilnehmenden Personen nicht als Parteien, sondern als Beteiligte bezeichnet (§ 83 Abs. 1, Abs. 3 und Abs. 4 ArbGG). Wegen der erheblichen Bedeutung dieser Unterschiede sollen

95 WETH, o.Fn. 16, S. 258.
96 Vgl. WETH, o.Fn. 16, S. 344.
97 Vgl. PRÜTTING in: GERMELMANN/MATTHES/PRÜTTING, o.Fn. 3, Einl. Rn. 140, 178 f.

der Untersuchungsgrundsatz und die Stellung der Beteiligten im folgenden näher betrachtet werden.

ee) Bezüglich der *Erforschung des Sachverhalts* bestimmt § 83 Abs. 1 ArbGG: *„Das Gericht erforscht den Sachverhalt im Rahmen der gestellten Anträge von Amts wegen. Die am Verfahren Beteiligten haben an der Aufklärung des Sachverhalts mitzuwirken."* § 83 Abs. 1 ArbGG teilt also die Verantwortung für die Erforschung des Sachverhaltes zwischen dem Gericht und den Beteiligten. Durch das vom Gesetzgeber gewählte Wort *„Mitwirkung"* wird deutlich, daß die Verpflichtung der Beteiligten vom Verhalten des Gerichts abhängig ist. Das *Gericht ist Herr der Sachverhaltsaufklärung* und für sie verantwortlich. Zur Erfüllung seiner Verpflichtung kann das Gericht die Beteiligten heranziehen, sie sind dann zur Mitwirkung verpflichtet. Die *Beteiligten sind die Gehilfen des Gerichts* bei der Sachverhaltsaufklärung; sie müssen nicht von sich aus tätig werden. Im einzelnen sind die Rechte und Pflichten von Gericht und Beteiligten - wie folgt - verteilt.

(1) Das *Gericht ist zur Sachverhaltserforschung verpflichtet.* Es kann die für die Entscheidung notwendige Tatsachengrundlage dadurch beschaffen, daß es selbst Tatsachen in den Prozeß einführt. Es kann seiner Verpflichtung aber auch dadurch genügen, daß es die Beteiligten auffordert, weitere Tatsachen vorzutragen.

Das Gericht ist nicht zu einer Ermittlungstätigkeit „ins Blaue hinein" verpflichtet. Seine Verpflichtung zur Tatsachenermittlung setzt erst ein, wenn das Vorbringen der Beteiligten und der schon bekannte Sachverhalt Anhaltspunkte dafür bieten, daß der entscheidungserhebliche Sachverhalt noch nicht vollständig ist und noch weiterer Aufklärung bedarf. Fordert das Gericht einen Beteiligten, der die Behauptungslast trägt, dazu auf, weitere Tatsachen vorzutragen, und folgt der Beteiligte dieser Aufforderung nicht, endet die Aufklärungspflicht des Gerichts. Es ist in diesem Fall nicht verpflichtet, mit den ihm gegebenenfalls noch zur Verfügung stehenden Mitteln den Versuch zu machen, den Sachverhalt weiter aufzuklären.

Das Gericht ist verpflichtet, Beweis zu erheben, wenn die Wahrheit einer entscheidungserheblichen Tatsache nicht feststeht; das gilt auch dann, wenn die Beteiligten keinen Beweis angetreten haben.

(2) Die *Beteiligten* sind *verpflichtet*, an der Aufklärung des Sachverhalts mitzuwirken. Der Antragsteller muß daher seinen Antrag begründen, um dem Gericht einen Ausgangs- und Anhaltspunkt für das weitere von Amts wegen durchzuführende Verfahren zu geben. Begründet der Antragsteller seinen Antrag trotz eines Hinweises des Gerichts nicht, ist sein Antrag als unzulässig zurückzuweisen. Enthält der Vortrag des Beteiligten Anhaltspunkte, muß das Gericht weiter aufklären.

Das Gericht kann seiner Aufklärungspflicht dadurch nachkommen, daß es dem Beteiligten aufgibt, zu bestimmten, erklärungsbedürftigen Punkten weiter vorzutragen. Durch diese Auflage löst das Gericht die Aufklärungspflicht des Beteiligten aus. Er muß weitere Tatsachen vortragen. Führt der Beteiligte nicht weitere Tatsachen in den Prozeß ein, obwohl das Gericht ihn dazu zu Recht aufgefordert hat, muß das Gericht nicht von sich aus weiter tätig werden. Die Aufklärungspflicht des Gerichts endet. Es kann auf der Grundlage der in den Prozeß eingeführten Tatsachen entscheiden.

Ein Beteiligter ist nicht verpflichtet, Beweisanträge zu stellen, das Gericht muß vielmehr von Amts wegen über entscheidungserhebliche Tatsachen Beweis erheben.

Zur Mitwirkungspflicht des Beteiligten gehört nicht nur die Pflicht zum Sachvortrag an sich, sondern auch die Pflicht zum Sachvortrag zur rechten Zeit. Verspätetes Vorbringen kann im arbeitsgerichtlichen Beschlußverfahren daher gemäß §§ 80 Abs. 2, 56 Abs. 2 ArbGG zurückgewiesen werden.

(3) Die *Beteiligten* sind *berechtigt*, alle Tatsachen vorzutragen, die ihnen von Bedeutung erscheinen. Sie sind berechtigt, Beweisanträge zu stellen, Rechtsausführungen zu machen und sich zum gegnerischen Vorbringen und zu Beweisergebnissen zu äußern. Das Gericht ist verpflichtet, die Rechtsausführungen, das Tatsachenvorbringen und die Beweisanträge zu berücksichtigen, soweit diese erheblich sind.

(4) Das *Gericht* ist *berechtigt*, von sich aus Tatsachen in den Prozeß einzuführen. Allerdings gilt diese Befugnis nur im Rahmen des durch die Anträge abgesteckten Streitgegenstandes. Das Gericht ist weiter berechtigt, auch solche Beweise zu erheben, die nicht von einem Beteiligten angetreten sind. Das Gericht kann auch über solche Tatsachen Beweis erheben, die zugestanden oder nicht bestritten sind; §§ 138 Abs. 3, 288 ZPO gelten im Beschlußverfahren nicht[98].

---

98 Vgl. zum Ganzen: WETH, o.Fn. 16, S. 261 ff.

Die hier vorgeschlagene Aufteilung der Rechte und Pflichten von Gericht und Partei ist höchst strittig[99]. Sie grenzt aber meines Erachtens die Aufklärungspflicht des Gerichts so ein, daß sie praktikabel bleibt. Auf der anderen Seite liegt die Letztverantwortung für die Erforschung des Sachverhalts beim Gericht; es muß sich um diese Erforschung selbst und durch Anleitung der Parteien bemühen. Anders als bei Geltung des Beibringungsgrundsatzes kann hier ein Beteiligter, wenn das Gericht richtig agiert, den Prozeß nicht deshalb verlieren, weil er nicht erkannt hat, daß bestimmte Tatsachen beigebracht werden müssen.

ff) Die am arbeitsgerichtlichen Beschlußverfahren teilnehmenden Personen werden als *Beteiligte* bezeichnet. Beteiligte des Beschlußverfahrens sind der Antragsteller, der Antragsgegner und sonstige Beteiligte. Antragsteller ist, wer Rechtsschutz begehrt. Antragsgegner ist derjenige, gegen den Rechtsschutz begehrt wird. Sonstiger Beteiligter ist, wer weder Antragsteller noch Antragsgegner ist.

Im arbeitsgerichtlichen Beschlußverfahren gilt ein *dualistischer Beteiligtenbegriff*. Es ist daher zwischen formell und materiell Beteiligten zu unterscheiden. Formell beteiligt ist, wer aus eigenem Antrieb am Verfahren teilnimmt oder vom Gericht zum Verfahren hinzugezogen wird. Ist der formell Beteiligte nicht auch materiell beteiligt, handelt es sich um einen lediglich formell Beteiligten. Materiell beteiligt ist, wer antrags- bzw. beteiligungsbefugt ist.

(1) Der *Antragsteller*, der antragsbefugt ist, ist materiell Beteiligter. Da er sich mit Stellung seines Antrages aus eigenem Antrieb am Verfahren beteiligt, ist er zugleich auch formell Beteiligter. Er kann, wenn auch die übrigen Beteiligungsvoraussetzungen vorliegen, eine Entscheidung in der Sache erreichen.

Antragsbefugt ist die Person oder Stelle, der das Gesetz diese Befugnis ausdrücklich eingeräumt hat. Darüber hinaus ist antragsbefugt, wer durch die gerichtliche Entscheidung in seiner Rechtsstellung unmittelbar betroffen werden kann.

Entgegen einer in der Literatur vertretenen Auffassung kann auf das Institut der Antragsbefugnis nicht verzichtet werden. Es ist erforderlich, um Popularklagen auszuschließen; es verhindert also, daß außenstehende Dritte, die

---

99 Vgl. dazu die Nachweise bei WETH, o.Fn. 16, S. 261 ff.

ein Interesse am Rechtsstreit und seinem Ausgang haben, aber nicht betroffen sind, sich in ein fremdes Verfahren einmischen können. Der Antragsteller ohne Antragsbefugnis ist lediglich formell Beteiligter. Sein Antrag ist als unzulässig abzuweisen.

(2) Der Antragsgegner, der beteiligungsbefugt ist, ist materiell Beteiligter. Ihn muß das Gericht zum Verfahren hinzuziehen. Sein Anspruch auf rechtliches Gehör (Art. 103 Abs. 1 GG) erstreckt sich sowohl auf die Zulässigkeit als auch auf die Begründetheit des Antrags. Er kann verurteilt werden; das unterscheidet ihn von allen übrigen Beteiligten.

Beteiligungsbefugt ist derjenige, dem das Gesetz die Beteiligungsbefugnis ausdrücklich einräumt, sowie derjenige, der durch die begehrte Entscheidung unmittelbar in seiner Rechtsstellung betroffen werden kann.

Der Antragsgegner ohne Beteiligungsbefugnis ist lediglich formell Beteiligter. Auch ihn muß das Gericht zum Verfahren hinzuziehen; er muß zur Zulässigkeit des Antrags gehört werden. Sein Vorbringen zur Begründetheit des Antrags muß das Gericht hingegen nicht zur Kenntnis nehmen und in Erwägung ziehen. Es ist vielmehr der gegen den Antragsgegner gerichtete Antrag als unzulässig zurückzuweisen.

(3) Die sonstigen Beteiligten können, wenn sie formell und materiell Beteiligte sind, wie die unmittelbar Beteiligten auch Einfluß auf das Verfahren nehmen. Sie können Rechtsmittel einlegen; auch auf sie erstreckt sich die Rechtskraft der Entscheidung.

Ein sonstiger Beteiligter ist von Amts wegen zum Verfahren hinzuzuziehen (er ist also formell zu beteiligen), wenn er beteiligungsbefugt ist. Der beteiligungsbefugte sonstige Beteiligte ist materiell Beteiligter. Sein Anspruch auf rechtliches Gehör erstreckt sich auf die Zulässigkeit und die Begründetheit des Antrags. Der sonstige Beteiligte verliert seine Stellung als materiell Beteiligter nicht dadurch, daß das Gericht ihn nicht zum Verfahren hinzuzieht oder er sich nicht von sich aus am Verfahren beteiligt. Die Stellung als materiell Beteiligter richtet sich nämlich nach materiellem Recht und ist daher unabhängig von prozessualen Handlungen des Gerichts und des Beteiligten selbst.

Ein sonstiger Beteiligter ist beteiligungsbefugt, wenn ihm die Beteiligungsbefugnis ausdrücklich durch Gesetz eingeräumt ist oder wenn er durch die

zu erwartende Entscheidung in seiner Rechtsstellung unmittelbar betroffen werden kann.
Ein sonstiger Beteiligter ist formell beteiligt, wenn er vom Gericht zum Verfahren hinzugezogen worden ist. Er kann auch durch eigenes Tätigwerden zum formell Beteiligten werden. Er muß dazu in einem Schriftsatz an das Gericht oder in der mündlichen Verhandlung deutlich machen, daß er sich am Verfahren beteiligen will. Der sonstige Beteiligte muß weder dem Antragsteller noch dem Antragsgegner beitreten und ihn unterstützen, er darf sich mit seinen Erklärungen und Handlungen durchaus in Widerspruch zu Antragsteller und Antragsgegner setzen.
Der sonstige Beteiligte, der lediglich formell beteiligt ist, dem also die Beteiligungsbefugnis fehlt, muß nicht zur Zulässigkeit und Begründetheit des Antrags gehört werden; er hat lediglich einen Anspruch darauf, zur Zulässigkeit seiner Beteiligung gehört zu werden. Zur Beendigung seiner Beteiligung bedarf es keines förmlichen Beschlusses des Gerichts; er muß lediglich tatsächlich nicht mehr am Verfahren beteiligt werden[100].

c) Schlochauer hat jüngst die Frage gestellt, ob für die Entscheidung der in § 2 a ArbGG genannten Materien ein eigenständiges Verfahren erforderlich sei. Sie hat diese Frage verneint. Es sei durchaus ausreichend, in einem einheitlichen arbeitsgerichtlichen Verfahren einige Besonderheiten für die Entscheidung der in § 2 a genannten Streitigkeiten vorzusehen[101]. Die Schwierigkeiten der richtigen Zuordnung einer Streitigkeit in das Urteils- bzw. Beschlußverfahren könnten durch die Schaffung eines solchen einheitlichen Verfahrens vermieden werden. Bei Schaffung eines solchen einheitlichen Verfahrens wäre durchaus überlegenswert, ob in diesem Verfahren nicht der Untersuchungsgrundsatz in der Form des § 83 Abs. 1 ArbGG gelten sollte und ob nicht das oben beschriebene Beteiligtenmodell des Beschlußverfahrens für das gesamte arbeitsgerichtliche Verfahren sinnvoll wäre. Eine Diskussion dieser Fragen scheint außerordentlich lohnend.

9. Rechtsmittelbelehrung

Gem. § 9 Abs. 5 S. 1 ArbGG enthalten alle mit einem befristeten Rechtsmittel anfechtbaren Entscheidungen die Belehrung über das Rechtsmittel. Soweit ein Rechtsmittel nicht gegeben ist, ist eine entsprechende Belehrung zu erteilen (§ 9 Abs. 5 S. 2 ArbGG).

---

100 Vgl. zum Ganzen: WETH, o.Fn. 16, S. 50 ff.

101 SCHLOCHAUER in: Die Arbeitsgerichtsbarkeit, Festschrift zum 100-jährigen Bestehen des Deutschen Arbeitsgerichtsverbandes, 1994, S. 373, 378.

Die Vorschriften der ZPO sehen nicht vor, daß gerichtliche Entscheidungen mit einer Rechtsmittelbelehrung versehen werden. Die Erteilung einer Rechtsmittelbelehrung für Urteile über zivilrechtliche Klagen ist nach der Entscheidung des BVerfG vom 20.6.1995[102] „von Verfassungs wegen - jedenfalls derzeit noch - nicht geboten".

10. Kosten

Im arbeitsgerichtlichen Beschlußverfahren werden Kosten gem. § 12 Abs. 5 ArbGG nicht erhoben. Das arbeitsgerichtliche Urteilsverfahren ist zwar nicht kostenfrei, gegenüber dem zivilprozessualen Verfahren aber kostenrechtlich privilegiert[103]. Hier seien folgende Punkte herausgegriffen:

a) Zunächst wird der Zugang zum Verfahren dadurch erleichtert, daß Vorschüsse nicht erhoben werden (§ 12 Abs. 4 S. 2 ArbGG[104]). Das ArbGG weicht insoweit wegen der besonderen sozialen Belange in den Arbeitsrechtsstreitigkeiten vom zivilprozessualen Verfahren ab[105].

b) Weiter wird der Zugang zum Verfahren auch dadurch verbessert, daß eine Zweitschuldnerhaftung nicht besteht (§ 12 Abs. 4 S. 4 u. 5 ArbGG). Diese Zweitschuldnerhaftung ist durch das Kostenrechtsänderungsgesetz vom 20.8.1975[106] abgeschafft worden. Damit ist die Härte, die dadurch entstehen konnte, daß der Arbeitnehmer nach erfolgreicher Kündigungsschutz- oder Zahlungsklage gegen seinen in Zahlungsschwierigkeiten geratenen Arbeitgeber die gesamten Gerichtskosten tragen mußte, abgeschafft[107].

c) Gemäß § 12 Abs. 4 ist der Streitwert für Kündigungsschutz- und Eingruppierungsklagen begrenzt. Dies dient der Minderung des Kostenrisikos für den klagenden Arbeitnehmer und damit auch der Erleichterung des Zugangs zum Verfahren[108]. Schließlich wird im Urteilsverfahren im Gegen-

---

102 BVerfGE 93, 99.

103 GK-ArbGG/Wenzel, Einführung Rn. 68.

104 Vgl. dazu Keil in: Die Arbeitsgerichtsbarkeit, Festschrift zum 100-jährigen Bestehen des Deutschen Arbeitsgerichtsverbandes, 1994, S. 483, 485.

105 Germelmann in: Germelmann/Matthes/Prütting, o.Fn. 3, § 12 Rn. 70.

106 BGBl. I. 1975 S. 2189.

107 Vgl. dazu GK-ArbGG/Wenzel, § 12 Rn. 225.

108 Vgl. Keil in: Die Arbeitsgerichtsbarkeit, Festschrift zum 100-jährigen Bestehen des Deutschen Arbeitsgerichtsverbandes, 1994, S. 483, 486.

satz zu dem Verfahren vor den ordentlichen Gerichten nur eine Gerichtsgebühr fällig; sie beträgt mindestens 20 DM und höchstens 1.000 DM[109].

d) Anders als im zivilprozessualen Verfahren ist im arbeitsgerichtlichen Verfahren eine Kostenerstattung in erster Instanz nicht vorgesehen (vgl. dazu § 12 a Abs. 1).

11. Ressortierung

Ressortierung ist die Frage nach der Zuordnung von Gerichtszweigen zu bestimmten Ministerien[110]; sie ist in der Arbeitsgerichtsbarkeit abweichend von den anderen Gerichtszweigen geregelt. Während die anderen Gerichtszweige den Justizministerien zugeordnet sind[111], ist seit dem Arbeitsgerichtsgesetz-Änderungsgesetz vom 26.6.1990[112] - für Geschäfte der Verwaltung und Dienstaufsicht bei den Arbeitsgerichten (gemäß § 15 Abs. 1 ArbGG) und Landesarbeitsgerichten (gemäß § 34 Abs. 1 ArbGG) entweder die oberste Arbeitsbehörde des Landes oder die Landesjustizverwaltung zuständig. Es ist insoweit den Ländern freigestellt, wie sie die Zuständigkeit für die Arbeits- bzw. Landesarbeitsgerichte regeln. Derzeit sind - soweit ersichtlich - mit Ausnahme von Rheinland-Pfalz die obersten Arbeitsbehörden zuständig[113]. Beim BAG führt der Bundesminister für Arbeit und Sozialordnung die Geschäfte der Verwaltung und Dienstaufsicht (§ 40 Abs. 2 ArbGG).

Vor Änderung des ArbGG durch das Arbeitsgerichtsgesetz-Änderungsgesetz vom 26.6.1990[114] gab es keine Wahlmöglichkeit für die Länder. Arbeitsgerichte und Landesarbeitsgerichte ressortierten zwingend bei den obersten Arbeitsbehörden (§§ 15, 34 a.F.). Diese Zuordnung ist mit dem untrennbaren Zusammenhang zwischen materiellem Recht und Prozeßrecht und der engen Zusammenarbeit der Arbeitsbehörden mit den Sozialpartnern begründet worden. Die Arbeitsministerien genössen in einem Maße das Vertrauen der Sozialpartner, wie es von den Justizministerien nicht zu erwarten sei[115].

---

109 Vgl. GERMELMANN in: GERMELMANN/MATTHES/PRÜTTING, o.Fn. 3, § 12 Rn. 13.

110 PRÜTTING in: GERMELMANN/MATTHES/PRÜTTING, o.Fn. 3, § 15 Rn. 32.

111 Vgl. PRÜTTING in: GERMELMANN/MATTHES/PRÜTTING, o.Fn. 3, Einleitung Rn. 105.

112 BGBl. I 1990 S. 1206.

113 GRUNSKY, o.Fn. 9, § 15 Rn. 2; PRÜTTING in: GERMELMANN/MATTHES/PRÜTTING, o.Fn. 3, § 15 Rn. 32ff.

114 BGBl I 1990 S. 1206.

115 Vgl. PRÜTTING in: GERMELMANN/MATTHES/PRÜTTING, o.Fn. 3, § 15 Rn. 32 m.w.N.

Der vorstehende Überblick ist nicht vollständig. Er erfaßt von den Unterschieden zwischen dem erstinstanzlichen Verfahren vor den Arbeitsgerichten und dem erstinstanzlichen Verfahren vor den Zivilgerichten diejenigen, die dem Verfasser besonders wichtig und/oder interessant waren. Wenn der vorstehende Überblick auch nicht vollständig ist, so belegt er doch, daß es durchaus gewichtige Unterschiede zwischen dem arbeitsgerichtlichen und dem zivilprozessualen Verfahren gibt.

III. Angleichung von ZPO und ArbGG

1. Das Ziel der Angleichung

a) *Entlastung der Gerichte?* Die Arbeitsgerichte werden von einer wahren Prozeßflut überrollt[116]. Die Funktionsfähigkeit der Arbeitsgerichte kann, so ist der Begründung eines Gesetzesentwurfs vom Sommer 1996 zu entnehmen, nur noch mit Mühe aufrechterhalten werden[117]. Es bestehe daher dringender Bedarf, durch Änderung des ArbGG das arbeitsgerichtliche Verfahren zu beschleunigen und damit die Arbeitsgerichte zu entlasten[118]. Auch das zivilgerichtliche Verfahren soll - wieder einmal - vereinfacht werden, um die Gerichte zu entlasten[119]. Die Idee der Beschleunigung des Verfahrens und der Entlastung der Gerichte durch Änderungen der Verfahrensgesetze ist nicht neu. GVG und ZPO sind seit ihrem Inkrafttreten am 1.10.1879 ca. 50 mal mit diesem Ziel geändert worden[120]. Wissenschaftlich gesicherte Erkenntnisse darüber, was diese Änderungen tatsächlich bewirkt haben und wie effizient sie waren, liegen nicht vor. Immerhin kann die Erkenntnis als gesichert gelten, daß eine Ursächlichkeit dieser Novellen für eine Verfahrensverkürzung und Entlastung der Gerichte nicht nachweisbar ist[121].

Das legt den Schluß nahe, daß Änderungen der Verfahrensgesetze grundsätzlich nicht geeignet sind, eine Entlastung der Gerichte zu bewirken. Die Aufrechterhaltung bzw. Wiedererlangung der Funktionsfähigkeit der Zivil- und Arbeitsgerichte wird nur dadurch zu erreichen sein, daß die Zahl der

---

116 Vgl. dazu nur GROTMANN/HÖFLING, BB 1996, 158.

117 Entwurf eines Gesetzes zur Vereinfachung und Beschleunigung des arbeitsgerichtlichen Verfahrens (Arbeitsgerichtsbeschleunigungsgesetz) des Landes Nordrhein-Westfalen, S. 9.

118 aaO., S. 1 und 9.

119 Entwurf eines Gesetzes zur Vereinfachung des zivilgerichtlichen Verfahrens und des Verfahrens der freiwilligen Gerichtsbarkeit, Bundesrats-Drucksache 605/96.

120 Vgl. WETH, NJW 1996, 2467.

121 Vgl. WETH, NJW 1996, 2467, 2468 f.

Richter erhöht wird[122]. Allein durch Änderungen der Verfahrensgesetze kann dieses Ziel nicht erreicht werden; etwas anderes könnte allenfalls dann gelten, wenn der Instanzenzug verkürzt würde. Dies ist aber derzeit nicht geplant.

Wenn also vorliegend die Frage nach Änderung der Verfahrensgesetze im Sinne einer Angleichung der ZPO an das ArbGG oder umgekehrt gestellt wird, wird sie nicht mit dem Ziel gestellt, dadurch die Funktionsfähigkeit der Justiz zu erhalten oder zurückzugewinnen, weil - wie ausgeführt - dieses hohe Ziel durch Änderungen der Verfahrensgesetze nicht erreicht werden kann. Wohl aber kann durch Änderungen der Verfahrensgesetze eine Verbesserung des Verfahrens erreicht werden.

b) *Verbesserung des Verfahrens.* Eine Betrachtung der Besonderheiten des arbeitsgerichtlichen Verfahrens legt die Frage nahe, ob durch Übernahme dieser Besonderheiten in das zivilprozessuale Verfahren eine Verbesserung dieses Verfahrens erreicht werden kann oder ob umgekehrt, durch die Abschaffung der Besonderheiten und die Annäherung an das zivilprozessuale Verfahren, das arbeitsgerichtliche Verfahren verbessert werden kann. Eine Verbesserung wäre in vielfältiger Weise denkbar, etwa dadurch, daß das Verfahren vereinfacht wird, oder dadurch, daß die Parteien besser vor Fehlern geschützt werden. Solches könnte typischerweise durch die Einführung einer Rechtsmittelbelehrung im Zivilprozeß erreicht werden.

Im Folgenden werden allerdings nur solche Maßnahmen erörtert, die nicht eine ganz grundlegende Änderung des Verfahrens erfordern würden. Es wird daher hier nicht die Frage erörtert, ob es sinnvoll wäre, in der Zivilgerichtsbarkeit ein einheitliches Eingangsgericht einzuführen.

2. Angleichung der ZPO an das ArbGG

a) Über die Frage, ob bezüglich der *Prozeßvertretung* das Modell der ZPO (Vertretung durch den beim Prozeßgericht zugelassenen Anwalt) oder das Modell des ArbGG (Vertretung durch jeden in der Bundesrepublik zugelassenen Rechtsanwalt) vorzuziehen ist, läßt sich trefflich streiten. Mir scheinen die für das ZPO-Modell vorgebrachten Gründe wenig tragfähig. So wird behauptet, die Lokalisierung bei einem bestimmten Gericht könne die Terminierung und zügige Durchführung des Prozesses erleichtern und stelle die Grundlage für eine vertrauensvolle Zusammenarbeit zwischen Gericht

122 WETH, NJW 1996, 2467, 2472.

und Anwaltschaft dar[123]. Mit dem Lokalisationsgebot werde weiter die Zusammenballung der Mandate bei einer kleinen Zahl ambulant tätiger Anwälte verhindert und dadurch ein regional verteiltes, flächendeckendes Angebot anwaltlicher Dienstleistungen sichergestellt[124]. Darüber hinaus wird auf die Verbesserung der anwaltlichen Beratung durch Kenntnis örtlicher Gepflogenheiten hingewiesen[125].

Der Lokalisierungsgrundsatz dient aber - jedenfalls ab dem 1.1. 2000, wenn die Parteien sich nur noch bei den Oberlandesgerichten und beim BGH durch einen beim Prozeßgericht zugelassenen Anwalt vertreten lassen müssen - weniger einer vertrauensvollen Zusammenarbeit zwischen Gericht und Anwalt und einer zügigen Verfahrenserledigung, als vielmehr dem Schutz einiger weniger privilegierter Anwälte, die bei den Oberlandesgerichten und beim BGH zugelassen sind. Mit einer flächendeckenden Verteilung des anwaltlichen Dienstleistungsangebots kann die ab dem 1.1.2000 geltende Regelung ohnehin nicht gerechtfertigt werden. Es sollte daher der Lokalisierungsgrundsatz gänzlich abgeschafft werden. Auch im Verfahren vor den ordentlichen Gerichten sollten sich die Parteien - wie in der Arbeitsgerichtsbarkeit - in allen Instanzen von jedem zugelassenen Anwalt vertreten lassen dürfen. Darüber hinaus sollten die Regelungen bzgl. der Prozeßvertretung sowohl im arbeitsgerichtlichen als auch im zivilprozessualen Verfahren dahin geändert werden, daß die Parteien sich auch in erster Instanz vertreten lassen müssen; es sollte also im zivilprozessualen Verfahren Anwaltszwang auch für die Verfahren vor den Amtsgerichten eingeführt werden. Im Verfahren vor den Arbeitsgerichten sollte der Vertretungszwang eingeführt werden. Für die Einführung des Anwalts- bzw. Vertretungszwangs in erster Instanz sprechen die Gründe, die zum Erlaß des Rechtsberatungsgesetzes geführt haben: der Schutz des Rechtsuchenden und die Reibungslosigkeit der Rechtspflege[126]. Die Parteien werden heute nämlich in aller Regel wegen der Schwierigkeit des materiellen Rechts und wegen der prozessual auftretenden Probleme nicht in der Lage sein, ohne rechtskundige Beratung und Unterstützung einen Prozeß ordnungsgemäß zu führen. Vielmehr bedarf jede Partei für die zügige und zuverlässige Durchführung von Rechtsstreitigkeiten der Beratung.

b) Gottwald hat in seinem Gutachten zum 61. Deutschen Juristentag 1996 unter Hinweis darauf, daß die meisten deutschen Verfahrensordnungen eine

---

123 Vgl. BVerfG, NJW 1990, 1033.

124 Vgl. BVerfG, NJW 1993, 31, 92.

125 Vgl. BVerfG, NJW 1996, 1882, 1883.

126 Vgl. dazu WETH in: HENSSLER/PRÜTTING, BRAO, 1997, Einleitung RBerG Rn. 3 ff.

Rechtsmittelbelehrung vorsehen und daß die Vereinheitlichung der Verfahrensordnungen bezüglich der Frage der Rechtsmittelbelehrung zumindest langfristig von Verfassungs wegen geboten ist[127], die Einführung der Rechtsmittelbelehrung auch ins zivilprozessuale Verfahren empfohlen. Zu Recht hat Gottwald in diesem Zusammenhang darauf hingewiesen, daß der Nutzen der Rechtsmittelbelehrung auch bei anwaltlicher Vertretung der Partei nicht entfällt[128]. In der Tat sollte, um Fehler bei der Rechtsmitteleinlegung zu vermeiden, auch im zivilprozessualen Verfahren eine Rechtsmittelbelehrung eingeführt werden.

3. Angleichung des ArbGG an die ZPO

a) Daß die Fristen für den Einspruch gegen ein Versäumnisurteil und für den Widerspruch gegen den Mahnbescheid (vgl. dazu oben II 5) im arbeitsgerichtlichen Verfahren kürzer sind als im zivilprozessualen Verfahren, kann leicht zur Fristversäumung führen, weil die Partei oder ihr Prozeßvertreter aus Unkenntnis oder Versehen von der zivilprozessualen Frist ausgegangen ist. Hier sollte eine Angleichung erfolgen. Da die Fristen des Arbeitsgerichtsgesetzes außerordentlich kurz sind, sollte insoweit das Arbeitsgerichtsgesetz an die ZPO angepaßt werden.

b) Eine Angleichung an die ZPO sollte auch insoweit erfolgen, als auch im arbeitsgerichtlichen Verfahren ein Urkunden- und Wechselprozeß möglich sein sollte.

4. Sinnvolle Abweichungen

a) Die unterschiedliche Behandlung der *Partei- und Beteiligtenfähigkeit* im arbeitsgerichtlichen Verfahren einerseits und im zivilprozessualen Verfahren andererseits erscheint sinnvoll; die in § 10 ArbGG angeordnete Erweiterung der Partei- und Beteiligtenfähigkeit ist für das arbeitsgerichtliche Verfahren unerläßlich.

Schon in den Materialien zum ArbGG 1926 findet sich der Hinweis, daß die Vereinigungen der Arbeitgeber und Arbeitnehmer auch dann voll partei-

---

127 Vgl. dazu BVerfGE 93, 99. Das Gericht hat im Leitsatz zu dieser Entscheidung formuliert: „Die Erteilung einer Rechtsmittelbelehrung ist für Urteile über zivilrechtliche Klagen von Verfassungs wegen - jedenfalls derzeit noch - nicht geboten“.

128 GOTTWALD, Empfehlen sich im Interesse eines effektiven Rechtsschutzes Maßnahmen zur Vereinfachung, Vereinheitlichung und Beschränkung der Rechtsmittel und Rechtsbehelfe des Zivilverfahrensrechts?, Verhandlungen des 61. Deutschen Juristentages, Karlsruhe 1996, Bd. 1 (Gutachten) Teil A, München 1996, S. A 31 f.

fähig i.S. des Prozeßrechts sein müßten, wenn sie nicht rechtsfähig nach den Vorschriften des Privatrechts seien. So erschließe sich den Parteien der Tarifverträge der Rechtsweg zur Durchsetzung ihrer unmittelbaren Ansprüche gegeneinander aus den Tarifverträgen[129]. Weiter weisen die Materialien darauf hin, daß die Gestaltung des Entlassungsschutzes der Arbeitnehmer nach den §§ 84ff. des Betriebsrätegesetzes und des Schutzes des § 99 des Reichsversorgungsgesetzes es erforderlich mache, auch die Arbeitnehmerschaft, die Arbeiterschaft und die Angestelltenschaft der Betriebe i.S.d. Betriebsrätegesetzes Parteifähigkeit zu verleihen, obwohl diese Personenmehrheiten nach dem Privatrecht nicht rechtsfähig seien[130].

An dieser in den Materialien zum ArbGG 1926 festgestellten Erforderlichkeit hat sich nichts geändert. Nur wenn der Betriebsrat beteiligtenfähig und damit in der Lage ist, den Arbeitgeber notfalls auch gerichtlich zu zwingen, seine Rechte zu beachten, kann der Betriebsrat wirksam die Interessen der Arbeitnehmer vertreten und damit das Betriebsverfassungsgesetz seine Funktion erfüllen. Entsprechendes gilt für die übrigen in § 10 Halbsatz 2 ArbGG genannten Personen und Stellen. Schließlich ist die in § 10 Halbsatz 1 vorgesehene Parteifähigkeit der Tarifvertragsparteien im gesamten arbeitsgerichtlichen Verfahren eine wichtige Voraussetzung dafür, daß diese ihre Aufgaben wirksam erfüllen können. Die Notwendigkeit einer dem § 10 ArbGG vergleichbaren umfassenden Parteifähigkeit auch im zivilprozessualen Verfahren besteht nicht. Soweit eine Beteiligtenfähigkeit etwa betriebsverfassungsrechtlicher Stellen auch bei den ordentlichen Gerichten ausnahmsweise erforderlich ist, kann diese spezialgesetzlich angeordnet werden, wie dies in §§ 98 Abs. 2, 104 Abs. 1, 250 Abs. 2 AktG geschehen ist[131].

b) Ebenso wie bei der Frage der Parteifähigkeit ist auch bezüglich der *Prozeßvertretung* die unterschiedliche Regelung in der ZPO und im ArbGG insoweit sinnvoll, als sich die Parteien im arbeitsgerichtlichen Verfahren in erster und zweiter Instanz durch Vertreter von Gewerkschaften bzw. Vereinigungen von Arbeitgebern oder von Zusammenschlüssen solcher Verbände vertreten lassen können. Daß der Gesetzgeber der Vertretung und Beratung von Parteien durch die Verbandsvertreter große Bedeutung beigemessen

---

129 Regierungs-Entwurf eines Arbeitsgerichtsgesetzes nebst amtlicher Begründung, 33. Sonderheft zum Reichsarbeitsblatt, 1925, S. 67 f.

130 Regierungs-Entwurf eines Arbeitsgerichtsgesetzes nebst amtlicher Begründung , 33. Sonderheft zum Reichsarbeitsblatt, 1925, S. 68.

131 Vgl. MATTHES in: GERMELMANN/MATTHES/PRÜTTING, o.Fn. 3, § 10 Rn. 28.

hat, zeigt zum einen die Begründung zum ArbGG 1926[132], zeigt zum anderen aber auch die Argumentation, mit der im Gesetzgebungsverfahren der Ausschluß der Beratungshilfe für arbeitsrechtliche Angelegenheiten (§ 2 Abs. 2 S. 1 Nr. 1 BerHG a.F) gerechtfertigt wurde. Es wurde nämlich darauf hingewiesen, daß Arbeitnehmern und Arbeitgebern andere Beratungsmöglichkeiten zur Verfügung stünden, weil sowohl Gewerkschaften als auch Arbeitgeberverbände ihren Mitgliedern Rechtsberatung anbieten würden[133]. Zwar wird inzwischen auch in arbeitsrechtlichen Angelegenheiten Beratungshilfe gewährt (§ 2 Abs. 2 Nr.1 BerHG), nachdem das BVerfG mit Beschluß vom 2.12.1992 entschieden hatte, daß der Ausschluß der Beratungshilfe in arbeitsgerichtlichen Angelegenheiten gegen Art. 3 Abs. 1 GG verstößt[134]. Die Geschichte des Beratungshilfegesetzes belegt aber die Wertschätzung des Gesetzgebers für die Beratungsmöglichkeiten der Arbeitnehmer durch Gewerkschaften und der Arbeitgeber durch Arbeitgeberverbände.

Die Beratung und Vertretung von Arbeitnehmern und Arbeitgebern durch Gewerkschaften und Arbeitgeberverbände ist auch von erheblicher praktischer Bedeutung. Der DGB beschäftigte 1995 540 Rechtssekretäre in 217 Rechtsstellen im Bundesgebiet. Von diesen Rechtsstellen sind 1994 ca. 220.000 neue Klageverfahren eingeleitet worden[135]. Der Rechtsschutz gehört nach Auffassung des DGB zu den wichtigsten Leistungen, die die Mitglieder der Gewerkschaften in Anspruch nehmen können; er sei eines der werbewirksamsten Mittel der Gewerkschaften. Mit ihrem Rechtsschutz verwirklichten die Gewerkschaften unmittelbar ihre Ziele als Koalition i. S. d. Art. 9 Abs. 3 GG, nämlich Wahrung und Förderung der Arbeits- und Wirtschaftsbedingungen[136]. Indiz für den hohen Stellenwert, den die Serviceleistungen und damit die Rechtsberatung, auch für die Mitglieder der Arbeitgeberverbände hat, zeigt die Diskussion um die sog. OT-Mitgliedschaft, also um die Frage, ob ein Arbeitgeber Mitglied eines Arbeitgeberverbandes sein und dessen Serviceleistungen in Anspruch nehmen darf, ohne dem Verband beim Beitritt das Recht zu übertragen, für ihn verbindliche Tarifverträge abzuschließen.

c) Die *Güteverhandlung* ist sicherlich eine in der Arbeitsgerichtsbarkeit bewährtes und effektives Mittel, eine gütliche Regelung herbeizuführen.

132 Vgl. dazu o. II 2 c.
133 Vgl. BT-Drucksache 8/3311, S. 11ff.
134 BVerfGE 88, 513.
135 ENGELEN-KEFER, ArbuR 1995, 300, 301.
136 Vgl. zum Ganzen: ENGELEN-KEFER, ArbuR 1995, 300, 301.

Die Erfolgsquote ist hoch[137]. Die Güteverhandlung erspart - was Schaub zu Recht hervorhebt[138] - den Parteien Arbeitskraft, Zeit und Kosten. Sie hilft in Kündigungsschutzverfahren den Parteien, sich auszusprechen und dadurch gegebenenfalls das Arbeitsverhältnis zu erhalten. Sie liegt schließlich im Interesse des Staates, da in der Güteverhandlung vielfach Streitigkeiten abgefangen werden und so Zeit und Arbeitskraft der Arbeitsrichter gespart wird[139].

Die Güteverhandlung ist also sicherlich beizubehalten, wenn auch überlegt werden könnte, ob nicht eine dahingehende Änderung möglich ist, daß die Parteien auf die Güteverhandlung verzichten können. Gerade in Fällen des Musterprozesses entsteht nämlich durch die obligatorische Güteverhandlung unnützer Arbeitsaufwand.

Die Einführung einer obligatorischen Güteverhandlung im zivilprozessualen Verfahren würde erhebliche Änderungen der Verfahrensordnung und vermutlich auch beachtlichen zusätzlichen Arbeitsaufwand beim Gericht erfordern. Es scheint daher wenig sinnvoll, bezüglich der Güteverhandlung eine Angleichung von ZPO und ArbGG anzustreben.

d) In der Literatur wird darauf hingewiesen, daß wegen der kostenrechtlichen Privilegierung das arbeitsgerichtliche Verfahren in besonderer Weise geeignet ist, die Scheu hinsichtlich einer beabsichtigten Klageerhebung zu nehmen[140]. Dieser Gesichtspunkt spricht dafür, es bei der kostenrechtlichen Privilegierung des arbeitsgerichtlichen Verfahrens zu belassen.

e) Über die Frage, ob es sinnvoll ist, daß die Arbeitsgerichtsbarkeit abweichend von den anderen Gerichtszweigen nicht (BAG) bzw. nicht zwingend (Landesarbeitsgerichte, Arbeitsgerichte) den Justizministerien zugeordnet sind, läßt sich mit guten Argumenten streiten. Mir scheinen allerdings die Argumente, die für eine *Ressortierung* bei den obersten Arbeitsbehörden sprechen, durchaus beachtlich; es sollte daher bei der gegenwärtigen Regelung der Ressortierung bleiben.

---

137 KISSEL in: Die Arbeitsgerichtsbarkeit, Festschrift zum 100jährigen Bestehen des deutschen Arbeitsgerichtsverbandes, 1994, S. 25.

138 SCHAUB, o.Fn. 10, § 93 I 2, S. 696.

139 SCHAUB, o.Fn. 10, § 93 I 2, S. 696.

140 GROTMANN/HÖFLING, BB 1996, 158.

IV. Ausblick

Beim Blick auf die Besonderheiten des arbeitsgerichtlichen Verfahrens und damit auf die Abweichungen vom zivilprozessualen Verfahren drängt sich die Frage auf, ob eine Angleichung des zivilprozessualen Verfahrens an das arbeitsgerichtliche Verfahren einerseits oder eine Angleichung des arbeitsgerichtlichen Verfahrens an das zivilprozessuale Verfahren andererseits sinnvoll ist und ob dadurch eine Verbesserung der Verfahren erreicht werden kann. Eine gründliche Auseinandersetzung mit dieser Frage, jenseits der gegenwärtigen hektischen und vom Diktat des Finanzministers bestimmten Bestrebungen zur Veränderung der Verfahrensgesetze aus Kostengründen, könnte m.E. zu Lösungen führen, durch die sowohl das zivilprozessuale Verfahren als auch das arbeitsgerichtliche Verfahren erheblich verbessert werden könnten, zugunsten einer reibungsloseren Justiz und damit zugunsten des rechtsuchenden Bürgers. 50 Jahre saarländische Arbeitsgerichtsbarkeit scheint mir ein guter Anlaß, eine solche umfassende - weit über die vorstehenden Andeutungen[141] hinausgehende - Diskussion anzuregen.

141 Vgl. o. III.

III.

Erfahrungen mit dem Saarländischen Weiterbildungs- und Bildungsfreistellungsgesetz (SWBG)

von

DIETRICH CONRAD

Am 1.4.1990 ist das Saarländische Weiterbildungs- und Bildungsurlaubsgesetz in Kraft getreten, seit der Neufassung vom 15.9.1994 Saarländisches Weiterbildungs- und Bildungsfreistellungsgesetz (SWBG) genannt.

I.

Bereits die Gesetzesentwicklung zeigte, daß die saarländischen Arbeitnehmer dieses Gesetz mehr den parteipolitischen Interessen zu verdanken haben, als daß der Landesgesetzgeber ein zusätzliches Bildungsbedürfnis der Arbeitnehmer für notwendig befunden hätte.

Seit 1975 von der damaligen Opposition mit Vehemenz gefordert, wurde die Einführung eines Bildungsurlaubs von der damaligen Landesregierung u.a. aus Kostengründen verständlicherweise zurückgestellt.

Mit dem Regierungswechsel 1985 tauschten auch die Landesparteien die Rollen bei ihrer Einstellung zum Bildungsurlaub. Während nunmehr verschiedene Gremien der jetzigen Opposition Bildungsurlaub in modifizierter Form als unerläßlich ansahen und der neuen Landesregierung Untätigkeit vorwarfen, stellte diese das Thema, welches sie in der Opposition über ein Jahrzehnt mit Nachdruck verfolgt hatte, völlig zurück.

Erst unter dem Druck der Arbeitnehmerseite vor der Landtagswahl 1990 kam es zur Verkündung des Saarländischen Weiterbildungs- und Bildungsurlaubsgesetzes.

Diese Bezeichnung erwies sich sodann in der Folgezeit als sehr (doppel-) sinnig.
Denn bei einer Vielzahl der nach SWBG anerkannten Veranstaltungen blieben dem interessierten Beobachter insbesondere die politischen Bildungsziele verborgen. Um so mehr drängte sich aber die Frage nach Urlaubscharakter des Bildungs-"Urlaubs" auf.

Dem Vorwurf des Zusatzurlaubs suchte der Landesgesetzgeber nunmehr im Jahre 1994 dadurch zu begegnen, daß er das Saarländische Weiterbildungs- und Bildungsurlaubsgesetz in ein Saarländisches Weiterbildungs- und Bildungsfreistellungsgesetz umbenannte und auch die entsprechenden Änderungen im Gesetzestext vornahm. Aus Urlaub wurde also Freistellung.

Der Gesetzestitel wurde geändert, der Inhalt nicht.

II.

Ein Rückblick auf vier Jahre Bildungsurlaub und zwei weitere Jahre Bildungsfreistellung zeigt nunmehr wenig Probleme mit der Inanspruchnahme von Bildungsurlaub zum Besuch von beruflichen Bildungsveranstaltungen durch die im Saarland beschäftigten Arbeitnehmer.

Dies liegt zum einen daran, daß auch die saarländischen Arbeitgeber seit jeher eine möglichst umfassende berufliche Weiterbildung ihrer Arbeitnehmer befürworten. Sie sehen sich hierbei selbst für die berufliche Weiterbildung ihrer Mitarbeiter zur Anpassung an neue berufliche Anforderungen und zum Aufstieg in höhere Verantwortung im bestehenden Arbeitsverhältnis zuständig. Alle dazu notwendigen Maßnahmen wurden bereits in der Vergangenheit im beiderseitigen Interesse und freiwillig durchgeführt. An dieser positiven Einstellung der Unternehmen zur beruflichen Weiterbildung ihrer Arbeitnehmer konnte auch das SWBG nichts ändern.

Hinzu kommt, daß sich auch die im Saarland beschäftigten Arbeitnehmer durch eine verantwortungsbewußte Inanspruchnahme des Bildungsurlaubs zum Besuch von beruflichen Bildungsveranstaltungen auszeichnen.

Dies schließt selbstverständlich nicht aus, daß es auch bei der beruflichen Bildung nach dem SWBG in Einzelfragen rechtlicher Klärung bedarf.

1. Glücklicherweise ist bei den beruflichen Weiterbildungsmaßnahmen nach dem SWBG das anfangs befürchtete Grundsatzproblem bis heute ausgeblieben. So obliegt nämlich nach § 2 Abs. 5 Satz 1 SWBG der beruflichen Weiterbildung „die Förderung der beruflichen und sozialen Handlungskompetenz", eine Aufgabe, bei der die Gefahr gesehen wurde, daß sie letztlich zur völligen Verwässerung des Begriffs berufliche (!) Weiterbildung herangezogen werden kann.
Bei richtiger Betrachtung geht soziale Handlungskompetenz selbstverständ-

lich mit jeder beruflichen Weiterbildung unmittelbar einher, ist sozusagen notwendiger Bestandteil derselben und darf nicht zur Aufweichung des Begriffs „berufliche Weiterbildung" in § 2 Abs. 5 Satz 1 SWBG führen.

Bei den bis heute bekannt gewordenen anerkannten Veranstaltungen der beruflichen Weiterbildung stand jedoch grundsätzlich der berufliche Bildungsinhalt außer Frage.

2. Selbstverständlich gibt es auch bei der beruflichen Weiterbildung i.S. des SWBG Einzelfragen, deren Beantwortung i.S. des SWBG in den Unternehmen auf Unverständnis stößt.

So wird insbesondere von Kleinbetrieben immer wieder die Frage gestellt: wieso sind wir verpflichtet, die berufliche Fortbildung unserer Arbeitnehmer durch Gewährung von Bildungsurlaub zu finanzieren, wenn eindeutig feststeht, daß der Arbeitnehmer die Fortbildung nie im bestehenden Arbeitsverhältnis verwenden kann?

Wenn sich sodann noch herausstellt, daß der Arbeitnehmer sich beruflich verändern will und die Fortbildungsmaßnahme sehr wohl bei einem Folgearbeitgeber, ggf. sogar einem Konkurrenten, nutzen kann, herrscht insbesondere in Kleinbetrieben völlige Verständnislosigkeit, wenn die Auskunft gegeben werden muß, es handele sich um zu bezahlenden Bildungsurlaub nach dem SWBG.

Der Anspruch auf berufliche Weiterbildung nach dem SWBG ist jedoch personenbezogen, und zwar ohne Rücksicht auf das konkrete Arbeitsverhältnis. Es kommt ausschließlich darauf an, ob der Arbeitnehmer die Bildungsmaßnahmen in einem bestehenden oder künftigen Arbeitsverhältnis nutzen kann.

3. Umstritten ist nach wie vor die Frage, ob beim beabsichtigten Besuch einer anerkannten Schulungsmaßnahme der beruflichen Weiterbildung nach dem SWBG zusätzlich noch die persönlichen Voraussetzungen des Arbeitnehmers, der diese Schulung besuchen will, geprüft werden dürfen.

Hierzu wird verschiedentlich die Auffassung vertreten, die Anerkennung der Veranstaltung der beruflichen Weiterbildung durch das Ministerium für Wirtschaft sei die einzige Voraussetzung, welche erfüllt sein müsse, damit jeder im Saarland beschäftigte Arbeitnehmer grundsätzlich einen Besuch dieser Bildungsveranstaltung nach dem SWBG verlangen könne. Auf weitere persönlichen Voraussetzungen könne nicht abgestellt werden, da derartige weitere Anspruchsvoraussetzungen nicht im Gesetz vorgesehen seien.

Hierbei wird jedoch übersehen, daß das gesetzliche Tatbestandsmerkmal der beruflichen Weiterbildung gleichzeitig aber auch berufliche Bildungsfähigkeit des Arbeitnehmers durch die Maßnahme beinhaltet, ja sogar voraussetzt.

Dies bedeutet, daß berufliche Weiterbildung immer dann ausscheidet, wenn von vornherein feststeht, daß dem betroffenen Arbeitnehmer die geistigen bzw. persönlichen Voraussetzungen fehlen, um der anerkannten Bildungsmaßnahme zu folgen oder wenn aus sonstigen Gründen feststeht, daß er die Schulungsmaßnahme wird nicht beruflich (!) verwenden können.

So kann man in keinem Fall von beruflicher Weiterbildung i.S. des SWBG sprechen, wenn z.B. ein Arbeitnehmer ohne jede EDV-Vorkenntnisse einen EDV-Kurs für Fortgeschrittene belegen will. Zum einen wird er der gesamten Schulungsmaßnahme nicht folgen können, zum anderen wird er den - nicht verstandenen - Lehrstoff auch nie beruflich nutzen können.

Nichts anderes gilt aber auch für den 55jährigen Angestellten, seit vier Jahrzehnten in der Personalabteilung eines Unternehmens beschäftigt, der aus privatem Interesse einen Speziallackiererkurs besuchen will. Auch er wird diesen Kurs nie beruflich (!) nutzen.

Ebenso wie bei dem zuvor unter 2. geschilderten Fall ist auch hier entscheidend, ob der Arbeitnehmer die Bildungsmaßnahme im bestehenden oder einem künftigen Arbeitsverhältnis nutzen kann.

Ist dies nicht der Fall, hat der betreffende Arbeitnehmer trotz vorliegender Anerkennung der Veranstaltung persönlich keinen Freistellungsanspruch nach dem SWBG.

4. Im Rahmen der beruflichen Weiterbildung nach dem SWBG werden auch gerne Sprachkurse im Ausland besucht.

Umstritten ist hierbei die Frage, ob der gleiche Arbeitnehmer den gleichen Sprachkurs in verschiedenen Jahren im Rahmen des SWBG besuchen kann. Dies ist jedoch zu verneinen, da es sich hierbei um reine Wiederholung, nicht jedoch um berufliche „Weiter“bildung handeln würde.

Wie diese Beispiele zeigen, handelt es sich bei unterschiedlichen Auffassungen im Bereich der beruflichen Weiterbildung um reine Sachfragen.

III.

Während, wie bereits ausgeführt, die Unternehmen die berufliche Weiterentwicklung und damit berufliche Weiterbildung ihrer Arbeitnehmer im laufenden Arbeitsverhältnis seit jeher unterstützen, stellt sich die Ausgangslage bei der Inanspruchnahme von Bildungsurlaub nach dem SWBG zum Besuch von politischen Bildungsveranstaltungen völlig anders dar.

1. Zunächst ist die politische Weiterbildung Teil der allgemeinen Weiterbildung, so sogar wörtlich auch § 2 Abs. 4 Satz 1 SWBG.

Die allgemeine Weiterbildung und damit auch die politische Weiterbildung ist jedoch Sache des einzelnen sowie der Allgemeinheit, womit auch die finanzielle Verantwortung für die politische Weiterbildung dem einzelnen und dem die Allgemeinheit repräsentierenden Staat obliegt.

Es stößt auf völliges Unverständnis, wenn sich der Staat, hier das Saarland, dieser finanziellen Verantwortung entzieht, indem er die Lohnkosten ausschließlich einer Gesellschaftsgruppe, nämlich den Arbeitgebern, aufbürdet.

Auch aus der vielfach zitierten, sich aus dem Arbeitsverhältnis ergebenden Fürsorgepflicht des Arbeitgebers läßt sich kein einziger Gesichtspunkt ableiten, daß der Arbeitgeber für die politische (!) Bildung seiner Arbeitnehmer verantwortlich sein soll. Um so weniger kann man von ihm verlangen, daß er dieselbe noch finanziert.

2. Die verständliche Abwehrhaltung der Unternehmen gegenüber der Inanspruchnahme von Bildungsurlaub zum Besuch politischer Bildungsveranstaltungen wird sodann noch verstärkt, wenn man die Bildungsinhalte im einzelnen betrachtet, welche als politische Bildung i.S. des SWBG anerkannt werden.

Hierbei wird ohne weiteres zugestanden, daß der überwiegenden Mehrzahl der anerkannten Veranstaltungen der Charakter politischer Bildung zukommt. Es sind jedoch die Ausreißer, die das Bild der Diskussion und auch die „Wertschätzung“ der Inanspruchnahme von Bildungsurlaub zum Besuch von politischen Bildungsveranstaltungen in den Unternehmen prägen.

Da für den Arbeitgeber nur der unmittelbare Titel der Bildungsveranstaltung aus dem vom Arbeitnehmer vorgelegten Anerkennungs-Bescheid erkennbar ist, sollte ihm in der Vergangenheit zugemutet werden, für folgende, nur beispielhaft angeführten „politischen" Bildungsveranstaltungen Bildungsurlaub zu gewähren:

- *„Ich bin der Größte"*
  C 9-G-17-1899

- *„Was machen wir mit unserer Freizeit"*
  C9-K-02-1860

- *„Übergang vom Erwerbsleben in den Ruhestand"*
  C8-K-01-2826

- *„Streß-Ursachen, Wirkung und Bewältigungsstrategien"*
  C7-12-K01-3989

- *„Sustainable Development am Beispiel der sanften Erschließung eines strukturschwachen Raums"*
  C6-7.3.2.-V-27-4904.

Eine Einzelbewertung dieser Veranstaltungen, deren Liste jederzeit weiter ergänzt werden könnte, würde den Rahmen dieser Betrachtung sprengen.

Es dürfte jedoch jedem objektiven Betrachter einleuchten, daß derartige „politische" Themen zu Reizthemen werden, wenn sie von dritter Seite, d.h. dem Unternehmen, auch noch bezahlt werden müssen.

3. Es soll an dieser Stelle aber auch anerkannt werden, daß von den betroffenen Institutionen im Einzelfall in der Praxis schadensbegrenzende Maßnahmen versucht werden, so z.B.:

- Das Ministerium stellt auf Anfrage unbürokratisch weitere Unterlagen zur Prüfung zur Verfügung. Daß diese sodann häufig wiederum Stoff zur weiteren Diskussion geben, ist eine andere Frage.

- Sogar als Bildungsurlaub anerkannte Veranstaltungen werden nicht mehr als Bildungsurlaub durchgeführt, nachdem sie in die Diskussion geraten sind, so z.B. *„Venedig - Das Kulturdenkmal als Schauplatz politischer Bedeutungen"*, C9-V-38-2354.

Diese und auch andere Maßnahmen erweisen sich jedoch letztlich als Schadensbegrenzung im Einzelfall und sind nicht geeignet, aus betrieblicher Sicht die negative Gesamteinschätzung der Inanspruchnahme von Bildungsurlaub zum Besuch politischer Bildungsveranstaltungen zu beeinflussen.

IV.

Zusammenfassend darf festgestellt werden, daß die Inanspruchnahme von Freistellung zu Bildungszwecken zur Teilnahme an Maßnahmen der - im Einzelfall zweifelhaften - politischen Weiterbildung dem gesamten Bildungsfreistellungsgedanken schadet.

Die Begrenzung der bezahlten Freistellung zu Bildungszwecken auf Maßnahmen der beruflichen Weiterbildung, welche im bestehenden Arbeitsverhältnis genutzt werden kann, wäre in Wirklichkeit gegenüber der jetzigen Gesetzeslage ein mehr: denn alle Gesichtspunkte, welche den heutigen Bildungsurlaub in Mißkredit bringen, wären beigelegt.

Der Arbeitnehmer, der sich beruflich fortbilden will, hätte wie in der Vergangenheit die volle Unterstützung seines Arbeitgebers. Die Weiterbildung würde objektiv und aktiv gefördert. Den Nutzen hätten beide Arbeitsvertragsparteien, einen Gesichtspunkt, welchen auch der Gesetzgeber de lege ferenda überdenken sollte.

Die Abmahnung
- eine systematische Darstellung mit Hinweisen für die Praxis -

von
VOLKER DEGEL

I. Einleitung

„Die Abmahnungsklage liegt im Trend", so könnte man die Zunahme der Rechtsstreitigkeiten über die Begründetheit einer Abmahnung, deren Widerruf und Entfernung aus den Personalakten kommentieren. Wohl in keinem anderen Bereich des Arbeitsrechts haben in den letzten Jahren die Klagen derart zugenommen, wie in dem des Abmahnungswesens. Von der Vielzahl der Prozesse betroffene Richter sprechen gar von einem Abmahnungsunwesen. Nicht von ungefähr hat die *„Arbeitsrechtliche Praxis" (AP)*, ein Nachschlagwerk des Bundesarbeitsgerichts (BAG), hierfür ein eigenes Stichwort eingeführt: *„§ 1 KSchG 1969 Abmahnung"*.

Dieses von der Rechtsprechung entwickelte Rechtsinstitut wirft noch viele Fragen auf, die im betrieblichen Alltag Unsicherheiten hervorrufen. Der folgende Beitrag soll daher der Praxis neben einer systematischen Darstellung Hinweise und Ratschläge an die Hand geben, mit diesem Rechtsinstitut besser umgehen zu können. Neben einer Bestandsaufnahme von Rechtsprechung und Lehre werden neben kritischen Anmerkungen auch eigene Lösungsvorschläge gemacht und Einzelfragen einer vertieften Betrachtung unterzogen[1].

---

1 Zur Literatur über die Abmahnung vgl.: ADAM, Die Abmahnungsberechtigung, DB 1996, 476; BAHNTJE, Behält eine unwirksame Abmahnung für eine spätere Kündigung ihre Warnfunktion?, ArbuR 1996, 250; BECKER-SCHAFFNER, Die Abmahnung im Arbeitsrecht in der Rechtsprechung, DB 1985, 650; Die Abmahnung in der Praxis, BB 1995, 2526; BECKERLE/SCHUSTER, Die Abmahnung, Haufe-Verlag, 5. Aufl. 1995, Freiburg i. B.; BERGER-DELHEY, Die Abmahnung im öffentlichen Dienst, PersV 1988, 430; BERNSTEIN, Die Abmahnung im System des Kündigungsschutzes, München 1992; BOCK, Rechtsprobleme der Abmahnung, ArbuR 1987, 217; BRILL, Verwirkung und Wirkungslosigkeit von Abmahnungen, NZA 1985, 109; BURGER, Abmahnung im Arbeitsverhältnis - Begriff und praktische Probleme - DB 1992, 836; CONZE, Zur Tilgung und Wirkungsdauer von berechtigten Abmahnungen, DB 1987, 889; Wirkungslosigkeit einer Abmahnung durch Zeitablauf, ZTR 1987, 175; Nochmals: Die Wirkungsdauer einer Abmahnung, DB 1987, 2358; Die aktuelle Rechtsprechung des BAG zur Entfernung von Vorgängen aus Personalakten, DB 1989, 778; Die Abmahnung in der aktuellen Rechtsprechung des BundesArbGs, ZTR 1993, 312; DEDERT, Zuständigkeit der Einigungsstelle für Abmahnungen, BB 1986, 320; EICH, Anspruch auf Entfernung einer

II. Die Entwicklung des Rechtsinstituts und seine Rechtsgrundlagen

Wie so häufig im Arbeitsrecht wurde auch die Abmahnung nicht näher vom Gesetzgeber geregelt, sondern von der Rechtsprechung zu einem eigenständigen Rechtsinstitut entwickelt. Ihr wurde die gleich wichtige Bedeutung beigemessen wie in anderen Rechtsgebieten, in denen die Mahnung bzw. Abmahnung normiert ist, wie etwa im BGB unter §§ 284, 326 (Verzug), 550, 553 (Miete), 634, 635, 643 (Werkvertragsrecht), 651 e (Reisevertragsrecht), 1053 (Nießbrauch), aber auch unter § 1 UWG, § 13 AGBG und § 93 ZPO.

Das BAG hat 1958[2] erstmals die Forderung aufgestellt, vor Ausspruch einer Kündigung bedürfe es der Anhörung des Arbeitnehmers oder sogar einer Abmahnung. 1961[3] hat es unter Hinweis auf das Schrifttum verlangt, *„nach ganz allgemeiner Meinung"* müsse *„in Fällen leichterer Verstöße gegen*

---

berechtigten Abmahnung aus der Personalakte durch Zeitablauf?, NZA 1988, 759; FALKENBERG, Die Abmahnung, NZA 1988, 489; FROMM, Die Entwicklung zum präventiven Kündigungsschutz insbesondere bei verhaltensbedingten Kündigungen - zu den Grundlagen der Abmahnung -, DB 1989, 1409; GERHARDS, Abmahnungserfordernis bei Vertrauensstörungen, BB 1996, 794; HAUER, Die Abmahnung im Arbeitsverhältnis, Baden-Baden 1990, Nomos-Verlag; HEINZE, Zur Abgrenzung von Betriebsbuße und Abmahnung, NZA 1990, 169; v.HOYNINGEN-HUENE, Die Abmahnung im Arbeitsrecht, RdA 1990, 193; HUNOLD, Individual- und betriebsverfassungsrechtliche Probleme der Abmahnung, BB 1986, 2050; JURKAT, Gerichtliche Feststellung der Rechtswirksamkeit einer Abmahnung auf Antrag des Arbeitgebers?, DB 1990, 2218; KAMMERER, Abmahnung und Persönlichkeitsschutz im Arbeitsverhältnis, BB 1980, 1587; Personalakte und Abmahnung, Schriften des Betriebs-Beraters, Bd. 77, 2. Aufl. 1994; KOFFKA, Die arbeitsrechtliche Abmahnung als Rechtsinstitut, Lang-Verlag, Frankfurt a.M. 1993; LEISTEN, Das Nachschieben von Abmahnungsgründen, ArbuR 1991, 206; LEßMANN, Betriebsbuße statt Kündigung, DB 1989, 1769; NEBENDAHL, Anspruch auf Entfernung eines Vorgangs aus der Personalakte nach einem Verstoß gegen § 13 II BAT, ZTR 1990, 418; PAULY, Hauptprobleme der arbeitsrechtlichen Abmahnung, NZA 1995, 449; PFLAUM, Die Abmahnung im Arbeitsrecht als Vorstufe zur Kündigung, Decker & Müller, Heidelberg 1992; PREIS, Die verhaltensbedingte Kündigung, DB 1990, 685; REINECKE, Beweisfragen im Kündigungsschutzprozeß, NZA 1989, 577; REWOLLE, Die Abmahnung im Arbeitsverhältnis, DB 1976, 774; SCHAUB, Die arbeitsrechtliche Abmahnung, NJW 1990, 872; SCHLOCHAUER, Mitbestimmungsfreie Abmahnung und mitbestimmungspflichtige Betriebsbuße, DB 1977, 254; SCHMID, Die Abmahnung und ihre rechtliche Problematik, NZA 1985, 409; SCHUNCK, Gescheiterte Abmahnung: Kündigungsrechtliche Konsequenzen, NZA 1993, 828; SIBBEN, Abschied vom Erfordernis der „einschlägigen" Abmahnung, NZA 1993, 583; TSCHÖPE, Formelle und prozessuale Probleme der Abmahnung, NZA Beil. 2/1990, 10; WALKER, Fehlentwicklungen bei der Abmahnung im Arbeitsrecht, NZA 1995, 601.

2 AP Nr. 16 zu § 66 BetrVG = RdA 1958, 439.

3 AP Nr. 1 zu § 1 KSchG Personenbedingte Kündigung = RdA 1961, 1382 = DB 1961, 1651 = NJW 1962, 73.

Pflichten aus dem Arbeitsverhältnis" zunächst eine *„hinreichend deutliche Abmahnung"* ausgesprochen werden. Der Arbeitgeber dürfe nicht plötzlich eine Kündigung aussprechen, ohne dem Arbeitnehmer vorher Gelegenheit gegeben zu haben, seine Arbeitsweise den Anforderungen anzupassen, wenn dieser davon ausging, seine Arbeitsleistung werde nicht beanstandet.

Die rechtliche Begründetheit für die Notwendigkeit einer Abmahnung vor Ausspruch einer *fristlosen* Kündigung wegen Störungen im Leistungsbereich hat das BAG erstmals in seiner Entscheidung vom 19.6.1967 gegeben[4]. Aus dem Grundgedanken des *§ 326 BGB*, wonach für den Rücktritt wegen Schuldnerverzuges eine Fristsetzung mit Ablehnungsandrohung vorausgesetzt wird, hat es das Erfordernis abgeleitet, daß vor einer so einschneidenden Maßnahme und Rechtsfolge wie der einseitigen Aufhebung des Vertrages der Gläubiger dem Schuldner noch einmal die Folgen seines säumigen Verhaltens vor Augen führen soll. Das mute das Gesetz grundsätzlich jedem Gläubiger zu. Übertragen auf das Recht der außerordentlichen Kündigung sei daher im allgemeinen bei Störungen der Leistungsseite des Vertrages die vorherige Abmahnung zu fordern[5]. Im Urteil vom 18.1.1968[6] hat das BAG auch eine Parallele zum Mietrecht gezogen (§§ 542, 553 BGB).

Am 29.7.1976[7] hat es erstmals den allgemeinen Rechtssatz aufgestellt, bei Störungen im Leistungsbereich sei i.d.R. eine vorherige Abmahnung erforderlich, ohne zwischen außerordentlicher und ordentlicher Kündigung zu unterscheiden[8]. Es hat dabei auf den allgemeinen Rechtsgrundsatz von *Treu und Glauben* (§ 242 BGB) abgestellt. Damit hat es sich dem Schrifttum angeschlossen, das den Rückgriff auf § 326 BGB für nicht ausreichend hielt, weil dieser lediglich die durch den gegenseitigen Vertrag begründeten Hauptleistungspflichten erfasse, nicht jedoch auch die Nebenpflichten, und das bestehende Vertragsverhältnis in ein Rückabwicklungsschuldverhältnis umgestalte, während die Kündigung Rechtswirkungen nur für die Zukunft erzeuge. Demgegenüber lasse sich das Erfordernis vorheriger Abmahnung zwanglos aus dem *Verhältnismäßigkeitsgrundsatz* herleiten, weil dieser im Bereich des gesamten Arbeitsrechts Geltung beanspruche[9].

---

4 AP Nr. 1 zu § 124 GewO = BB 1967, 1087 = DB 1967, 1550 = NJW 1967, 2030.

5 Bestätigend: AP Nr. 57 zu § 626 BGB = BB 1968, 1201 = DB 1968, 1816, und AP Nr. 62 zu § 626 BGB = BB 1972, 1189 = DB 1972, 489.

6 AP Nr. 28 zu § 66 BetrVG = BB 1968, 589 = DB 1968, 179 = NJW 1968, 1648.

7 AP Nr. 9 zu § 1 KSchG Verhaltensbedingte Kündigung = BB 1976, 1560 = DB 1976, 2256.

8 Vgl. auch BAG, DB 1984, 2703; NZA 1985, 100; 1989, 634; 1993, 220.

9 Vgl. SCHMID, NZA 1985, 409, 411, m.w.N.; BOCK, ArbuR 1987, 217; SCHAUB, NJW 1990, 872.

Darüber hinaus leitet die Literatur das Erfordernis der Abmahnung auch aus der *Fürsorgepflicht* des Arbeitgebers und der *Treuepflicht* des Arbeitnehmers ab[10]. Damit werde die Abmahnung nicht auf Störungen im Leistungsbereich beschränkt. Gegen § 326 BGB als Rechtsgrundlage für eine Abmahnungsobliegenheit spreche vor allem, daß dieser dispositives Recht beinhalte und hinter den abschließenden und erschöpfenden Sonderregelungen der §§ 626 BGB/1 KSchG zurückstehen müsse[11].

Soweit Störungen im *Vertrauensbereich* abgemahnt werden sollen, leitet mittlerweile auch die Rechtsprechung die Notwendigkeit aus dem Verhältnismäßigkeitsgrundsatz ab[12]. Schließlich komme die Kündigung grundsätzlich nur als *„ultima ratio"* in Betracht. Der die Unzumutbarkeit begründende wichtige Grund erscheint dabei als der rechtliche Ansatz für eine Verhältnismäßigkeitsprüfung, also dafür, ob nicht mildere Mittel als die Beendigungskündigung ausreichend und damit zumutbar sind, um auf das pflichtwidrige Verhalten der anderen Vertragspartei zu reagieren. Daraus kann sich die Notwendigkeit ergeben, vor einer Kündigung zunächst eine Abmahnung auszusprechen. Auch bei der ordentlichen Kündigung kann ein Verhalten des Arbeitnehmers nicht so gravierend sein, daß es zunächst eine Kündigung *„bedingt"*, sondern nur eine mildere Reaktion, nämlich die der Abmahnung.

So entscheidet die Rechtsgrundlage letztlich darüber, ob überhaupt, unter welchen Voraussetzungen und mit welchem Inhalt eine Abmahnung als Voraussetzung für eine Kündigung angesehen werden kann. Dabei ist der *Verhältnismäßigkeitsgrundsatz* mittlerweile allgemeiner Ausgangspunkt[13].

III. Begriff und Wesen der Abmahnung

Die Abmahnung ist die Rüge eines Vertragsverstoßes unter Androhung arbeitsrechtlicher Konsequenzen für den Wiederholungsfall. Sie wird i.d.R. vom Arbeitgeber gegenüber dem Arbeitnehmer erklärt. Sie ist dann gegeben, *„wenn der Arbeitgeber in einer für den Arbeitnehmer deutlich erkenn-*

---

10 Vgl. KR-HILLEBRECHT, 4. Aufl., § 626 Rn. 97 ff.

11 Vgl. hierzu ausführlich: WALKER, NZA 1995, 601, 602, m.w.N.; FALKENBERG, NZA 1988, 489.

12 BAG, NZA 1989, 633, 634; zum Schrifttum vgl. WALKER, NZA 1995, 602, m.w.N. unter Fn. 23.

13 Vgl. v.HOYNINGEN-HUENE, RdA 1990, 193, 197, m.w.N.; PAULY, NZA 1995, 449, 450.

baren Art und Weise arbeitsrechtliches Fehlverhalten beanstandet und damit den Hinweis verbindet, im Wiederholungsfall seinen Inhalt oder Bestand des Arbeitsverhältnisses gefährdet[14]".

Zu beachten gilt allerdings, daß die kündigungsrechtliche Funktion der Abmahnung nicht aus dem Grundsatz der Erforderlichkeit als Teilaspekt des Verhältnismäßigkeitsgrundsatzes folgt[15], sondern aus dem Übermaßverbot: „*Die Abmahnung ist nämlich gegenüber der Kündigung nicht ein milderes, sondern ein anderes Mittel. Ziel der Kündigung ist die Auflösung eines Vertragsverhältnisses, während mit der Abmahnung zwar eine Kündigung vorbereitet, primär aber dem Arbeitnehmer Gelegenheit gegeben werden soll, sich in der Zukunft vertragsgerecht zu verhalten. Die Kündigung ist also auf die Beendigung, die Abmahnung auf die vertragsgerechte Fortsetzung des Arbeitsverhältnisses gerichtet*[16]." Die Abmahnung kann daher auch nicht als Sanktion angesehen werden. Sie ist vielmehr eine Darstellung dessen, was der Vertragspartner als vertragswidrig ansieht, verbunden mit dem Hinweis, wie er sich im Wiederholungsfall wahrscheinlich verhalten wird. Sie kann sowohl vom Arbeitgeber wie auch vom Arbeitnehmer ausgesprochen werden.

Die Abmahnung ist keine Wirksamkeitsvoraussetzung der Kündigung, sondern beinhaltet eine *Obliegenheit*. Der Arbeitgeber wird zu einem rechtzeitigen Hinweis an den Arbeitnehmer verpflichtet, damit sich dieser später nicht darauf berufen kann, er habe einem bestimmten Verhalten keine kündigungsrelevante Bedeutung beigemessen, hätte dieses aber geändert, wenn ihm die arbeitsrechtlichen Folgen vor Augen geführt worden wären[17]. Die Abmahnung ist kein Rechtsgeschäft. Sie ist vielmehr eine Willensäußerung, die eine geschäftsähnliche Handlung darstellt. So wird die Abmahnung auch mit der Funktion der „gelben Karte" im Sport verglichen, die den Arbeitnehmer vor Erteilung der „roten Karte" (Kündigung) anhalten soll, künftig wieder ein vertragsgerechtes Verhalten zu erbringen[18].

---

14 So BAG, Urteil v. 18.1.1980, AP Nr. 3 zu § 1 KSchG 1969 Verhaltensbedingte Kündigung = BB 1980, 1269 = DB 1980, 1351.

15 So BOCK, ArbuR 1987, 217, 218; FALKENBERG, NZA 1988, 489.

16 So v.HOYNINGEN-HUENE, RdA 1990, 193, 197

17 So BECKERLE/SCHUSTER, aaO., Rn. 8.

18 So KR-HILLEBRECHT, 4. Aufl., § 626 BGB Rn. 99 b.

IV. Funktionen der Abmahnung

1. Hinweisfunktion

Wie bei jedem anderen Vertrag sind auch beim Arbeitsvertrag die Partner berechtigt, auf vertragswidriges Verhalten hinzuweisen. Als Gläubiger arbeitsvertraglicher Rechte können sie von ihrem vertraglichen Rügerecht Gebrauch machen und den Vertragsgegner zur ordnungsgemäßen Vertragserfüllung ermahnen[19]. Dabei ist es zunächst erforderlich, daß i.d.R. der Arbeitgeber dem Arbeitnehmer deutlich macht, worin er die Verletzung einer bestimmten arbeitsvertraglichen Haupt- oder Nebenpflicht sieht. Das Fehlverhalten muß unmißverständlich beschrieben werden, damit der Arbeitnehmer nicht im unklaren darüber sein kann, was ihm konkret vorgeworfen wird[20]. Man spricht von der *„Hinweisfunktion"* der Abmahnung sowie der *„Erinnerungs- und Ermahnungsfunktion"*.

In der täglichen Praxis werden häufig vermeidbare Fehler bei der Formulierung der Abmahnung gemacht. Ein Großteil der Abmahnungsprozesse verliert der Arbeitgeber wegen zu unbestimmter Formulierung des dem Arbeitnehmer vorgeworfenen Fehlverhaltens. Nur wenn der Arbeitgeber das Fehlverhalten konkret beschreibt und zum Ausdruck bringt, welches Verhalten er für die Zukunft erwartet, kann der Arbeitnehmer auch zu Beanstandungen konkret Stellung nehmen, gegebenenfalls sich rechtfertigen und sich zukünftig darauf einstellen. Es genügt nicht, Werturteile oder schlagwortartige Formulierungen wie: *„Es wird Ihnen eine Abmahnung ausgesprochen wegen mangelhafter Leistung, Schlechtarbeit, Unpünktlichkeit, mangelndem Interesse, Führungsschwäche, Störung des Betriebsfriedens, Trunkenheit"* oder gar noch allgemeiner: *„Aus gegebenem Anlaß..."* oder: *„Wegen der Ihnen bekannten Vorkommnisse..."*. Wenn auch jeweils auf den subjektiven Empfängerhorizont abzustellen ist[21], sollte das vorgeworfene Verhalten so substantiiert geschildert werden, daß auch der nicht informierte Dritte später damit etwas anfangen kann und es im Kündigungsprozeß verwertbar ist. Schließlich muß auch der Arbeitnehmer darauf substantiiert erwidern können.

Es bedarf also der Angabe konkreter Fakten unter Nennung von Ort und Zeit der Schlechtleistung. Dabei kann auch eine Verweisung auf ein frühe-

19 Vgl. BAG, BB 1979, 1451.

20 So BAG, BB 1986, 594 = DB 1986, 489 = NJW 1986, 1065 = NZA 1986, 227.

21 So TSCHÖPE, NZA 1990, Beil. 2, 10; BOCK, ArbuR 1987, 217.

res Schreiben oder ein vorangegangenes Gespräch genügen, wenn sich hieraus zweifelsfrei die Beanstandungen des Arbeitgebers ergeben. Alles andere wäre Formalismus[22]. Doch ist zu beachten, daß Zweifel stets mit dem Arbeitgeber heimgehen.
Insbesondere bei formularmäßigen Abmahnungen ist die Gefahr groß, daß der Formulartext nicht genau das beanstandete Fehlverhalten des Arbeitnehmers trifft. Darüber hinaus läuft der Arbeitgeber Gefahr, die Abmahnung als Routineangelegenheit zu behandeln. Bei zu häufiger Wiederholung der Abmahnung gegenüber dem gleichen Arbeitnehmer geht die Warnfunktion verloren, da die Abmahnung nicht mehr ernstzunehmen ist.

Selbstverständlich können mit einer Abmahnung auch mehrere Beanstandungen gerügt werden. Dabei läuft der Arbeitgeber allerdings Gefahr, im Rechtsstreit zu unterliegen, wenn auch nur einer der Vorwürfe zu unbestimmt ist oder gar nicht den Tatsachen entspricht. Dann ist das gesamte Abmahnungsschreiben zurückzunehmen[23]. Vor *„Generalabrechnungen"* in einem Abmahnungsschreiben ist daher zu warnen[24]. Um nicht überflüssige Angriffsflächen zu geben, sollte auf eine ausführliche Darstellung des Hintergrundgeschehens verzichtet werden.

2. Dokumentationsfunktion

Zu empfehlen ist stets eine schriftliche Abmahnung, da durch sie das beanstandete Verhalten auch tatbestandsmäßig festgehalten wird und später Beweiszwecken dienen kann. Insoweit hat die Abmahnung auch eine Dokumentationsfunktion.

Es ist jedoch nicht korrekt, auch von einer Beweisfunktion zu sprechen[25]. Die schriftliche Abmahnung dient zwar dazu, den Beweis für eine Vertragsverletzung zu sichern, sie erbringt jedoch nicht selbständig den Beweis - auch nicht den Anscheinsbeweis[26] - dafür, daß der Arbeitnehmer den der Abmahnung zugrunde gelegten Vertragsverstoß auch begangen hat[27]. Die schriftliche Abmahnung hat lediglich eine Beweissicherungsfunktion, nicht aber eine echte Beweisfunktion.

22 So BOCK, ArbuR 1987, 217, 220; BECKER-SCHAFFNER, DB 1985, 650.
23 Vgl. auch XIII, 4.
24 So auch BECKERLE/SCHUSTER, Rn. 75 a.
25 So KAMMERER, BB 1980, 1587, 1589.
26 Vgl. BURGER, DB 1992, 836, 837.
27 BAG, AP Nr. 18 zu § 1 KSchG 1969 Verhaltensbedingte Kündigung.

3. Warn- und Ankündigungsfunktion

Erst die Androhung arbeitsrechtlicher Konsequenzen für den Wiederholungsfall macht aus einer rechtlich unverbindlichen Rüge bzw. mißbilligenden Äußerung oder Ermahnung eine arbeitsrechtlich relevante Abmahnung[28]. Die Warnung ist unverzichtbarer Bestandteil der Abmahnung. Mit ihr soll dem Vertragspartner klargemacht werden, daß er für den Fall, daß er das beanstandete Verhalten wiederholt bzw. nicht abstellt, mit der Kündigung rechnen muß. Wie die „gelbe Karte" hat die Abmahnung die Funktion einer Verwarnung.

Dabei braucht sie nicht expressis verbis erklärt zu werden[29]. Das BAG[30] verlangt lediglich den Hinweis, daß im Wiederholungsfall der Inhalt oder Bestand des Arbeitsverhältnisses gefährdet ist. Damit kann der Arbeitgeber sich die Entscheidung offenhalten, ob er eine Änderungskündigung, ordentliche oder außerordentliche Kündigung im Wiederholungsfall ausspricht. Droht er etwa mit einer Versetzung, Zulagenstreichung oder Gehaltseinbuße, kann er im Wiederholungsfall nach dem Grundsatz von Treu und Glauben nicht über die angedrohte Sanktion hinausgehen und eine Beendigungskündigung aussprechen.

Auch sollte der Arbeitgeber nicht den Zeitraum eingrenzen, innerhalb dessen der Arbeitnehmer sich ein erneutes Fehlverhalten nicht leisten darf, etwa mit der Formulierung: *„Sollte dies in den nächsten Wochen (oder Monaten) erneut vorkommen, ...“*.

Auf der anderen Seite genügen nicht Formulierungen wie: *„Wir machen Sie darauf aufmerksam, daß wir dieses Verhalten nicht dulden.“*, *„Bitte bemühen Sie sich, künftig pünktlich zu sein.“*, *„Wir raten Ihnen, unsere Anordnungen zu befolgen.“*. Dem Arbeitnehmer muß vielmehr deutlich klargemacht werden, daß er bei erneutem Pflichtverstoß mit einer Kündigung rechnen muß und somit sein Arbeitsverhältnis gefährdet ist.

4. Keine Sanktionsfunktion

Es ist zu betonen, daß der Abmahnung keine Sanktionsfunktion zukommt im Sinne einer Ahndung einer Pflichtwidrigkeit. Eine Sanktion soll bestrafen, sie soll Nachteile wegen eines begangenen Fehlverhaltens zufügen. Die Abmahnung soll dagegen nicht bestrafen, sondern dies lediglich ankündi-

---

28 Vgl. FROMM, DB 1989, 1409, 1412; SCHMID, NZA 1985, 409, 411.

29 GERHARDS, BB 1996, 794; BECKER-SCHAFFNER, DB 1985, 650.

30 AP Nr. 116 zu § 626 BGB = BB 1994, 1148 = DB 1994, 1477 = NJW 1994, 2783; DB 1995, 532 = NZA 1995, 65.

gen. Ein Pflichtverstoß wird zum Anlaß genommen, den Arbeitnehmer auf diesen aufmerksam zu machen und ihn zu ermahnen und zu verwarnen. Die Abmahnung stellt also lediglich eine Reaktion und noch keine Sanktion dar[31].

5. Abmahnung auch bei fehlender Vorwerfbarkeit

Da das Fehlverhalten nicht sanktioniert wird, muß es dem Arbeitnehmer auch nicht subjektiv vorwerfbar sein. Nach Rechtsprechung[32] und herrschender Lehre[33] ist eine Abmahnung schon dann zulässig, wenn objektiv ein Pflichtverstoß gegeben ist. Der Abmahnung kommt kein Strafcharakter zu. Sie soll den Arbeitnehmer lediglich von weiterem vertragswidrigen Verhalten abhalten. Dies ist auch in den Fällen sinnvoll, in denen der Arbeitnehmer einem vorwerfbaren Rechtsirrtum hinsichtlich seiner arbeitsvertraglichen Pflichten unterliegt. Ist das Fehlverhalten dagegen nicht steuerbar und somit nicht vorwerfbar, was i.d.R. bei personenbedingten Gründen der Fall ist, macht die Abmahnung auch keinen Sinn.

V. Formale Aspekte der Abmahnung

1. Form der Abmahnung

Rechtsprechung und Lehre verlangen für die Abmahnung keine Form[34]. Sie ist grundsätzlich auch mündlich wirksam.
Allerdings empfiehlt es sich, zur Beweissicherung und zur Vermeidung von Mißverständnissen und Verdrehungen, die Schriftform zu wählen. Schließlich hat der Arbeitgeber im Kündigungsprozeß nicht nur die Darlegungs- und Beweislast für die Kündigungsgründe, sondern erforderlichenfalls auch für die Tatsache, daß er ordnungsgemäß abgemahnt hat.
Darüber hinaus ist der schriftlichen Abmahnung auch eine stärkere psychologische Wirkung beizumessen[35].

---

31 So auch v.HOYNINGEN-HUENE, RdA 1990, 193, 199.

32 BAG, AP Nr. 3 zu § 87 BetrVG 1972 Betriebsbuße = RdA 1980, 124; AP Nr. 74 zu Art. 9 GG Arbeitskampf = SAE 1988, 307; AP Nr. 2 zu § 611 BGB Abmahnung = NZA 1989, 272.

33 KAMMERER, BB 1980, 1587, 1589; SCHMID, NZA 1985, 409, 410; KR-HILLEBRECHT, 4. Aufl. § 626 BGB Rn. 98 f; a. A.: HUNOLD, BB 1986, 2053.

34 Vgl. HUNOLD, BB 1986, 2050, 2051; BOCK, ArbuR 1987, 217, 220; BECKER-SCHAFFNER, BB 1995, 2526, 2528, m.w.N.

35 So auch SCHMID, NZA 1985, 409; HUNOLD, BB 1986, 2051; TSCHÖPE, NZA 1990, Beil. 2, 11.

2. Bezeichnung der Abmahnung

Dagegen braucht der Arbeitgeber die Abmahnung nicht ausdrücklich als solche zu bezeichnen. Nicht die Überschrift eines Schreibens ist entscheidend, sondern der Inhalt[36]. Häufig spricht der Arbeitgeber auch von einer Verwarnung, einer Ermahnung, Mahnung oder gar einem Verweis, obwohl inhaltlich eine Abmahnung vorliegt und er eine Betriebsbuße nicht aussprechen wollte. Hier ist im Einzelfall der Wille des Arbeitgebers zu erkunden unter dem Aspekt des objektiven Erklärungsinhalts. Der Abmahnende sollte sich daher stets einer exakten Ausdrucksweise bedienen.

3. Zugang und Kenntnisnahme der Abmahnung

Damit die Abmahnung ihre Funktionen auch erfüllt, insbesondere den Arbeitnehmer warnt, ist es erforderlich, daß sie ihm nicht nur zugeht, sondern er davon auch Kenntnis erlangt[37]. Da die Abmahnung kein einseitiges Rechtsgeschäft ist, sondern lediglich eine geschäftsähnliche Handlung, kann nicht der entsprechende Zugangsbegriff (§ 130 I BGB) Anwendung finden[38]. Sie ist nicht fristgebunden und hat keine rechtsgestaltende Wirkung, sondern ist ein Mittel der Kommunikation.
Insbesondere bei ausländischen Arbeitnehmern, die der deutschen Sprache nicht oder kaum mächtig sind, ergeben sich in diesem Zusammenhang oft Probleme. Sicherlich muß der Inhalt der Abmahnung auch ihnen verständlich gemacht werden, um seine Wirkung zu erzielen, doch ist nach Treu und Glauben von ihnen zu verlangen, daß sie ihre Sprachprobleme deutlich machen und sich um eine Übersetzung bemühen, sei es beim Arbeitgeber oder Dritten[39].
Der Arbeitnehmer, der die Annahme einer schriftlichen Abmahnung verweigert oder bewußt trotz Zugangs von ihrem Inhalt keine Kenntnis nimmt, ist gemäß § 242 BGB und analog § 162 BGB so zu behandeln, als wenn die Abmahnung zugegangen und ihm zur Kenntnis gelangt wäre. Will der Arbeitgeber sichergehen, läßt er sich die Aushändigung eines Abmahnungsschreibens vom Arbeitnehmer bestätigen oder übergibt dieses in Gegenwart von Zeugen.

---

36 So schon KAMMERER, BB 1980, 1587, 1588; HUNOLD, BB 1986, 2050.

37 So BAG, AP Nr. 12 zu § 1 KSchG 1969 Verhaltensbedingte Kündigung = NZA 1985, 124.

38 So v.HOYNINGEN-HUENE, RdA 1990, 193, 199; BERKOWSKY, Die personen- und verhaltensbedingte Kündigung, 2. Aufl. 1995, Rn. 40.

39 So BAG, NZA 1985, 124; vgl. auch BECKERLE/SCHUSTER, aaO., Rn. 94.

Die Veröffentlichung einer im Einzelfall erteilten Abmahnung am Schwarzen Brett verletzt i.d.R. das Persönlichkeitsrecht des abgemahnten Arbeitnehmers[40]. Sie ist als individualrechtliche Maßnahme anzusehen und somit vertraulich.
Anders ist die Rechtslage, wenn der Arbeitgeber in einem allgemein formulierten Rundschreiben an alle oder einen bestimmten Kreis von Mitarbeitern ein bestimmtes Verhalten beanstandet und damit arbeitsrechtliche Konsequenzen androht. Hierin kann eine vorweggenommene Abmahnung liegen[41].

4. Berechtigung zur Abmahnung

Das BAG[42] wie auch die Instanzgerichte[43] billigen nicht nur dem Kündigungsberechtigten das Recht zur Abmahnung zu, sondern allen Mitarbeitern, die aufgrund ihrer Aufgabenstellung befugt sind, verbindlich Anweisungen bezüglich Ort, Zeit und Art der arbeitsvertraglich geschuldeten Arbeitsleistung zu erteilen, die also weisungsbefugt sind. Dies sind auch die Fachvorgesetzten.
Mit der Erwägung, die Abmahnung habe ihre Grundlage nicht im Direktionsrecht, sondern in der Gläubigerstellung, verlangt ein Teil der Literatur[44], daß das Recht zur Abmahnung nur den Kündigungsberechtigten zuerkannt werden sollte. Wer keine Kündigung erklären darf, könne auch nicht die geeignete Person für die Ankündigung einer solchen sein. Für den Arbeitnehmer solle Klarheit herrschen, ob die Rüge seines unmittelbaren Vorgesetzten, wie etwa des Vorarbeiters oder Poliers, auch vom Arbeitgeber bzw. der Personalleitung übernommen und gebilligt wird und diesen auch zur Kenntnis gebracht wird.
Diese Ansicht wird jedoch von der überwiegenden Literaturmeinung[45] nicht übernommen, da der Gläubiger sein Bestimmungsrecht auch delegieren könne, was insbesondere bei größeren Betrieben angebracht sei. Schließlich

---

40 So FROMM, DB 1989, 1409, 1412.

41 Vgl. hierzu IX, 3.

42 AP Nr. 3 zu § 1 KSchG 1969 Verhaltensbedingte Kündigung = BB 1980, 1269 = DB 1980, 1351.

43 LAG Hamm, BB 1983, 1858 = DB 1983, 1930; LAG Düsseldorf, BB 1980, 526.

44 KAMMERER, BB 1980, 1587, 1589; SCHAUB, NJW 1990, 872, 873; PFLAUM, aaO., 206 ff.; BURGER, DB 1992, 836, 837; PAULY, NZA 1995, 449, 452.

45 HUNOLD, BB 1986, 2050, 2051; v.HOYNINGEN-HUENE, RdA 1990, 193, 206; TSCHÖPE, NZA 1990, Beil. 2., 12; HAUER, aaO., 101 ff.; SCHMID, NZA 1985, 409, 411; BOCK, ArbuR 1987, 217, 220; FALKENBERG, NZA 1988, 489, 490; BECKERLE/SCHUSTER, aaO., Rn. 85 ff.

liege die Bedeutung der Abmahnung nicht im Rügerecht, sondern in der Gläubigerobliegenheit.
Demgegenüber wird eingewandt, daß auch dann der Arbeitnehmer nicht wisse, wie der Kündigungsberechtigte den Sachverhalt beurteile und im Wiederholungsfall reagieren werde. Hierüber ist in Literatur und Rechtsprechung sicherlich noch nicht das letzte Wort geschrieben und gesprochen worden. Zu empfehlen ist jedenfalls, daß stets nur der Kündigungsberechtigte auch abmahnen sollte. Sinnvoll erscheint es allemal, daß zwischen Abmahnungsbefugnis und Kündigungsbefugnis Deckungsgleichheit besteht, weil mit dem Ausspruch der Abmahnung die Kündigungsbefugnis verbraucht wird.

VI. Verwirkungs- und Verfristungsprobleme

1. Verwirkung des Abmahnungsrechts

Umstritten ist auch, ob das Recht auf Abmahnung allein durch Zeitablauf verwirken kann. Das BAG hat dies in der Entscheidung vom 15.1.1986 zu Recht verneint[46]: mit der Abmahnung übe der Arbeitgeber ein vertragliches Rügerecht aus, für das es keine gesetzliche Regelausschlußfristen gäbe. Die für andere Rechtsinstitute vorgesehenen Ausschlußfristen, wie z.B. in §§ 121, 124, 626 II BGB, könnten nicht analog auf die Abmahnung ausgedehnt werden. Bei der Anfechtung und außerordentlichen Kündigung handele es sich um Gestaltungsrechte, deren Ausübung der Gesetzgeber an bestimmte Fristen geknüpft habe. Die Abmahnung stelle dagegen die Ausübung eines vertraglichen Rügerechts dar. Es stehe im freien Ermessen des Arbeitgebers, auf eine Vertragsverletzung mit einer Abmahnung zu reagieren. Die zeitliche Begrenzung lasse sich somit auch nicht aus der Zweckbestimmung ableiten.
Dem ist voll zuzustimmen. Schließlich wäre der Arbeitgeber gezwungen, zur Fristwahrung stets abzumahnen, was zum Nachteil des Arbeitnehmers gereichen würde.
Die Ansicht von Brill[47], der Arbeitgeber müsse eine zweiwöchige oder einmonatige Frist für den Ausspruch der Abmahnung wahren, je nachdem, ob er zu einer außerordentlichen oder ordentlichen Kündigung berechtigt

---

46 AP Nr. 96 zu § 611 BGB Fürsorgepflicht = BB 1986, 943 = DB 1986, 1075 = NJW 1986, 1777; bestätigt in AP Nr. 2 zu § 611 BGB Abmahnung = BB 1989, 222 = DB 1989, 284 = NJW 1989, 545; sowie DB 1995, 981 = NJW 1995, 1916; zustimmend FALKENBERG, NZA 1988, 489, 490; CONZE, DB 1989, 778.

47 NZA 1985, 109, 110.

sei, ist abzulehnen, weil sie rechtlich nicht überzeugt, unpraktikabel ist und zu großen Rechtsunsicherheiten führt. Schließlich sind die Rechtsfolgen einer Kündigung und Abmahnung auch nicht annähernd vergleichbar. Es kommt daher auch keine analoge Anwendung von § 4 S. 1 KSchG oder § 61 II HGB in Betracht[48].
Allerdings sollte der Arbeitgeber bei einem Fehlverhalten mit einer Abmahnung nicht allzu lange zuwarten, da andernfalls die Beweissicherung verlorengehen kann und die Wirkung der Abmahnung abgeschwächt wird. Beim Arbeitnehmer könnte der Eindruck entstehen, dem Vorfall werde keine besondere Bedeutung zugemessen oder er sei gar verziehen oder vergessen. Insoweit ist dem Arbeitnehmer ein Vertrauensschutz zuzubilligen.
Es ist daher durchaus möglich, daß das Abmahnungsrecht auch verwirken kann. Dies wäre der Fall, wenn der Arbeitgeber nach dem Verhalten des Arbeitnehmers eine erhebliche Zeitspanne ohne erkennbare Reaktion verstreichen läßt und beim Arbeitnehmer dadurch der Eindruck entsteht, die Angelegenheit sei erledigt. Für eine Verwirkung muß allerdings neben dem Zeitmoment auch ein Umstandsmoment vorliegen.
Einen Aufspareffekt kann der Arbeitgeber jedenfalls nicht für sich in Anspruch nehmen[49]. Er kann also nicht wegen eines länger zurückliegenden Vorfalles schnell noch abmahnen, um wegen eines erneuten Pflichtverstoßes die Kündigung vorzubereiten.

2. Verwirkung des Entfernungsanspruchs

Es stellt sich die Frage, ob der Arbeitnehmer seinerseits innerhalb einer gewissen Frist gegen eine ihm rechtswidrig erscheinende Abmahnung vorgehen muß.
Es wird z.T. die Auffassung vertreten, der Arbeitnehmer verwirke sein Recht, sich auf die Unwirksamkeit der Abmahnung zu berufen, wenn er nicht innerhalb einer angemessenen Frist gegen sie vorgehe. Der Arbeitgeber dürfe dann darauf vertrauen, daß der Arbeitnehmer die Abmahnung akzeptiert habe[50].
Überzeugend hat das BAG[51] 1987 jedoch entschieden, daß der Arbeitnehmer zwar das Recht habe, gegen eine Abmahnung gerichtlich vorzugehen,

---

48 Vgl. hierzu BECKERLE/SCHUSTER, aaO., Rn. 101 a und 101 b.
49 Vgl. hierzu BAG, BB 1986, 943 = DB 1986, 1075 = NZW 1986, 1777.
50 So HUNOLD, BB 1986, 2050, 2054, der von 4 Wochen ausgeht; BOCK, ArbuR 1987, 217, 222; FALKENBERG, NZA 1988, 489; BECKER-SCHAFFNER, DB 1985, 650, 654; LAG Frankfurt, DB 1984, 1355; ArbG Berlin, DB 1985, 1340.
51 AP Nr. 18 zu § 1 KSchG 1969 Verhaltensbedingte Kündigung = RdA 1987, 255.

nicht jedoch die Pflicht[52]. Aus dem bloßen Untätigbleiben erwachse noch kein rechtlich schützenswertes Vertrauen des Arbeitgebers, die in der Abmahnung erhobenen Vorwürfe würden in einem späteren Kündigungsschutzprozeß tatsächlich unstreitig bleiben. Für ein treuwidriges vorprozesuales Verhalten bedürfe es zusätzlicher Umstände, also neben des Zeitmoments eines Umstandsmoments. Bei arglistigem Verhalten des Prozeßgegners böten die §§ 427, 444 ZPO der beweisbelasteten Partei die Möglichkeit erleichterter Beweisführung.
Bleibt der Arbeitnehmer nach Abmahnungsausspruch untätig, tritt dadurch auch keine Beweislastumkehr ein. Dem Arbeitnehmer ist es schließlich nicht zumutbar, sein Arbeitsverhältnis durch eine Klage gegen den Arbeitgeber zu belasten. Ein gewonnener Abmahnungsprozeß wird leicht zu einem Pyrrhussieg des Arbeitnehmers. Erfahrungsgemäß sind Abmahnungsklagen die Vorstufe zur Kündigungsschutzklage. Zu empfehlen ist dem Arbeitnehmer allerdings eine Gegendarstellung, um seinen Widerspruch zu dokumentieren.

3. Wirkungsdauer der Abmahnung

Die Wirkung einer Abmahnung ist zeitlich begrenzt. Je länger eine Abmahnung zurückliegt, um so geringer ist ihr Gewicht im Rahmen der Prüfung und Würdigung einer nachfolgenden Kündigung. Eine ursprünglich berechtigte Abmahnung kann somit auch durch Zeitablauf gegenstandslos werden. In der Literatur[53] wird z.T. die Auffassung vertreten, eine Abmahnung verliere nach zwei bis drei Jahren automatisch ihre Wirkung und müsse daher ohne weiteres aus den Personalakten entfernt werden. Dem ist das BAG[54] entgegengetreten. Es hat zwar eingeräumt, daß es nach einer längeren Zeit einwandfreier Führung des Arbeitnehmers dem Arbeitgeber verwehrt ist, sich auf früher abgemahnte Pflichtverstöße zu berufen. Hierfür lasse sich jedoch keine bestimmte Frist aufstellen. Vielmehr seien jeweils die Umstände des Einzelfalles maßgebend, etwa die Art der Verfehlung und das Verhalten des Arbeitgebers im Anschluß an die Abmahnung. Die Abmahnung verliere erst dann ihre Bedeutung, wenn aufgrund des Zeitablaufs oder

---

52 Zustimmend REINECKE, NZA 1989, 577, 585.

53 SCHMID, NZA 1985, 409, 413; BRILL, NZA 1985, 109, 110; HUNOLD, BB 1986, 2050, 2052.

54 AP Nr. 17 zu § 1 KSchG 1969 Verhaltensbedingte Kündigung = BB 1987, 1252 = DB 1987, 1303 = NZA 1987, 418; vgl. hierzu auch CONZE, ZTR 1987, 175 - 177; LAG Hamm, BB 1986, 1296 = DB 1986, 1628.

neuer Umstände der Arbeitnehmer wieder im Ungewissen sein könne, was der Arbeitgeber von ihm erwarte[55].

Es ist einzuräumen, daß nach dieser Ansicht eine große Unsicherheit entstehen kann. Es werden deswegen im Schrifttum Analogien zu anderen Verfristungsnormen gesucht. So ist Conze[56] in Anlehnung an die Bundesdisziplinarordnung (§ 119 V) für eine einheitliche Tilgungsfrist von drei Jahren. Dem wird entgegengehalten, Disziplinarmaßnahmen hätten im Gegensatz zur Abmahnung Straf- und Sanktionscharakter und seien daher nicht vergleichbar[57]. Auch das Bundeszentralregistergesetz könne daher nicht herangezogen werden.

Brill[58] unterscheidet danach, ob es sich um leichtere oder schwerere Verfehlungen des Arbeitnehmers handelt. Entsprechend geht er von einer Wirkungsdauer von zwei bis drei Jahren aus.

Die Rechtsprechung hat zu dieser Frage noch keine einheitliche Antwort gefunden. Eine Wirkungsdauer von zwei bis drei Jahren anzunehmen, erscheint jedoch im Interesse der Rechtssicherheit durchaus angebracht. Stets sind dabei alle Umstände des Einzelfalles zu berücksichtigen, insbesondere die Art und Schwere der Verfehlung sowie das anschließende Verhalten des Arbeitnehmers, aber auch die Einstellung und das Verhalten des Arbeitgebers. Hat der Arbeitnehmer in der Zwischenzeit eine weitere Abmahnung hervorgerufen, so ist auch die erste nicht vor Ablauf von zwei bzw. drei Jahren nach der zweiten Abmahnung wirkungslos[59].

Von der Wirkungsdauer einer Abmahnung ist die Dauer des Aufbewahrungsrechts zu unterscheiden. Ob nach Ablauf einer bestimmten Frist automatisch ein Anspruch des Arbeitnehmers auf Entfernung einer rechtmäßigen Abmahnung aus den Personalakten besteht, ist höchst umstritten (vgl. hierzu XII, 6).

4. Tarifliche Ausschlußfristen

Umstritten war auch die Anwendung tariflicher Verfallklauseln, wie etwa § 70 BAT, auf das Recht des Arbeitnehmers, vom Arbeitgeber die Entfernung rechtswidriger Abmahnungen aus den Personalakten zu verlangen. Das BAG hatte in den Urteilen vom 12.1.1988[60] und 8.2.1989[61] die tariflichen

---

55 So auch ein Großteil der Literatur: EICH, NZA 1988, 759; SCHAUB, NJW 1990, 872, 874; v.HOYNINGEN-HUENE, RdA 1990, 193, 210; TSCHÖPE, NZA 1990, Beil. 2, 13.

56 CONZE, DB 1987, 889, 890.

57 Vgl. LAG Frankfurt, ARSt 1988, 123.

58 NZA 1985, 109, 110.

59 So auch BRILL, NZA 1985, 109, 110.

60 AP Nr. 90 zu Art. 9 GG Arbeitskampf = NJW 1988, 2061 = NZA 1988, 474.

Ausschlußfristen für anwendbar erklärt[62]. Im Urteil vom 14.12.1994[63] hat es diese Rechtsprechung nach berechtigter Kritik in der Literatur[64] jedoch aufgegeben und entschieden, das Recht des Arbeitgebers, den Arbeitnehmer schriftlich abzumahnen und die Abmahnung zu den Personalakten zu nehmen, sei kein Anspruch im Sinne des § 70 BAT. Der Anspruch des Arbeitnehmers auf Entfernung einer Abmahnung aus den Personalakten verfalle daher nicht sechs Monate nach Kenntnis der Abmahnung. Das Recht, vom Vertragspartner eines Dauerschuldverhältnisses für die Zukunft ein vertragsgetreues Verhalten zu verlangen, sei eine dauernde Befugnis des Gläubigers und kein Anspruch im Sinne des § 194 I BGB. Damit sei eine Verwirkungsmöglichkeit allerdings nicht ausgeschlossen.
Dem ist voll zuzustimmen. Schließlich ist zu berücksichtigen, daß der Anspruch des Arbeitnehmers auf Entfernung der Abmahnung sich zum einen aus der Fürsorgepflicht des Arbeitgebers ergibt und zum andern, insbesondere bei ehrverletzenden Wertungen, aus einer Verletzung des Persönlichkeitsrechts. Dieses kann als absolutes Recht nach allgemeiner Meinung jedoch unabhängig von den tariflichen Ausschlußfristen geltend gemacht werden[65]. Es unterliegt allein der Verjährung nach den gesetzlichen Bestimmungen.
Entfernungsansprüche unterliegen somit nicht tariflichen Ausschlußfristen. Dies gilt auch für einzelvertraglich vereinbarte Ausschlußfristen[66].

VII. Erforderlichkeit der Abmahnung

1. Im Leistungsbereich

Beachtet man den Sinn und Zweck einer Abmahnung - der Vertragspartner soll zur ordnungsgemäßen Erfüllung seiner Vertragspflichten angehalten und auf die Gefährdung seines Arbeitsverhältnisses hingewiesen werden -, so wird deutlich, daß eine Abmahnung grundsätzlich nur vor Ausspruch einer verhaltensbedingten Kündigung i.S.v. § 1 II KSchG in Betracht kommen kann. Nur wenn der Arbeitnehmer sein Fehlverhalten selbst steuern

---

61 ZTR 1989, 314 = EzA § 70 BAT Nr. 28.

62 Ebenso LAG Hamm: EzA § 611 BGB Fürsorgepflicht Nr. 27; LAG Düsseldorf, BB 1988, 348 = DB 1988, 450; LAG Berlin, ZTR 1994, 469.

63 DB 1995, 981 = NZW 1995, 1916.

64 SCHAUB, NZW 1990, 872, 877; v.HOYNINGEN-HUENE, RdA 1990, 193, 211; CONZE, ZTR 1988, 393, 394; FALKENBERG, NZA 1988, 489, 492.

65 Vgl. BAG, AP Nr. 9 zu § 611 BGB Öffentlicher Dienst; AP Nr. 14 zu § 611 BGB Persönlichkeitsrecht.

66 Vgl. BERKOWSKY, aaO., Rn. 63, m.w.N.

kann, kann die motivationsbildende Funktion der Abmahnung auch erfüllt werden. Abmahnungen vor personen- und betriebsbedingten Kündigungen sind daher im Regelfall sinn- und zwecklos und somit nicht erforderlich. Auf Ausnahmen bei personenbedingten Gründen wird unter X, 5 eingegangen.

Rechtsprechung und Literatur unterteilen die verhaltensbedingten Pflichtverletzungen in einen Leistungs-, Vertrauens- und Betriebsbereich[67]. Erstmals in der Entscheidung des BAG vom 12.7.1984[68] findet sich eine Begriffsbestimmung der *„Störungen im Leistungsbereich"*. Hierunter versteht das BAG alle Störungen im Bereich gegenseitiger Hauptpflichten aus dem Arbeitsvertrag, also der Arbeitsleistungs- und Vergütungspflicht. Jedoch sind auch Verletzungen von vertraglichen Nebenpflichten als Störungen im Leistungsbereich anzusehen[69]. So hat auch das BAG[70] die Verletzung der unverzüglichen Anzeigepflicht im Krankheitsfall als eine Nebenpflichtverletzung im Leistungsbereich betrachtet.

Typische Fälle von Störungen im Leistungsbereich sind insbesondere *„Schlechtleistungen"*. Sie liegen vor, wenn der Arbeitnehmer seine Arbeitspflicht nicht oder nicht ordnungsgemäß erfüllt. Dies sind z.B. Arbeitsverweigerung, unentschuldigtes Fehlen, eigenmächtiger Urlaubsantritt oder -verlängerung, Verletzung der Anzeige- und Nachweispflicht bei Arbeitsunfähigkeit (neben dem unentschuldigten Fehlen wohl einer der häufigsten Kündigungsgründe), Unpünktlichkeit, alkoholbedingtes Fehlverhalten sowie nachlässige und fehlerhafte Arbeitsausführung[71].

Allerdings ist zu beachten, daß eine arbeitsvertragliche Pflichtverletzung nicht schon ohne weiteres dann gegeben ist, wenn der Arbeitnehmer nicht den Erwartungen des Arbeitgebers gerecht wird. Hiervon kann nur dann ausgegangen werden, wenn die gestellten Anforderungen entweder im Arbeitsvertrag oder anderweitig konkret zum Ausdruck gebracht wurden[72].

2. Im Vertrauensbereich

Mit den Störungen im Vertrauensbereich werden Verletzungen der Treuepflicht des Arbeitnehmers erfaßt sowie Handlungen, die die für die Zusammenarbeit erforderlichen Vertrauensgrundlagen im Arbeitsverhältnis als

---

67 Vgl. v.HOYNINGEN-HUENE, RdA 1990, 193, 200, m.w.N., Fn. 88 u. 89.

68 AP Nr. 32 zu § 102 BetrVG.

69 So auch KR-HILLEBRECHT, 4. Aufl., § 626 BGB Rn. 29 b, m.w.N.

70 AP Nr. 26 zu § 1 KSchG 1969 Verhaltensbedingte Kündigung.

71 Vgl. zu weiteren Beispielen und Fundstellen BECKERLE/SCHUSTER, aaO., Rn. 17 ff.; SCHAUB, NJW 1980, 872, 875.

72 Vgl. hierzu LAG Düsseldorf, BB 1991, 911.

personenrechtliches Gemeinschaftsverhältnis beeinträchtigen oder gar zerstören. Hier geht es nicht um die Qualität und Quantität der Arbeitsleistung sowie die Befolgung von Weisungen, sondern vielmehr um innere Merkmale, die in den personenbezogenen Beziehungen der Vertragspartner und in dem damit verbundenen Vertrauensverhältnis liegen.
Typische Fälle von Störungen im Vertrauensbereich sind insbesondere strafbare Handlungen des Arbeitnehmers zum Nachteil der Arbeitgeber oder der Mitarbeiter, wie z.B. Unterschlagung von Geldbeträgen, Werkzeugen und Arbeitsmaterial, Spesenbetrug, Manipulation von Stechkarten, Fälschen von Arbeitsunfähigkeitsbescheinigungen, Wettbewerbsverstöße, Rufschädigung, unsittliches Verhalten, unbefugter Datenzugriff und Arbeitsleistung während der Arbeitsunfähigkeit[73].

3. Im Betriebsbereich

Unter Störungen im betrieblichen Bereich sind Verstöße einzuordnen, die die betriebliche Verbundenheit aller Mitarbeiter, das Verhalten zu Kollegen und Vorgesetzten sowie den Betriebsfrieden beeinträchtigen. Beckerle/ Schuster[74] sprechen von einer groben Mißachtung selbstverständlicher Regeln des menschlichen Miteinanders. Darunter fallen insbesondere: Beleidigungen, Tätlichkeiten, schlechtes Benehmen, Aufhetzen, Mobbing, parteipolitische Betätigungen, Verletzung des Rauch- und Alkoholverbotes, Verstöße gegen die Betriebsordnung, Störung des Betriebsablaufs, sexuelle Zudringlichkeit.
Oft liegen auch Mischtatbestände vor, wie etwa bei Alkoholsucht. Dann ist darauf abzustellen, in welchem Bereich die Störquelle lag[75].

4. Verhältnismäßigkeitsgrundsatz als Kriterium

Für den Vertrauens- und Betriebsbereich wird z.T. immer noch die Ansicht vertreten, eine Abmahnung sei grundsätzlich entbehrlich, weil der Arbeitnehmer hier von vornherein und unter keinen Umständen mit der Billigung seines Verhaltens durch den Arbeitgeber habe rechnen können[76]. Eine Abmahnung schlage auch fehl, weil diese die Störung des Vertrauensverhältnisses nicht beseitigen könne.

---

73 Zu weiteren Beispielen und Entscheidungen vgl. BECKERLE/SCHUSTER, aaO., Rn. 22 - 51 a.

74 aaO., Rn. 22.

75 Vgl. BAG, AP Nr. 12 zu § 1 KSchG 1969.

76 So HUNOLD, BB 1986, 2053; SCHMID, NZA 1989, 412.

Diese Auffassung läßt sich jedoch mit der Funktion der Abmahnung, dem Arbeitnehmer nochmals Gelegenheit zu vertragsgerechtem Verhalten zu geben, nicht in Einklang bringen. Ist nämlich die Abmahnung pflichtwidrigen Verhaltens erforderlich, weil die Rechtmäßigkeit der Kündigung davon abhängig ist, daß der vertragswidrige Teil zunächst ermahnt und gewarnt wird, so kann dies nicht nur für die Verletzung der vertraglichen Hauptleistungspflichten gelten, sondern auch für die im Bereich der Neben- und Schutzpflichten. Schließlich kann der Arbeitnehmer auch bei der Verletzung von Hauptleistungspflichten nicht darauf vertrauen, daß der Gläubiger diese ohne Konsequenzen für das Vertragsverhältnis billigt. Auch verlorenes Vertrauen kann schließlich zurückgewonnen werden[77]. Ob durch den Pflichtverstoß die Grundlage für eine weitere Zusammenarbeit zerstört ist, kann nicht schematisch danach entschieden werden, ob dieser im Leistungs- oder Vertrauensbereich erfolgt ist. Vielmehr ist auch hier danach zu fragen, ob wegen Art und Schwere des Verstoßes dem Arbeitgeber eine Weiterbeschäftigung ohne vorherige Abmahnung nicht mehr zumutbar ist[78]. Entscheidendes Kriterium ist somit der *Verhältnismäßigkeitsgrundsatz*, der als entscheidende Rechtsgrundlage der Abmahnung anzusehen ist. Er besagt, daß die Anwendung einschneidender Mittel nur dann billigenswert ist, wenn diese zur Zweckerreichung unabweisbar notwendig sind und sich im Rahmen einer umfassenden Interessenabwägung als angemessen erweisen.

Diese Ansicht vertritt im Ergebnis auch die Rechtsprechung[79]. Zu ihrer Differenzierung, die willkürlich erscheint, kommt sie letztlich lediglich durch ihren Ausgangspunkt, der Analogie zu § 326 BGB. Für den Vertrauensbereich geht auch sie auf den Verhältnismäßigkeitsgrundsatz zurück. Bei nicht allzu starker Belastung des Arbeitsverhältnisses verlangt auch sie zunächst eine Abmahnung, wenn damit zu rechnen ist, daß diese zu einem vertragsgemäßen Verhalten in der Zukunft führen wird. Dies gilt insbesondere bei Bagatellstraftaten.

Andernfalls würde eine Störung im Vertrauens- und Betriebsbereich stets als schwerer behandelt werden. Wegen Verletzung von vertraglichen Nebenpflichten könnte dann leichter gekündigt werden als von Hauptleistungspflichten. Da die vertraglichen Nebenpflichten im Arbeitsvertrag nicht näher normiert sind, ist es gerade hier erforderlich, mit einer Abmahnung Klarheit zu schaffen, ob der Arbeitgeber ein Verhalten duldet oder nicht. Es ist nicht ersichtlich, weshalb eine Pflichtverletzung im Vertrauens-

---

77 So FALKENBERG, NZA 1988, 489, 491.

78 So auch v.HOYNINGEN-HUENE, RdA 1990, 193, 200; BOCK, ArbuR 1987, 218; PAULY, NZA 1995, 451; BURGER, BB 1996, 795; PREIS, DB 1990, 685 ff.

79 BAG, AP Nr. 15 zu Art. 140 GG; LAG Hamm, DB 1985, 49.

bereich erkennbarer sein soll als im Leistungsbereich. Auch bei Verstößen im Vertrauens- und Betriebsbereich ist daher das Erfordernis der Abmahnung nicht nur als Ausnahme-, sondern als Regelfall anzusehen.

VIII. Entbehrlichkeit der Abmahnung

1. Unzumutbarkeit der Fortsetzung des Arbeitsverhältnisses

Ob eine Abmahnung entbehrlich und eine Kündigung somit auch ohne Abmahnung zulässig und gerechtfertigt ist, ist letztlich unter dem Aspekt der Zumutbarkeit zu entscheiden. Sie bestimmt sich aus der Schwere, Art und den Folgen eines Fehlverhaltens. v.Hoyningen-Huene[80] spricht von einer Verhältnismäßigkeit im engeren Sinne, die eine Übermaßreaktion verbiete. Es solle nicht mit *„Kanonen auf Spatzen"* geschossen werden. Daher dürfe der Arbeitgeber bei leichteren Verstößen immer nur mit einer Abmahnung antworten. Bei schwereren Pflichtverstößen ist jedoch in aller Regel eine Abmahnung entbehrlich, gleich in welchem Bereich[81].

2. Uneinsichtigkeit des Vertragsverletzers

Bringt der Arbeitnehmer schon bei einem erstmaligen Fehlverhalten unmißverständlich und endgültig zum Ausdruck, sich auch in Zukunft nicht anders verhalten zu wollen, kann dem Arbeitgeber i.d.R. nicht zugemutet werden, erst abzumahnen und dann die weitere Pflichtverletzung abzuwarten, um erst danach kündigen zu können[82]. Dies könnte z.B. der Fall sein, wenn der Arbeitnehmer in einer Schreinerwerkstatt gegenüber dem Arbeitgeber erklärt, er werde auf jeden Fall weiter rauchen, auch wenn er es ihm noch so oft verbiete. Hier ginge eine Abmahnung ins Leere.

Allerdings ist eine Abmahnung wirklich nur dann entbehrlich, wenn es ausgeschlossen erscheint, daß der Arbeitnehmer sich durch eine Abmahnung entgegen seinem Verhalten und seinen Äußerungen doch noch zu einem vertragsgerechten Verhalten bewegen lassen kann[83].

---

80 RdA 1990, 193, 201.

81 Zu Beispielen vgl. BECKERLE/SCHUSTER, aaO., 32 - 55.

82 Vgl. BECKER-SCHAFFNER, DB 1985, 651; WALKER, NZA 1995, 601, 604.

83 So auch v.HOYNINGEN-HUENE, RdA 1990, 193, 201.

3. Fehlender Kündigungsschutz

Greift der Bestandsschutz des KSchG nicht ein, erscheint eine Kündigung ohne vorherige Abmahnung generell zulässig[84]. Hier *„bedingen"* nicht bestimmte Gründe die Kündigung, wie etwa der *„des Verhaltens"* (vgl. § 1 II KSchG).

IX. Besondere Aspekte der Abmahnung

1. Gleichartigkeit der Pflichtverletzungen

Ein weiteres Fehlverhalten trotz vorheriger Abmahnung kann nach h.M.[85] nur dann zur Kündigung berechtigen, wenn dieses gleichartig ist. Dies hat das BAG wiederholt betont[86]. Die Instanzgerichte sind dem gefolgt[87]. Die Abmahnung muß *„auf gleicher Ebene"* liegen, es muß *„ein Leistungs- oder Verhaltensmangel der gleichen Art"* vorliegen oder wie sonst die Formulierungen lauten.

Dem wird entgegengehalten, daß Arbeitnehmer, die sich verschiedenartige Pflichtverstöße zuschulden kommen lassen, bessergestellt werden als diejenigen, die die gleichen Vertragsverletzungen wiederholen[88]. Doch ist zu beachten, daß die Abmahnung neben der Ankündigungs- und Warnfunktion auch eine Erinnerungs- und Ermahnungsfunktion hat. Sie soll die Kündigung nicht nur in Aussicht stellen, sondern gleichzeitig den Arbeitnehmer anleiten, zukünftig ein vertragsgemäßes Verhalten an den Tag zu legen. Dem Arbeitnehmer soll durch die Rüge klargemacht werden, daß dieses Verhalten vertragswidrig ist und nicht hingenommen wird. Natürlich muß es sich dabei nicht um ein identisches Verhalten handeln. Doch ist eine *„Ähnlichkeit"* im Sachverhalt zumindest zu fordern. v.Hoyningen-Huene spricht zutreffend von Vorfällen auf der gleichen Ebene, die unter einem einheitlichen Gesichtspunkt zusammenzufassen sind[89]. Die Konfliktberei-

---

84 So auch FALKENBERG, NZA 1988, 489, 491; v.HOYNINGEN-HUENE, RdA 1990, 193, 202; WALKER, NZA 1995, 601, 603.

85 Vgl. BECKERLE/SCHUSTER, aaO., Rn. 124, m.w.N. u. Fn. 186.

86 DB 1987, 2367; AP Nr. 99 zu § 626 BGB = BB 1989, 74, 289 = DB 1989, 329 = NJW 1989, 546.

87 LAG Hamm, BB 1986, 1296 = DB 1986, 1628; LAG Rheinland-Pfalz, DB 1983, 1554; LAG Schleswig-Holstein, NZA 1987, 669.

88 So BECKERLE/SCHUSTER, aaO., Rn. 130, m.w.N. u. Fn. 194; WALKER, NZA 1995, 601, 606; einschränkend SIBBEN, NZA 1985, 585, 586.

89 RdA 1990, 193, 207; so auch FROMM, DB 1989, 1409, 1413; KR-HILLEBRECHT, 4. Aufl., § 626 BGB Rn. 89 b; HUNOLD, BB 1986, 2055.

che dürfen allerdings nicht zu eng gesehen werden. So sind z.B. Verstöße verwandt, die eine Unzuverlässigkeit zum Inhalt haben, Nachlässigkeiten oder schlechte Umgangsformen.
Es ist einzuräumen, daß in der Frage der Gleichartigkeit Rechtsunsicherheiten aufkommen können. Doch berücksichtigt eine völlige Loslösung von der Gleichartigkeit des Pflichtverstoßes nicht die Ermahnungsfunktion der Abmahnung. Die fehlende einschlägige Abmahnung kann nicht allein von dem ultima-ratio-Prinzip und der Interessenabwägung aufgefangen werden, andernfalls macht sie sich grundsätzlich entbehrlich.

2. Anzahl der Abmahnungen

Ob mehrere Abmahnungen erforderlich sind oder eine ausreichend ist, um erfolgreich kündigen zu können, läßt sich nicht allgemein beantworten, sondern hängt jeweils von den Umständen des Einzelfalles ab. Je nach der Art und Schwere der Pflichtverletzung genügt *eine* Abmahnung, oder es muß - etwa bei geringeren Vertragsverstößen - ein zweites oder drittes Mal abgemahnt werden. Die soziale Rechtfertigung einer verhaltensbedingten Kündigung läßt sich oft erst im Rahmen einer eingehenden und oftmals schwierigen Interessenabwägung feststellen. Im Zweifel sollte der Arbeitgeber daher lieber ein weiteres Mal zuwarten, insbesondere bei zeitlich länger zurückliegenden Abmahnungen und bei hohem sozialen Bestandsschutz des Arbeitsverhältnisses.
Allerdings ist zu berücksichtigen, daß mit jeder weiteren Abmahnung sich deren Wirkung abschwächt. Mahnt der Arbeitgeber immer nur ab, ist dem Arbeitnehmer nicht mehr klar, ob das Fehlverhalten wirklich nicht mehr hingenommen wird oder ob es sich um eine weitere leere Drohung handelt. Widersprüchliches Verhalten könnte hier zur Verwirkung führen. Deshalb sollte der Arbeitgeber mit Abmahnungen zurückhaltend sein und sie nicht bei jeder Bagatelle aussprechen, was in der Praxis häufig vorkommt, wenn das Verhältnis erst einmal getrübt ist. Auf der anderen Seite darf die Großzügigkeit des Arbeitgebers, wiederholt dem Arbeitnehmer eine Chance gegeben zu haben, ihm nicht nachteilig ausgelegt werden[90]. Die Motive der wiederholten Abmahnung sind daher im Einzelfall genau zu prüfen.

Zu empfehlen ist dem Arbeitgeber, bei weiteren Abmahnungen dessen Ernstlichkeit zu betonen und eine schärfere sprachliche Formulierung der Androhung zu wählen.

---

90 So BURGER, BB 1995, 2528.

3. Vorweggenommene Abmahnung

Es stellt sich die Frage, ob der Arbeitgeber - etwa durch Rundschreiben, Aushang am Schwarzen Brett oder Hinweis im Arbeitsvertrag - eine Abmahnung vor einer Vertragsverletzung vorwegnehmen kann, so etwa, wenn er androht, bei Verletzung des Alkohol- oder Rauchverbots oder bei verspäteter Krankmeldung werde er sofort kündigen.

Diese Frage ist - soweit ersichtlich - von der höchstrichterlichen Rechtsprechung noch nicht beantwortet und von der Literatur noch nicht eingehend erörtert worden. Das LAG Hamm hat in seiner Entscheidung vom 16.12.1982[91] gemeint, durch einen Betriebsaushang sei der Arbeitnehmer ausreichend über seine Pflicht, sich unverzüglich arbeitsunfähig zu melden, hingewiesen worden. Dadurch habe er nicht mit einer Duldung des Arbeitgebers rechnen können. In einem ähnlichen Fall hat das LAG Köln[92] den Hinweis in einem Arbeitsvertrag genügen lassen, daß ein bestimmtes Verhalten eine fristlose Kündigung nach sich ziehe. Aufgrund dieser Warnung sei eine weitere Abmahnung entbehrlich.

Die Literatur hält diese Sicht für den Regelfall nicht für angebracht. Schaub[93] stellt auf die Umstände des Einzelfalles ab. Pflaum[94] meint, bei der vorweggenommenen Abmahnung werde keine hinreichend deutliche Kennzeichnung der beanstandeten Vertragsverletzung, sondern nur eine pauschale Benennung vorweggenommen. Nach Hauer[95] soll die Abmahnung dem Arbeitnehmer eine Bewährungsmöglichkeit einräumen. Diese sei jedoch nur möglich *nach* erfolgter Pflichtverletzung.

Berücksichtigt man Sinn und Zweck einer Abmahnung, nämlich ein *einzelnes* Fehlverhalten zu rügen und den Arbeitnehmer zu warnen, so erscheinen diese noch nicht erfüllt in einer generellen, antizipierten Kündigungsandrohung für ein bestimmtes Verhalten. Vielmehr bedarf es für die Abmahnung ebenso wie für die Kündigung stets einer Berücksichtigung der Umstände des konkreten Einzelfalles. Andernfalls wird der Rechtsschutz des Arbeitnehmers unzulässig verkürzt[96].

---

91 BB 1983, 1601.

92 LAGE, § 1 KSchG Verhaltensbedingte Kündigung, Nr. 40.

93 NJW 1990, 872, 875.

94 aaO., S. 156 ff.

95 aaO., S. 107 ff.

96 So auch BECKERLE/SCHUSTER, aaO., Rn. 107.

4. Abmahnung, ein Verzicht auf Kündigung

Mit der Abmahnung verzichtet der Arbeitgeber gleichzeitig konkludent auf sein Kündigungsrecht. Er kann daher nicht wegen des gleichen Sachverhalts zunächst abmahnen und es sich dann anders überlegen und kündigen. Mit der Abmahnung schafft er gegenüber dem Arbeitnehmer einen Vertrauenstatbestand. Er hat dem Arbeitnehmer nochmals Gelegenheit zu vertragsgerechtem Verhalten gegeben. Er räumt ihm somit eine Bewährungschance ein. Die Kündigung wäre daher ein Verstoß gegen Treu und Glauben[97]. Kommen jedoch weitere Pflichtverstöße hinzu oder werden diese später bekannt, so kann der Arbeitgeber zur Begründung seiner Kündigung nachträglich unterstützend auf das abgemahnte Fehlverhalten zurückgreifen[98].

5. Abmahnung nach unwirksamer Kündigung

Durch den Ausspruch einer sozialwidrigen Kündigung verliert der Arbeitgeber nicht das Recht, wegen desselben Sachverhalts anschließend abzumahnen. Die Unwirksamkeit der Kündigung ist nicht gleichbedeutend mit der Unwirksamkeit der Abmahnung, da beide unterschiedliche Voraussetzungen haben. Ein Fehlverhalten, das eine Kündigung sozial nicht rechtfertigt oder aus formalen Gründen nicht ermöglicht, ist dennoch abmahnungsfähig.

I.d.R. kann in einer erfolglosen Kündigung, bei der die Tatsachen des Fehlverhaltens feststehen, sogar eine Abmahnung gesehen werden. Der Arbeitgeber hat nämlich damit nicht nur ein Verhalten beanstandet, sondern auch klargemacht, daß er dieses nicht hinnehmen will. Dagegen besteht eine Warnfunktion nicht fort, wenn gerichtlich festgestellt wurde oder zwischen den Parteien darüber Einigkeit besteht, daß eine Abmahnung materiell zu Unrecht erfolgte[99].

---

97 ArbG Wiesbaden, BB 1985, 733; LAG Köln, ArbuR 1989, 92; LAGE, § 1 KSchG Verhaltensbedingte Kündigung, Nr. 15.

98 So auch v.HOYNINGEN-HUENE, RdA 1990, 203, 209; BURGER, DB 1982, 836, 838; BAG, DB 1989, 1427.

99 So ausführlich BAHNTJE, ArbuR 1996, 250 - 255, gegen die Ansicht von SCHUNCK, NZA 1993, 828.

X. Abmahnung in Sonderfällen

1. Probezeit

Wie unter VIII, 3 schon dargelegt, bedarf es bei fehlendem Kündigungsschutz zur Kündigung nicht einer vorherigen Abmahnung. Probezeiten dauern i.d.R. drei bis sechs Monate und liegen somit innerhalb der Wartezeit des KSchG. Sind sie ausnahmsweise länger, was einer besonderen Rechtfertigung bedarf, bedürfte es nach sechs Monaten auch hier - zumindest bei leichteren Pflichtverstößen - einer Abmahnung bei einem Fehlverhalten[100].

2. Ausbildungsverhältnis

Natürlich ist eine Abmahnung i.d.R. auch im Ausbildungsverhältnis erforderlich. Dieses kann nach der Probezeit nur aus wichtigem Grund ohne Einhaltung einer Kündigungsfrist durch den Ausbilder gekündigt werden (vgl. § 15 II, 1 BBiG). Da in diesem Vertragsverhältnis nicht die Arbeitsleistung, sondern die Berufsausbildung im Vordergrund steht und ein pädagogischer Einschlag gegeben ist, soll im Ausbildungsverhältnis nur restriktiv von der Kündigungsmöglichkeit Gebrauch gemacht werden, zumal es nur befristet ist. Es ist daher mehr denn je erforderlich, den Auszubildenden vor Ausspruch einer Kündigung zu warnen und auf sein Fehlverhalten hinzuweisen, damit dieses abgestellt wird[101].

3. Änderungskündigung

Die Rechtsprechung hat auch für die Änderungskündigung, d.h., wenn der Arbeitgeber das Arbeitsverhältnis nicht beenden, sondern nur unter geänderten Bedingungen fortsetzen will, das Abmahnungserfordernis aufgestellt[102]. Das BAG hat als Warnung für den Wiederholungsfall die Androhung der *„Gefährdung des Bestandes oder des Inhalts“* des Arbeitsverhältnisses verlangt. Damit hat der Arbeitgeber auch vor einer verhaltensbedingten Änderungskündigung unter Beachtung des Verhältnismäßigkeitsgrundsatzes zunächst abzumahnen. Dies gilt auch für die verhaltensbedingten

100 So auch v.HOYNINGEN-HUENE, RdA 1990, 193, 202, m.w.N.

101 So auch BECKERLE/SCHUSTER, aaO., Rn. 57.

102 BAG, AP Nr. 3 zu § 1 KSchG 1969 Verhaltensbedingte Kündigung = BB 1980, 1209 = DB 1980, 1351; AP Nr. 12 zu § 1 KSchG 1969.

Fälle der Versetzung[103], Rückgruppierung[104] und des Entzugs von Vorteilen, soweit in eine bestehende Rechtsposition eingegriffen wird[105].

4. Außerdienstliches Verhalten

Nebenpflichten aus dem Arbeitsverhältnis können sich u.U. auch auf das außerdienstliche Verhalten des Arbeitnehmers beziehen. Doch ist eine Kündigung nur dann gerechtfertigt, wenn sich das Verhalten störend auf den Betrieb auswirkt. Entsprechend bedarf es in diesen Fällen i.d.R. zuvor einer Abmahnung.
Hier ist insbesondere der Vertrauensbereich berührt. So darf der Arbeitnehmer nicht außerhalb der Arbeitszeit für einen Wettbewerber tätig werden[106]. Nebentätigkeiten sind schon dann vertragswidrig, wenn hierdurch die vertraglich geschuldete Arbeitsleistung beeinträchtigt wird, der Arbeitnehmer z.B. wegen Übermüdung mangelhafte oder unzureichende Arbeit leistet. Im öffentlichen Dienst verlangt das Tarifrecht (§§ 11 BAT, 11 MTL II, 11 BMT-G II) unter Bezug auf das Beamtenrecht (§ 65 BBG) grundsätzlich die Anzeige einer Nebentätigkeit und deren vorherige Zustimmung durch den Arbeitgeber.
Der krank geschriebene Arbeitnehmer hat alles zu unterlassen, was seine Genesung verzögern könnte[107]. Auch bei Lohnpfändungen verlangt die h.M. - insbesondere wegen der Hinweisfunktion - eine Abmahnung[108].

5. Krankheitsbedingte Kündigung

Generell wird eine Abmahnung vor ordentlicher Kündigung nur bei verhaltensbedingten Kündigungsgründen verlangt, weil i.d.R. nur in diesen Fällen der Arbeitnehmer sein Verhalten auch selbst steuern kann. Es sind jedoch auch personenbedingte Gründe denkbar, bei denen der Arbeitnehmer Beanstandungen selbst beheben kann. So kann er fachliche Mängel durchaus auch selbst durch Übung und Fortbildung ausgleichen.
Auch bei krankheitsbedingten Fehlzeiten kann eine Warnung des Arbeitnehmers bewirken, daß dieser sich zukünftig gesundheitsbewußter verhält,

---

103 BAG, AP Nr. 1 zu § 12 BAT = BB 1986, 1918 = DB 1986, 2188.

104 v.HOYNINGEN-HUENE, RdA 1990, 193, 205.

105 So auch PAULY, NZA 1995, 449, 451.

106 BAG, AP Nr. 10 zu § 611 BGB Treuepflicht = BB 1991, 71, 347 = NJW 1991, 518.

107 BAG, AP Nr. 5 zu § 1 KSchG 1969 Krankheit = BB 1980, 836 = DB 1980, 741 = NJW 1980, 1917.

108 BAG, AP Nr. 4 zu § 1 KSchG 1969 Verhaltensbedingte Kündigung = NJW 1982, 1062; BECKERLE/SCHUSTER, aaO., Rn. 30 - 32, m.w.N.

etwa sich besser vor Erkältungen schützt, sich in ärztliche Behandlung begibt, Alkoholgenuß meidet oder verletzungsanfällige Sportarten nicht mehr betreibt. Insoweit kann auch der Arbeitnehmer zur Verringerung von Ausfallzeiten und dadurch bedingte Störungen des Betriebsablaufes beitragen.
Wenn auch mit der herrschenden Rechtsprechung und Lehre das Erfordernis einer Abmahnung bei krankheitsbedingten Gründen nicht aufgestellt werden soll, da es i.d.R. an einem vertragswidrigen Verhalten fehlt[109], erscheint eine Abmahnung in bestimmten Fällen durchaus sinnvoll. Sie wird daher in der Praxis auch häufig gehandhabt.

XI. Beteiligungsrechte des Betriebsrates und Personalrates

1. Kein Mitbestimmungsrecht

Nach einhelliger Meinung in Rechtsprechung[110] und Schrifttum[111] unterliegt die Abmahnung nicht der Mitbestimmung des Betriebsrats. Sie ist keine kollektivrechtliche Maßnahme, sondern eine aus der Gläubigerstellung des Arbeitgebers abzuleitende Rüge eines bestimmten Fehlverhaltens des einzelnen Arbeitnehmers mit gleichzeitiger Kündigungsandrohung. Es liegt daher kein mitbestimmungspflichtiger Tatbestand i.S.v. § 87 I Nr. 1 BetrVG vor. Die betriebliche Ordnung ist nicht betroffen.
Eine Beteiligung des Betriebsrates ist auch dann nicht erforderlich, wenn das Fehlverhalten gerade im Verstoß gegen die betriebliche Ordnung besteht. Auch dann liegt ein Verstoß gegen die individuellen Pflichten des Arbeitnehmers aus dem Arbeitsvertrag vor. Hierauf kann der Arbeitgeber individualrechtlich reagieren und eine Abmahnung aussprechen[112].
Auch der Personalrat ist bei Arbeitsverhältnissen mit dem Bund aufgrund von § 75 III Nr. 15 BPersVG nicht zu beteiligen. Die Länder haben dagegen teilweise Bestimmungen geschaffen, die eine Beteiligung des Personalrates bei Abmahnungen vorschreiben, so z.B. § 80 III, 1 SaarlPersVG, § 75 LPVG Nordrhein-Westfalen. Allerdings gewährt nur das Land Rheinland-Pfalz ein volles Mitbestimmungsrecht (§ 78 II Nr. 14 LPersVG 1992), während die anderen Länder lediglich eine Anhörung des Personalrats vor Ausspruch der Abmahnung vorschreiben.

---

109 LAG Düsseldorf, NZA 1986, 431.

110 Vgl. BAG, AP Nr. 1 - 3, 5, 12 zu § 87 BetrVG 1972 Betriebsbuße.

111 Vgl. v.HOYNINGEN-HUENE, RdA 1990, 193, 202, m.w.N. u. Fn. 119; BECKERLE/SCHUSTER, aaO., Rn. 39, m.w.N. u. Fn. 203.

112 Vgl. BAG, AP Nr. 12 zu § 87 BetrVG Betriebsbuße = DB 1990, 483, 485, m.w.N.

Zu beachten ist, daß der Arbeitgeber im Rahmen des Anhörungsverfahrens nach § 102 I BetrVG dem Betriebsrat alle wesentlichen Kündigungsgründe mitzuteilen hat und hierzu auch vorangegangene Abmahnungen gehören[113]. I.d.R. wird auch nichts dagegen einzuwenden sein, wenn der Arbeitgeber den Betriebsrat über eine erteilte Abmahnung anschließend unterrichtet.

2. Abgrenzung zur Betriebsbuße

Der Arbeitgeber kann einen Verstoß des Arbeitnehmers gegen die kollektive Ordnung dann mit einer Betriebsbuße ahnden, wenn durch Betriebsvereinbarung eine Betriebsordnung geschaffen wurde[114]. So können Pflichtverletzungen sanktioniert werden durch einen Tadel, Verweis, eine Verwarnung oder gar eine Geldbuße. Ausschlaggebend für die Unterscheidung von Betriebsbuße und Abmahnung ist der mit der Maßnahme verfolgte Zweck. Während mit der Abmahnung der Arbeitgeber allein sein vertragliches Rügerecht ausübt, den Arbeitnehmer zu vertragsgerechtem Verhalten anhält und vor Konsequenzen für den Bestand oder den Inhalt des Arbeitsverhältnisses warnt, ist die Betriebsbuße auf eine Abmahnung bzw. Sanktion und somit Bestrafung des beanstandeten Verhaltens gerichtet. Nur letztere ist daher nach § 87 I Nr. 1 BetrVG auch mitbestimmungspflichtig.
In der unzulässigen Verwarnung kann jedoch gemäß § 139 BGB gleichzeitig eine Abmahnung liegen, wenn neben der Beanstandung auch eine Warnung für die Zukunft ausgesprochen wurde[115]. Ob eine Abmahnung oder Betriebsbuße vorliegt, wird allerdings nicht immer klar vom Arbeitgeber zum Ausdruck gebracht. Oft tituliert der Arbeitgeber seine Abmahnung als Verweis, obwohl er diesen im Sinne einer Betriebsbuße gar nicht aussprechen will. Für die Auslegung ist entscheidend der Empfängerhorizont, wobei neben dem Wortlaut auf den Gesamtzusammenhang und die Begleitumstände abzustellen ist[116].

3. Beteiligung der Schwerbehindertenvertretung

Die Schwerbehindertenvertretung ist gemäß § 25 II, 1 SchwbG durch den Arbeitgeber zu allen Angelegenheiten, die den Schwerbehinderten berühren, rechtzeitig und umfassend zu unterrichten und vor einer Entscheidung zu hören. Dabei geht es allerdings nur um solche personellen und sozialen

113 Vgl. BAG, AP Nr. 22 zu § 102 BetrVG 1972.
114 Vgl. hierzu grundlegend HEINZE, NZA 1990, 169 - 175; SCHMID, NZA 1985, 409, 414.
115 Vgl. v.HOYNINGEN-HUENE, RdA 1990, 193, 205.
116 Vgl. SCHMID, NZA 1985, 409, 415, m.w.N.

Angelegenheiten, die unmittelbare Auswirkungen für den Schwerbehinderten haben. Dies ist bei einer Abmahnung jedoch nicht der Fall. Sie ermahnt und warnt den Arbeitnehmer lediglich. Sie ist daher nicht als Angelegenheit i.S.d. § 25 II, 2 SchwbG anzusehen[117].

XII. Die Rechte des Abgemahnten

1. Anhörung

a) Im öffentlichen Dienst

Im öffentlichen Dienst ist eine Anhörung des Arbeitnehmers vor Ausspruch einer Abmahnung stets erforderlich. Dies ergibt sich aus dem Tarifrecht: § 13 II BAT, § 13 a II MTB II, § 13 a MTL II, § 11 a BMT-G II. Danach muß der Angestellte bzw. Arbeiter über Beschwerden und Behauptungen tatsächlicher Art, die für ihn ungünstig sind oder ihm nachteilig werden können, vor Aufnahme in die Personalakten gehört werden. Er soll Gelegenheit bekommen, sich eventuell rechtfertigen und eine Gegendarstellung abgeben zu können. Die Verletzung dieses Anhörungsrechts begründet einen Anspruch auf Entfernung der Abmahnung aus den Personalakten[118]. Dies gilt selbst dann, wenn die Abmahnung in der Sache gerechtfertigt ist und auf zutreffenden Tatsachen beruht.

Die Abmahnung wird durch die unterlassene Anhörung allerdings nicht gänzlich unwirksam, sondern unterliegt lediglich einem Verwertungsverbot[119]. Hat der Arbeitgeber die Anhörung nachgeholt, kann er die Abmahnung wieder zu den Personalakten nehmen. Im Urteil vom 21.5.1992 hat das BAG[120] entschieden, daß die Verletzung des Anhörungsrechts nach § 13 II, 1 BAT nur die formelle Unwirksamkeit der Abmahnung nach sich ziehe. Die Abmahnung behalte ihre Warnfunktion und somit ihre materiell-rechtliche Bedeutung. Dies heißt, daß der Arbeitgeber sich bei weiteren Vertragsverstößen, die ihn zur Kündigung veranlassen, sich auch auf die formell unwirksame Abmahnung stützen kann[121].

---

117 Vgl. BECKERLE/SCHUSTER, aaO., Rn. 157 b.

118 Vgl. BAG, AP Nr. 2 zu § 13 BAT m. Anm. v. CONZE = BB 1990, 708 = DB 1990, 841 = NJW 1990, 1933; BECKER-SCHAFFNER, DB 1985, 650, 654, m.w.N.; NEBENDAHL, ZTR 1990, 418 - 423.

119 Ebenso LAG Rheinland-Pfalz, ARSt 1993, 75.

120 BB 1992, 1860, 2079 = DB 1992, 2143 = NJW 1993, 154; vgl. auch SCHUNCK, NZA 1993, 828, 829.

121 Vgl. STAHLHACKE/PREIS, Kündigung und Kündigungsschutz, 6. Aufl. 1995, Rn. 9.

b) In der Privatwirtschaft

Umstritten ist dagegen, ob auch der Arbeitnehmer in der Privatwirtschaft vor der Abmahnung zu hören ist. Schaub bejaht dies unter Hinweis auf § 82 I BetrVG. Diese Norm bezieht sich jedoch lediglich auf *„betriebliche Angelegenheiten"* und nicht auf personelle Einzelmaßnahmen, wie es bei der Abmahnung der Fall ist.
Eine Anspruchsgrundlage könnte sich aus der Fürsorge des Arbeitgebers ergeben. Dies erscheint jedoch zu weitgehend, wenn man bedenkt, daß auch die Kündigung wegen einer unterlassenen vorherigen Anhörung nicht unwirksam ist. Es bleibt daher den Tarif- und Arbeitsvertragsparteien vorbehalten, eine Regelung zu schaffen, wie sie in § 13 II BAT enthalten ist.

Es gilt zu beachten, daß auch § 13 II BAT keineswegs eine Anhörung vor Ausspruch einer Abmahnung verlangt, sondern lediglich vor Aufnahme in die Personalakten. Es handelt sich also lediglich um eine Sondervorschrift bezüglich der Personalaktenführung. Eine generelle Anhörungspflicht des Arbeitgebers in der Privatwirtschaft läßt sich daraus nicht ableiten[122].

2. Einsicht in die Personalakte und Gegendarstellung

a) Einsichtsrecht

Der Arbeitnehmer hat grundsätzlich das Recht auf Einsicht in seine Personalakte. Dies ergibt sich aus der vertraglichen Nebenpflicht des Arbeitgebers, im öffentlichen Dienst auch aus Tarifrecht. Das Recht gilt auch zur Überprüfung von Abmahnungen. Hierbei darf sich der Arbeitnehmer auch durch einen Bevollmächtigten vertreten lassen, etwa ein Betriebsratsmitglied.

b) Gegendarstellung

Darüber hinaus steht dem Arbeitnehmer auch das Recht auf Gegendarstellung zu, die der Arbeitgeber in schriftlicher Form zu den Personalakten zu nehmen hat. Dies ergibt sich aus § 83 II BetrVG sowie der vertraglichen Nebenverpflichtung. Natürlich muß diese - wie die Abmahnung - sachlich gehalten sein und im Umfang angemessen, da sie lediglich der Dokumentation dient. Der Arbeitgeber muß nicht mit dem Inhalt einverstanden sein. Auch bei einer berechtigten Abmahnung ist ein Recht auf Gegendarstellung gegeben[123].

---

122 So auch BECKERLE/SCHUSTER, aaO., Rn. 171 a.

123 Vgl. hierzu v.HOYNINGEN-HUENE, RdA 1990, 193, 209.

3. Beschwerderecht

Der Arbeitnehmer kann sich, falls lediglich ein unmittelbarer Vorgesetzter abgemahnt hat, bei der zuständigen Personalstelle über die Abmahnungserteilung auch beschweren (vgl. § 84 I BetrVG). Ebenso kann er sich an den Betriebsrat wenden, der beim Arbeitgeber auf Abhilfe dringen kann (§ 85 I BetrVG).

4. Keine gerichtliche Überprüfung mündlicher Abmahnungen und schriftlicher, nicht zu den Personalakten genommener Abmahnungen

Es ist zwar allgemein anerkannt, daß die Abmahnung Gegenstand einer gerichtlichen Überprüfung sein kann. Nach einer Entscheidung des BAG vom 22.2.1978[124] kann ein Arbeitnehmer jedoch nicht jede Äußerung des Arbeitgebers, die seine Leistung oder sein Verhalten rügt, mit einer Klage angreifen. Beschränkt sich die mißbilligende Äußerung darauf, den Arbeitnehmer lediglich an die gewissenhafte Erfüllung seiner vertraglichen Pflichten zu erinnern und erschöpft sich darin ihre Wirkung, wird dem Arbeitnehmer kein schutzwürdiges Interesse zugebilligt, die Äußerung des Arbeitgebers gerichtlich auf ihre Berechtigung überprüfen zu lassen[125].
Dem Arbeitnehmer wird von der Rechtsprechung erst dann die Möglichkeit eingeräumt, im Klageweg vorzugehen, wenn die mißbilligende Äußerung des Arbeitgebers nach Form und Inhalt den Arbeitnehmer in seiner Rechtsstellung beeinträchtigen kann. Dies gilt insbesondere bei formellen, zu den Akten genommenen schriftlichen Rügen und Verwarnungen, die eine Abmahnung darstellen. Diese können nämlich den Arbeitnehmer in seinem beruflichen Fortkommen zu Unrecht behindern, wenn sie etwa zu Beurteilungen mit herangezogen werden. Dies heißt also, daß der Arbeitnehmer schriftliche Abmahnungen oder Vermerke über mündliche Abmahnungen, die nicht in die Personalakten aufgenommen wurden und nicht anderweitig aufbewahrt werden, nicht gerichtlich überprüfen lassen kann[126].
Dies gilt erst recht für mündliche Abmahnungen. Durch sie wird die Rechtsstellung des Arbeitnehmers nicht nachhaltig beeinträchtigt, zumal sie nicht dokumentiert werden[127].

124 AP Nr. 84 zu § 611 BGB Fürsorgepflicht = BB 1978, 1167 = DB 1978, 1548 = NJW 1978, 2263.

125 Vgl. hierzu v.HOYNINGEN-HUENE, RdA 1990, 193, 209 ff.; JURKAT, DB 1990, 2218 ff.

126 A.A .BECKERLE/SCHUSTER, aaO., Rn. 162.

127 So SCHMID, NZA 1985, 409, 413; SCHUNCK, NZA 1993, 828, 829; FROMM, DB 1989, 1409, 1411, 1417; BERKOWSKY, aaO., Rn. 66 - 75; vgl. auch BECKER-SCHAFFNER, DB

Eine gravierende Beeinträchtigung der Rechtsstellung des Arbeitnehmers, die ein Rechtsschutzinteresse begründet, wird allerdings auch bei einer mündlichen Abmahnung dann gegeben sein, wenn sie in Inhalt und Form in besonderem Maße zu beanstanden ist, etwa der Arbeitgeber den Arbeitnehmer in diskriminierender oder beleidigender Art und Weise vor versammelter Mannschaft ungehörig zurechtweist[128]. Dies gilt auch für Abmahnungen, die zwar nicht zu den Personalakten genommen werden, jedoch per Rundschreiben bekanntgemacht wurden.

5. Entfernungsanspruch rechtswidriger Abmahnungen aus den Personalakten

Das BAG hat in einer grundlegenden Entscheidung vom 27.11.1985[129] ausgeführt, der Arbeitnehmer könne die Entfernung einer mißbilligenden Äußerung aus den Personalakten verlangen, wenn diese unrichtige Tatsachenbehauptungen enthalte, die ihn in seiner Rechtsstellung und seinem beruflichen Fortkommen beeinträchtigen könnte. Dies folge aus der allgemeinen Fürsorgepflicht des Arbeitgebers, die auf dem Grundsatz von Treu und Glauben beruhe. Hiernach habe der Arbeitgeber das allgemeine Persönlichkeitsrecht des Arbeitnehmers in bezug auf Ansehen, soziale Geltung und berufliches Fortkommen zu beachten. Bei einem objektiv rechtswidrigen Eingriff in sein Persönlichkeitsrecht habe der Arbeitnehmer in entsprechender Anwendung der §§ 242, 12, 862, 1004 BGB Anspruch auf Widerruf bzw. Beseitigung der Beeinträchtigung.

Mit diesem Urteil hat das BAG sich gegen die Entscheidung des LAG Köln vom 22.11.1983[130] gewandt, die davon ausgeht, der Arbeitnehmer sei durch das Recht auf Gegendarstellung ausreichend gegen unzutreffende Abmahnungen geschützt. Er könne nicht mit einer Entfernungsklage die Gerichte in Anspruch nehmen zur Feststellung von Tatsachen und zur Überprüfung von Wertungen des Arbeitgebers. Nach Ansicht des BAG werden unrichtige oder abwertende Angaben über die Person des Arbeitnehmers durch dessen Gegenerklärung nicht neutralisiert.

Das BAG gesteht einen Entfernungsanspruch nicht nur bei unrichtigen Tatsachenbehauptungen zu, sondern auch dann, wenn der Arbeitgeber eine

---

1985, 650, 652; PAULY, NZA 1995, 449, 454; a.A. GERMELMANN, RdA 1977, 75; KAMMERER, BB 1980, 1587.

128 So BECKERLE/SCHUSTER, aaO., Rn. 160.

129 AP Nr. 93 zu § 611 BGB Fürsorgepflicht = BB 1986, 594 = DB 1986, 489 = NJW 1986, 1065.

130 DB 1984, 1630.

unstreitige Tatsache zu Unrecht als Vertragsverletzung rügt[131]. Ebenso kann die Entfernung verlangt werden, wenn die angegebenen Tatsachen zwar für sich zutreffen, jedoch aus dem Gesamtzusammenhang herausgegriffen sind und so den Vorgang nur unvollständig wiedergeben[132].

Als Fälle sind also einmal denkbar, daß der vom Arbeitgeber angenommene Pflichtverstoß nicht begangen wurde bzw. dem Arbeitnehmer nicht nachweisbar ist und zum anderen der Arbeitgeber das zutreffende Verhalten unzutreffend rechtlich würdigt. Stets ist die Abmahnung dann rechtswidrig und aus den Personalakten zu entfernen. Fromm[133] nennt daneben noch die verdeckte Betriebsbuße und die offensichtlich geringfügige Pflichtwidrigkeit (vgl. hierzu XII, 7). Ein Rechtsschutzbedürfnis wird jedoch immer nur bei einer Abmahnung im kündigungsrechtlichen Sinne zuerkannt[134].

Ein Entfernungsanspruch besteht auch noch *nach Beendigung des Arbeitsverhältnisses*, wenn die Abmahnung dem Arbeitnehmer auch dann noch schaden kann[135]. Hierzu ist der Arbeitnehmer darlegungs- und beweispflichtig. Eine solche Gefahr besteht insbesondere im öffentlichen Dienst, wo Personalakten meist dem neuen Arbeitgeber vorgelegt werden[136].

Als Anspruchsgrundlagen für die Beseitigung der Abmahnung aus den Personalakten werden zum einen die allgemeine Fürsorgepflicht des Arbeitgebers und zum anderen wegen einer Verletzung des allgemeinen Persönlichkeitsrechts § 1004 BGB analog herangezogen[137]. Das allgemeine Persönlichkeitsrecht erfaßt nämlich auch das Recht auf informationelle Selbstbestimmung. Daten über eine Person dürfen nur dann gesammelt werden, wenn der Betroffene damit einverstanden ist oder ein sonstwie schutzwürdiges Interesse besteht. Letzteres ist bei der Personalakte der Fall. Sie ist eine Sammlung von Urkunden, die die persönlichen und dienstlichen Verhältnisse des Arbeitnehmers betreffen. Sie soll ein möglichst vollständiges und wahrheitsgemäßes Bild über den Mitarbeiter abgeben. Dies ist aber dann nicht mehr der Fall, wenn in den Personalakten Vorgänge festgehalten

---

131 BB 1986, 2050, 2054; ebenso LAG München, ZTR 1988, 395.

132 Vgl. ArbG Regensburg, BB 1988, 138.

133 DB 1989, 1409, 1411.

134 Weitergehend TSCHÖPE, NZA 1990, B. 2, 16; vgl. zur Darlegung der BAG-Rechtsprechung KAMMERER, BB 1991, 1926.

135 So BAG, DB 1995, 732 = NJW 1995, 1236 = NZA 1995, 220; LAG Saarland, Urteil v. 15.1.1997 - 1 Sa 137/96.

136 Vgl. hierzu BECKERLE/SCHUSTER, aaO., Rn. 166 b, m.w.N.; BECKER-SCHAFFNER, DB 1985, 654.

137 Vgl. v.HOYNINGEN-HUENE, RdA 1990, 193, 209, m.w.N.; BOCK, ArbuR 1987, 217, 221; FROMM, DB 1989, 1409, 1414.

werde, die so überhaupt nicht stattgefunden haben oder nicht beweisbar sind oder auf einer rechtlich falschen Würdigung beruhen.
Darüber hinaus wird ein Anspruch auf Entfernung unzutreffender und somit rechtswidriger Abmahnungen auch aus positiver Vertragsverletzung abgeleitet[138]. Ebensowenig wie der Arbeitnehmer durch seine Arbeitsleistung das Eigentum des Arbeitgebers verletzen darf, darf der Arbeitgeber in die Rechtsgüter des Arbeitnehmers eingreifen. Diese erfassen nicht nur das Leben und die Gesundheit des Arbeitnehmers, sondern auch dessen Persönlichkeitsrecht. Ein so begründeter Schadensersatzanspruch ist auf Naturalrestitution (§ 249 BGB) gerichtet. Es ist der Zustand herzustellen, der vor der verletzten Handlung bestand. Eine unrichtige Abmahnung ist daher aus den Personalakten zu entfernen, was im Klageantrag zum Ausdruck zu kommen hat.

6. Entfernungsanspruch rechtmäßiger Abmahnungen aus den Personalakten

Weitaus problematischer und daher in Rechtsprechung und Schrifttum umstritten ist die Frage, ob der Arbeitnehmer auch die Entfernung berechtigter Abmahnungen aus den Personalakten nach einer gewissen Zeit verlangen kann. Wie unter VI, 3 dargestellt, verliert die Abmahnung durch Zeitablauf ihre kündigungsrechtliche Wirkung. Es stellt sich daher die Frage, ob der Arbeitgeber weiterhin berechtigt ist, die Abmahnung auch nach ihrer Wirkungslosigkeit bei den Personalakten zu belassen.
Das BAG[139] bejaht einen Entfernungsanspruch, weil durch einen Verbleib in der Personalakte unzulässigerweise in das Persönlichkeitsrecht des Arbeitnehmers eingegriffen werde. Auch das LAG Hamm[140] und dessen Vizepräsident Brill[141] sowie ein Teil der Literatur[142] vertreten diese Meinung. Dabei berufen sie sich zum einen auf die Grundsätze des sozialen Rechtsstaats. Wenn strafgerichtliche Eintragungen zu tilgen seien (§§ 45 ff. BZRG), müsse dies erst recht für Abmahnungen gelten.
Dem wird entgegengehalten, daß die Abmahnung keinen Sanktionscharakter habe und somit kein Minus, sondern ein aliud gegenüber der Kriminal-

---

138 Vgl. v.HOYNINGEN-HUENE, RdA 1990, 193, 210, m.w.N.

139 AP Nr. 100 zu § 611 BGB Fürsorgepflicht = BB 1988, 1893 = DB 1988, 1702 = NJW 1988, 2693; vgl. auch BAG, BB 1995, 622, 623; AP Nr. 9 zu Art. 5 I GG = DB 1982, 2705 = NJW 1983, 1220; AP Nr. 1 zu § 611 BGB Abmahnung.

140 DB 1986, 1628.

141 NZA 1985, 109, 110.

142 SCHMID, NZA 1985, 409, 413; FALKENBERG, NZA 1988, 489, 492; CONZE, DB 1987, 889; BERKOWSKY, aaO., Rn. 56; FROMM, DB 1989, 1409, 1411.

strafe sei[143]. Der Vergleich mit Betriebsbußen, die i.d.R. nach zwei Jahren zu tilgen sind, begegnet dem gleichen Einwand. Bei ihnen handelt es sich um betriebliche Sanktionen.
Die Berufung auf die Fürsorgepflicht des Arbeitgebers stützt dagegen voll die Argumentation des BAG: Auch berechtigte Abmahnungen, die durch Zeitablauf ihre kündigungsrechtliche Bedeutung und damit ihre Wirkung verloren haben, können den Arbeitnehmer in seinem Persönlichkeitsrecht noch beeinträchtigen und dadurch seiner beruflichen Entwicklung nachteilig sein. Der Makel des Fehlverhaltens ist nach wie vor dokumentiert und wirkt weiterhin negativ auf das Erscheinungsbild des Arbeitnehmers, das sich aus den Personalakten ergibt. Daran ändert auch nichts die kündigungsrechtliche Unbedeutsamkeit[144].
Dem wurde in der Literatur heftig entgegengetreten. Die Tatsache, daß eine alte Abmahnung für die spätere Prüfung, ob ein wichtiger Grund für eine außerordentliche Kündigung oder zumindest ein hinreichender Grund für eine ordentliche Kündigung keine maßgebliche Bedeutung mehr hat, mache die Abmahnung nicht nachträglich rechtswidrig. Eine Entfernung führe zur Unvollständigkeit der Personalakte. Schließlich könne der Arbeitgeber an dem vollständigen Bild des Arbeitnehmers auch unabhängig von jeder Kündigungsabsicht noch ein berechtigtes Interesse haben, etwa für Personalentscheidungen und Arbeitszeugnisse. Von Ausnahmen abgesehen, könne es daher keinen allgemeinen Entfernungsanspruch geben. Dies sei nach geltendem Recht nicht begründbar[145].
Die Meinung übersieht m.E. die Funktionen der Abmahnung. Mit ihr soll nicht ein Sündenregister des Arbeitnehmers in den Personalakten angelegt werden, sondern im Gegenteil der Arbeitnehmer durch den Hinweis oder die Beanstandung des Fehlverhaltens sowie eine Kündigungsandrohung wieder auf den richtigen Weg gebracht werden. Hat der Arbeitnehmer dies befolgt und sich anschließend nichts mehr zuschulden kommen lassen, hat die Abmahnung Erfolg gezeigt und ihre Aufgabe erfüllt. Sie soll daher nicht länger als Fleck auf der möglichst weißen Weste der Personalakte verbleiben. Andernfalls könnte sie über den eigentlichen kündigungsrechtlichen Zweck hinaus von Nachteil sein. Wenn schon der Vergleich zum Sport angestellt wird, gilt zu beachten, daß zwar mehrere gelbe Karten zur roten führen, daß aber nach einer Saison, also einer gewissen Zeit, die gelben Karten wieder gestrichen werden.

---

143 So CONZE, DB 1987, 889.

144 Vgl. auch DB 1986, 489; DB 1986, 1705.

145 So WALKER, NZA 1995, 601, 608; ähnlich EICH, NZA 1988, 759, 761; BECKERLE/SCHUSTER, aaO., Rn. 120 d; v.HOYNINGEN-HUENE, RdA 1990, 193, 211; BERGER-DELHEY, PersV 1988, 430, 434.

Dennoch wird auch von der Gegenmeinung dann ein Entfernungsanspruch zugebilligt, wenn der der Abmahnung zugrunde liegende Sachverhalt aus keinem erdenklichen Gesichtspunkt mehr Bedeutung für das Arbeitsverhältnis erlangen kann, z.B. der Arbeitgeber den Arbeitnehmer trotz Abmahnung befördert hat[146]. Eich[147] gesteht den Entfernungsanspruch dann zu, wenn der Arbeitgeber sein Verhalten zwischenzeitlich dadurch geändert hat, daß er ehemals mit Abmahnungen gerügte Verstöße ohne arbeitsrechtliche Konsequenzen hinnimmt oder ausgesprochene Abmahnungen ihre Ernstlichkeit verlieren.

7. Entfernungsanspruch bei Bagatellverstößen

Es stellt sich die Frage, ob bei Abmahnungen wegen geringfügiger Pflichtverstöße das Verhältnismäßigkeitsprinzip verletzt wird und die Abmahnung somit rechtswidrig ist, so daß der Arbeitnehmer deren Entfernung aus den Personalakten verlangen kann.
v.Hoyningen-Huene[148] weist darauf hin, daß der Verhältnismäßigkeitsgrundsatz nicht nur das Kündigungsrecht, sondern auch das Abmahnungsrecht begrenzt. Durch die Androhung von Konsequenzen für den Bestand oder Inhalt des Arbeitsverhältnisses bringe der Arbeitgeber zum Ausdruck, daß das Arbeitsverhältnis gefährdet sei. Ein Eingriff in bestehende Rechtspositionen liege jedoch nicht nur vor, wenn diese aufgehoben werden, sondern auch bereits durch deren Gefährdung. Eine solche Gefährdung sei jedoch nur in den Fällen gerechtfertigt, in denen der Arbeitgeber ein weiteres Fehlverhalten nach Ausspruch der Abmahnung als Anlaß für eine Kündigung nehmen könne. Hierfür reichten geringfügige Verstöße nicht aus. Solle die Abmahnung eine Kündigung vorbereiten, bedürfe es hinsichtlich des abgemahnten Pflichtverstoßes einer gewissen Intensität[149]. Unberührt von dem Verhältnismäßigkeitsgrundsatz bleibe allerdings das vertragliche Rügerecht des Arbeitgebers als Gläubiger. Er könne daher auch bei geringfügigen Pflichtverstößen den Arbeitnehmer an seine arbeitsvertraglichen Pflichten erinnern und ihn zum vertragsgerechten Verhalten ermahnen. Er dürfe diese Ermahnung jedoch nicht mit Androhungen und Konsequenzen für das Arbeitsverhältnis verbinden und in die Personalakte aufnehmen.

---

146 So v.Hoyningen-Huene, RdA 1990, 193, 211.

147 NZA 1995, 759, 763.

148 RdA 1990, 193, 198.

149 So auch Becker-Schaffner, DB 1995, 2526, 2527; LAG Berlin, BB 1985, 271; LAG Bremen, DB 1990, 742.

Bezüglich des Rügerechts ist dem voll zuzustimmen. Auch bei geringfügigen Pflichtverletzungen kann die Erforderlichkeit gesehen werden, den Arbeitnehmer darauf hinzuweisen, daß diese nicht geduldet werden. Eine entsprechende Rüge ist nichts anderes als die Geltendmachung des Erfüllungsanspruchs.

An die Abmahnung, die neben der Rüge auch eine Androhung enthält, dürfen jedoch nicht strukturell dieselben Voraussetzungen geknüpft werden wie an die Kündigung. Ob das abgemahnte Fehlverhalten später für eine Kündigung von Bedeutung ist, steht im Zeitpunkt der Abmahnung noch nicht fest. Oft bedarf es noch weiterer Pflichtverstöße, um eine Kündigung rechtfertigen zu können. Die Bedeutung der Abmahnung kann also noch nicht abgeschätzt werden und daher auch nicht dem Verhältnismäßigkeitsgrundsatz unterworfen werden. Auch ein geringfügiges Fehlverhalten, wie etwa ein Zuspätkommen, kann, wenn es öfters vorkommt, eine Kündigung begründen. Es muß deshalb auch abgemahnt werden können. Schließlich erfüllt auch diese Abmahnung ihre Funktion[150].

Fromm[151] weist darauf hin, daß der Arbeitgeber nicht nur ein aus seiner unternehmerischen Betätigungsfreiheit abzuleitendes Leistungsbestimmungsrecht hat, sondern auch ein sich aus seiner durch Art. 5 GG geschützten Meinungsfreiheit ergebendes Leistungsbeurteilungsrecht. Dieses müsse bei der jeweiligen Abwägung der Arbeitnehmer- und Arbeitgeberrechte ausreichend berücksichtigt werden. Deshalb müsse der Arbeitgeber nicht bei jeder Abmahnung die Verhältnismäßigkeit nachweisen. Nur offensichtlich unverhältnismäßige Abmahnungen seien unberechtigt, weil bei ihnen das Leistungsbeurteilungsrecht überschritten werde. Dem ist mit der neueren Rechtsprechung der Instanzgerichte voll zuzustimmen[152].

XIII. Prozessuale Probleme

1. Klagefrist

Wie unter VI, 2, 4 schon dargelegt, ist der Arbeitnehmer nicht gehalten, innerhalb einer bestimmten Frist die Unwirksamkeit einer erfolgten Abmahnung klageweise geltend zu machen bzw. deren Entfernung aus den Perso-

---

150 So auch WALKER, NZA 1995, 601, 605, m.w.N.; vgl. auch BECKERLE/SCHUSTER, Rn. 200 ff.

151 DB 1989, 1409, 1415.

152 Vgl. LAG Schleswig-Holstein, DB 1987, 236; LAG Berlin, BB 1985, 271 = DB 1985, 339; LAG Hamm, LAGE Nr. 32 zu § 611 BGB Abmahnung; LAG Düsseldorf, LAGE Nr. 27 zu § 611 BGB Abmahnung.

nalakten zu verlangen[153]. Eine Klagefrist ist weder gesetzlich noch tariflich vorgegeben. § 4 S. 1 KSchG ist auch nicht analog anwendbar, da Kündigung und Abmahnung völlig unterschiedliche Voraussetzungen und Rechtsfolgen haben. Kommt neben dem Zeitmoment auch ein Umstandsmoment hinzu, kann das Klagerecht allerdings verwirken.

2. Darlegungs- und Beweislast

In einem arbeitsgerichtlichen Rechtsstreit über die Wirksamkeit einer Abmahnung trägt der Arbeitgeber die Darlegungs- und Beweislast, daß das beanstandete Fehlverhalten zutreffend ist[154]. Dies gilt auch im Kündigungsschutzprozeß, wo er darüber hinaus darzulegen und gegebenenfalls zu beweisen hat, daß er überhaupt abgemahnt hat. Daher empfiehlt sich stets eine schriftliche Abmahnung, die man zu den Personalakten nehmen sollte. Rechtfertigungsgründe hat der Arbeitnehmer im einzelnen darzulegen und zu beweisen. Der Arbeitgeber hat dagegen wiederum zu beweisen, daß diese nicht bestanden[155].
Der Arbeitgeber hat bei fehlender Abmahnung in einem Kündigungsrechtsstreit auch die Tatsache für deren Entbehrlichkeit (vgl. VIII) darzulegen und zu beweisen. Ebenso gilt dies für den Einwand, der Arbeitnehmer habe sein Recht verwirkt, die Unrichtigkeit der Abmahnung geltend zu machen[156].

3. Keine einstweilige Verfügung

Für einen Antrag auf Erlaß einer einstweiligen Verfügung, mit dem der dem Arbeitgeber untersagt werden soll, eine Abmahnung zu erteilen, gibt es im Zweifel keinen Verfügungsanspruch. Jedenfalls fehlt es regelmäßig am Verfügungsgrund[157].

4. Abmahnungen über mehrere Pflichtverletzungen

Sicherlich können auch mehrere Pflichtverletzungen in einem Abmahnungsschreiben gerügt werden. Es stellt sich jedoch die Frage, wie über die

153 A.A. HUNOLD, BB 1986, 2050, 2054, der eine Klagefrist von 4 Wochen verlangt.

154 Vgl. BAG, AP Nr. 76 zu § 626 BGB = BB 1984, 725 = DB 1984, 884; AP Nr. 18 zu § 1 KSchG 1969 Verhaltensbedingte Kündigung = NZA 1987, 518; FALKENBERG, NZA 1988, 489, 493; TSCHÖPE, NZA 1990, Beil. 2, 1920; FROMM, DB 1989, 1409, 1416; BURGER, DB 1992, 836, 839; bedenklich differenzierend BOCK, ArbuR 1987, 217, 223.

155 Vgl. LAG Bremen, BB 1992, 998 = NZA 1992, 694.

156 Vgl. LAG Frankfurt, LAGE Nr. 5 zu § 611 BGB Abmahnung.

157 So LAG Köln, Beschluß v. 19.6.1996, BB 1996, 2255.

Abmahnung zu entscheiden ist, wenn nur ein Teil der Beanstandungen nachweisbar oder berechtigt ist.
Nach h.M. ist das Abmahnungsschreiben dann gänzlich aus den Personalakten zu entfernen[158]. Ein Teilurteil, das lediglich über einen von mehreren Vorwürfen entscheidet, ist unzulässig[159]. Streitgegenstand des Abmahnungsprozesses bildet nämlich der Inhalt des gesamten Schriftstücks.

Beckerle/Schuster[160] weisen auf Entscheidungen hin, in denen der Arbeitgeber zur teilweisen Rücknahme des Abmahnungsinhalts und zur Entfernung des Abmahnungsschreibens verurteilt wurde, wobei die Kosten verhältnismäßig geteilt wurden.
Wie bei völliger Klagestattgabe eines Entfernungsanspruchs wegen teilweise unrichtiger Tatsachenbehauptungen ist auch dann der Arbeitgeber berechtigt, eine entsprechend geänderte Abmahnung erneut auszusprechen und zu den Akten zu nehmen. Dabei darf er allerdings keinen Bezug auf die Verurteilung nehmen oder die beanstandeten Passagen schwärzen[161]. Um einen neuen Rechtsstreit zu vermeiden, kann der Arbeitgeber auch hilfsweise eine Feststellungswiderklage erheben, daß er berechtigt ist, eine geänderte Abmahnung zu erteilen[162].

5. Feststellungsanspruch des Arbeitgebers

Eingehend wendet Jurkat[163] sich der Frage zu, ob eine gerichtliche Feststellung der Rechtswirksamkeit einer Abmahnung auf Antrag des Arbeitgebers zulässig ist. Dies wird von Tschöpe[164] bejaht, da der Arbeitgeber nur so die Bestandskraft der Abmahnung sichern und spätere Beweisschwierigkeiten vermeiden könne. Zu Recht hat Jurkat ein diesbezügliches Rechtsschutzinteresse für eine *„Abmahnungsfeststellungsklage“* verneint. Ein Rechtsverhältnis i.S.v. § 256 ZPO liege nicht vor[165]. Für den Arbeitgeber fehle es i.d.R. auch an einem Feststellungsinteresse. Die Erschwerung der Beweisführung oder der zu befürchtende Beweismittelverlust reichten

158 Vgl. BAG, AP Nr. 5 zu § 611 BGB Abmahnung = DB 1991, 1527 = NJW 1991, 2510; FALKENBERG, NZA 1988, 489, 493; PAULY, NZA 1995, 449, 453.
159 LAG Düsseldorf, LAGE Nr. 8 zu § 611 BGB Abmahnung; ausführlich KAMMERER, BB 1991, 1926 ff.
160 aaO., Rn. 214.
161 Vgl. LAG Köln, DB 1989, 636.
162 Vgl. hierzu BECKERLE/SCHUSTER, Rn. 217, m.w.N.
163 BB 1990, 2218 ff.
164 NZA 1990, Beil. 2, 10 ff.
165 So auch SCHAUB, NJW 1990, 872, 877; BECKER-SCHAFFNER, DB 1985, 650, 654, zweifelnd.

hierzu nicht aus, um isoliert Tatsachen feststellen zu lassen. Hierfür habe der Gesetzgeber das Beweissicherungsverfahren geschaffen. Da der Arbeitgeber Beweise selbst sichern könne, bestehe auch kein Bedürfnis für eine isolierte Feststellungsklage.

6. Vergleich

Viele Rechtsstreitigkeiten über Abmahnungen werden durch einen gerichtlichen Vergleich beendet. Dies hat unterschiedliche Gründe. So werden im Hinblick auf § 57 II ArbGG, wonach die gütliche Erledigung des Rechtsstreits während des ganzen Verfahrens angestrebt werden soll, viele Streitigkeiten durch das Gericht geschlichtet. Darüber hinaus werden auch die Prozeßparteien angesichts der oft geringfügigen Bedeutung des Rechtsstreits und des zerschlagenen Porzellans des Streitens müde. Schließlich steht oft der Aufwand an Zeit, gebundener Arbeitskraft und Kosten in keinem Verhältnis zu der Bedeutung der streitigen Angelegenheit. Oft bedarf es aufwendiger Ermittlungen und Zeugenvernehmungen, um allein den Streit im Tatsächlichen entscheiden zu können. Die Parteien einigen sich daher oft in der Weise, daß sie vereinbaren, daß das Abmahnungsschreiben nach einer gewissen Zeit aus den Personalakten ersatzlos entfernt wird.
Gelegentlich wird noch hinzugefügt, daß diese Abrede nur gilt, wenn bis zu dem genannten Zeitpunkt weitere abmahnungs- und kündigungsrelevanten Umstände nicht auftreten. Diese Einschränkung erfolgt im Hinblick darauf, daß nach den unter VI, 3 dargestellten Erwägungen die Wirkungslosigkeit der Abmahnung nach einer gewissen Zeit dann nicht eintritt, wenn neues Fehlverhalten hinzukommt. Allerdings gilt zu beachten, daß mit dieser Einschränkung der Keim neuer Streitigkeiten gelegt wird, da die Parteien dann bei neuen Konflikten nicht nur hierüber streiten, sondern auch darüber, ob nun die im Vergleich eingegangene Verpflichtung weiterhin besteht oder entfallen ist. Dadurch lebt auch der alte Streit wieder auf.
Nicht selten kommt es vor, daß Abmahnungsstreitigkeiten das Arbeitsverhältnis so sehr belasten, daß sie nicht zu einem Abmahnungsvergleich, sondern einem Beendigungsvergleich führen. Es sei daher angemahnt, sich derlei gerichtliche Streitigkeiten, insbesondere bei Bagatellangelegenheiten, gut zu überlegen. Schließlich ist i.d.R. in einem eventuellen Kündigungsprozeß immer noch genügend Gelegenheit, darüber zu streiten, falls es darauf ankommt. Nicht selten werden gerade in diesem Bereich, was die Prozeßtaktik anbelangt, anwaltliche Kunstfehler begangen.

7. Streitwert

Rechtsstreitigkeiten über die Berechtigung einer Abmahnung sind vermögensrechtliche Streitigkeiten i.S.v. § 64 II ArbGG[166].
Da mit der Klage auch die Gefährdung des Arbeitsplatzes abgewendet werden soll, ist die Verbindung mit dem Bestand des Arbeitsverhältnisses als einem wirtschaftlichen Austauschverhältnis so eng, daß das Verfahren vermögensrechtlichen Charakter hat. Die Berufung ist daher nur zulässig, wenn der Streitwert 800,-- DM übersteigt oder im Urteil ausdrücklich zugelassen wird (vgl. § 64 ArbGG).
Da es beim Abmahnungsprozeß neben der Persönlichkeitsrechtsverletzung um die Gefährdung des Arbeitsverhältnisses geht, ist es angebracht, den Streitwert unter dem Blickwinkel des § 12 VII, 1 ArbGG auf *einen Monatsverdienst* festzusetzen[167]. Wie so oft in Streitwertfragen ist die Rechtsprechung auch hier zwar in der Tendenz, jedoch nicht im Einzelfall einheitlich. So hat das BAG[168] entschieden, daß die Streitwertfestsetzung des Arbeitsgerichts auf 2.000,-- DM nicht offensichtlich unrichtig ist. Das LAG Rheinland-Pfalz[169] hielt ein halbes Monatsgehalt für angemessen, jedenfalls nicht für offensichtlich unrichtig. Das LAG Köln[170] sah die Festsetzung auf 600,-- DM für offensichtlich unrichtig an und ging von *„mindestens"* einem halben Monatseinkommen aus. Die meisten Berufungsgerichte halten jedoch ein Monatsgehalt für angebracht[171].

XIV. Abmahnung durch den Arbeitnehmer

Schließlich soll darauf hingewiesen werden, daß es u.U. auch für den Arbeitnehmer eine Abmahnungsobliegenheit gibt. Ebenso wie er nicht von einer Kündigung überrascht werden soll, mit der er nicht rechnen konnte, soll dies auch auf seiten des Arbeitgebers so sein. Dies ergibt sich aus der Treuepflicht des Arbeitnehmers. Andernfalls kann er sich Schadensersatzansprüchen ausgesetzt sehen und dieser seinerseits verlustig gehen (vgl. § 628 II BGB).

---

166 Vgl. BAG, AP Nr. 3 zu § 64 ArbGG 1979 = DB 1982, 1731; SCHAUB, NJW 1990, 872, 877; BECKER-SCHAFFNER, DB 1985, 650, 654.

167 Vgl. hierzu BECKERLE/SCHUSTER, aaO., Rn. 225, m.w.N.

168 AP Nr. 11 zu § 64 ArbGG 1979 = NZA 1988, 705.

169 BB 1982, 1799 = DB 1982, 2091.

170 BB 1986, 600; vgl. auch LAG Düsseldorf, NZA-RR 1996, 391.

171 Vgl. LAG Hamm, NZA 1984, 236; NZA 1990, 328 = BB 1989, 2048 = DB 1989, 2032; LAG Bremen, ARSt 1983, 141; LAG Nürnberg, NZA 1993, 430.

Allerdings ist zu berücksichtigen, daß der Arbeitnehmer im Gegensatz zum Arbeitgeber keine gesetzlichen Kündigungsbeschränkungen oder -verbote zu beachten hat. Er kann daher jederzeit das Arbeitsverhältnis unter Wahrung der vorgeschriebenen Kündigungsfristen einseitig beenden. Die Abmahnung durch den Arbeitnehmer ist daher nur bei vorzeitiger Beendigung des Arbeitsverhältnisses geboten. Dies kann z.B. der Fall sein bei nicht ordnungsgemäßer oder verspäteter Lohnzahlung, Nichtgewährung vertraglich zugesicherter Sonderleistungen, dem Einsatz in unzulässiger Über- oder Mehrarbeit oder bei mangelhaften oder gar fehlenden Arbeitsschutzvorrichtungen. Nicht selten übersehen Arbeitnehmer in diesen Fällen, daß auch für sie der Verhältnismäßigkeitsgrundsatz bei außerordentlicher Eigenkündigung gilt.

Schlußbemerkung:

Zu guter Letzt möchte ich der Hoffnung Ausdruck geben, daß die Abmahnung im rechtlichen Arbeitsleben nicht übersehen, aber auch nicht mißbraucht wird, und daß bei Beachtung all der vorangegangenen Ausführungen der Rechtsstreit hierüber, wenn nicht überflüssig, so doch seltener wird.

Wer ist nach saarländischem Tarifrecht außertariflicher Angestellter?

von
DIETMAR FRANKE

1. Der Begriff des AT-Angestellten

Zur Begriffsdefinition des AT-Angestellten wird seit mehr als zwanzig Jahren auf zwei Entscheidungen des BAG zurückgegriffen, in welchen sich das Gericht erstmals mit der Problematik auseinanderzusetzen hatte. Danach sind AT-Angestellte Arbeitnehmer, die aufgrund ihrer Tätigkeit nicht mehr dem persönlichen Geltungsbereich des einschlägigen Tarifvertrages unterfallen, andererseits aber noch nicht zum Personenkreis der Leitenden Angestellten nach § 5 Abs. 3 BetrVG gehören[1]. AT-Angestellte stellen folglich eine eigenständige Arbeitnehmergruppe dar, die zwischen Tarifangestellten und Leitenden Angestellten angesiedelt ist.

Mißverständlich wirkt die Definition des BAG in ihrem zweiten Halbsatz. Es fragt sich, ob die Eigenschaft als Leitender Angestellter die des AT-Angestellten - per argumentum a fortiori - einschließt, oder ob die Zugehörigkeit zum Personenkreis nach § 5 Abs. 3 BetrVG sich dem AT-Status gegenüber neutral verhält bzw. ihn sogar ausschließt. Die betriebliche Praxis handelt im Sinne der ersten Alternative: Jeder Leitende Angestellte ist AT aber nicht jeder AT-Angestellte ist leitend. Diese Betrachtungsweise kann richtig sein - sie muß es aber nicht. Dem Begriff nach gehören „AT“ und „leitend“ zwei verschiedenen Rechtsmaterien an. Während der Leitende Angestellte nach § 5 Abs. 3 BetrVG eine Rechtsfigur des Betriebsverfassungsrechts darstellt, handelt es sich beim AT-Angestellten um eine solche des Tarifvertragsrechts[2]. Wegen dieser dogmatisch unterschiedlichen Standorte schließen sich beide Begriffe weder aus noch gehören sie notwendigerweise zusammen. Vielmehr stehen sie einander neutral gegenüber, mit der Folge, daß der Leitende Angestellte - begriffslogisch - ebensogut AT-Angestellter wie Tarifangestellter sein oder ein aliud zu beiden darstellen könnte. Welche der drei Varianten zutrifft, muß durch Auslegung ermittelt werden. Ihr

1 BAG, Beschluß v. 18.9.1973 - 1 ABR 7/73, AP Nr. 3 zu § 80 BetrVG 1972; BAG, Beschluß v. 28.5.1974 - 1 ABR 22/73, AP Nr. 5 zu § 80 BetrVG 1972.

2 Vgl. MAYER-MALY, DB 1979, 988: Die Figur des AT-Angestellten gehört nicht dem BetrVG an.

dogmatischer Ausgangspunkt ist nicht § 5 Abs. 3 BetrVG sondern das Tarifvertragsrecht. Hierauf wird im späteren Zusammenhang zurückzukommen sein[3]. Für die an dieser Stelle allein interessierende Frage nach dem AT-Begriff genügt es festzuhalten, daß dem BAG nur bezüglich des ersten Teils seiner Definition gefolgt, d.h. als AT-Angestellter angesehen werden kann, wer außerhalb des persönlichen Geltungsbereiches des einschlägigen Tarifvertrages steht. Aber auch insoweit haftet der Begriffsbestimmung noch ein definitorischer Schönheitsfehler an.

Vom persönlichen Geltungsbereich eines Tarifvertrages ausgenommen werden kann nur, wer grundsätzlich in ihn eingebunden ist - wer also der Tarifbindung unterliegt. Die Tarifgebundenheit bildet sozusagen die zwingende Voraussetzung dafür, daß auf ihre Folge - die *Geltung* des Tarifvertrages - zu Gunsten einer bestimmten Arbeitnehmergruppe verzichtet werden kann. Angesichts des traditionell als verschwindend gering zu veranschlagenden gewerkschaftlichen Organisationsgrades des vorliegend in Betracht kommenden Personenkreises, liefe dessen Kennzeichnung als „außertariflich" mithin weitgehend ins Leere. Um dieser Konsequenz zu entgehen, erscheint es geboten, die AT-Definition im Wege der Aufnahme einer Fiktion zu erweitern und als AT-Angestellten denjenigen zu bezeichnen, der - *seine Tarifgebundenheit unterstellt* - außerhalb des persönlichen Geltungsbereichs des einschlägigen Tarifvertrages steht.

2. Der einschlägige Tarifvertrag als Ausgangspunkt

Mit der soeben vorgestellten Definition ist insofern wenig gewonnen, als sich aus ihr nicht ergibt, *wer* außerhalb des persönlichen Geltungsbereiches des einschlägigen Tarifvertrages steht. Zu fragen ist also nach dem Inhalt der Negativabgrenzung, d.h. nach den Voraussetzungen, unter welchen jemand dem persönlichen Geltungsbereich eines Tarifvertrages nicht unterfällt. Dies kann nur auf der Grundlage des *einschlägigen* Tarifvertrages erfolgen. Unter „einschlägig" ist dabei derjenige Tarifvertrag zu verstehen, der räumlich für einen bestimmten geographisch abgegrenzten Raum (Tarifgebiet), fachlich für die dort ansässigen Betriebe eines bestimmten Wirtschaftszweiges (Branche) und persönlich für die in diesen Betrieben angestellten Arbeitnehmer (soweit diese eben nicht AT-Angestellte sind) gilt. Was die räumliche Geltung anbelangt, so soll sich im folgenden auf das Tarifgebiet Saarland beschränkt werden. Bezüglich des fachlichen Gel-

3 Unten 3.2.2.

tungsbereiches sei auf eine exemplarische Auswahl unter denjenigen Branchen zurückgegriffen, die im Verband Saarländischer Unternehmensverbände (VSU) zusammengeschlossen sind. Deren Tarifverträge weichen jedoch, was die AT-konstitutiven Varianten ihrer Geltungsbereichsdefinitionen anbelangt, derart voneinander ab, daß es der leichteren Überschaubarkeit wegen angezeigt erscheint, sie in einer grafischen Übersicht darzustellen (s. Seite 256).

3. Die Ambivalenz der konstitutiven Voraussetzungen

3.1 Summarischer Überblick

Schon der erste flüchtige Blick auf die grafische Übersicht über die einschlägigen Geltungsbereichsdefinitionen der einzelnen Tarifverträge zeigt, daß es *den* AT-Angestellten nicht gibt. Vielmehr wechseln die an ihn gestellten definitorischen Anforderungen von Tarifvertrag zu Tarifvertrag. Sei es, daß darin nur auf die Funktion des Angestellten abgehoben wird, sei es, daß die Funktion alternativ neben formellen und materiellen Kriterien aufgeführt ist, sei es, daß formelle und materielle Bedingungen kumulativ erfüllt sein müssen, oder das Vorliegen der einen oder der anderen Bedingung schon als hinreichend zur Erlangung der AT-Fähigkeit anerkannt wird. Aufgrund des unterschiedlichen Charakters der Varianten ihrer Verknüpfung kommt man nicht umhin, im AT-Angestellten eine äußerst ambivalente Rechtsfigur zu erblicken. Beispiel: Wer als AT-Angestellter aus einem Unternehmen der Metall- und Elektroindustrie (8)[4] in ein solches des Groß- und Außenhandels (4) überwechselt, verliert, sofern er dort keine leitende Position im Sinne des § 5 Abs. 3 BetrVG bekleidet, selbst dann seinen AT-Status, wenn er sich im übrigen deutlich verbessert.

Doch selbst innerhalb ein und desselben Tarifvertrages finden sich Ungereimtheiten. So sollen ausweislich der tariflichen Regelung in der eisenschaffenden Industrie (1) zwar Handlungsbevollmächtigte AT-Status innehaben, Leitende Angestellte - mit Ausnahme der Prokuristen - dagegen nicht. Andererseits läßt es der Tarifvertrag genügen, wenn einem Mitarbeiter der AT-Status durch Einzelarbeitsvertrag zuerkannt wird, vorausgesetzt sein Aufgabengebiet stellt höhere Anforderungen, als die höchste Tarifgruppe sie verlangt. Es sollte außer Zweifel stehen, daß die Stelle eines

4 Die in Klammern gesetzten Zahlen bezeichnen die Nummern, mit welchen die in der Grafik aufgeführten Tarifverträge versehen sind.

Handlungsbevollmächtigten diese Voraussetzung ebenso erfüllt wie die eines Prokuristen, so daß sich deren gesonderte Erwähnung überflüssig ausnimmt, wie umgekehrt die Nichtnennung der Leitenden Angestellten unter diesem Gesichtspunkt betrachtet durchaus konsequent ist.

Die genannten Beispiele repräsentieren keineswegs die Gesamtheit der fragwürdigen Abgrenzungspraxis. Deren eingehende Würdigung bedarf vielmehr einer ausführlichen Analyse der herangezogenen Einzelkriterien.

3.2. AT-Eigenschaft kraft Funktion

3.2.1 Die gesetzlichen Vertreter

Drei der in der Grafik vorgestellten Tarifverträge nennen als erste Gruppe unter den AT-Angestellten die gesetzlichen Vertreter von juristischen Personen bzw. Personengesellschaften des privaten Rechts. Diese Betrachtungsweise begegnet schon im Ansatz Bedenken. AT-Angestellte sind Angestellte und stehen demzufolge neben den Arbeitern und den zu ihrer Berufsausbildung Beschäftigten unter dem gemeinsamen Oberbegriff „Arbeitnehmer". Diese Eigenschaft unterscheidet sie von den gesetzlichen Vertretern eines Unternehmens. Ebensowenig wie Vorstandsmitglieder einer Aktiengesellschaft (§§ 76 ff. AktG) oder Geschäftsführer einer GmbH (§§ 6, 35 ff. GmbHG) zählen die gesetzlichen Vertreter anderer gesellschaftsrechtlicher Organisationsformen, wie z. B. die der OHG nach §§ 114, 126 HGB, der KG nach § 164 in Verbindung mit § 161 HGB oder der BGB - Gesellschaft nach §§ 709 ff. BGB zu den Arbeitnehmern[5]. Ihre Aufnahme in jene tariflichen Geltungsbereichsdefinitionen mag zwar unter deklaratorischen Gesichtspunkten hinnehmbar - und aus verbandspolitischen Gründen vielleicht sogar opportun sein, vom Standpunkt der arbeitsrechtsdogmatischen Begriffsbildung aus gesehen, ist sie jedenfalls verfehlt.

3.2.2 Die Leitenden Angestellten

Unter den vierzehn ausgewählten Tarifverträgen sind es lediglich fünf, welche die Leitenden Angestellten im Sinne des § 5 Abs. 3 BetrVG dem Wortlaut nach ausdrücklich vom persönlichen Geltungsbereich ausnehmen[6]. Man

---

5 Vgl. SCHAUB, Arbeitsrechtshandbuch, 7. Aufl., München 1992, § 14 II 1, m.w.N.

6 Die „Angestellten in leitender Stellung" nach dem Tarifvertrag für das Bankgewerbe (Nr. 7) sind mit § 5 Abs. 3 BetrVG zwar nicht deckungsgleich, jedoch sind letztere im Wege des Schlusses a minore ad maius ebenfalls gemeint.

könnte den pragmatischen Standpunkt einnehmen, dies sei insoweit von untergeordneter Bedeutung, als der besagte Personenkreis durch andere AT-konstitutive Kriterien, wie z. B. dem Erfordernis der höheren Anforderungen (1, 8, 9) oder dem Überschreiten des höchsten Tarifgehaltes (10, 11) problemlos mit erfaßt werde[7]. Bei dieser Vorgehensweise verblieben immerhin drei Tarifverträge (12, 13, 14), nach deren Wortlaut Leitende Angestellte dem Tarifbereich zugeordnet werden müßten; es sei denn, es ließe sich ein genereller Grundsatz des Inhalts aufstellen, daß Leitende Angestellte nach § 5 Abs. 3 BetrVG den Status gleichsam „geborener" AT-Angestellter innehätten, d.h. also unabhängig davon, ob sie im Wortlaut des jeweiligen Tarifvertrages Berücksichtigung fänden oder nicht, AT-Angestellte wären. Damit ist ein grundsätzliches Problem aufgeworfen, das es im folgenden näher zu beleuchten gilt.

Nach der Wertentscheidung, die der Gesetzgeber in § 5 Abs. 3 BetrVG getroffen hat, sind Leitende Angestellte von der Geltung des Betriebsverfassungsgesetzes vorrangig deshalb ausgenommen, weil sie in bezug auf die ihnen übertragenen Teilbereiche als Unternehmer handeln und insoweit Arbeitgeberfunktionen ausüben. Es stellt sich deshalb die Frage, ob diese Gesichtspunkte auf der Ebene des Tarifvertragsrechts das gleiche Wertungsergebnis nach sich ziehen.

Eines der wesentlichen Elemente, welches die Ausübung von Unternehmer- bzw. Arbeitgeberfunktionen kennzeichnet, ist die Freiheit, und zwar nicht nur die Freiheit im Hinblick auf die den Funktionsträgern zur Verfügung stehenden Entscheidungsspielräume, sondern vor allem die der Einteilung ihrer Arbeitszeit. Leitende Angestellte haben Aufgaben zu erfüllen. Die dafür aufzuwendende Zeit und deren Einteilung mag zwar faktisch eine Rolle spielen (Termindruck etc.), arbeitsrechtlich ist sie dagegen unbeachtlich. Dies unterscheidet die Leitenden Angestellten vom Adressatenkreis derer, für die Tarifverträge typischerweise bestimmt sind. Gerade die Arbeitszeit, eingeschlossen der mit ihr in sachlichem Zusammenhang stehenden Regelungsgegenstände gehören zum Kernbereich tarifvertraglicher Rechtssetzungskompetenz. Diese Zuständigkeit der Tarifvertragsparteien stellen selbst diejenigen nicht in Frage, die in den neuerdings geführten Diskussionen um die Zukunft des Flächentarifvertrages seiner umfassenden Öffnung zugunsten betrieblicher Regelungsbefugnis das Wort reden. Wenn daher - und dies auch zukünftig - Fragen der (durchschnittlichen wöchentlichen) Arbeitszeit, der Mehrarbeit, der Sonn- und Feiertagsarbeit, ein-

---

7 Vgl. auch oben 3.1.

schließlich der darauf entfallenden Vergütung sowie des Urlaubs, der bezahlten Freistellungen etc. zu den unbestrittenen Materien tariflicher Übereinkunft zählen, so macht ihr Beispiel hinreichend deutlich, daß sie nicht auf Leitende Angestellte zugeschnitten sind. Das Beispiel ließe sich - worauf in Anbetracht des begrenzten Raumes verzichtet werden muß[8] - mühelos um weitere ergänzen; stets gelangte man zu dem gleichen Ergebnis und mit ihm zu der Schlußfolgerung, daß Leitende Angestellte - ungeachtet ihrer ausdrücklichen Erwähnung in der Geltungsbereichsdefinition des einschlägigen Tarifvertrages - kraft Funktion außerhalb des Tarifvertrages stehen und demzufolge „geborene" AT-Angestellte darstellen.

Um Mißverständnissen, namentlich auf Seiten der betrieblichen Praxis entgegenzuwirken, sei hinzugefügt, daß der Status „geborener" AT-Angestellter nur den Leitenden Angestellten im Sinne des § 5 Abs. 3 BetrVG zukommt. Die weitverbreitete Übung, Mitarbeiter mit bestimmten Aufgabengebieten zu Leitenden Angestellten zu ernennen, zählen - sofern sie § 5 Abs. 3 BetrVG nicht unterfallen - als „unechte Leitende" nicht zu dem soeben angesprochenen Personenkreis. Für sie ist auf der Grundlage des einschlägigen Tarifvertrages zu ermitteln, ob dieser materielle oder formelle AT-Voraussetzungen konstituiert, deren Erfüllung ihre AT-Stellung rechtfertigt. Auf diese Voraussetzungen soll im folgenden eingegangen werden.

3.3 AT-Eigenschaft kraft materieller und formeller Kriterien

3.3.1 Die höheren Anforderungen

Das hier zu erörternde Kriterium, das solchen Angestellten AT-Status zuspricht, deren Aufgabengebiet höhere Anforderungen stellt als die höchste tarifliche Beschäftigungsgruppe sie verlangt (1, 2, 8, 9), hat die Logik auf seiner Seite: Ein *außer*tarifliches Aufgabengebiet muß dem Begriffe nach die Anforderungen überschreiten, die der Tarifvertrag bezüglich der ihm unterworfenen Stellen voraussetzt; (andernfalls wäre das Aufgabengebiet tariflicher Natur). So einleuchtend sich diese Logik ausnimmt, so problematisch gestalten sich die Konsequenzen, die sie in interpretatorischer Hinsicht aufwirft. Hierzu ist zunächst erst einmal festzuhalten, daß es sich vorliegend um eine offene Definition des AT-Angestellten handelt. Offen deshalb, weil zu ihrem Verständnis die Kenntnis der Anforderungen vonnöten ist, welche die höchste Tarifgruppe voraussetzt. Sie fallen - fast ist man geneigt zu sagen: erwartungsgemäß - von Tarifvertrag zu Tarifvertrag verschieden aus.

8 Vgl. näher hierzu FRANKE, Der außertarifliche Angestellte, München 1991, S. 12 ff.

Gemeinsam ist ihnen jedoch die hohe Meßlatte, die sie an die höchste Tarifgruppe anlegen. So sind etwa deren Angehörige in der saarländischen Metall- und Elektroindustrie (8) als Angestellte definiert, „die ein schwieriges Aufgabengebiet selbständig und verantwortlich bearbeiten, wozu vielseitige Fachkenntnisse - auch Kenntnisse in angrenzenden Arbeitsgebieten - und langjährige Berufserfahrung erforderlich sind, ebenso Angestellte, die als Spezialisten ein gleichwertiges Tätigkeitsgebiet verantwortlich bearbeiten[9]".

Es bedarf eines beträchtlichen sprachlichen Aufwandes und eines nicht minder beachtlichen Maßes an interpretatorischer Überzeugungskraft zu begründen, wie ein Aufgabengebiet wohl beschaffen sein muß, das über die beschriebenen Anforderungen hinausreicht. Die betriebliche Praxis neigt dazu, sich diesbezüglich auf pragmatische Weise aus der Affäre zu ziehen, indem sie auf mehr oder weniger verallgemeinerungsfähige Konsenskriterien setzt. Im Streitfalle dürfte sich der daraus resultierende Begründungszwang allerdings die Waage halten, was auf der Grundlage der nahezu unjustitiablen Generalklauseln , wie sie die tarifvertragsüblichen Gehaltsgruppendefinitionen darstellen, an Argumenten entgegengesetzt wird. Einen für alle Seiten nachvollziehbaren Lösungsweg aus diesem Dilemma bietet die - vorzugsweise analytische - Arbeitsbewertung. Mit ihrer Hilfe können sämtliche in einem Unternehmen existierende Aufgabengebiete entsprechend dem Ausprägungsgrad ihrer Anforderungen qualitativ ermittelt und in eine durch Punktwerte ausgewiesene Wertigkeitsrelation zueinander gebracht werden. Diese Vorgehensweise erlaubt nicht nur eine relative Zuordnung der einzelnen Aufgabengebiete zu den verschiedenen Tarifgruppen, sie ermöglicht darüber hinaus, durch die Festsetzung eines Schwellenwertes den „Sprung" in den AT-Bereich zu fixieren[10]. Solange sich aber die Unternehmen in ihrer Mehrzahl der Einführung einer Methode zur Arbeitsbewertung verschließen, kommen sie nicht umhin, die Abgrenzungsproblematik auf der Grundlage jener sprachlich wenig befriedigenden Gehaltsgruppendefinitionen mit allen sich daraus ergebenden Unzulänglichkeiten vorzunehmen.

---

9 Tarifgruppe K/T6.

10 Ausführlich zu diesem Verfahren FRANKE, Lohn- und Gehaltsgerechtigkeit durch relationale Arbeitsbewertung, Neuwied - Kriftel - Berlin 1995, S. 103 ff.

3.3.2 Das Überschreiten der tariflichen Vertragsbedingungen

Die Frage, unter welchen Voraussetzungen die AT-Vertragsbedingungen diejenigen des Tarifvertrages (teilweise) überschreiten, kann im Einzelfall nicht immer eindeutig beantwortet werden. Ist beispielsweise im AT-Vertrag von einer Regelung über die individuelle wöchentliche Arbeitszeit ausdrücklich Abstand genommen worden, so mag dies für den betroffenen Arbeitnehmer günstiger oder auch ungünstiger sein. Günstiger insofern, als er nicht gehalten ist, innerhalb der betriebsüblichen Arbeitszeit genommene Freistunden nachzuarbeiten oder sie als unbezahlte Freistellung von der Arbeit verbuchen zu lassen; ungünstiger deshalb, weil mangels festgeschriebener Arbeitszeit begrifflich keine Mehrarbeit (einschließlich der auf sie entfallenden Zuschläge) anfällt. Desgleichen kann zweifelhaft sein, ob längere Kündigungsfristen, wie sie in AT-Verträgen üblich sind, einen Vorteil oder einen Nachteil für den Angestellten darstellen. Einerseits ermöglicht ihm die längere Frist im Falle der arbeitgeberseitigen Kündigung sich unter geringerem Zeitdruck nach einem neuen Arbeitgeber umzusehen, andererseits beeinträchtigt sie seine Flexibilität am Arbeitsmarkt, wenn er selbst die Initiative zu einem Wechsel des Arbeitgebers ergreift. Des weiteren ist fraglich, inwieweit von einem Überschreiten der tariflichen Vertragsbedingungen ausgegangen werden kann, wenn die individualvertraglichen Regelungen teils hinter den tarifvertraglichen zurückbleiben, teils über sie hinausreichen. Im Schrifttum wird dazu die Auffassung vertreten, daß nur vergleichbare Bedingungen einander gegenüber gestellt werden können[11]. Danach ist es ausgeschlossen, einen höheren Urlaubsanspruch gegen eine ungünstige Arbeitszeitregelung zu saldieren, da Urlaub und Arbeitszeit zwei inkommensurable Größen darstellen. Aus demselben Grund erübrigte es sich, die Zusage einer betrieblichen Altersversorgung gegen die Gewährung einer vermögenswirksamen Leistung oder die Zahlung einer Jahresabschlußtantieme gegen die fehlende Mehrarbeitsvergütung ins Feld zu führen.

Schlösse man sich der beschriebenen Verfahrensweise an, dann wäre in den betreffenden Branchen (2, 8, 9) eine AT-Stellung nahezu ausgeschlossen. Denn die Besserstellung eines AT-Angestellten der Metall- und Elektroindustrie in puncto Arbeitszeit liefe auf die groteske Konsequenz hinaus, daß er seinem Arbeitgeber nur noch an weniger als 35 Stunden pro Woche zur Verfügung zu stehen brauchte (statt - wie es für einen AT-Angestellten angemessen wäre - überhaupt keiner arbeitszeitlichen Begrenzung zu unterliegen). Um einer sachgemäßen Abgrenzung willen erscheint es daher ange-

11 REINECKE / STUMPFE, Rdw. 7 zu § 1 MTV - Stahl/NRW.

zeigt, eine summarische Würdigung der außertariflichen Vertragsbedingungen vorzunehmen und im Einzelfall zu prüfen, ob diese in der Gesamtschau die des Tarifvertrages überschreiten. Für diese Vorgehensweise spricht auch eine rechtslogische Erwägung. Das Kriterium „Überschreiten der tariflichen Vertragsbedingungen" hat bei Lichte besehen keine eigenständige Funktion. Vielmehr beschreibt es *die Folge* des Tatbestandes, daß das fragliche (AT-fähige) Aufgabengebiet höhere Anforderungen stellt als die höchste Tarifgruppe sie verlangt. Nur wenn diese *Voraussetzung* - selbst wenn der Tarifvertrag sie nicht ausdrücklich nennen sollte - vorliegt, besteht für den Arbeitgeber Veranlassung, aber auch die Verpflichtung, die Vertragsbedingungen so auszugestalten, daß sie der höheren Wertigkeit des AT-Aufgabengebietes entsprechen, d.h. in ihrer Gesamtheit die des Tarifvertrages überschreiten.

3.3.3 Das Überschreiten des höchsten Tarifgehaltes

Das soeben Ausgeführte gilt in gleichem Maße bezüglich derjenigen Tarifverträge, die das Überschreiten des höchsten Tarifgehaltes als - bisweilen sogar einziges - konstitutives AT-Kriterium vorschreiben (3, 10, 11). Denn bei ihm handelt es sich um nichts anderes als um einen Unterfall der (materiellen) Vertragsbedingungen, der - wie diese - das Kriterium der „höheren Anforderungen als in der höchsten Tarifgruppe verlangt", zur (stillschweigenden) Voraussetzung hat. Wer also ein höheres als das höchste tarifliche Gehalt bezieht, ist deswegen - und nur deswegen - AT-Angestellter, weil er ein AT-fähiges *Aufgabengebiet* bekleidet. Wäre letzteres nicht der Fall, so hätte seine AT-Stellung unter dem Gesichtspunkt des Gleichbehandlungsgrundsatzes keinen Bestand[12].

3.3.4 Die Anerkennung durch Einzelvertrag

In der personalwirtschaftlichen Literatur wird es als äußerer Ausdruck der besonderen Verbundenheit des AT-Angestellten zum Unternehmen betrachtet, mit ihm einen Einzelvertrag abzuschließen[13]. Dahinter steht die Überlegung, Mitarbeiter von denen aufgrund ihrer Stellung und ihres Aufgabengebietes eine erhöhte Verantwortungs- und Leistungsbereitschaft

12 In der Praxis existieren zahlreiche Tarifverträge, die bezüglich des Überschreitens der höchsten tariflichen Gehaltsgruppe einen Schwellenwert von 10% oder darüber vorschreiben. In diesen Fällen gilt nichts anderes: dem AT - Eingangsgehalt muß ein Aufgabengebiet korrespondieren, dessen Anforderungen unter dem Gesichtspunkt der Arbeitsbewertung ein solches Gehalt rechtfertigt.

13 FRIEDRICHS, Personal - Mensch und Arbeit, 1970, S. 226.

erwartet wird, auch in bezug auf die *Form* ihres Arbeitsvertrages von den Tarifangestellten abzuheben. Diese Betrachtungsweise dürfte allerdings nicht mehr ganz der Wirklichkeit entsprechen. Erstens ist es heute zumindest in größeren Unternehmen üblich, auch mit Tarifangestellten, obgleich deren Arbeitsverhältnisse weitgehend kollektivrechtlich durch Tarifvertrag geregelt sind, Einzelarbeitsverträge abzuschließen. Zweitens handelt es sich bei den mit AT-Angestellten abgeschlossen Individualverträgen keineswegs zugleich auch um individuelle Verträge. Sowohl die Einzelarbeitsverträge mit Tarifangestellten als auch die mit AT-Angestellten sind heute im allgemeinen dadurch gekennzeichnet, daß sich der Arbeitgeber Standardtexten bedient[14], neben welchen für die Aufnahme zusätzlicher individueller (i.e. individuell ausgehandelter) Belange in der Regel kein Raum ist[15].

Richtigerweise wird man deshalb dem Gebot zur Anerkennung des AT-Status mittels schriftlichen Einzelvertrages lediglich den Charakter einer Ordnungsvorschrift beizulegen haben. Der Arbeitgeber soll angehalten werden, durch eindeutige Zuordnung sichtbar zu machen, welche seiner Arbeitnehmer AT-Angestellte sind und welche dem Tarifbereich angehören. Auch aus der Sicht der betroffenen AT-Angestellten erfüllt die so verstandene Vorschrift einen wichtigen Zweck. Mit der schriftlichen Bestätigung seines AT-Status wird dem Angestellten nämlich vor Augen geführt, daß er sich durch seine Unterschrift zugleich auch des kollektiven Schutzes tarifvertraglich festgeschriebener Rechte begibt, bzw. um den Ordnungscharakter der Regelung zu unterstreichen: der Angestellte bestätigt dem Arbeitgeber, daß seine Rechte aus dem Tarifvertrag mit der Übernahme in das AT-Verhältnis erloschen sind.

3.3.5 AT-Stellung in absehbarer Zeit

Zwei der hier behandelten Tarifverträge (1,8) statuieren ein atypisches Kriterium zur Erlangung der AT-Eigenschaft - die Übernahme in ein außertarifliches Vertragsverhältnis in absehbarer Zeit. Atypisch ist diese Regelung deshalb , weil nach ihr Angestellte AT-Status erhalten, die „eigentlich" (noch) keine AT-Angestellten sind. Gemeint sind damit i.d.R. Nachwuchskräfte, die entweder ein Aufgabengebiet innehaben, dessen Anforderungsprofil sich in Richtung AT fortentwickelt, oder die bereits eine als außer-

---

14 Vgl. die von Gesamtmetall herausgegebenen „Empfehlungen für die Anstellungsverträge mit außertariflichen Angestellten".

15 Die individuelle Besonderheit wird sich i.d.R. in der Bemessung der Höhe des Gehaltes erschöpfen.

tariflich ausgewiesene Stelle bekleiden aber in die Anforderungen erst noch „hineinwachsen" müssen. Es handelt sich m.a.W. um Mitarbeiter, denen aus Gründen der Personalentwicklung der AT-Status gleichsam im Vorgriff zuerkannt worden ist.

4. Das Mitbestimmungsrecht des Betriebsrates

Der Tarifvertrag für die chemische Industrie (9) macht die AT-Stellung eines Angestellten ausdrücklich von der Zustimmung des Betriebsrates abhängig. Es wäre verfehlt, daraus den Schluß zu ziehen, daß alle übrigen Branchen allein aufgrund des Fehlens einer entsprechenden tariflichen Regelung dem möglichen Zustimmungserfordernis enthoben wären. Über das Mitbestimmungsrecht des Betriebsrates entscheidet nicht der jeweilige Tarifvertrag, es bemißt sich allein nach dem Betriebsverfassungsgesetz. Dieses Gesetz findet grundsätzlich auch auf AT-Angestellte Anwendung, es sei denn, die AT-Eigenschaft beruht auf der betrieblichen Stellung des Arbeitnehmers als Leitender Angestellter im Sinne des § 5 Abs. 3 BetrVG[16].

§ 99 Abs. 1 BetrVG räumt dem Betriebsrat in Angelegenheiten der Ein- und Umgruppierung ein zwingendes Mitbestimmungsrecht ein. Fraglich ist, ob die Einstellung eines AT-Angestellten mit einer Eingruppierung, bzw. die Übernahme eines Tarifangestellten in das AT-Verhältnis mit einer Umgruppierung verbunden ist. Zweifel daran könnten sich insofern einstellen, als der Einwand nahe liegt, von Ein- bzw. Umgruppierung könne nur in den Fällen gesprochen werden, in welchen ein Unternehmen - analog zu den Tarifgruppen - im AT-Bereich Gehaltsgruppen mit unterschiedlicher Entgelthöhe festgesetzt habe. Letzteres entspricht in der Tat mancher Unternehmenspraxis. Überwiegend besteht jedoch die Gepflogenheit, AT-Gehälter frei zu vereinbaren und auf die Bildung eigenständiger AT-Gehaltsgruppen zu verzichten. Bei der Frage der Ein- bzw. Umgruppierung kommt es jedoch nicht allein darauf an, ob ein Arbeitnehmer im Zusammenhang mit seiner AT-Stellung zugleich in eine AT-Gehaltsgruppe übernommen wird. Ein- bzw. Umgruppierung kann dem Wortsinn nach auch dann vorliegen, wenn eine Negativentscheidung des Inhaltes zu treffen ist, daß der Arbeitnehmer einer bestimmten Gehaltsgruppe *nicht* angehört.
Die Entscheidung über die AT-Eigenschaft eines Angestellten erfolgt im Wege des Negativschlusses. Denn AT-Angestellter ist per definitionem, wer dem persönlichen Geltungsbereich des einschlägigen Tarifvertrages *nicht*

16 Siehe oben 3.2.2.

unterfällt. Die Begründung eines AT-Verhältnisses, gleichviel ob aus Anlaß der Einstellung eines neuen Mitarbeiters oder der Übernahme eines Tarifangestellten, ist m. a. W. stets das Resultat aus der Entscheidung *gegen* dessen Zugehörigkeit zur höchsten Gehaltsgruppe des einschlägigen Tarifvertrages[17]. In beiden Fällen steht dem Betriebsrat ein Mitbestimmungsrecht zu. Es umfaßt das Mitbeurteilungsrecht in bezug auf die Prüfung der Voraussetzungen, die jenen Negativbeschluß rechtfertigen. Sieht der einschlägige Tarifvertrag im Überschreiten des höchsten Tarif(gruppen)gehaltes oder anderer tariflicher Vertragsbedingungen das alleinige AT-Kriterium, so erstreckt sich das Mitbestimmungsrecht auch auf die Würdigung der Gründe, die den Arbeitgeber veranlassen, den betreffenden Mitarbeiter mit der materiellen Besserstellung zu bedenken. Damit findet die oben[18] getroffene Feststellung, nach welcher das Merkmal der „höheren Anforderungen als in der höchsten Tarifgruppe" das letztlich tragende Kriterium für die Abgrenzung des (nichtleitenden) AT-Angestellten darstellt, ihre mitbestimmungsrechtliche Bestätigung.

5. Fazit

Die AT-Eigenschaft kann auf zweifache Weise erworben werden; entweder als „geborener" AT-Angestellter durch die Zugehörigkeit zum Kreis der Leitenden Angestellten nach § 5 Abs. 3 BetrVG oder als „gekorener" AT-Angestellter, indem der Arbeitnehmer, bzw. sein Aufgabengebiet die Voraussetzungen erfüllt, die der einschlägige Tarifvertrag laut Definition seines persönlichen Geltungsbereiches als AT-Kriterium statuiert[19]. Gleich den sog. unechten Leitenden Angestellten[20] gibt es auch „unechte" AT-Angestellte. Hierzu zählen diejenigen, die mit einem AT-Vertrag versehen worden sind, ohne die tariflichen Voraussetzungen für eine AT-Stellung zu erfüllen. Bei ihnen handelt es sich rechtlich um Tarifangestellte, die, sofern ihre monatlichen Gehaltsbezüge höher ausfallen als die höchste Tarifgruppe sie vorsieht, wie Angehörige eben dieser Tarifgruppe zu behandeln sind. Das bedeutet, daß der das höchste Tarifgruppengehalt überschreitende Entgeltbestandteil als übertarifliche Zulage zu behandeln ist. Damit ist zugleich ein terminologisches Problem angesprochen.

---

17 Ähnlich neuestens BAG, Beschluß v. 31.10.1995 - 1 ABR 5/95, NZA 1996, 890 ff.

18 Siehe 3.3.2.

19 Die „geborenen" AT-Angestellten bilden herkömmlicherweise den Kreis, der in der betrieblichen Praxis als eigenständige - zwischen Tarifangestellten und Leitenden Angestellten stehende - Arbeitnehmergruppe behandelt wird.

20 Siehe oben 3.2.2.

In der Rechtsprechung[21] und im Schrifttum[22] trifft man neben dem Begriff der übertariflichen Zulage bisweilen auch auf den der außertariflichen Zulage, wobei nicht deutlich wird, ob beide synonym verstanden werden oder qualitativ Verschiedenes bezeichnen sollen. Hierzu sei abschließend festgestellt: Es gibt AT-Angestellte, die ein *außertarifliches* Gehalt beziehen, und es gibt Tarifangestellte, die zuzüglich zu ihrem Tarifgehalt eine *übertarifliche* Zulage erhalten. Eine Arbeitnehmergruppe, der eine außertarifliche Zulage zugewendet wird, ist dagegen unbekannt. Die außertarifliche Zulage sollte deshalb aus dem arbeitsrechtlichen Begriffsrepertoire ersatzlos gestrichen werden.

21 BAG (GS), Beschluß v. 3.12.1991 - GS 2/90, NZA 1992, 749 ff.; BAG, oben Anm. 17. Im BAG-Urteil v. 28.9.1994 - 1 AZR 870/93, NZA 1995, 277 ff., werden außertarifliche Gehaltselemente als übertarifliche Zulagen bezeichnet.

22 RICHARDI, NZA 1992, 961 ff.

	1 Eisenschaffende Industrie	2 Süßwarenindustrie	3 Brauindustrie	4 Chemische Industrie/Akademiker	5 Groß- und Außenhandel	6 Heizung-Klima etc.	7 Bankgewerbe	8 Metall- u. Elektroindustrie	9 Chem. Industrie	10 Saarbergbau	11 Säge- und Holzwirtschaft	12 Baustoffindustrie	13 Gastgewerbe	14 Verkehrsgewerbe
Gesetzliche Vertreter von juristischen Personen bzw. Personengesellschaften des privaten Rechts	o	o	o											
Prokuristen	o													
Leitende Angestellte (§ 5 III BetrVG)		o	o	o	x	o								
Handlungsbevollmächtigte	o													
Angestellte in leitender Stellung							x							
Höhere Anforderungen als in der höchsten Tarifgruppe	x	x						x	x			Keine AT-Definitions-kriterien		
Überschreiten der Vertragsbedingungen des Tarifvertrages		x						x	x					
Überschreiten des höchsten Tarifgehaltes		x	o				x		x	o	o			
Übrige Vertragsbedingungen nicht schlechter als im Tarifvertrag					x		x							
Anerkennung durch Einzelarbeitsvertrag	x	x						x	x					
Übernahme in AT in absehbarer Zeit	o							o						
Zustimmung des Betriebsrates									x					

o = alternativ
x = kumulativ

Der europäische Betriebsrat - ein Betriebsrat für Europa?

von
Rainer Fuchs

Die Richtlinie 94/45/EG des Rates vom 22. September 1994 und deren Vorgeschichte:

Der Bundestag hat am 27. September 1996 mit der Mehrheit der Koalitionsregierung ein Gesetz über Europäische Betriebsräte beschlossen. Damit hat die Bundesregierung formal die „Richtlinie über die Einsetzung eines Europäischen Betriebsrat oder die Schaffung eines Verfahrens zur Unterrichtung und Anhörung der Arbeitnehmer in gemeinschaftsweit operierenden Unternehmen und Unternehmensgruppen" in nationales Recht transformiert. Die Kritik der Opposition läßt sich im wesentlichen auf das Fehlen „echter Beteiligungsrechte" und die nicht geregelte Teilnahme der Gewerkschaften am Verfahren zusammenfassen.

Während auf seiten der Unternehmen längst aufgrund des grenzüberschreitenden Verkehrs von Personen, Waren, Dienstleistungen und Kapital eine „Europäisierung" stattgefunden hat, dauern die Bemühungen, auf seiten der Arbeitnehmer innerhalb der Interessenvertretung nachzuziehen schon sehr lange. Bereits 1980 wurde eine „Richtlinie über die Unterrichtung und Anhörung der Arbeitnehmer von Unternehmen mit komplexer, insbesondere transnationaler Struktur" (sog. „Vredeling-Richtlinie") vorgelegt. Diese Richtlinie war jedoch von allen Seiten großer Kritik ausgesetzt. Eine modifizierte Version aus dem Jahre 1983, die im Ergebnis eine Teilharmonisierung der nationalen Arbeitnehmervertretungssysteme beinhaltete, wurde von Belgien und Deutschland als Eingriffe in die bestehenden Systeme gewertet und zusammen mit Großbritannien, dem der Vorschlag zu weitgehend war, abgelehnt.

In 1990 legte die Europäische Kommission einen „Vorschlag für eine Richtlinie über die Einsetzung Europäischer Betriebsräte zur Information und Konsultation der Arbeitnehmer in gemeinschaftsweit operierenden Unternehmen und Unternehmensgruppen" vor. Aber erst mit Abschluß des Maastrichter Vertrages und dem damit verbundenen Abkommen über die Sozialpolitik, das mit Ausnahme Großbritanniens alle Mitgliedsstaaten unterzeichneten, war der Weg frei für eine Beschlußfassung mit qualifizierter Mehrheit (Wegfall des Einstimmigkeitsprinzips in diesem Bereich).

Ziel der Richtlinie ist die Stärkung des Rechts auf Unterrichtung und Anhörung der Arbeitnehmer durch Einsetzung eines Europäischen Betriebsrates oder Schaffung eines dezentral strukturierten Unterrichtungs- und Anhörungsverfahrens (letztes war nur bis zur Umsetzung in nationales Recht möglich!). Die Richtlinie gilt für Unternehmen und Unternehmensgruppen mit insgesamt mindestens 1.000 Arbeitnehmern und mit jeweils mindestens 150 Arbeitnehmern in mindestens zwei Mitgliedsstaaten (ausgenommen Großbritannien). In der EU sind derzeit ca. 1.200 Unternehmen und Konzerne mit 4,4 Millionen Arbeitnehmern/innen betroffen.
Soweit vor der Umsetzung in nationales Recht bereits freiwillige Vereinbarungen auf Unternehmensebene abgeschlossen waren, behalten diese ihre Gültigkeit und können auch nach Ablauf ihrer Geltungsdauer erneut vereinbart werden.

Die Kernaussagen der Richtlinie:

- Nach Art. 4 ist die zentrale (Unternehmens-)Leitung dafür verantwortlich, daß die Voraussetzungen für die Einrichtung eines Europäischen Betriebsrates bzw. die Schaffung eines Verfahrens zur Unterrichtung und Anhörung der Arbeitnehmer geschaffen und die Mittel hierzu bereitgestellt werden.

- Hierzu werden auf Initiative der zentralen Leitung oder auf schriftlichen Antrag von mindestens 100 Arbeitnehmern oder ihrer Vertreter aus mindestens zwei Betrieben oder Unternehmen in mindestens zwei verschiedenen Mitgliedsstaaten Verhandlungen aufgenommen (Art. 5 Abs. 1).

- Die Verhandlungen mit der zentralen Leitung führt ein von den Arbeitnehmern zu berufendes „besonderes Verhandlungsgremium", das sich aus mindestens drei und höchstens 17 Mitgliedern zusammensetzt (Art. 5 Abs. 2). Das Verfahren für die Wahl oder die Benennung der Mitglieder des „besonderen Verhandlungsgremiums" wird von den einzelnen Mitgliedsstaaten festgelegt. Im „besonderen Verhandlungsgremium" muß jedes Mitgliedsland, in dem ein betroffener Betrieb angesiedelt ist, vertreten sein, des weiteren müssen die zur Verfügung stehenden Sitze im Verhältnis zu den jeweiligen Beschäftigungszahlen der einzelnen Betriebe in den einzelnen Mitgliedsstaaten stehen.

- Beschließt das „besondere Verhandlungsgremium" keine Verhandlungen mit der zentralen Leitung zu eröffnen, so kann an dieser Stelle das Verfahren beendet werden (Art. 5 Abs. 5). Erst nach zwei Jahren ist dann ein erneuter Antrag auf Aufnahme der Verhandlungen möglich.

- Spricht sich das „besondere Verhandlungsgremium" für die Aufnahme von Verhandlungen aus, so muß die zentrale Leitung eine erste Sitzung mit dem „besonderen Verhandlungsgremium" einberufen (Art. 5 Abs. 4).

- Geschieht dies nicht binnen sechs Monaten, so greifen die folgenden Regelungen gem. Art. 7 Abs. 1:

    - Es wird ein obligatorischer Europäischer Betriebsrat im Unternehmen bzw. Konzern eingerichtet.

    - Der Europäische Betriebsrat setzt sich aus Arbeitnehmern des Unternehmens zusammen, die von den Arbeitnehmervertretern aus ihrer Mitte - oder in Ermangelung einer Interessenvertretung von allen Arbeitnehmern - entsprechend den einzelnen nationalstaatlichen Regelungen gewählt/benannt werden.

    - Der Europäische Betriebsrat besteht aus mindestens drei und höchstens 30 Mitgliedern. Es besteht die Möglichkeit zur Wahl eines engeren Ausschusses mit höchstens drei Mitgliedern.

    - Einmal im Jahr kann sich der Europäische Betriebsrat zur Unterrichtung und Anhörung über die Entwicklung der Geschäftslage und die Perspektiven auf der Grundlage eines von der zentralen Leitung vorgelegten Berichts mit der zentralen Leitung treffen.

    - Außerhalb der Jahresregel hat der Europäische Betriebsrat bzw. der engere Ausschuß bei außergewöhnlichen Umständen, die erhebliche Auswirkungen auf die Interessenlage der Arbeitnehmer/innen haben (Produktionsverlagerungen, Schließungen, Rationalisierungsmaßnahmen) auf Antrag das Recht, unterrichtet und angehört zu werden.

    - Der Europäische Betriebsrat und der engere Ausschuß haben das Recht, sich durch Sachverständige in begründeten Fällen beraten zu lassen.

- Die zentrale Leitung trifft die Kostentragungspflicht für die Sitzungen einschließlich der Reisekosten und Dolmetscherkosten.

- Einigen sich die zentrale Leitung und das besondere Verhandlungsgremium nicht innerhalb von drei Jahren nach Beginn der Verhandlungen auf die Durchführungsmodalitäten, greifen auch in diesem Fall die subsidiären Regelungen des Art. 7 Abs. 1.

- Kommt es zur Einigung zwischen der zentralen Leitung und dem besonderen Verhandlungsgremium, so werden in einer schriftlichen Vereinbarung folgende Punkte festgelegt (Art. 6 Abs.2):

  - die betroffenen Unternehmen,
  - die Zusammensetzung des Europäischen Betriebsrates,
  - die Sitzverteilung und Mandatsdauer,
  - Befugnisse um das Unterrichtungs- und Anhörungsverfahren,
  - Ort, Häufigkeit und Dauer der Sitzungen,
  - die Mittelveranschlagung für die Arbeit des Europäischen Betriebsrates,
  - die Laufzeit der Vereinbarung und
  - das bei der Neuverhandlung anzuwendende Verfahren.

- Vereinbaren die Partner ein dezentral strukturiertes Unterrichtungs- und Anhörungsverfahren, so ist in der Vereinbarung festzuschreiben, unter welchen Voraussetzungen die Arbeitnehmervertreter zu einem Meinungsaustausch über die ihnen jeweils übermittelten Informationen zusammenkommen können.

Die Bewertung der Richtlinie und die Umsetzung in nationales Recht:

Unabhängig von den auch nach deutschem Recht (BetrVG) bestehenden Schwierigkeiten bestimmter Begriffsdefinitionen, wie etwa dem des „herrschenden Unternehmens“ oder des Problems der Regelung eines Streitverfahrens (wer stellt den Tatbestand des Begriffs „die Arbeitnehmer berührende Entscheidungen“ verbindlich fest?), der fehlenden Regelung über Schulungsansprüche (Sprachschulungen!), bleibt festzustellen, daß der Europäische Betriebsrat auch nicht ansatzweise einen Betriebsrat nach deutschem Recht darstellt.

Der normierte Anhörungs- und Unterrichtungsanspruch ist allenfalls vergleichbar mit der in § 2 Abs. 1 BetrVG normierten Generalklausel der vertrauensvollen Zusammenarbeit, ergänzt etwa durch die in § 90 Abs. 2 BetrVG normierten Unterrichtungs- und Anhörungsgrundsätze, ohne das dem Europäischen Betriebsrat zwangsweise durchsetzbare Rechte hinsichtlich der konkreten inhaltlichen Beteiligung zustehen. Zwar können in der Vereinbarung zwischen der zentralen Leitung und dem Europäischen Betriebsrat freiwillige Regelungen getroffen werden, die dem Europäischen Betriebsrat die Möglichkeit einer „echten Beteiligung" mit der Möglichkeit der Schlichtungsregelung im Streitfall eröffnen, dies aber setzt ein hohes Maß an Einsichtigkeit hinsichtlich der Notwendigkeit eines fruchtbaren Dialogs zwischen den Partnern auf seiten der zentralen Leitung voraus.

Da der deutsche Gesetzgeber nur die durch die Richtlinie vorgegebene Mindeststandards umgesetzt hat, dürfte es in der Regel bei dem schwachen Unterrichtungs- und Anhörungsrecht des Europäischen Betriebsrates verbleiben. Eine „echte Mitbestimmung" etwa in Fragen von Produktionsverlagerungen, Massenentlassungen etc. wird damit auf die nationalen Bestimmungen zurückgeführt. Damit aber bleiben trotz des Europäischen Betriebsrates die großen Unterschiede bei der Beteiligung der Interessenvertretungen innerhalb der EU bestehen.

Was das praktische bedeutet, soll an zwei Übersichten dargestellt werden:

Während in Deutschland eine durchgängig strukturierte Interessenvertretung der Arbeitnehmer/innen existiert und vor allem im Bereich der personellen Einzelmaßnahmen ein starkes Beteiligungsrecht normiert ist, finden sich in den anderen Beispielländern nur schwach ausgebildete Rechte. Trotz der Bildung des Europäischen Betriebsrates bestehen folglich bei der konkreten Umsetzung, etwa bei Umstrukturierungsprozessen mit Folgen im personellen Bereich, im jeweils betroffenen Nationalstaat erhebliche Niveauunterschiede. Es ist zu befürchten, daß aufgrund der unterschiedlichen nationalen Ausprägung der Beteiligungsrechte der Interessenvertretungen auch unterschiedliche Ansprüche an den schwach ausgebildeten Anhörungs- und Unterrichtungsanspruch durch die jeweiligen nationalen Vertreter im Europäischen Betriebsrat gestellt werden, was zu einer weiteren Schwächung dieses Organs führen kann. Erst die Praxis wird zeigen, ob es den Mitgliedern des Europäischen Betriebsrates gelingen wird, trotz der aufgezeigten Schwierigkeiten und Unzulänglichkeiten der Richtlinie und des deutschen Gesetzes, in ihrem eigenen Interesse eine starke Partnerschaft zu den Unternehmen zu bilden.

Die betrieblichen Interessenvertretungen in Europa: **Quelle: EFI Königswinter**

	Belgien	Deutschland	Frankreich	Großbritannien	Italien
einfache Arbeitnehmervertretungen		Betriebsrat	délégués du personell	safety representatives	consiglio di fabbrica
		Sprecherausschuß	groupe d'expression		rappresentanza sindacale unitaria
		Wirtschaftsausschuß			
		Sicherheitsbeauftragte			
Interessenvertretungen der Gewerkschaften	délégués syndicaux	Vertrauensleute	délégués syndicaux	shop stewards	rappresentanza sindacale unitaria
Interessenvertretungen gemeinsam mit Arbeitgebervertretern	conseil d'entreprise	Arbeitsschutzausschuß	comité d'entreprise	safety committee	
	comité de sécurité, d'hygiène et d'embellissement des lieux de travail		comité d'hygiène, de sécurité et des conditions de travail		

Rechte der Arbeitnehmervertretungen im Bereich "Kündigung" Quelle: EFI Königswinter

	Belgien	Deutschland	Frankreich	Großbritannien	Spanien
allgemein formulierte Rechte, Aufgaben			Wahrung der arbeitsrechtlichen Belange der AN		
Informationsrecht, Recht auf Einsicht in Unterlagen	vorherige Information bei allen Ereignissen oder Entscheidungen, die personelle Auswirkungen haben (z.B. Entlassungen)	* Mitteilung der Gründe für Einzekündigungen * Erklärungen zum Inhalt der Personalakten			
Kontrollrecht	Kontrolle genereller Kündigungskriterien				Kontrolle über die Unterlagen im Zusammenhang mit der Beendigung von Arbeitsverhältnissen
Vorschlagsrecht					
Teilnahmerecht, Anhörungsrecht		Anhörung bei Kündigung im Einzelfall		* Konsultation zum frühestmöglichen Zeitpunkt der Entlassung eines AN wegen Arbeitsmangels * Konsultation vor Entlassung eines Gewerkschafters	Anhörungsrecht bei Entlassungen (vor Entscheidung der Unternehmensführung; innerhalb von 15 Tagen nach Beantragung)
Beratungs- und Verhandlungsrecht	Intervention bei individuellen Kündigungen				
Widerspruchsrecht					
Zustimmungs- und Vetorecht		* Zustimmung bei außerordentlichen Kündigungen von Mitgliedern der Betriebsverfassungsorgane * Zustimmung bei Kündigungen unter 1.000			
Initiativrecht	Aufstellung genereller Kündigungskriterien	Auswahlrichtlinien bei Kündigungen über 1.000			
sonstige Rechte, Aufgaben		Entlassung betriebsstörender AN			

Das chefärztliche Liquidationsrecht im Lichte der arbeitsrechtlichen Judikatur
- ein Überblick -

von
BERND LUXENBURGER

Zum chefärztlichen Liquidationsrecht, also dem Recht der leitenden Krankenhausärzte für bestimmte, persönlich erbrachte ärztliche Leistungen von Patienten eine besondere Vergütung fordern zu können[1], lassen sich bis Ende der 70er Jahre kaum veröffentliche arbeitsgerichtliche Entscheidungen finden. Das Bundesarbeitsgericht hatte lediglich im Jahre 1961 im Zusammenhang mit der Frage, ob ein liquidationsberechtigter Chefarzt Arbeitnehmer sei und für Streitigkeiten zwischen ihm und dem Krankenhausträger somit die Arbeitsgerichte zuständig seien, eher in einem obiter dictum ausgeführt, das chefärztliche Liquidationsrecht sei als eine besondere Form der Gehaltszahlung für die vom Chefarzt auf Grund seines Dienstvertrages zu erbringende Gesamtleistung anzusehen[2].

Erst die im Jahre 1992 einsetzende, bis heute nicht abgeschlossene Krankenhausreform mit ihren öffentlich-rechtlichen Vorgaben und deren Auswirkungen auf die Arbeitsverträge zwischen Krankenhausträgern und leitenden Krankenhausärzten führte zu einer Vielzahl, meist erst vor dem Bundesarbeitsgericht endender arbeitsgerichtlicher Verfahren, in denen über Fragen des Umfangs des chefärztlichen Liquidationsrechtes, die Notwendigkeit der Anpassung arbeitsvertraglicher Regelungen an das Krankenhausfinanzierungsrecht, die Gewährung von Ausgleichszahlungen für durch die gesetzlichen Änderungen eingetretene Einkommensverluste bei den Chefärzten, über Beteiligungsansprüche nachgeordneter Mitarbeiter, aber auch die Abgabenregelung für die Inanspruchnahme sächlicher und perso-

---

1 MünchArbR RICHARDI, § 197 Rn. 44; GENZEL in: LAUFS/UHLENBRUCK, Handbuch des Arztrechts, § 91 m.w.N.; LUXENBURGER, Das Liquidationsrecht der leitenden Krankenhausärzte, S. 1.

2 BAG, AP Nr. 24 zu § 611 BGB Ärzte, Gehaltsansprüche = NJW 1961, 2085 f., und zwar unter Berufung auf BGHZ 7, 1, 13; in diesem Sinne aber schon: RAG ARS 15, 530, OAG Rheinland-Pfalz, RdA 1952, 359 (außer den vorgenannten drei arbeitsgerichtlichen Entscheidungen sind keine weiteren Entscheidungen zum chefärztlichen Liquidationsrecht in der fraglichen Zeit veröffentlicht worden); vgl. auch STAUDINGER/RICHARDI, Vorb. vor § 611 Rn. 1652; MünchArbR RICHARDI, § 197 Rn. 45; LUXENBURGER, aaO., S. 22, 126 f., m.w.N.

neller Mittel des Krankenhausträgers durch die Krankenhausärzte zu entscheiden war. Dabei stand die Frage des Instrumentariums notwendiger Vertragsanpassungen an das neue Krankenhausrecht im Vordergrund, nicht etwa die im juristischen Schrifttum weitgehend unter berufspolitischen Aspekten diskutierte Frage, ob dem Chefarzt ein „originäres" oder ein „derivatives" Liquidationsrecht zustehe[3], da diese Frage ausschließlich die Rechtsbeziehungen zwischen Krankenhausarzt und Patienten[4] betraf und die arbeitsrechtliche Judikatur keinen Zweifel daran ließ, daß Rechtsgrundlage für das chefärztliche Liquidationsrecht ausschließlich die entsprechenden arbeitsvertraglichen Regelungen zwischen Krankenhausträger und leitendem Krankenhausarzt sind[5].

Die Krankenhausträger hatten, jedenfalls bis zum Inkrafttreten des Krankenhausfinanzierungsgesetzes (KHG) vom 29.6.1992 und der Bundespflegesatzverordnung (BPflV 1973) vom 25.4.1973, ihren leitenden Krankenhausärzten regelmäßig vertraglich ein gekoppeltes Liquidationsrecht hinsichtlich aller damals bestehenden drei Pflegeklassen eingeräumt, und zwar dergestalt, daß - von Notfällen abgesehen - die Aufnahme selbstzahlender Patienten in Ein- oder Zwei-Bett-Zimmer[6], aber auch von Patienten der dritten Pflegeklasse in das Krankenhaus von der gleichzeitigen Inanspruchnahme der ärztlichen Behandlung durch die liquidationsberechtigten Ärzte abhängig gemacht wurde[7].

Demgegenüber konnten nach Inkrafttreten von KHG und BPflV 1973 im Regelfall alle - auch die selbstzahlenden - Patienten die allgemeinen Krankenhausleistungen einschließlich der ärztlichen Versorgung, gegen Zahlung des allgemeinen Pflegesatzes in Anspruch nehmen (§ 3 BPflV 1973). Zwar durften nach § 6 BPflV 1973[8] von den Krankenhausträgern sonstige gesondert berechenbare Leistungen einschließlich der persönlichen Behandlung

---

3 Zur Entwicklung der Diskussion über „originäres" und „derivatives" Liquidationsrecht vgl. LUXENBURGER, aaO., S. 89 ff., m.w.N.

4 So zutreffend: MünchArbR RICHARDI, § 197 Rn. 48.

5 Vgl. RICHARDI, Fn. 4; LUXENBURGER, aaO., S. 127 f.

6 Patienten der dritten Pflegeklasse waren im Mehrbettzimmer untergebracht, wobei sich ihre Behandlung anders als diejenige von Patienten der ersten und zweiten Pflegeklasse von der Behandlung von Kassenpatienten nicht unterschied.

7 Vgl. zu den vertraglichen Ausgestaltungen den Sachverhalt in BAG, AP Nr. 6 zu § 611 BGB Arzt-Krankenhaus-Vertrag; BAG, AP Nr. 7 zu § 611 BGB Arzt-Krankenhaus-Vertrag.

8 Seit Inkrafttreten der BPflV 1986 vom 21.8.1985, BGBl. 1985 S. 1666 ff., sind die „Wahlleistungen" in einer gegenüber § 6 BPflV 1973 modifizierten Weise in § 7 geregelt.

durch einen am Krankenhaus tätigen leitenden Arzt angeboten werden, dies jedoch nur auf Grund besonderer Vereinbarung zwischen Patient und Krankenhausträger (§ 6 S. 2 BPflV 1973), wobei nach § 6 Satz 3 BPflV 1973 die gesondert berechenbare Unterkunft in einem Ein- oder Zwei-Bett-Zimmer nicht von der Vereinbarung über sonstige gesondert berechenbare Leistungen abhängig gemacht werden durfte. Nahm freilich ein Patient die gesondert berechenbare ärztliche Wahlleistung in Anspruch, so konnte er diese Wahl nicht auf einzelne liquidationsberechtigte Ärzte des Krankenhauses beschränken (§ 6 Satz 4 BPflV 1973[9]).

Von dieser gesetzlichen Neuregelung abweichende dienstvertragliche Regelungen zwischen Krankenhausträgern und leitenden Krankenhausärzten waren gemäß § 134 BGB nichtig, jedenfalls soweit diese Verträge nach Inkrafttreten der BPflV 1973 abgeschlossen worden waren. Fraglich war indessen der Umfang der Bestandsschutzklausel des § 6 Satz 5 BPflV 1973, wonach vor dem 1.7.1972 abgeschlossene Verträge „unberührt" bleiben sollten. Es war insbesondere strittig, ob und inwieweit die Regelungen in den §§ 3, 6 BPflV 1973 unter Beachtung der bereits erwähnten Besitzstandsklausel die Anpassung von Altverträgen hinsichtlich des Umfangs des Liquidationsrechtes erforderten bzw. zuließen und inwieweit für den Fall der Einschränkung bzw. (teilweisen) Ablösung des Liquidationsrechtes Kompensationsleistungen durch den Krankenhausträger gegenüber dem betroffenen Chefarzt zu erbringen waren.

In einer ersten Entscheidung vom 11.1.1978[10] hatte der 5. Senat des BAG darüber zu befinden, ob ein Krankenhausträger das einem Chefarzt dienstvertraglich als jederzeit widerruflich eingeräumte „automatische Liquidationsrecht" gegenüber Selbstzahlern der dritten Pflegeklasse widerrufen durfte. Das BAG hat zutreffend darauf hingewiesen, daß ein Lohnbestandteil unter Widerrufsvorbehalt gestellt werden dürfe, der Widerruf aber nur verbindlich sei, wenn er der Billigkeit entspreche und hat insoweit die Auffassung vertreten, der Widerruf des „automatischen" Liquidationsrechtes gegenüber Selbstzahlern der dritten Pflegeklasse sei sachgemäß und nicht unbillig, weil nur durch die Ausübung des Widerrufsrechtes dem Krankenhausträger die Verwirklichung der „sozialpolitischen Ziele" der

9 Der Patient, der z.B. persönlich durch den Chefarzt der Chirurgischen Abteilung operiert werden will, ist daher auch ausgesetzt dem Liquidationsrecht des leitenden Anästhesisten, des Internisten, etc., soweit diese leitenden Abteilungsärzte persönliche Leistungen ihm gegenüber erbringen.

10 BAG - 5 AZR 797/76 - AP Nr. 5 zu § 611 BGB Arzt-Krankenhaus-Vertrag = NJW 1979, 1948 ff.

durch KHG und BPflV 1973 eingeleiteten Krankenhausreform ermöglicht werde, auch dem selbstzahlenden Patienten der bisherigen dritten Pflegeklasse alle notwendigen medizinischen Leistungen einschließlich der ärztlichen Behandlung durch angestellte Krankenhausärzte gegen Zahlung eines angemessenen allgemeinen Pflegesatzes zur Verfügung zu stellen. Freilich hat das Bundesarbeitsgericht in dieser Entscheidung, noch ohne nähere Konkretisierung, auch darauf hingewiesen, daß der Krankenhausträger in den Fällen, in denen er ein Liquidationsrecht als Vergütungsbestandteil widerrufen wolle, diesen Widerruf in der Regel mit einer finanziellen Entschädigung verbinden müsse.

In einem zweiten Verfahren hatte der 4. Senat des BAG[11] darüber zu entscheiden, ob durch Änderungskündigung das dienstvertraglich eingeräumte „gekoppelte" Liquidationsrecht gegenüber Selbstzahlern der früheren ersten und zweiten Pflegeklasse dahingehend eingeschränkt werden könne, daß dieses Recht für die rein ärztlichen Leistungen bei der stationären Behandlung von Patienten in Ein- und Zwei-Bett-Zimmern nur dann bestehen bleibe, wenn die ärztliche Betreuung durch den leitenden Arzt als zusätzliche Wahlleistung von den Patienten ausdrücklich gewünscht werde. Das entsprach der gesetzgeberischen Regelung in § 6, Satz 3 BPflV 1973, es stellte sich jedoch im Hinblick auf die Besitzstandsklausel des § 6 Satz 5 BPflV 1973 die Frage, ob sich aus dieser Norm ein Verbot für eine Änderungskündigung herleiten lasse oder ob § 6 Satz 5 BPflV nur klarstellen solle, daß der Verordnungsgeber selbst nicht in die Altverträge eingreifen wollte[12]. Das BAG hat sich im konkreten Fall der letztgenannten Auffassung angeschlossen, jedoch andererseits eine Änderungskündigung zur Anpassung des Altvertrages des betroffenen Chefarztes an die neue Rechtslage nicht als gerechtfertigt angesehen, weil der Krankenhausträger keine Gründe vortragen konnte, die eine solche Änderungskündigung als sachgerecht hätten erscheinen lassen.

In einer Entscheidung vom 9.1.1980[13] hatte wiederum der 5. Senat sich mit der Frage zu befassen, ob ein *nicht* frei *widerrufliches* „automatisches" Liquidationsrecht eines Chefarztes gegenüber Selbstzahlern der dritten Pflegeklasse im Hinblick auf die Bestandsschutzklausel des § 6 Satz 5 BPflV für die Zukunft aufrechtzuerhalten sei. Der 5. Senat hat diese Frage

---

11 BAG - 4 AZR 787/76 - AP Nr. 5 zu § 611 BGB Arzt-Krankenhaus-Vertrag = NJW 1979, 1948 ff. .

12 BAG, AP Nr. 5 zu § 611 BGB Arzt-Krankenhaus-Vertrag.

13 5 AZR 111/78 = BAG, AP Nr. 7 zu § 611 BGB Arzt-Krankenhaus-Vertrag = NJW 1980, 1915 ff.

mit Hinweis darauf verneint, daß eine so umfassend verstandene Besitzstandsklausel den Zweck des KHG unterlaufen würde, für alle Krankenhauspatienten zu sozial tragbaren Pflegesätzen zu gelangen, weil selbstzahlende Patienten, die lediglich die allgemeinen Krankenhausleistungen in Anspruch nehmen wollten, ansonsten gezwungen wären, Leistungen „hinzuzukaufen“, die medizinisch nicht notwendig seien. Diese Entscheidung überzeugt in dogmatischer Hinsicht nicht, weil das BAG unter Berufung auf die sozialpolitischen Zielsetzungen von KHG und BPflV ohne weiteres davon ausgegangen ist, daß der Krankenhausträger abweichend von den dienstvertraglichen Regelungen im Chefarztvertrag, die Aufnahmebedingungen zugunsten Selbstzahlern der früheren dritten Pflegeklasse ändern durfte, ohne daß das BAG überhaupt die Frage diskutiert hat, ob der Krankenhausträger nicht zur Umsetzung dieser gesetzgeberischen Entscheidung zumindest eine Änderungskündigung hätte aussprechen müssen, oder aber ob gar die „Geschäftsgrundlage“ für das bis dahin gegebene „automatische Liquidationsrecht“ des Chefarztes entfallen sei. Das ändert freilich nichts daran, daß die Entscheidung im Ergebnis zutreffend ist und den Belangen der vom Wegfall des automatischen Liquidationsrechtes gegenüber Selbstzahlern der dritten Pflegeklasse betroffenen Chefärzten durch Gewährung eines Anspruches auf Ausgleich der finanziellen Nachteile Rechnung getragen werden konnte, soweit die Nachteile gravierend waren.

Mit weiterer Entscheidung vom 9.1.1980[14] hat der 5. Senat des BAG im Ergebnis die bereits erwähnte Entscheidung des 4. Senates vom 21.6.1978[15] bestätigt, wonach die Bestandsschutzklausel des § 6 Satz 5 BPflV 1973 es rechtfertige, die Unterbringung in einem Ein- und Zwei-Bett-Zimmer ausschließlich gekoppelt mit dem chefärztlichen Liquidationsrecht anzubieten, denn es mache einen Unterschied, ob man selbstzahlenden Patienten zusätzlich zu den allgemeinen Krankenhausleistungen eine gesondert berechenbare ärztliche Behandlung gegen ihren Willen aufnötige - was gegen das automatische Liquidationsrecht gegenüber Selbstzahlern der dritten Pflegeklasse spreche - oder ob man zusätzliche Leistungen, die medizinisch nicht erforderlich seien, nur gekoppelt anbiete, weil in diesem Falle der Patient die Wahl habe, ob er die allgemeinen Krankenhausleistungen zum allgemeinen Pflegesatz in Anspruch nehmen wolle oder ob er sich für gekoppelte zusätzliche, gesondert berechenbare Leistungen entscheide. Freilich hat das BAG in dieser Entscheidung erstmals auch die Ansicht vertre-

14 4 AZR 111/78 = BAG, AP Nr. 5 zu § 611 Arzt-Krankenhaus-Vertrag.
15 Fn. 11.

ten, daß der Chefarzt, je nach Lage des Falles, auf Grund der allgemeinen vertraglichen Rücksichtspflicht gehalten sein könne, in den Grenzen des Zumutbaren auf Wünsche nach einer Ablösung oder Einschränkung seines Liquidationsrechts einzugehen.

Erwähnenswert ist die Entscheidung des 7. Senats des BAG vom 30.5.1980[16], weniger, weil der Senat im einzelnen ausführte, daß die Vertragsanpassung ärztlicher Altverträge an die durch KHG und BPflV 1973 geschaffene neue Rechtslage durch Änderungskündigung, Ausübung eines vertraglichen Widerrufsvorbehaltes, den Ausspruch einer vertraglich vorgesehenen Teilkündigung, den Abschluß eines Änderungsvertrages und gegebenenfalls durch das Sich-Berufen auf den Fortfall der Geschäftsgrundlage erfolgen könne, sondern vielmehr deshalb, weil der Senat in dieser Entscheidung in Frage gestellt hat, ob das chefärztliche Liquidationsrecht überhaupt Vergütungscharakter habe, weil es sich bei den von Selbstzahlern erbrachten Leistungen um Drittzuwendungen und nicht um Zahlungen des Arbeitgebers handele, die Einkünfte auf einer „selbständigen" Dienstleistungstätigkeit des Chefarztes beruhten und dieser nicht als Arbeitnehmer, sondern im Rahmen eines Vertrages sui generis, der sich aus dienstvertraglichen, mietvertraglichen und gesellschaftsvertraglichen Elementen zusammensetze, tätig werde. Dieser - vereinzelt gebliebenen - Auffassung des 7. Senates kann nicht gefolgt werden, weil der Senat verkannt hat, daß das chefärztliche Liquidationsrecht Gegenleistung des Krankenhausträgers für alle dem Chefarzt obliegenden Dienstaufgaben ist und zu diesen Dienstaufgaben gerade auch die Behandlung aller selbstzahlenden Patienten gehört[17]. Darüber hinaus hat der Senat auch übersehen, daß die „ärztliche Wahlleistung", also die Behandlung durch den Chefarzt, gemäß § 6 Satz 2 BPflV 1973, einer Vereinbarung zwischen Krankenhausträger und Patient bedarf und daß die Inanspruchnahme der gesondert berechenbaren ärztlichen Leistung nichts daran ändert, daß der Krankenhausträger auch die ärztliche Behandlung als Krankenhausleistung schuldet, wobei die Vereinbarung der ärztlichen Wahlleistung lediglich dazu führt, daß der Krankenhausträger verpflichtet ist, die medizinische Behandlung durch den vom Patienten gewählten Chefarzt ausführen zu lassen. An der Arbeitnehmereigenschaft

---

16 7 AZR 215/78 = AP Nr. 8 zu § 611 BGB Arzt-Krankenhaus-Vertrag

17 Insoweit unterscheidet sich die Rechtslage von derjenigen bei Klinikdirektoren und beamteten Chefärzten, bei denen aus zwingenden besoldungsrechtlichen Gründen die Behandlung der selbstzahlenden Patienten in Nebentätigkeit innerhalb oder außerhalb des öffentlichen Dienstes erfolgt; vgl. insoweit BVerwG, NJW 1974, 1440 ff; LUXENBURGER, aaO., S. 39 ff., mit zahlreichen Nachweisen

des Chefarztes bei Erbringung der wahlärztlichen Leistung ändert dies nichts[18].

Besondere Bedeutung kommt einer weiteren Entscheidung des 5. Senates des BAG vom 4.5.1983 zu[19]. Der Entscheidung lag die Klage eines angestellten leitenden Anästhesisten zugrunde, der nach seinem Dienstvertrag unter anderem für Leistungen in der allgemeinen Pflegeklasse im HNO-Belegarzt-Bereich liquidieren durfte, und zwar auch, soweit es sich um Leistungen für Kassen- und Ersatzkassenpatienten handelte, im letztgenannten Fall nicht unmittelbar gegenüber den Patienten, sondern auf Grund zwingender sozialversicherungsrechtlicher Regelungen gegenüber der jeweils zuständigen Kassenärztlichen Vereinigung. Die für den Anästhesisten zuständige Kassenärztliche Vereinigung kündigte alle Vergütungsverträge für Anästhesieleistungen auf Belegabteilungen, weil sich die Krankenkassen - im Ergebnis zu Recht - weigerten, die von einem im Krankenhaus angestellten Arzt im Rahmen seiner arbeitsvertraglichen Verpflichtungen erbrachten ärztlichen Leistungen in den Belegabteilungen gesondert zu vergüten, da sie der Ansicht waren, diese Leistungen seien bereits mit dem allgemeinen Pflegesatz nach § 3 Abs. 1 BPflV 1973 abgegolten. Der 5. Senat hat in dieser Entscheidung nochmals hervorgehoben, daß es sich bei den Liquidationsrechten von Chefärzten regelmäßig um Teile ihrer Vergütung handele und daß durch die eingetretenen pflegesatzrechtlichen Änderungen der betroffene Anästhesist wegen Veränderung der Geschäftsgrundlage eine Anpassung seiner Vergütung verlangen könne und den entschädigungslosen Wegfall seines Liquidationsrechtes schon deshalb nicht hinzunehmen brauche, weil die in Wegfall geratenen Einnahmen mehr als 20 % seines Gesamteinkommens aus seiner Tätigkeit als angestellter Chefarzt ausmachten[20].

Nachdem die Arbeitsgerichte gerade die durch KHG und Bundespflegesatzverordnung 1973 aufgeworfenen Rechtsfragen im Zusammenhang mit dem Umfang des chefärztlichen Liquidationsrechtes aufgearbeitet hatten, traten am 1.1.1985 das Gesetz zur Neuordnung der Krankenhausfinanzierung (Krankenhaus-Neuordnungsgesetz -KHNG-) vom 20.12.1974[21] und am 1.1.1986 die auf der Grundlage dieses Gesetzes verkündete Bundespflege-

18 So die herrschende Meinung in Literatur und Judikatur.

19 5 AZR 389/80 = AP Nr. 12 zu § 611 BGB Arzt-Krankenhaus-Vertrag.

20 Zu den Kriterien, nach denen sich der Ausgleichsanspruch bemißt, vgl. BAG, aaO., II., 3.

21 BGBl. I S. 1716.

satzverordnung vom 28.8.1985 - BPflV 1986 - in Kraft[22]. Nach § 11 BPflV 1986 sind Krankenhausärzte, die im Krankenhaus ambulante ärztliche (§ 11 Abs. 1), stationäre wahlärztliche (Abs. 3) oder sonstige stationäre oder teilstationäre (Abs. 4) Leistungen erbringen, die sie selbst berechnen können, zur Erstattung der dem Krankenhausträger entstehenden nach § 13 BPflV 1986 nicht pflegesatzfähigen Kosten verpflichtet, soweit sie in diesen Bereichen personelle und sächliche Mittel des Krankenhausträgers in Anspruch nehmen. Damit stellte sich die Frage, was in den Fällen geschehen sollte, in denen „Altverträge" die liquidationsberechtigten Chefärzte hinsichtlich des Umfanges der Kostenerstattung günstiger stellten als die neue Regelung nach § 11 BPflV 1986. § 11 Abs. 1 Satz 3 BPflV 1986 stellte insoweit lediglich klar, daß vertragliche Regelungen anzupassen seien, soweit sie den Kostenerstattungsregelungen des § 11 BPflV 1986 entgegenstünden. Dies führte freilich nicht dazu, daß die Instanzgerichte ohne weiteres der Regelung des § 11 Abs. 1 Satz 3 BPflV 1986 eine zwingende Anpassungsverpflichtung entnommen hätten[23]. Sie gingen vielmehr zunächst überwiegend[24] davon aus, daß der Krankenhausträger auf den Ausspruch von Änderungskündigungen angewiesen sei und in deren Rahmen nachzuweisen habe, daß die angestrebte Änderung der Billigkeit entspreche.

Demgegenüber hat der 2. Senat des BAG mit Urteil vom 25.2.1988[25] entschieden, daß dem Krankenhausträger, der keine Änderungskündigung gegenüber dem Chefarzt zur Anpassung der Abgaben ausgesprochen hatte, wegen der grundlegenden Änderung der Rechtslage durch die Novellierung der Bundespflegesatzverordnung „ein Festhalten am Vertrag nicht zumutbar" sei, so daß eine vertragliche Anpassung der Abgabenregelung nach den Grundsätzen des Wegfalls der Geschäftsgrundlage in Betracht komme, freilich, ohne daß der Senat hinreichend geprüft hätte, ob die Voraussetzungen des Wegfalls der Geschäftsgrundlage überhaupt vorlagen[26] und ob dem Krankenhausträger tatsächlich ein Festhalten am Altvertrag unzumutbar war[27].

---

22 BGBl. I S. 1666.

23 Vgl. LAG Schleswig-Holstein, Urteil v. 15.10.1986 - 3 Sa 295/86, teilweise abgedruckt in ArztR 1987, 75 ff., sowie die weiteren Nachweise bei ZUCK, Auswirkungen des Krankenhausfinanzierungsrechtes auf Chefarztverträge, NZA 1988, 763, 765 sub IV 2 b.

24 Anders LAG München, Urteil v. 12.8.1987 -5 Sa 340/87, das eine eigenständige Anpassungsverpflichtung aus § 11 BPflV herleitete .

25 2 AZR 346/87 = BAG, AP Nr. 18 zu § 611 BGB Arzt-Krankenhaus-Vertrag.

26 Siehe insoweit etwa die Ausführungen in 5 ARZ 310/88, AP Nr. 20 zu § 611 BGB Arzt-Krankenhaus-Vertrag.

27 Vgl. die Kritik von v.MAYDELL, Arztrecht, 1989, S. 133 ff.

Auswirkungen auf die Höhe der Liquidationseinnahmen haben freilich nicht nur gesetzliche Neuregelungen hinsichtlich der Höhe der Chefarztabgaben, sondern unter Umständen auch Änderungen der ärztlichen Gebührenordnung (GOÄ). Über zwei so gelagerte Fälle hatte der 5. Senat zu befinden. Mit Entscheidung vom 3.5.1989[28] hat das BAG zurecht darauf hingewiesen, daß dann, wenn die variablen Bezüge eines Chefarztes auf Grund ihm eingeräumten Liquidationsrechtes infolge Änderung der ärztlichen Gebührenordnung rückläufig seien, eine Anpassung der Vergütungsregelung im Dienstvertrag wegen Wegfalls der Geschäftsgrundlage, von der Frage der Zumutbarkeit einmal abgesehen, nur dann in Betracht komme, wenn die Parteien bei Vertragsabschluß von einer bestimmten Höhe des variablen Vergütungsteiles ausgegangen seien oder davon, daß die Gebührenordnung sich für die Dauer der Vertragsabwicklung nicht wesentlich ändern werde. Mit dieser Begründung hat das Gericht das entsprechende Anpassungsbegehren eines Chefarztes zurückgewiesen.

Im zweiten Falle ging es um die Frage, ob die mit Wirkung zum 1.1.1985 durch § 6 a GOÄ eingeführte Gebührenminderung bei stationären und teilstationären privatärztlichen Leistungen Auswirkungen auf die zwischen leitendem Krankenhausarzt und Krankenhaus vereinbarte Erstattung von Kosten für die Inanspruchnahme sächlicher und personeller Mittel des Krankenhausträgers habe. Die Minderung der ärztlichen Gebühren nach § 6 a GOÄ sollte eine doppelte Kostenberechnung von Personal- und Sachkosten ärztlicher Leistungen sowohl durch die BPflV als auch die GOÄ verhindern. Im konkreten Fall führte die Minderung der Gebühren nach der GOÄ um 15 % zu einer Honorarminderung beim klagenden Arzt von 12 %, weil er 20 % seiner Einnahmen eh vertraglich an den Krankenhausträger abzuführen hatte. Auch hier hat das BAG die Klage abgewiesen, weil Raum für eine ergänzende Vertragsauslegung mangels Vertragslücke nicht bestand und im übrigen nach seiner Auffassung die Voraussetzungen für eine Vertragsanpassung aus dem rechtlichen Gesichtspunkt des Wegfalls der Geschäftsgrundlage nicht in Betracht zu ziehen waren[29, 30].

---

28 5 ARZ 310/88 = AP Nr. 20 zu § 611 BGB Arzt-Krankenhaus-Vertrag.

29 Urteil v. 25.7.1990 - 5 AZR 394/89 = BAG, AP Nr. 24 zu § 611 BGB Arzt-Krankenhaus-Vertrag; vgl. die Kritik von SIEGMUND/SCHULTZE, Rechtsprechung des Bundesarbeitsgerichtes zum Chefarztdienstvertrag, Arztrecht, 1992, S. 357, 366 ff.

30 Nur der Vollständigkeit halber sei noch auf folgende beiden BAG-Entscheidungen verwiesen: Mit Urteil v. 14.11.1990 hat der 5. Senat - 5 AZR 509/89 = AP Nr. 25 zu § 611 BGB Arzt-Krankenhaus-Vertrag entschieden, daß dann, wenn in einem Chefarztvertrag die Kostenerstattung für die Leistungen des Krankenhauses niedergelegt sei, die der Chefarzt im Rahmen seiner Privatliquidation in Anspruch nehme und ein Zusatzvertrag nur einen Berechnungsmodus für die Kostenerstattung enthalte, dieser Zu-

Im Jahre 1993 trat das sogenannte Strukturreformgesetz im Gesundheitswesen (GSG[31]) in Kraft. Bis dahin war auf Grund der sogenannten Verordnung zur Harmonisierung der ärztlichen Gebührenordnung (GOÄ) mit der Bundespflegesatzverordnung (BPflV) am 20.12.1984[32] seitens des liquidationsberechtigten Arztes ein Honorarabzug in Höhe von 15 % des berechneten Honorars gemäß § 6 a GOÄ vorzunehmen, während der Krankenhausträger gemäß § 18 Abs. 6 Satz 2 BPflV einen pflegesatzmindernden Abzug von 6 % des Allgemeinen Pflegesatzes vornehmen mußte für noch verbleibende Teile von mit den ärztlichen Gebühren abgegoltenen Sach- und Personalkosten[33]. Während für Chefärzte, deren Vertrag nach dem 31.12.1992 abgeschlossen wurde, der Honorarabzug gemäß § 6 a GOÄ von 15 % auf 25 % angehoben wurde, verblieb die Honorarminderung für die sogenannten Altverträgler, deren Chefarztvertrag vor dem 1.1.1993 abgeschlossen worden war, nach § 6 a GOÄ für die Jahre 1993 bis 1995 bei 15 %. Da für die Krankenhäuser während des Zeitraumes 1993 bis 1995 ein Budget eingeführt worden war, wurde bei der Ermittlung der Selbstkosten des Krankenhauses zunächst nur statt 85 % der Chefarztabgaben 60 % von 85 % abgesetzt[34].

Darüber hinaus sollte nach der Absicht des Gesetzgebers während des Budgetierungszeitraums der Kostenabzug des Krankenhauses für wahlärztliche Leistungen um 10 % der für diese Leistungen berechneten Gebühren

---

satzvertrag selbständig durch Kündigung beendet werden könne. Eine unzulässige Teilkündigung liege dann nicht vor, weil die Grundlage der im Dienstvertrag geregelten Kostenerstattung nicht tangiert werde. In einer weiteren Entscheidung v. 10.12.1992 -2 AZR 269/92 - hat das BAG die Auffassung vertreten, daß dann, wenn in einem Chefarztvertrag für Änderungen gesetzlicher Vorschriften sowie der wissenschaftlichen und gesellschaftlichen Entwicklung eine Anpassung vorgesehen sei, die beide Parteien bei Scheitern einer Einigung über die Anpassung zur Kündigung des Vertrages berechtigten, darin unter Umständen die Einräumung eines vertraglichen Bestimmungsrechtes bei Änderungen der Geschäftsgrundlage gesehen werden könne. Diese Entscheidung überzeugt in ihrer dogmatischen Begründung nicht, weil letztlich vom Ergebnis her argumentiert wird, dem beklagten Krankenhausträger sei ein Festhalten am Vertrag nicht zuzumuten, weil sonst Chefärzte im Hause des beklagten Krankenhauses unterschiedlich hinsichtlich der Verpflichtung zur Zahlung eines Vorteilsausgleiches nach § 12 Abs. 3 BNV behandelt würden, je nachdem, ob die unmittelbare Anwendung der BNV im Dienstvertrag vereinbart sei oder nicht. Unterschiedliche Vertragsgestaltungen rechtfertigen aber sehr wohl eine unterschiedliche Behandlung.

31 BGBl. I 1995 S. 2266 ff.

32 BGBl. I S. 1653.

33 Vgl. JANSEN, Das Liquidationsrecht des Chefarztes nach dem Gesundheitsstrukturgesetz 1993, MedR 1993, 51; vgl. im übrigen BAG, AP Nr. 24 zu § 611 BGB Arzt-Krankenhaus-Vertrag, unter 1. der Entscheidungsgründe.

34 § 13 Abs. 3 Nr. 6 a BPflV i.d.F. von Art. 12 GSG = BGBl. I 1992 S. 2314.

erhöht werden und - wie der amtlichen Begründung zu entnehmen ist - dieser Kostenabzug des Krankenhauses durch zusätzliche Kostenerstattung der liquidationsberechtigten Ärzte in entsprechendem Umfange gemäß §§ 11 Abs. 3 a i.V.m. § 13 Abs. 3 Nr. 6 a BPflV abgedeckt werden, wobei dieser Abzug für die Ärzte mit Altverträgen durch die zeitweise Aussetzung der Gebührenminderung nach der GOÄ kompensiert werden sollte[35]. In der Literatur wurde die Auffassung vertreten, § 11 Abs. 3 a BPflV enthalte keine eigenständige Kostenerstattungspflicht des Chefarztes. Dieser müsse lediglich eine Zuzahlung leisten, wenn seine Abgabe in dem Krankenhaus niedriger sei als die Summe aus 51 % der im Dienstvertrag vereinbarten Abgaben[36] zuzüglich 10 % der auf wahlärztliche Leistungen vor Abzug der Gebührenminderung entfallenden Gebühren[37].

Das LAG Baden-Württemberg hat sich mit nicht rechtskräftigem Urteil vom 12.4.1995[38] der Auffassung angeschlossen, aus § 11 Abs. 3 a BPflV in Verbindung mit § 13 Abs. 3 Nr. 6 a BPflV ergebe sich keine unmittelbare Zuzahlungspflicht des Chefarztes, im übrigen bestehe auch kein Anspruch des Krankenhausträgers auf Vertragsanpassung. Angesichts der oben skizzierten Tendenz der Rechtsprechung des BAG ist freilich davon auszugehen, daß das BAG - ohne daß es den Ausspruch einer Änderungskündigung verlangt - entweder über das Rechtsinstitut des Wegfalls der Geschäftsgrundlage oder unter Hinweis auf einen vertraglichen Anpassungsanspruch des Krankenhausträgers eine Zuzahlungspflicht der Altverträgler in Höhe von 10 % ihrer Einnahmen aus Privatliquidation im stationären Bereich bejahen wird, zumal wegen dieser Zuzahlungsverpflichtung die Honorarminderung um 25 % für die Altverträgler in den Jahren 1993 bis 1995 ausgesetzt wurde und damit letztlich nur ein „verlagerter Honorarabzug“ eingetreten ist, und zwar dergestalt, daß dieser Honorarabzug nicht dem Patienten zugute kam[39], sondern in der Budgetierungsphase 1993 bis 1995 den Krankenhäusern, um diesen zusätzlichen finanziellen Spielraum zu verschaffen.

---

35 Vgl. insoweit JANSEN, aaO., S. 52.

36 51 % entsprechen 60 % von 85 % gemäß § 13 Abs. 3 Nr. 6 a BPflV i.d.F. von Art. 12 GSG.

37 ANDREAS, Chefarztrelevante Neuregelungen im Gesundheitsstrukturgesetz, Arztrecht 1993, S. 77, 80 ff., a. A.: JANSEN, MedR 1993, 51 ff.

38 3 Sa 1-9/95, auszugsweise veröffentlicht in: Arztrecht 1995, 154 ff.; a.A.: ArbG Passau, Urteil v. 11.10.1993 - 2 Ca 372/93 D, abgedruckt in MedR 1994, 285 ff., a.A. auch: LAG München, Urteil v.14.12.1994 - 7 Sa 16/94 - und LAG Düsseldorf, Urteil v. 20.4.1995 - 5 Sa 1530/94; zur Zeit sind mehrere Revisionsverfahren insoweit beim BAG anhängig.

39 Wie dies bei „Neuverträglern“ der Fall war, bei denen die Honorarminderung nach § 6 a GOÄ 25 % betrug.

Durch die vorstehend skizzierte Änderung der pflegesatzrechtlichen Bestimmungen durch das GSG stellte sich aber zugleich die Frage, von welcher Bemessungsgrundlage die vertragliche Abgabe der Altverträgler an den Krankenhausträger zu entrichten war, ob von 85 % des Bruttohonorars nach der GOÄ oder von nur 75 %[40]. Die von einzelnen Krankenhausträgern vertretene Rechtsauffassung, wonach die prozentuale Abgabe sich ausgehend von 85 % der Bruttoliquidationseinnahmen der Chefärzte mit „Altvertrag" errechne, ist nicht haltbar, weil ansonsten die Altverträgler schlechter gestellt würden als die Neuverträgler, bei denen sich die prozentuale Honorarabgabe für die Inanspruchnahme sächlicher und personeller Mittel des Trägers, ausgehend von 75 % der - um 25 % gemäß § 6 a GOÄ geminderten - Bruttohonorareinnahmen berechnet. Für eine solche Differenzierung zu Lasten der Altverträge ist jedoch kein Grund ersichtlich[41].

Die zwischenzeitlich geltende BPflV 1995[42] weist im Verhältnis zwischen Krankenhausträgern und liquidationsberechtigten Chefärzten keine Neuerungen auf, die insoweit Anlaß für weitere gerichtliche Auseinandersetzungen geben könnten.

Im Rahmen der Krankenhausreformgesetzgebung der Länder wurden in den Krankenhausgesetzen einzelner Bundesländer Beteiligungsregelungen für nachgeordnete Ärzte an den Liquidationseinnahmen der leitenden Krankenhausärzte geschaffen[43]. Ursprünglich erfolgte die Beteiligung der ärztlichen Mitarbeiter an den Liquidationseinnahmen der Chefärzte auf freiwilliger Basis, wobei eine solche Beteiligung zunächst nur vereinzelt vorgenommen wurde, ohne daß den nachgeordneten Ärzten gesicherte Ansprüche gegenüber den Chefärzten zustanden. Nach der ärztlichen Berufsordnung sind Ärzte, die andere Ärzte zu ärztlichen Verrichtungen bei Patienten heranziehen, denen gegenüber nur sie einen Liquidationsanspruch haben, verpflichtet, diesen Ärzten eine angemessene Vergütung zu gewähren. Allerdings läßt sich auch aus der Berufsordnung kein einklagbarer Anspruch der nachgeordneten Ärzte auf angemessene Beteiligung an Liquidationserlösen der

---

40 Bruttohonorar nach der GOÄ abzüglich reduzierter Gebührenminderung von 15 % abzüglich 10 % der Gebühren gemäß §§ 13 Abs. 3 Nr. 6 a, 11 Abs. 3 a BPflV.

41 ArbG Berlin, Urteil v. 1.3.1994 - 79 Ca 17347/93, abgedruckt in: MedR 1994, 283 ff. Das Arbeitsgericht Berlin gelangt im Wege „ergänzender Vertragsauslegung" zu dem Ergebnis, daß sich das vertragliche Nutzungsentgelt auf der Grundlage von 75 % des ursprünglichen Honorarbetrages zu errechnen habe; bestätigt durch LAG Berlin, Urteil v. 11.8.1994 - 4 Sa 49/94.

42 Vom 26.9.1994, BGBl I S. 2750 i.d.F. Vierte Änderungsverordnung v. 17.4.1996 - BGBl. I S. 619.

43 Vgl. LUXENBURGER, aaO., S. 358 ff., m.w.N.

leitenden Krankenhausärzte herleiten. Die Beteiligung ihrer Mitarbeiter oblag den Chefärzten vielmehr nur als Standespflicht. Gesetzliche Mitarbeiterbeteiligungsregelungen bestehen in Baden-Württemberg, Hessen, Nordrhein-Westfalen und Rheinland-Pfalz, wobei freilich diese Regelungen in konfessionellen Krankenhäusern nicht gelten[44]. Zwischenzeitlich hat das BAG mehrfach entschieden, daß zwischen nachgeordneten Ärzten und liquidationsberechtigtem Chefarzt kein eigenes Arbeitsverhältnis bestehe, weil die nachgeordneten Ärzte Arbeitnehmer des Krankenhausträgers seien und zur Erbringung der ärztlichen Dienstleistungen, auch soweit es sich um Leistungen gegenüber Wahlleistungspatienten handele, nur dem Krankenhausträger gegenüber verpflichtet seien[45]. Ausgehend hiervon hat das BAG unmittelbare Zahlungsansprüche nachgeordneter Ärzte gegenüber liquidationsberechtigten Krankenhausärzten verneint[46].

Nur auf Grund unmittelbarer vertraglicher Absprachen zwischen Chefarzt und nachgeordnetem Arzt können Letzterem unmittelbare Zahlungsansprüche gegen den leitenden Krankenhausarzt zustehen. Soweit in den Chefarztdienstverträgen Abreden getroffen sind, wonach die nachgeordneten Ärzte an den Liquidationseinnahmen zu beteiligen sind oder ein Liquidationspool einzurichten ist, können nachgeordnete Ärzte aus solchen vertraglichen Absprachen zu ihren Gunsten (§ 328 Abs. 1 BGB) nur etwas herleiten, wenn es sich nicht um einen reinen Rahmenvertrag handelt, der durch weitere Abreden zwischen dem nachgeordneten Arzt und dem Krankenhausträger ausgefüllt werden muß, sondern wenn in diesem Vertrag Beteiligungszulagen in bestimmter Höhe vereinbart wurden. Eine solche konkrete Vereinbarung schließt freilich zugleich darüber hinausgehende Ansprüche des nachgeordneten Arztes auf Mitarbeiterbeteiligung aus[47]. Auch bereicherungsrechtliche Ansprüche gemäß §§ 812 ff. BGB stehen dem nachgeordneten Arzt gegen den liquidationsberechtigten Chefarzt nicht zu, denn Rechtsgrund für das Tätigwerden des nachgeordneten Arztes bei der Betreuung von Wahlleistungspatienten, denen gegenüber der Chefarzt

---

44 BVerfGE 53, 366 = AP Nr. 6 zu Art. 140 GG; BAG, AP Nr. 29 zu § 611 BGB Ärzte, Gehaltsansprüche.

45 Urteil v. 14.1.1981 - 5 AZR 853/78 = AP Nr. 29 zu § 611 BGB Ärzte, Gehaltsansprüche; BAG, Urteil v. 15.11.1989 - 5 AZR 626/88; Urteil v. 3.8.1983 - 5 AZR 306/81 = AP Nr. 36 zu § 611 BGB Ärzte, Gehaltsansprüche; BAG, Urteil v. 15.11.1989 - 5 AZR 626/88 = MedR 1990, 291 f..; Urteil v. 21.7.1993 - 5 AZR 550/92 = NZA 1994, 1002 f. So auch ArbG Saarbrücken, Urteil v. 21.6.1996 -5a (1) Ca 46/93.

46 BAG, AP Nr. 27 zu § 611 Ärzte, Gehaltsansprüche; BAG, AP Nr. 36 zu § 611 BGB Ärzte, Gehaltsansprüche.

47 BAG, AP Nr. 29 zu § 611 Ärzte, Gehaltsansprüche; eingehend zum Vertrag zugunsten Dritter - im Ergebnis ablehnend - LAG Saarland, Urteil v. 20.10.1993 - 2 Sa 67/93 -.

liquidationsbefugt ist, ist ausschließlich der zwischen nachgeordnetem Arzt und Krankenhausträger abgeschlossene Arbeitsvertrag[48]. Erfolgt die Mitarbeiterbeteiligung über einen vom Krankenhausträger eingerichteten und verwalteten Mitarbeiterpool, so hat der Krankenhausträger gegenüber den nachgeordneten Ärzten die Stellung eines Treuhänders, die ihn dazu verpflichtet, dafür Sorge zu tragen, daß die liquidationsberechtigten Ärzte ihre Poolabgaben vollständig und rechtzeitig leisten. Kommt der Krankenhausträger dieser Verpflichtung schuldhaft nicht nach, so ist er den nachgeordneten Ärzten zum Schadenersatz verpflichtet[49]. Rückforderungsansprüche des Krankenhausträgers gegen einen nachgeordneten Arzt wegen überzahlter Anteile aus dem Liquidationspool fallen nicht unter die Ausschlußfrist des § 70 BAT, weil es sich insoweit um Ansprüche handelt, die ihren Entstehungsbereich in der Verwaltung eines Sonderfonds haben, unabhängig davon, ob der Krankenhausträger die Zahlungen, die an den nachgeordneten Arzt aus dem Pool erfolgen, steuer- und sozialversicherungsrechtlich als Arbeitslohn behandelt hat und behandeln mußte[50].

Auch ein freigestelltes Personalratsmitglied ist weiterhin an den Einnahmen des leitenden Arztes aus Privatliquidation zu beteiligen, soweit ihm Ansprüche an den Liquidationspool zustünden, wenn es nicht von der Arbeit freigestellt wäre[51]. Rheinland-Pfalz hat als einziges Bundesland in den §§ 20 bis 22 des Krankenhausreformgesetzes[52], abgelöst durch die insofern nahezu inhaltsgleichen §§ 27 - 29 des Landeskrankenhausgesetzes Rheinland-Pfalz[53] eine Poolpflicht nicht nur für die Einnahmen der liquidationsberechtigten Ärzte aus stationären Einnahmen, sondern auch für diejenigen aus ambulanten Einnahmen begründet. Der 5. Senat des BAG hat mit Urteil vom 15.7.1992 den Einwand eines Chefarztes, wonach die Regelung sittenwidrig sei und ihn in seinen Grundrechten verletze, soweit Einnahmen aus ambulanter Tätigkeit erfaßt würden, zurückgewiesen[54].

---

48 BAG, Urteil v. 15.11.1989 - 5 AZR 626/88, abgedruckt in: MedR 1990, 291, 292.

49 BAG, Urteil v. 3.8.1983 - 5 AZR 306/81 = AP Nr. 36 zu § 611 BGB Ärzte, Gehaltsansprüche.

50 BAG, Urteil v. 19.10.1983 - 5 AZR 64/81 = AP Nr. 37 zu § 611 BGB Ärzte, Gehaltsansprüche. Bisher nicht entschieden ist, ob die Ansprüche von nachgeordneten Ärzten an den Liquidationspool der Ausschlußfrist des § 70 BAT unterliegen. In Anlehnung an die vorgenannte Entscheidung des BAG wird man dies verneinen müssen.

51 BAG, Urteil v. 17.2.1993 - 7 AZR 373/92 = AP Nr. 2 zu § 42 LPVG Rheinland-Pfalz.

52 Vom 29.6.1973 (KRG) - GVBl. S. 199.

53 Vom 28.11.1986 (LKG) - GVBl. S. 342.

54 Urteil v. 15.7.1992 - 5 AZR 341/91, auszugsweise abgedruckt in: Arztrecht 1993, 272 ff. Die Besonderheit des Falles besteht darin, daß aus Rechtsgründen die Behandlung von Kassenpatienten im Rahmen einer Ermächtigung eines Chefarztes durch die zuständige KV höchstpersönlich durch den Chefarzt, also ohne Hinzuziehung nachgeordneter

Daß es seit Ende der 70er Jahre zu einer so großen Anzahl, insbesondere auch höchstrichterlicher Entscheidungen zum chefärztlichen Liquidationsrecht, vornehmlich im Zusammenhang mit der Auslegung der Bestimmungen der Bundespflegesatzverordnung in ihren vielfältigen Fassungen gekommen ist, dürfte im wesentlichen darauf zurückzuführen sein, daß das chefärztliche Liquidationsrecht auch eingebettet ist in die schwierigen pflegesatz- und krankenhausfinanzierungsrechtlichen Regelungen sowie das mittlerweile ständigen Änderungen unterliegende ärztliche Gebührenrecht. Die relativ hohe Anzahl gerichtlicher Verfahren ist aber auch bedingt dadurch, daß unter dem Etikett angeblicher Gesundheits- und Krankenhausreformen mindestens seit Mitte der 80er Jahre eine gesetzgeberische Flickschusterei betrieben wird, durch die ständig die vertraglichen Abreden zwischen Krankenhausträgern und leitenden Krankenhausärzten tangiert werden und durch die, wie Zuck[55] zutreffend formuliert hat, die Privatautonomie ungeniert eingeschränkt wird. Die kaum noch überschaubaren neuen gesetzlichen Bestimmungen in der Krankenhausfinanzierung und die Regelungen der Krankenhausentgelte werden auch weiterhin zu Belastungen der vertraglichen Situation zwischen Krankenhausträgern und leitenden Krankenhausärzten führen und damit neue Rechtsstreitigkeiten auslösen. Ein voraussichtlich schon bald von den Arbeitsgerichten zu bearbeitendes Problemfeld sei kurz skizziert:

Das Gesundheitsstrukturgesetz hat in § 115 a SGB V die vor- und nachstationäre Behandlung von Kassenpatienten[56] und in § 115 b SGB V das ambulante Operieren von Kassenpatienten als Leistungen des Krankenhauses neu eingeführt. Bis zu diesem Zeitpunkt konnten in Krankenhäusern solche ambulanten Leistungen gegenüber Kassenpatienten regelmäßig nur von Krankenhausärzten, vornehmlich Chefärzten, erbracht werden, die von den Zulassungsgremien bei der Kassenärztlichen Vereinigung zur Teilnahme an der vertragsärztlichen Versorgung auf Grund einer in quantitativer oder qualitativer Hinsicht bestehenden Bedarfslücke ermächtigt worden waren[57]. Die Zulassungsgremien bei den Kassenärztlichen Vereinigungen ermächtigen aber nunmehr Chefärzte insoweit nicht mehr an der Teilnahme zur vertragsärztlichen Versorgung, als deren Krankenhausträger die vor-

---

Ärzte zu erfolgen hat und im übrigen die Behandlung ambulanter Selbstzahler ebenfalls regelmäßig höchstpersönlich durch die Chefärzte erfolgt, so daß insoweit Leistungen nachgeordneter Ärzte nicht anfallen.

55 ZUCK, NZA 1988, 763, 765.

56 Hinsichtlich der Behandlung von Privatpatienten ist die Rechtslage unverändert geblieben.

57 Gemäß § 116 SGB V i.V.m. § 31 a Ärzte-ZV.

und nachstationäre Behandlung und/oder das ambulante Operieren in ihren Leistungskatalog aufgenommen haben. Es stellt sich daher die Frage, ob unter diesen Aspekten Krankenhausträger, die in den Chefarztverträgen ihren leitenden Ärzten die vertragsärztliche Tätigkeit gestattet haben, in Wettbewerb zu ihren leitenden Ärzten treten dürfen, oder ob sie aus Treu und Glauben gehalten sind, insoweit ihr eigenes Leistungsangebot nicht auszuweiten, eine Frage, die meines Erachtens zu verneinen ist, weil sie zu Wettbewerbsnachteilen für die Krankenhausträger führen würden, deren Chefärzte insoweit zur Teilnahme an der vertragsärztlichen Versorgung ermächtigt waren gegenüber solchen Krankenhausträgern, deren Chefärzte nicht über eine entsprechende Ermächtigung verfügten. Vielmehr ist im Gegenteil der Krankenhausarzt unter Beachtung der Grundsätze von Treu und Glauben gehalten, es hinnehmen, daß sich sein Träger auch auf diesen Gebieten betätigt. Es stellt sich darüber hinausgehend auch die Frage, ob ein Chefarzt dann, wenn seine Ermächtigung zur vertragsärztlichen Versorgung eingeschränkt wird oder gar entfällt, weil der Träger ein vergleichbares Leistungsangebot als Institution anbietet, Ausgleichsansprüche gegenüber seinem Träger geltend machen kann. Dafür könnte insbesondere die Entscheidung des BAG aus dem Jahre 1983 sprechen, auf Grund derer einem Anästhesisten ein Ausgleichsanspruch wegen des Wegfalls eines ihm vertraglich eingeräumten Liquidationsrechtes zugebilligt wurde[58]. Dies erscheint jedoch zweifelhaft, weil nach dem Sachverhalt, der der vorgenannten BAG-Entscheidung zugrunde lag, die Erbringung anästhesiologischer Leistungen bei Patienten der allgemeinen Pflegeklasse im HNO-Belegarzt-Bereich zum dienstlichen Aufgabenbereich des Anästhesisten gehörte, während die Erbringung ambulanter Leistungen auf Grund entsprechender Ermächtigung durch die Kassenärztlichen Vereinigungen gegenüber Kassenpatienten dem Nebentätigkeitsbereich der Chefärzte zugewiesen ist. Zu beachten ist des weiteren, daß nach dem der erwähnten Entscheidung des 5. Senates des Bundesarbeitsgerichtes zugrunde liegenden Sachverhalt die Einnahmeeinbußen des leitenden Anästhesisten sich auf 20 % seiner Gesamteinnahmen beliefen, Einnahmeverluste, die bei Wegfall der in den letzten Jahren umfangmäßig stark rückläufigen Ermächtigungen leitender Krankenhausärzte allenfalls in wenigen Einzelfällen überhaupt auftreten könnten. War der Chefarzt nicht ermächtigt, will ihm der Krankenhausträger aber nunmehr auch die Verantwortung z.B. für ambulante Operationen übertragen, so stellt sich die weitere Frage, ob wegen der daraus resultieren-

58 AP Nr. 12 zu § 611 BGB Arzt-Krankenhaus-Vertrag; in diesem Sinne argumentiert ANDREAS, Ausgleichsanspruch des Chefarztes bei ambulanten Operationen sowie vor- und nachstationärer Behandlung, Arztrecht 1994, 123 ff.

den Vergrößerung des dienstlichen Verantwortungsbereiches ein Ausgleichsanspruch hergeleitet werden kann, und zwar unter dem Gesichtspunkt ergänzender Vertragsauslegung im Hinblick auf das Bestehen einer Vertragslücke[59]. Es erscheint indessen zweifelhaft, ob sich der chefärztliche Verantwortungsbereich überhaupt erweitert, weil wohl überwiegend Operationen in den ambulanten Bereich verlagert werden, die bisher im Krankenhaus stationär erbracht wurden, die aber bei entsprechender häuslicher Betreuung des Patienten durchaus ambulant erbringbar sind, von niedergelassenen operativ tätigen Ärzten, die insoweit im Wettbewerb zu den Kliniken stehen, auch ambulant erbracht werden und die von den Patienten auch in dieser Form der Leistungserbringung erwünscht werden. Insoweit liegt allenfalls eine Verlagerung, regelmäßig aber keine Erweiterung des Verantwortungsbereiches vor.

Alleine der vorstehend skizzierte Bereich der durch das Gesundheitsstrukturgesetz neu eingeführten Krankenhausleistungen läßt weitere Reibungspunkte auf der vertraglichen Ebene zwischen Krankenhausträgern und leitenden Krankenhausärzten erkennen. Daß bisher insoweit gerichtliche Auseinandersetzungen nicht bekannt geworden sind, dürfte vornehmlich darauf zurückzuführen sein, daß die Krankenhausträger das ihnen eingeräumte neue Leistungsangebot eher zurückhaltend aufgegriffen haben, und zwar aus Kostengründen, aber auch weil nur in einzelnen Krankenhäusern bisher die zur Erbringung dieser Leistungen erforderlichen Organisationsstrukturen geschaffen wurden. Das wird sich freilich ändern, wenn die Krankenkassen erwartungsgemäß darauf drängen, daß unter Wirtschaftlichkeitsaspekten ambulant mögliche Eingriffe auch in Krankenhäusern nicht stationär, sondern ambulant ausgeführt werden. Diese Entwicklung sowie die zu erwartende weitere gesetzgeberischen „Reformbemühungen" auf dem Gebiet des Krankenhauswesens werden dazu beitragen, daß das chefärztliche Liquidationsrecht auch in den nächsten Jahren im Blickfeld der Arbeitsgerichte bleiben wird.

59 In diesem Sinne wohl ANDREAS, aaO., S. 124.

ARBEITSGERICHT NEUNKIRCHEN

Sozialversicherungsfreie Beschäftigung
- ein Beitrag zur Reformdiskussion -

von
INGEBORG SPOERHASE-EISEL

Die Positionen

Die Frage, in welchem Umfang geringfügig beschäftigte Arbeitnehmer in die Sozialversicherung einzubeziehen sind, wird seit den Anfängen der Sozialgesetzgebung kontrovers und je nach Interessenlage unter den unterschiedlichsten Gesichtspunkten z.T. sehr emotional diskutiert.

Zugunsten einer Versicherungspflicht wird eingewandt, sie sei erforderlich, um Beitragsmehreinnahmen für die Sozialkassen zu erzielen, Wettbewerbsverzerrungen abzubauen und den sozialen Schutz der Betroffenen, hier insbesondere der Frauen, zu verstärken.

Die Reformgegner argumentieren mit der geringen Akzeptanz durch die Betroffenen selbst, den Bedürfnissen der Wirtschaft nach flexiblerem Einsatz ihrer Arbeitskräfte, z.B. in Saisonspitzen, und der Notwendigkeit von Zugangsschranken für das Sozialversicherungssystem.

Rechtsvergleichende Bestandsaufnahme

Sozialversicherungsfreie Beschäftigung ist nicht nur ein nationales Thema. Den Ausschluß einer vergütungspflichtigen Arbeitsleistung von der Sozialversicherungspflicht sehen außer Deutschland auch andere EU-Staaten vor. So ist z.B. in *Großbritannien* ein Lohn bis zu 57 £ pro Woche sozialversicherungsfrei, Einkommen aus mehreren Arbeitsverhältnissen werden nicht zusammengezählt. Allerdings gibt es in Großbritannien eine Grundrente, die derzeit 57 £ pro Woche beträgt.

In *Irland* bilden 25 £ Einkommen pro Woche die Zugangsschranke zum sozialen Sicherungssystem.

In den *Niederlanden* sind 40 v.H. des Mindestlohnes oder 2 Arbeitstage pro Woche Eingangsvoraussetzung für die Kranken-, Invaliditäts- und Arbeitslosenversicherung. Der Zugang zur Alterssicherung ist nicht beschränkt.

In *Dänemark* sind 10 Arbeitsstunden pro Woche für die zusätzliche Rentenversicherung erforderlich. 400 Std. pro Jahr müssen Hausangestellte arbeiten, um in die allgemeinen Systeme einbezogen zu werden. Die Arbeitslosenversicherungen müssen keine Teilzeitbeschäftigten aufnehmen.

In *Spanien* schließlich sind 12 Std. pro Woche oder 48 Std. im Monat für den Zugang zur Alters-, Arbeitslosigkeits- und Invaliditätsversicherung erforderlich. Bis zu dieser Grenze gibt es keinen Lohnersatz bei Krankheit, aber Leistungen der Krankenbehandlungen bei Berufsunfall, Berufskrankheit und Konkursausfall[1].

Geringfügige Beschäftigung in Deutschland

Versicherungsfreiheit für „vorübergehende Dienstleistungen" hat es schon in § 3 des Gesetzes betreffend die Invaliditäts- und Alterssicherung vom 22.06.1889 (RGBl. I S. 97) gegeben. Der Begriff „Geringfügigkeit" stammt aus der 1. Verordnung zur Vereinfachung des Leistungs- und Beitragsrechts vom 17.03.1945 (RGBl. I, S. 41).

Nach § 1385 Abs. 2 RVO und § 112 Abs. 2 AVG waren gelegentliche Tätigkeiten, die 3 Monate oder insgesamt 75 Tage und regelmäßige Tätigkeiten, deren Entgelt durchschnittlich weniger als 1/8 der monatlichen Beitragsbemessungsgrenze der Angestellten- und Arbeiterrentenversicherung oder 1/5 des Gesamteinkommens betrugen, versicherungsfrei.

Seit Inkrafttreten des SGB IV am 1. Juli 1977[2] wird die Geringfügigkeitsgrenze, auf welche die unterschiedlichsten Regelungsbereiche der Sozialversicherung verweisen, durch § 8 des SGB IV. festgelegt. Hierbei handelt es sich um einen gerundeten Wert, der jährlich durch Rechtsverordnung anhand des durchschnittlichen Arbeitsentgeltes aller Versicherten in der gesetzlichen Rentenversicherung im vorvergangenen Kalenderjahr neu festgesetzt wird[3] .

Sozialversicherungsfreiheit besteht nach § 8 des SBG IV aufgrund einer geringfügig entlohnten Dauerbeschäftigung oder einer kurzfristigen Beschäftigung.

---

1 BIEBACK, Veraltete Rollenklischees prägen sozialen Schutz.
2 Zuletzt geändert durch Gesetz vom 4.11.1982, BGBl. I S. 1450.
3 Bezugsgröße nach § 18 SGB IV.

Eine geringfügig entlohnte Dauerbeschäftigung liegt vor, wenn die Beschäftigung regelmäßig weniger als 15 Std./Woche ausgeübt wird *und* das Arbeitsentgelt regelmäßig 1/7 der monatlichen Bezugsgröße (1996 590,00 DM alte Bundesländer; 500,00 DM neue Bundesländer) nicht übersteigt. Ein höheres Arbeitsentgelt ist unschädlich, wenn es 1/6 des Gesamteinkommens der Einkünfte des Arbeitnehmers nach dem Einkommenssteuergesetz nicht überschreitet und eine Nebentätigkeit vorliegt.

Eine geringfügige Nebentätigkeit liegt regelmäßig vor, wenn eine sozialversicherungspflichtige oder in anderen Systemen, z.B. Beamtenversorgung, abgesicherte Beschäftigung oder selbständige Tätigkeit ausgeübt wird, zu der eine geringfügige Beschäftigung hinzutritt.

Kurzfristig ist eine Beschäftigung - unabhängig von der Höhe des Arbeitsentgeltes - wenn sie im Laufe eines Jahres auf höchstens 2 Monate oder 50 Arbeitstage begrenzt ist. Die Begrenzung muß entweder *im voraus* vertraglich vereinbart werden oder aufgrund der Eigenart der Beschäftigung[4] feststehen. Eine kurzfristige Beschäftigung führt allerdings nicht zu Versicherungsfreiheit, wenn sie berufsmäßig ausgeübt wird und das erzielte Entgelt die Beträge der geringfügig entlohnten Dauerbeschäftigungen übersteigt. Berufsmäßig wird eine Beschäftigung ausgeübt, wenn sie für den Berechtigten nicht von untergeordneter wirtschaftlicher Bedeutung ist.

Mehrere geringfügig entlohnte Beschäftigungen und mehrere kurzfristige Beschäftigungen werden jeweils zusammengerechnet.

Für die Beitragspflicht zur Bundesanstalt für Arbeit gilt eine besondere Regelung: Eine Beitragsfreiheit liegt hier vor, wenn die Beschäftigung kurzzeitig, d.h. auf weniger als 18 Std. wöchentlich beschränkt ist (§§ 102, 169 a AFG). Mehrere kurzzeitige Beschäftigungen werden hier nicht zusammengerechnet.

Zielpolitische Bestandsaufnahme

Politische Bedeutung hat die Diskussion über die Abschaffung oder Erhaltung der geringfügigen Beschäftigungsverhältnisse in jüngster Zeit vor allem durch die gesamtwirtschaftliche Entwicklung erhalten, die eine sorgfältige Überprüfung aller Sozialsysteme auf Mißbrauchstatbestände verlangt.

---

4 Wie Erntehelfer.

Zusätzlich diskutiert wird heute das Problem unter dem Aspekt mittelbarer Diskriminierungswirkung für Frauen als Ausschluß dieser Gruppe von Arbeitnehmern aus dem sozialen Sicherungssystem.

Beide Problemkreise können nicht scharf voneinander getrennt werden, sie sind zu sehen vor dem Hintergrund der quantitativen Entwicklung geringfügiger Beschäftigungen auf dem deutschen Arbeitsmarkt.

Exakte Angaben über das Ausmaß und die Struktur geringfügiger Beschäftigungen zu ermitteln, erweist sich aufgrund der komplizierten Vorschriften über die Versicherungspflicht sowie des Vorhandenseins von „Grauzonen" insgesamt als schwierig.

Amtliche Beschäftigungsstatistiken beziehen sich in der Regel nur auf sozialversicherungspflichtige Beschäftigte. Zwar erhebt der Mikrozensus des statistischen Bundesamtes seit 1990 Angaben zu den geringfügig Beschäftigten und kommt z.B. für 1994 zu dem Ergebnis, daß knapp 1,1 Mill. Personen in der ersten Tätigkeit nicht sozialversicherungspflichtig beschäftigt sind, während dies im April 1990 noch 1,38 Mill. waren[5]. Allerdings geht das statistische Bundesamt hierbei selbst von einer erheblichen Untererfassung aus, da es aufgrund seines Erhebungskonzeptes nicht den gesamten Umfang dieser Beschäftigungsform erfassen könne[6].

Auch die Einführung der Meldepflicht für diese Beschäftigungsform im Jahr 1990 hat nicht zur größeren statistischen Klarheit beigetragen, da eine Abmeldung trotz Bußgeldbewehrung (§ 104 Abs. 1 S. 1 i.V.m. § 11 Abs. 1 Nr. 2 SGB IV) nicht erfolgt.

Anhaltspunkte für eine Bestandsaufnahme der geringfügigen Beschäftigung in Deutschland können mit hinreichend statistischer Sicherheit daher allein aus einer Untersuchung zur sozialversicherungsfreien Beschäftigung entnommen werden, die das Kölner Institut für Sozialforschung und Gesellschaftspolitik (ISG) im Jahre 1987 mit Wiederholungsuntersuchung in 1992 im Auftrag des Bundesministeriums für Arbeit und Sozialordnung durchgeführt hat.

Danach gab es im vereinigten Deutschland im Frühjahr 1992 rd. 3 Mill. sozialversicherungsfrei Beschäftigte (Frauenanteil 68 v.H.) und rd. 1,5 Mill.

---

5 Handelsblatt v. 21.08.1995.

6 Handelsblatt, aaO.

geringfügig Nebentätige (Frauenanteil 46 v.H.), also zusammen knapp 4,5 Mill. geringfügig Beschäftigte (Frauenanteil 60 v.H.).

Während der Anteil sozialversicherungspflichtig Beschäftigter im Zeitraum von 1987 bis 1992 von 20,45 Mill. auf 23,5 Mill. (+ 13 v. H) zunahm, stieg der Anteil der sozialversicherungsfrei Beschäftigten im gleichen Zeitraum von 2,284 Mill. auf 2,616 Mill. (+ 14,5 v.H.). Der Anteil der sozialversicherungsfreien Beschäftigung am Gesamtarbeitsmarkt betrug 1992 rd. 4,8 v.H. (davon 3,6 v.H. ausschließlich sozialversicherungsfrei Beschäftigte und 1,2 v.H. Nebentätige)[7].

Durch Interpretation des Erhebungsergebnisses läßt sich eine generelle Arbeitgeberpraxis der Umwandlung von sozialversicherungspflichtigen Beschäftigungen in mehrere sozialversicherungsfreie Arbeitsplätze nicht herleiten. Allerdings schwankt die Bedeutung der sozialversicherungsfreien Beschäftigung erheblich nach den einzelnen Branchen.

Besondere Bedeutung mit steigender Tendenz kommt der Geringfügigbeschäftigung in den Bereichen Einzelhandel mit einem Anteil von ca. 10 v.H., des Bewirtungsgewerbes mit 21,4 v.H., des Reinigungsgewerbes mit rd. 26 v.H. und im Privathaushalt mit rd. 78,5 v.H. zu.

Nimmt man den Bereich „Privathaushalt", der Eigengesetzmäßigkeiten folgt, heraus, läßt sich an den Gegebenheiten dieser Branchen am ehesten das Argument festmachen, durch den Einsatz von Pauschalkräften sparten die Unternehmen Personalnebenkosten und erzielten hierdurch unerlaubt Wettbewerbsvorteile, die ihrerseits zu mehr sozialversicherungsfreien Beschäftigungsverhältnissen und damit zu einem sozialpolitisch unerwünschtem Abbau von sozialversicherungspflichtigen Arbeitsplätzen führten[8].

Lösungsansätze

Doch zwingt die Feststellung *systemwidriger Wettbewerbsverzerrungen* nicht unbedingt zur Abschaffung einer möglicherweise ansonsten sinnvollen Regelung. Weder die Herabsetzung noch die Abschaffung der Geringfügigkeitsgrenze führt auf Arbeitgeberseite automatisch und generell zu sozialversicherungspflichtigen Teilzeit- oder sogar Vollzeitarbeitsplätzen.

---

7 ROMBACH, Neue Entwicklungen zum Thema der sozialversicherungsfreien Beschäftigung - unter Berücksichtigung der Entscheidungen des EuGH v. 14.12.1995 -.

8 OCHS, Vor allem ein Frauenproblem, Umfang und Struktur geringfügiger Beschäftigungen in Deutschland.

Sie kann auch bewirken, daß insbesondere in Kleinunternehmen ganz auf die Einstellung von Arbeitskräften verzichtet bzw. in die Schwarzarbeit oder in Umgehungstatbestände wie Scheinselbständigkeit ausgewichen wird.
Auch wird der *Aspekt der Kostenersparnis* relativiert durch das Jahressteuergesetz 1996 (BGBl. I 1995 S. 1250), mit dem der Satz für die vom Arbeitgeber nach § 40 a EStG für geringfügig Beschäftigte zu entrichtende Pauschalsteuer von 15 auf 20 v.H. angehoben wurde. Hierdurch nähert sich die Pauschalbesteuerung für diese Beschäftigungsgruppe bis zu 100,00 DM an die vom Arbeitgeber für geringverdienende, sozialversicherungspflichtige Arbeitnehmer zu entrichtenden Sozialversicherungsbeiträge an[9].
Beschäftigungspolitisch sinnvoller ist es - wie durch das „Arbeitsrechtliche Beschäftigungsförderungsgesetz" vom 25.09.1996 (BGBl. I. S. 1476 ff.) geschehen - durch proportionale Anrechnung von Teilzeitarbeitnehmern Arbeitgeber davon abzuhalten, Vollzeitarbeitsplätze in sozialversicherungsfreie Teilzeitarbeitsplätze aufzuteilen.

Bisher bestand nämlich ein zusätzlicher Anreiz für die Anstellung geringfügig Beschäftigter darin, daß diese unter die Zeitschwelle des § 23 Abs. 1 S. 3 KSchG alter Fassung fielen, so daß Betrieben mit 5 oder weniger Arbeitnehmern über 10 Std. pro Woche, aber einer Vielzahl von Beschäftigten unterhalb dieser Zeitschwelle, der gesetzliche allgemeine Kündigungsschutz mit den hieraus für den Arbeitgeber resultierenden Kündigungsbeschränkungen erspart blieb. Zukünftig werden bei der Feststellung der Betriebsgröße für den allgemeinen Kündigungsschutz teilzeitbeschäftigte Arbeitnehmer mit einer regelmäßigen wöchentlichen Arbeitszeit von nicht mehr als 10 Std. mit 0,25 zu berücksichtigen sein[10]. Dies ist ein Schritt in die arbeitsmarktpolitisch richtige Richtung.

Effektiver wäre es noch, worauf Hanau hinweist[11], unterhälftige Beschäftigungen generell zur Hälfte auf den Schwellenwert anzurechnen.

---

9 Von der Geringfügigkeitsgrenze ist die Geringverdienergrenze zu unterscheiden. Versicherungspflichtige Arbeitnehmer mit einem Arbeitsentgelt unterhalb der Geringverdienergrenze sind von der sonst hälftigen Beitragspflicht befreit, der Arbeitgeber trägt die Beiträge zur Sozialversicherung also allein. Die Höhe der Geringverdienergrenze beträgt für die alten Bundesländer 610,00 DM. Dieser Wert ist seit 1989 festgeschrieben. Die für das Jahr 1997 höchstwahrscheinlich maßgebliche Entgeltgrenze für versicherungsfreie geringfügige Beschäftigung beträgt in den alten Bundesländern 610,00 DM und in den neuen Bundesländern 520,00 DM. Sie entspricht der auch für 1997 maßgeblichen Entgeltgrenze für Geringverdiener (so Mitt. d. BReg. in BB 1996, 2256).

10 aaO., Art. 1 Nr. 2 b.

11 HANAU, Reformbedarf im Arbeitsrecht in ZRP 1996, S. 349.

Ein zusätzliches beschäftigungspolitisch sinnvolles Instrument wäre es, *günstigere steuerliche Rahmenbedingungen* für sozialversicherungspflichtige Beschäftigte in Bereichen zu schaffen, in denen - wie in den Privathaushalten - ein steigender Bedarf an solchen Arbeitskräften besteht, eine sozialversicherungspflichtige Einstellung aber unterbleibt, weil finanzielle Aufwendung hierfür nicht oder nur in völlig unzureichendem Umfang steuermindernd geltend gemacht werden können.

Die Abschaffung der Geringfügigkeitsgrenze wird auch diskutiert als soziales *Sicherungsdefizit* der betroffenen Arbeitnehmer und hier insbesondere seit den Entscheidungen des EuGH vom 14.12.1995[12] verstärkt auch unter dem Gesichtspunkt der Benachteiligung von Frauen im Erwerbsleben.

Hierzu ist zunächst anzumerken, daß die *„Arbeitsrechtslage"* von geringfügig Beschäftigten aufgrund der Rechtsprechung des EuGH und der nationalen Arbeitsgerichtsbarkeit, z.B. im Bereich der Lohnfortzahlung im Krankheitsfall[13] und bei der Gewährung von Erholungsurlaub[14] weitestgehend der Rechtsstellung der Vollzeitbeschäftigten entspricht.

In der Praxis erfolgt jedoch häufig an geringfügig Beschäftigte keine Lohnfortzahlung, wird kein bezahlter Urlaub gewährt oder werden Gratifikationen an diesen Personenkreis nicht bezahlt.

Es liegt auf der Hand, daß diese Mißstände im Tatsächlichen ökonomisch sinnvoll nicht durch Abschaffung der Geringfügigkeitsgrenze, sondern nur durch eine verbesserte Aufklärung der Betroffenen zu beseitigen sind.

Schutzdefizite

Aber auch was die von Gegnern der Geringfügigkeitsgrenze oft zitierten *sozialversicherungsrechtlichen Defizite* dieser Gruppe von Arbeitnehmern anbelangt, ist, um eine sachgerechte Problemlösung zu erhalten, ausreichend nach Betroffenheit und Versicherungsart zu differenzieren.
Aus den statistischen Daten läßt sich nämlich herleiten, daß die Gruppe der geringfügig Beschäftigten unterschiedlich strukturiert ist.

12 EuGH, Urteil v. 14.12.1995 - Rs.C-317/93; EuGH, Urteil v. 14.12.1995 - Rs.C-444/93.
13 EuGH, Urteil v. 13.07.1989 - Rs.C-171/88, in: NZA 1990, 437 ff.
14 BAG, Urteil. v. 14.03.1989 - 3 AZR 361/85; BAG, Urteil.v. 19.01.1993 - 9 AZR 53/92.

Sie setzt sich zusammen aus Arbeitnehmern, deren *Haupterwerbstätigkeit* die geringfügige Beschäftigung ist, und denen, die neben ihrer sozialversicherungspflichtigen Haupterwerbstätigkeit einer sozialversicherungsfreien *Nebenbeschäftigung* nachgehen.

Erwerbstätige mit geringfügiger Nebentätigkeit sind meistens Arbeiter und Angestellte sowie Beamte, oftmals Männer, während die Gruppe derjenigen, die als Haupterwerbstätigkeit eine geringfügige Beschäftigung ausüben, sich, zumindest in den alten Bundesländern, im wesentlichen aus Rentnern, Schülern, Studenten, Arbeitslosen und überwiegend[15] Hausfrauen, diese meistens während oder nach der Familienphase, zusammensetzt.

Bei der Begutachtung des Sicherungsdefizits kann die Gruppe der geringfügig Nebentätigen wie auch der haupterwerbstätigen Schüler, Studenten und Rentner vernachlässigt werden, deren Sozialschutz sich entweder aus einer eigenständigen sozialen Sicherung ergibt oder wegen des - noch - fehlenden Sicherungsbedürfnisses nicht besteht.

Es stellt sich demnach die Frage, ob ein bestehendes oder behauptetes Sicherungsdefizit in der Gruppe der hauptberuflich geringfügig Tätigen ohne eigenen Versicherungsschutz die Herabsetzung oder die Abschaffung der Geringfügigkeitsgrenze rechtfertigt.

Mißbrauchsbekämpfung

Zur Beantwortung dieser Fragestellung kann sicher nicht das häufig verwendete Argument beitragen, viele Angehörige dieser Gruppe übten gleichzeitig mehrere geringfügige Beschäftigungen aus. Wegen mißbräuchlich fehlender Zusammenrechnung mit der Folge des Nichteintritts der Versicherungspflicht nach § 8 Abs. 2 des SGB IV entginge ihnen aber der Versicherungsschutz.

Die mißbräuchliche Handhabung eines Rechts zwingt jedoch nicht zu dessen Änderung, sondern allenfalls zu vermehrten Anstrengungen, die Umgehung zu verhindern. Als wirksame Instrumente der Mißbrauchsbekämpfungen haben sich die Pflicht zur Führung von Lohnunterlagen für geringfügig Beschäftigte (§§ 28 ff. Abs. 1 SGB IV), die Einführung des Sozialversicherungsausweises (§§ 95 ff. SGB IV), die Meldepflicht für geringfügig Be-

15 47 v.H.

schäftigte (§ 104 SGB IV) und schließlich die vermehrte Heranziehung zu Schadensersatzleistungen auch der versicherten Arbeitnehmer, die durch ihr Handeln eine Gesetzesumgehung erst ermöglichen, erwiesen. In diesem Zusammenhang zu nennen ist wohl auch § 266 a Abs. 1 StGB, wonach der Arbeitgeber mit Freiheitsstrafe bis zu fünf Jahren oder mit Geldstrafe bestraft wird, wenn er Beiträge zur Sozialversicherung oder zur Bundesanstalt für Arbeit der Einzugsstelle vorenthält.

Zu diesem Instrumentarium hinzutreten muß eine ausreichende Vorabinformation der Betroffenen über die Risiken, mehrere sozialversicherungsfreie Arbeitsverhältnisse einzugehen.

Position des EuGH

Zur Problemlösung beitragen können auch nicht die Entscheidungen des EuGH v. 14.12.1995[16] . Denn der Europäische Gerichtshof hat lediglich festgestellt, daß die im Bundesdeutschen Sozialrecht vorgesehene Möglichkeit, innerhalb einer bestimmten Einkommensgrenze sozialversicherungsfrei zu arbeiten, nicht gegen das im Gemeinschaftsrecht verankerte Verbot der mittelbaren Geschlechtsdiskriminierung verstößt. Eine inhaltliche Bewertung des Bundesdeutschen Sozialrechtes hat er, begründet mit der alleinigen Zuständigkeit der Mitgliedstaaten für die Sozialpolitik, gerade nicht vorgenommen.

Beitragsäquivalenz

Die Frage der Herabsetzung bzw. Abschaffung der Geringfügigkeitsgrenze als sozialpolitisches Instrument kann jedoch angesichts leerer Sozialkassen nicht ohne Beachtung der *„Beitragsäquivalenz“* erfolgen.

Bei einem weitestgehend auf Beiträgen beruhenden Sozialsicherungssystem muß Sozialpolitik auch systemerhaltend wirken und deshalb gewährleisten, daß ein Gleichgewicht zwischen Beiträgen und Leistungen bestehen bleibt.

Dementsprechend wurde erst in jüngerer Zeit, insbesondere seit den Vorabentscheidungsersuchen der Sozialgerichte Hannover und Speyer an den EuGH, die Geringfügigkeitsgrenze als mittelbare Geschlechtsdiskriminierung diskutiert. Zuvor war, basierend auf dem Strukturprinzip des Sozialversicherungsrechtes, originäre soziale Absicherung auf den Personenkreis

---

16 aaO.

zu beschränken, der durch seine Erwerbstätigkeit sich nicht nur eine eigenständige wirtschaftliche Basis schafft sondern gleichzeitig durch seine Beiträge auch das Sicherungssystem speist, die Abschaffung der Geringfügigkeitsgrenze oftmals als systemwidrige Expansion der Sozialversicherung und damit als Verstoß gegen Artikel 3 GG durch das Heranziehen der Versichertengemeinschaft zur Finanzierung von Leistungen an „Einkommenslose" gewertet worden[17].
Im Spannungsverhältnis zwischen Sicherungsbedürfnis und Beitragsäquivalenz ergeben sich getrennt nach den verschiedenen Sozialversicherungszweigen für den betroffenen Personenkreis folgende Ergebnisse:

Unfallversicherung

Die Notwendigkeit, die bestehende Rechtslage zu ändern, ergibt sich nicht für den Bereich der gesetzlichen *Unfallversicherung*. In der gesetzlichen Unfallversicherung sind kraft Gesetzes alle aufgrund eine Arbeits-, Dienst- oder Lehrverhältnis Beschäftigten ohne Rücksicht auf den Umfang ihrer Beschäftigung oder die Höhe ihres Arbeitseinkommens einbezogen. Auch für die geringfügig Beschäftigten ist somit ein umfassender Schutz gewährleistet.

Krankenversicherung

Für den Bereich der gesetzlichen *Krankenversicherung* besteht kein aktueller Reformbedarf. 99 v.H. aller geringfügig Beschäftigten genießen Versicherungsschutz, meist aus ihrer Haupttätigkeit oder aus einer für sie bestehenden Familienversicherung. Im Gegensatz zum früher geltenden Recht, das einen Anspruch des Kassenmitglieds auf Leistungen für seine Familienangehörigen vorsah, ist der Versicherungsschutz von Ehegatten unterhalb der Geringverdienergrenze und Kindern jetzt als eigene Versicherungsform ausgestaltet (§ 10 Abs. 1 Nr. 5 SGB V). Rechtsträger ist der einzelne Angehörige. Er kann seine Ansprüche unabhängig vom Mitglied geltend machen, solange das Versicherungsverhältnis besteht. Wegen der geltenden Anspruchslage ist die *Akzeptanz* der betroffenen geringfügig Beschäftigten auch verhältnismäßig gering.

---

17 ISENSEE, Sozialversicherungsfreiheit bei geringfügiger Beschäftigung, in: ZRP 1982, 137 ff.; inzidenter auch BVerfG v. 21.04.1989 - 1 BVR 1591/87.

Arbeitslosenversicherung

In der *Arbeitslosenversicherung* sind Arbeitnehmer unabhängig von ihrem Einkommen erst bei einer Beschäftigung von mindestens 18 Std./Woche beitragspflichtig und erwerben erst dann Anwartschaften für Leistungen nach dem AFG wie Arbeitslosengeld, Arbeitslosenhilfe, Umschulung etc. (§§ 102, 169 AFG). Mehrere Teilzeitbeschäftigungen eines Arbeitnehmers werden hier *nicht* für die Beitragspflicht zusammengerechnet. Dem Schutzbedarf geringfügig beschäftigter Haupterwerbstätiger würde daher durch die Abschaffung bzw. Absenkung der Geringfügigkeitsgrenze nicht entsprochen.

Auch der Gesichtspunkt der *Beitragsäquivalenz* spricht gegen eine Einbeziehung der geringfügig Beschäftigten in die Arbeitslosenversicherung, da die von dieser Arbeitnehmergruppe ausgeübten Tätigkeiten oft Gelegenheits- oder Aushilfsbeschäftigungen beinhalten, die überwiegend nicht kontinuierlich ausgeübt werden und daher die Zugehörigkeit zur Solidargemeinschaft der Beitragszahler für eine bestimmte Dauer nicht gewährleisten.

Rentenversicherung

Bei der *Altersrente* schließlich führt die Versicherungspflicht geringfügig Beschäftigter allein zu keiner nennenswerten sozialen Absicherung. Eine 10jährige kontinuierliche Beschäftigung, die bei geringfügig Beschäftigten aus grundsätzlichen Erwägungen eher selten anzunehmen ist, führt zu einer Monatsrente von rd. 64,00 DM. Selbst Beiträge aus einem kontinuierlichen Einkommen in Höhe der Geringfügigkeitsgrenze aus 45 Jahren ergeben lediglich eine monatliche Altersrente von ca. 288,00 DM.

Nicht übersehen werden darf hierbei allerdings, daß im Laufe einer Versicherungsbiographie geleistete freiwillige Beiträge oder Pflichtbeiträge zur Rentenversicherung zusammen mit den Minimalbeiträgen aus einer geringfügigen Beschäftigung zu einem ausreichenden Individualaltersrentenschutz führen können. Jedoch kann dies aufgrund fehlender statistischer Erkenntnisse nicht als Regelfall angenommen werden. Allein die Existenz einer solchen Möglichkeit bedingt jedoch noch keinen aktuellen Reformhandlungsbedarf.

Demgegenüber kann es für die *Solidargemeinschaft* zu unerwünschten Mitnahmeeffekten, z.B. bei Berufs- und Erwerbsunfähigkeit kommen, deren Aufwendungen nach einer Anlaufphase die durch Abschaffung der Geringfügigkeitsgrenze für die Rentenkassen zu erwartenden Beitragsmehreinnahmen übersteigen.

Fazit

Zusammenfassend ist festzustellen, daß aufgrund sonstiger Rechtslage bestehenden Anreize, aber auch wegen der sozialen Sicherheit des Einzelnen, die sozialversicherungsfreie geringfügige Beschäftigung die Ausnahme bleiben muß. Die Sicherung dieser Vorgabe läßt sich jedoch wirksam nicht durch eine Abschaffung der Geringfügigkeitsgrenze erreichen. Untergrenzen gehören notwendigerweise zu einem auf Beitragseinnahmen beruhenden Sozialsystem, um den Bezug von Leistungen aufgrund von Minimalbeiträgen oder ohne Beiträge einzudämmen. Effektiv für die Erhaltung bzw. Schaffung sozialversicherungspflichtiger Arbeitsplätze sind Maßnahmen, die bereits nach geltender Rechtslage unzulässige Umgehungstatbestände eindämmen, ist der Abbau zusätzlicher Anreize für die Beschäftigung von geringfügig Tätigen, die Schaffung von Steuervorteilen in Bereichen, in denen ein vorhandener Bedarf an sozialversicherungspflichtiger Beschäftigung wegen des Fehlens von Steuerminderungsmöglichkeiten nicht gedeckt wird und schließlich auch die umfassende Aufklärung der Betroffenen über die Konsequenzen der fehlenden Versicherungspflicht.

IV.

Stationen und Möglichkeiten des EDV-Einsatzes in der Arbeitsgerichtsbarkeit[1]

von
STEFAN F. HOSSFELD

Wozu brauchen wir denn einen PC (*personal computer*) im Bereich der Arbeitsgerichtsbarkeit? Mit dieser oder einer ähnlichen Frage ist wohl jeder vor Jahren konfrontiert worden, der sich für die Einführung moderner Datenverarbeitung auf elektronischem Wege eingesetzt hat. Diese Frage ist Ausdruck einer doppelten Angst gewesen, je nachdem, ob der Mittelbewirtschafter oder der potentielle Nutzer auf eine Antwort gewartet hat. Während ersterer seinem rein materialistischen Unwohlsein ob der auf seinen Haushaltstitel einstürmenden Kosten Ausdruck verleihen wollte, hat letzterer eher aus dem immateriellen Unwohlsein ob des schier unüberwindlich scheinenden Berges an zu erlernendem Neuland auf technischem Gebiet heraus gefragt. - Wozu schreibt *er* denn das, werden Sie sich angesichts des zwischenzeitlich nahezu spielerisch gewordenen alltäglichen Umganges mit den Gerichts-PCs fragen. Die Antwort ist ganz einfach. Zum einen sollte sich jeder, der in Zukunft mit einem PC in welcher Form auch immer seine Arbeit verrichten wird, an diese Anfangsphase erinnern können. Zum anderen ist es bei kaum einem weiteren Gebiet der sich in den Arbeitsalltag einfügenden technischen Errungenschaften so notwendig, durch permanentes Lernen *am Ball zu bleiben* wegen der nahezu exponential fortschreitenden Entwicklung wie bei elektronischer Datenverarbeitung.

Der Einsatz der EDV in der Arbeitsgerichtsbarkeit soll hier unter verschiedenen Aspekten näher betrachtet werden:

- Einstieg über Solitärlösungen
- Möglichkeiten auf den einzelnen Arbeitsplätzen
- Netzwerklösungen gerichtsintern
- Offline-/Online-/Internet-/E-Mail
- sprachgesteuerte Systeme
- Datenschutz
- Kostenseite
- Gesichtswandel eines Gerichtes

---

1 Die nachfolgende Darstellung berücksichtigt den technischen Entwicklungsstand bis Ende September 1996, soweit dieser dem Verfasser bekannt ist.

Die Betrachtung soll dabei vorrangig auf die Bedürfnisse und Möglichkeiten des Einsatzes in der Arbeitsgerichtsbarkeit des Saarlandes eingehen[2].

1. Einstieg über Solitärlösungen

Mit Ausnahme der Vorgehensweise derjenigen Bundesländer, die auf Anfrage von Herstellern oder aufgrund eines entsprechenden Angebotes auf dem EDV-Gerichtstag ihre Gerichte im Zuge von Feldversuchen mit Komplettlösungen ausstatten lassen konnten, wird wohl die Einzelarbeitsplatzlösung den Einstieg in die EDV-Welt dargestellt haben und auch in Zukunft weiter darstellen. Diesen Weg hat auch die Arbeitsgerichtsbarkeit im Saarland ausgangs der 80er Jahre beschritten mit der Anschaffung der ersten PCs für den Kanzleibereich.

Außer dem augenfälligen Vorteil, daß damit überhaupt einmal ein PC im Gericht in Betrieb gegangen ist, kann dieser Lösung kaum ein weiterer Vorteil abgerungen werden. Solange die Standardeinzelplatzausstattung zum einen aus PC, Software (d.h. Programmen zur Textverarbeitung oder Datenbankerstellung), Drucker und Arbeitstisch und zum anderen aus der klaren Aussage besteht, nur dieses eine Gerät haushaltsstechnisch pro Jahr anschaffen zu können, kann dieser Weg nur in eine (arbeits-)technische Sackgasse führen. Auf diese Weise wird ungewollt innerhalb eines Kanzlei- und Geschäftsstellenteams eine Mehrklassengesellschaft aufgebaut. Während diejenigen Personen, denen frühzeitig ein PC zur Verfügung gestellt worden ist, zunächst nach Ausräumen der Anlaufschwierigkeiten den Vorteil haben, ihre Arbeit auf effektivere Weise organisieren zu können als die anderen, haben die zuletzt in die EDV-gestützte Arbeit eingegliederten den Vorteil, mit erheblich modernerer *Hard-* und *Software* ausgerüstet zu werden. Jedem, der die Entwicklungsgeschwindigkeit auf dem EDV-Sektor beobachtet, wird einleuchten, daß schon Ausstattungszeiten für den Kanzleibereich eines Gerichtes von mehr als 1-2 Jahren zum Teil zu erheblichen Schwierigkeiten der Kompatitbilität von Programmen zur Dokumenterstellung führen kann. Dies erklärt sich einfach daraus, daß die *Software* (also das Anwenderprogramm) des zuletzt erworbenen PCs auf dem zuerst angeschafften PC entweder gar nicht oder nur schleppend läuft. Im günstigsten Fall gelingt es, durch Nachrüsten im Arbeitsspeicherbereich

2 Zur Datenverarbeitung im Überblick der Arbeitsgerichtsbarkeit der BRD vgl. Jürg ARNOLD in: Die Arbeitsgerichtsbarkeit, Festschrift zum 100jährigen Bestehen des Deutschen Arbeitsgerichtsverbandes, S. 499, 508 ff.

(*RAM*-Erweiterungen) oder Austausch des zentralen Rechenbausteines (*CPU,* Prozessors) des im technischen Sinne nach einem Jahr bereits überholten alten PCs diesen den gewachsenen Anforderungen des neuen Anwenderprogrammes des zuletzt angeschafften PCs anzupassen. Gelingt dies jedoch nicht, so werden einzelne Mitarbeiter mit der gleichen Arbeitsmenge bei gleicher Leistungsfähigkeit und Leistungsbereitschaft auch in Zukunft langsamer fertig als andere. Dies hat seine Ursache zunächst nur in der "mangelnden" Leistungsfähigkeit des zur Verfügung gestellten Arbeitsmittels. Ein Alltagsbeispiel ist hier in der im Bereich von PCs mit sog. 386er-Prozessoren oder 486er-Prozessoren mit SX-Schaltung wegen der gegenüber 586er-/Pentium-/Pentium Pro- oder 6x86er-Rechnern erheblich längeren Rechenzeit nur eingeschränkten Möglichkeit zu sehen, während eines erteilten Druckauftrages mit der unter *Microsoft-Windows* laufenden Textverarbeitung an einem neuen Dokument weiterarbeiten zu können.
Ein Einzelplatzsystem kann nur dann Sinn machen, wenn es sich um die Anschaffung nahezu gleichartiger PCs aus etwa der gleichen technischen Entwicklungsstufe handelt, da bei dieser Art des Einstiegs der PC alles alleine machen muß mit seinen durch seine Bauteile vorgegebenen Möglichkeiten. Bei Netzwerklösungen kann der am Einzelarbeitsplatz zum Einsatz gelangende Rechner (der sog. *Client*) auch *etwas "dümmer"* sein. Hier kommt es nicht so sehr auf seine Leistungsfähigkeit als auf die Leistungsfähigkeit des Zentralcomputers, des sog. *Servers,* an, da der *Server* die Programminhalte und seinen Speicher dem Einzel-PC, dem sog. *Client,* auf Abruf zur Verfügung stellt und damit im wesentlichen dessen verfügbare Arbeitsgeschwindigkeit vorgibt.

2. Möglichkeiten auf den einzelnen Arbeitsplätzen bei Solitärlösung

a) Rechtsantragsstelle

Auch wenn erfahrungsgemäß als erstes der Kanzleibereich mit PCs ausgestattet wird, so ist nicht zu verkennen, daß die Rechtsantragsstelle als Tür des Rechtsuchenden zum Gericht für seine Klagen, Anträge und Schriftsätze über eine ganze Reihe von Arbeitsroutinen verfügt, deren Ablauf sich durch Einsatz moderner Datenverarbeitung ganz erheblich vereinfachen läßt. Gerade bei der Aufnahme von Klagen bietet sich bei der Formulierung der Anträge ein Zurückgreifen auf ein im PC abrufbares Baukastensystem an. Die meisten Anwenderprogramme mit Textverarbeitung bieten die Möglichkeit an, immer wiederkehrende Formulierungen als Textbausteine zu erfassen und dann abzuspeichern. Somit können bereits auf der Rechtsantragsstelle selbst bei Einzelarbeitsplatzlösung die einzelnen Klageanträge als Bausteine abgerufen werden und auf die jeweilige Besonderheit des Einzelfalles ergänzt oder angepaßt werden. Auch Standardtexte, wie sie bei der Kurzbegründung zu einer Kündigungschutzklage üblich sind, können unmittelbar zeitgleich bei der Aufnahme der Klage eingefügt werden, sobald sie als Bausteine auf Abruf bereitstehen. Es liegt auf der Hand, daß gerade an Tagen mit einem erhöhten Aufkommen an Klagewilligen hierdurch ein rationelleres Arbeiten gewährleistet werden kann, damit für die weiteren Aufgaben trotz Publikumsverkehrs auch noch ausreichend Zeit übrig bleibt. Auch im Bereich der Hinführung auf sachgerechte Klagebegründungen vermag der PC bei Einsatz entsprechender Sofware gute Dienste zu leisten. Steht etwa eine *Schönfelder plus*-CD-ROM[3] zur Verfügung oder ein Verzeichnis der für allgemeinverbindlich erklärten Tarifverträge, kann ohne lange Sucharbeit die Klage von vermeidbaren Fehlern ohne das ansonsten übliche längere Blättern und Suchen befreit werden.

b) Geschäftsstelle

Ein Solitär-PC ist in einer Geschäftsstelle von deren Aufgabenstellung her eher fehl am Platz. Ein solcher PC müßte über ein sehr großes Speichervermögen verfügen, ohne daß bei dieser Konstruktion die unmittelbar nachgeordnete Kanzlei auf die gespeicherten Informationen zugreifen könnte.
In der Geschäftsstelle werden sog. *Stammdaten*[4] angelegt und verwaltet. Es werden die Spruchkörper, die Geschäftsverteilungspläne, Anschriften von häufig benötigten Dolmetschern und oft auftretenden Rechtsanwälten sowie Verbänden und Gewerkschaften erfaßt. Die ehrenamtlichen Richter werden nach Arbeitnehmer- und Arbeitgeberseite getrennt in bezug auf Anschrift, Beginn ihrer Berufung, Sitzungstagen und Absagen in Listen zusammengestellt.
Ebenso bietet sich die Speicherung der Registrierungsdaten der bei Gericht geführten Verfahren an. Es können durch den Einsatz der elektronischen Speichermedien dabei Prozeßregister und Namensverzeichnis zusammengefaßt in einer einzigen Datenbank angelegt werden. Terminkalender der Spruchkörper, Einzel- und Gesamtstatistiken wie auch die teilweise Erfas-

---

3 Compact *d*isc *r*ead *o*nly *m*emory, d.h. ein mit Daten bereits versehenes, nicht vom Anwender selbst zu beschreibendes Speichermedium, das der Musik-CD im äußeren Erscheinungsbild entspricht mit 12 cm Durchmesser.

4 Bei *Stammdaten* handelt es sich um Informationen, auf die immer wieder zugegriffen werden kann, ohne daß diese für jeden Arbeitsgang erneut manuell erstellt werden müssen.

sung der Kostenberechnungen können über einen solchen in der Geschäftsstelle installierten PC abgewickelt werden.
Die Arbeitserleichterung und Beschleunigung der Arbeit ist jedoch ohne eine ebenfalls vorhandene Möglichkeit des elektronischen Zugriffs auf die in der Geschäftsstelle gespeicherten Informationen von seiten der Rechtsantragsstelle, der Kanzlei wie auch der Richterarbeitsplätze nicht von allzu großer Tragweite. Bis Ende 1996 ist im Saarland daher auch auf den Einsatz eines Solitär-PC in den Geschäftsstellen verzichtet worden.

c) Kanzlei

Im Kanzleidienst führt die Verwendung von PCs zunächst zu einer komfortableren Art des Schreibmaschineneinsatzes, ja es sei sogar ketzerisch die Frage erlaubt, warum man nicht eher einen Schreibautomaten statt eines PCs einsetzt. Die vielfältigen Möglichkeiten eines PCs werden nämlich zu Beginn gar nicht genutzt und werden es auch in späteren Ausbaustufen nur sehr eingeschränkt. Dies liegt letztlich nicht an dem mangelnden Können oder Wollen der hier Beschäftigten, sondern einzig an der Aufgabenstellung im Kanzleidienst. In der Kanzlei wird in erster Linie geschrieben, wobei eine Unzahl verschiedenster Formulare, Umschläge und Texte zu bearbeiten sind. Dennoch kann ein PC bei entsprechender *Software* deutlich mehr leisten als ein Schreibautomat. In der Verwendung von Textmasken, Textbausteinen und Rückgriffsmöglichkeiten auf Datenbanken, in denen sich Gerichtsanschriften, Anschriften von Rechtsanwälten und Dolmetschern finden lassen, sind schon große Arbeitserleichterungen zu entdecken. Ganz abgesehen davon, daß die Korrektur von Texten - allerdings bei Schreibautomaten auch kein Problem - ohne das ansonsten obligate Neuanfertigen ganzer Seiten möglich ist. Dennoch macht auch hier der PC-Einsatz noch mehr Sinn als Teil eines Netzwerkes - aber dazu später.

d) Protokolldienst

Im Protokolldienst dürfte sich der Wandel nach außen hin mit am stärksten bemerkbar machen, eröffnet doch der Einsatz eines Computers im Sitzungssaal verbunden mit zwei Monitoren und einem Drucker die Möglichkeit, gleich *zwei Fliegen mit einer Klappe schlagen zu* können.
Zum einen versetzt diese Vorgehensweise das Gericht gegenüber den Parteien in die Lage, diesen das gerade erst aufgenommene Protokoll - wenn auch zunächst noch ohne den Vermerk, daß es sich um eine vollstreckbare Ausfertigung handelt -, als Vorab-Ausdruck des Verhandlungsinhaltes sowie des Verhandlungsergebnisses noch im Sitzungssaal auszuhändigen. Der

Vorteil ist insbesondere bei Abschluß von Vergleichen mit längeren Texten komplizierteren Inhaltes auf Widerruf kaum zu übersehen, da der Parteivertreter nunmehr ohne sonst übliche Übermittlungsprobleme mit seiner Partei den Vergleichsinhalt und dessen Auswirkungen besprechen kann.
Zum anderen lassen sich auch Fragen eventuell notwendig werdender Protokollberichtigungen durch den Einsatz des zweiten Monitors als Mitlesekontrolle vor dem Richterplatz reduzieren, da das Protokoll dem Gericht in *Reinschrift* zeitgleich zur Aufnahme durch die Protokollkraft am Bildschirm erscheint. Ein weiterer Vorteil liegt darin, daß auch die Parteien noch im Sitzungssaal die ihnen ausgegebenen Ausdrucke kontrollieren und auf etwaige Fehler aufmerksam machen können, so daß bei Berechtigung des Einwandes die Korrektur sogar noch am gleichen Tag erfolgen könnte - die Mitwirkung aller Beteiligten vorausgesetzt.

Im Herbst 1996 ist im Saarland beim Arbeitsgericht Neunkirchen in einem der Sitzungssäle ein Solitär-PC als Pilotversuch installiert worden. Entgegen den anfänglichen Befürchtungen ist diese Einrichtung von den PC-Arbeit gewohnten Protokollkräften nach kürzester Einarbeitungszeit als eindeutige Verbesserung und Erleichterung der Tätigkeit im Protokolldienst angenommen worden. Eigenem Bekunden zufolge führen die Bediensteten sogar lieber mittels PC Protokoll als in herkömmlicher Weise. Die mit dem PC-Einsatz einhergehenden Zeitersparnis- und Arbeitseffektivitätsmomente verbunden mit der erkennbar zeitgemäßer werdenden Professionalität der Arbeitsabläufe und -ergebnisse haben nicht nur bei den Richtern und Bediensteten des Arbeitsgerichts Neunkirchen, sondern gerade auch bei den vor Gericht auftretenden Rechtsanwälten, Gewerkschaftssekretären und Verbandsvertretern und sogar bei den Parteien der Rechtsstreite ein durchweg positives Echo erfahren.

e) Richterarbeitsplatz

Die Richterarbeit wird im Rahmen einer Solitärarbeitsplatzlösung nur in geringem Umfang unterstützt bei Einsatz eines PC. Der Grad der Unterstützung ist im wesentlichen von dem technischen Standard des zum Einsatz gelangenden Computers wie auch von der zur Verfügung gestellten *Software* abhängig.

Gerade bei einer der Hauptaufgaben, der sauberen Herausarbeitung des zur Entscheidung stehenden Sachverhaltes, führt - soweit man nicht mittels des

Einsatzes eines Hand- oder Ganzseitenscanners[5] von dieser Arbeit entbunden ist - kein Weg an der manuellen Eingabe von wesentlichen Textpassagen oder von Hinweisen auf die Seitenzahl des Aktenstückes vorbei. Es gibt dabei zwar Programme, die einem Aktenauszug/-spiegel sehr ähnlich eine Aufteilung in Kläger- und Beklagtenvortrag zulassen. Der zeitliche Mehraufwand für die sicherlich etwas ungeübte Eingabe über die Tastatur - welche Richterin, welcher Richter beherrscht schon das 10-Finger-System? - ist sachlich nur dann zu rechtfertigen, wenn es um die Erfassung eines außergewöhnlich komplizierten oder aber eines extrem umfangreichen Sachverhalts, verteilt auf mehrere Aktenbände, geht. Hier ist der Vorteil der DV-gestützten (= datenverarbeitungsgestützten) Aktenauszugs-/-spiegelführung[6] in der komfortablen Suchfunktion zu erblicken, die es dem Bearbeiter ermöglicht, sich durch Eingabe eines beliebigen Suchmerkmales zuverlässig in dem Aktenstück bewegen zu können. So kann schnell ein Überblick über den Sachverhalt gewonnen werden.

Ist der Sachverhalt einmal herausgearbeitet, beginnt die zweite Phase - die Subsumtion des Lebenssachverhaltes unter Bestimmungen der Gesetze und Verordnungen. Über Geschmack läßt sich ja bekanntermaßen nicht streiten. In diesem Punkt scheiden sich aber die Geister. Es wird sicher noch einige Richtergenerationen dauern, bis ein Umstieg von gedruckten Gesetzestexten zu elektronisch gespeicherten Gesetzessammlungen zum gewohnten Alltag gehört. Es gibt heute sowohl auf *CD-ROM* als auch über sog. *Online-Dienste*[7] sowie im Bereich des *Internet*[8] die Möglichkeit, Gesetzessammlungen abzurufen. Hierbei ist es gewöhnungsbedürftig, den visuellen Wiedererkennungseffekt, den wir alle von der Schule her erlernt haben, welcher darin besteht, eine bestimmte Information sich optisch dahingehend einzuprägen, ob sie auf einer linken oder rechten Seite in einem Buch zu finden ist und in welchem Bereich der Seite man sie zu suchen hat, gegen die Annehmlichkeiten moderner Suchfunktionen und *Hypertextpassagen*[9] einzu-

---

5 *Scanner* sind Geräte, die ähnlich einem Kopiergerät Abbilder von zweidimensionalen geschriebenen oder gedruckten Vorlagen sowie von Fotografien erzeugen. Dabei wird dieses Abbild des Originals im Unterschied zum Kopiergerät nicht als Papier- oder Folienabzug direkt ausgegeben, sondern elektronisch in ein Anwendungsprogramm des angeschlossenen Rechners eingelesen zur weiteren Bearbeitung vor der endgültigen Druckausgabe.

6 Vgl. ARNOLD, aaO., in Fn. 1, S. 518; VOLLMER in: DRiZ 1986, 415.

7 Hier wird der Computer über eine Datenleitung - meist Telefonleitung - mit einem Großrechner verbunden, um Daten austauschen zu können.

8 *Internet* ist eine weltweite Vernetzung von größeren und kleineren Rechnern, über die Informationen zur Verfügung gestellt werden - dazu später unter 4.).

9 Mit *Hypertext* bezeichnet man Textstellen, die farblich und/oder durch Unterstreichung hervorgehoben sind, die bei Anklicken mittels der Computer-Maus direkt zu dem mit der Textüberschrift Bezeichneten weiterführen.

tauschen. Beim Arbeiten am Bildschirm gibt es für gewöhnlich in lesbarer Größe keine Möglichkeit, beide Seiten wie in einem aufgeschlagenen Buch darzustellen.
Neben den Gesetzestexten und Verordnungen muß auch die Arbeit mit Kommentarliteratur, Rechtsprechung, Lehrbüchern und Monographien neu erlernt werden. Programmtechnisch lösbar ist z.B. die synoptische Darstellung von verschiedenen Kommentierungen der gleichen Bestimmungen eines Gesetzes. Diese Möglichkeit führt verständlicherweise zu einer erheblich aufgeräumteren Schreibtischoberfläche, setzt aber auf der anderen Seite das Vorhandensein entsprechender *Software* und *Hardware* voraus. Anders ausgedrückt, es müßte möglich sein, vom Richter-PC aus auf diese Informationsquellen zugreifen zu können. Schon aus Kostengründen wird dies bei Einzelplatzlösungen kaum zu realisieren sein. Abgesehen davon erscheint dies auch weder erforderlich noch wünschenswert. Es ist sicherlich nicht unbedingt erforderlich, jeden Richterarbeitsplatz mit der *AP*-CD-ROM auszustatten. Es scheint auch kaum sinnvoll zu sein, die Gerichtsbibliothek entsprechend der Anzahl der Richterarbeitsplätze zu vervielfältigen. Würde man dies jedoch bei Einzelplatzlösungen nicht tun, müßte sich der eine oder andere zwangsläufig zurückgesetzt fühlen. Hier hilft nur eine Netzwerklösung sowie eine wohl auf Dauer angelegte kombinierte Nutzung gedruckter und elektronisch gespeicherter Informationsquellen.
Sofern man die Aufgabe der Richterin oder des Richters nicht darin sieht, die Beschlüsse und Urteile selbst in gedruckter Form abzufassen, hilft die Computerverwendung nur, angestammte Arbeitsinhalte des übrigen Gerichtspersonals zu verlagern und so gewollt oder ungewollt einen arbeitstechnisch vielleicht sinnvollen, aber kostenmäßig fatalen Rationalisierungseffekt beizusteuern. Wenn man die höhere Stundenvergütung einer Richterin bzw. eines Richters betrachtet und die wohl erheblich längere Arbeitszeit heranzieht, die eine Richterin oder ein Richter für die Maschineneingabe eines Textes benötigt, wird klar, daß der Einsparungseffekt wohl nur verschwindend sein wird, solange das Erlernen perfekter Schreibmaschinenkenntnisse nicht zur juristischen Ausbildung gehört. Hier dürfte es sinnvoller und auch effektiver sein, die Arbeit des Richters auf das Überprüfen und etwaige Korrigieren bzw. Ergänzen aus der Kanzlei stammender, zuvor diktierter oder vorgeschriebener Texte am Bildschirm zu begrenzen. Dies hilft, die sonst übliche Papierflut zu verringern, da meist nur noch das abgespeicherte, fertig korrigierte Endprodukt ausgedruckt und kopiert wird.
Die Richterarbeitsplätze sind bei der saarländischen Arbeitsgerichtsbarkeit bisher noch EDV-Entwicklungsgebiet, da bis auf vereinzelte Privatinitiativen der Richter Rechner noch nicht ihren Weg an den Richterschreibtisch gefunden haben.

3. Vorteile von Netzwerklösungen

Die Nachteile von Einzelplatzlösungen lassen sich in vernetzten Systemen minimieren, allerdings auch teilweise substituieren durch netzwerkimmanente neue Probleme. Aber dies ist vergleichbar mit dem Ausfall einer Schreibmaschine infolge eines technischen Defektes und muß als notwendige Begleiterscheinung des Technikeinsatzes hingenommen werden.
Der wohl größte Vorteil liegt in der Konstruktion solcher gerichtsinternen Netzwerke, bestehend aus einer großen Zentralrecheneinheit (dem *Server*) und den an den einzelnen Arbeitsplätzen befindlichen kleineren Rechnern (den *Clients*). Diese Konstruktion erlaubt den gleichzeitigen Zugriff auf Daten der verschiedensten Inhalte von mehreren Arbeitsplätzen aus. An einem normalen zeitlichen Ablauf im Gerichtsalltag läßt sich dieser Vorteil anschaulich erklären:
In der *Rechtsantragsstelle* wird eine Klage aufgenommen. Sie erhält ihren Eingangsdatumsvermerk und später das geschäftsverteilungsplangemäße Aktenzeichen zugewiesen. Alle Daten, d.h. Kläger, Beklagter, Kürzel für den Klagegegenstand, sind danach im *Server* gespeichert. Die Klage wird über den Anschluß auf der *Geschäftsstelle* terminiert und auf den Zustellweg gebracht. Die Terminierung wie auch das Zustelldatum sind im *Server* ebenfalls in dem Gerichtsprogramm gespeichert. Später kommen noch Güte- und Kammerterminsdaten, die Art der Erledigung sowie die Streitwert- und Kostenseite hinzu. Von jedem Arbeitsplatz aus kann unter Verwendung eines beliebigen Suchbegriffs, sei es u.a. des Namens der klagenden Partei, des Zustelldatums oder auch des Aktenzeichens, die Akte und ihr gerichtlicher Werdegang in Sekundenbruchteilen auf den Bildschirm geholt werden. Es entfällt die zeitraubende Suche auf dem Umweg über den Aktenschrank der Geschäftsstelle, das Namensverzeichnis, das Prozeßregister, den Verhandlungskalender oder das Statistikbuch, da im Speicher des *Server* all diese einzelnen Verzeichnisse vereint sind.
So kann sich die Richterin/der Richter durch Eingabe des nächsten Gütetermintages alle terminierten Akten anzeigen lassen, während gleichzeitig etwa die Geschäftsstelle eine telefonische Anfrage nach dem Zustelldatum einer dieser Akten beantwortet. Auch Wiedervorlagevermerke können als Ordnungskriterium herangezogen werden, so daß bei Eingabe des Datums alle Akten nach aufsteigendem Aktenzeichen sortiert aufgelistet werden, die entweder der Richterin/dem Richter vorzulegen sind, oder aber diejenigen, bei denen die Routineanfrage im Bereich der Prozeßkostenhilfe nach § 120 Abs.4 ZPO durchgeführt werden muß.
Wegen der größeren Kapazität des *Server*s kann auch eine komfortable Archivierung von Protokollen und Entscheidungen durchgeführt werden.

Hierbei ist allerdings durch entsprechende Zugangssperren mittels Paßwörtern unterschiedlicher Reichweite sicherzustellen, daß die sensiblen Daten aus den persönlichen Bereichen der Kläger- und der Beklagtenseite nicht jedermann zugänglich sind. Ebenso muß nach genau vorherbestimmten Intervallen eine Anonymisierung durchgeführt werden.
Daneben sind die oben bereits erwähnten im Bereich der Geschäftsstelle angelegten Verzeichnisse der ehrenamtlichen Richter, der Dolmetscher, Rechtsanwälte, Verbände und Gewerkschaften ebenso wie Geschäfstverteilungsplaninformationen und Statistiken je nach Autorisationsgrad des Zuganges von den anderen mit Rechnern ausgestatteten Arbeitsplätzen innerhalb des Gerichtes jederzeit abrufbar.
Es können dabei über gesonderte Programmteile zusätzlich Kassenbestände verwaltet werden. Ebenso wird man in Zukunft durch entsprechende Schnittstellenverbindungen zur Gerichtskasse auch den Eingang von Zahlungen verbuchen können und die Anweisung von Prozeßkostenhilfeausgaben veranlassen können. Von dieser letztgenannten Möglichkeit wird bereits im Bereich saarländischen Arbeitsgerichtsbarkeit Gebrauch gemacht.

Im *Kanzleidienst* kann nun von jedem Arbeitsplatz aus auf nur *eine* auf der Festplatte des *Server*s abgespeicherte Sammlung von Formschreiben, Anwalts- und Gerichtsadressen sowie einer ganzen Reihe von Formularen zugegriffen werden. Dabei ist es zum einen nicht mehr notwendig, mehrmals Wege zu Aktenschränken mit Formularen zurückzulegen. Zum anderen braucht nicht an jedem Arbeitsplatzrechner die gleiche Sammlung von Formschreiben, Formularen sowie von Adressen vorgehalten zu werden. Von den *Client*-Rechnern kann jederzeit auf den *Server* zugegriffen werden.

Im *Protokolldienst* verändert sich die Arbeitsweise in der oben unter 2 d bereits aufgezeigten Weise. Es kommt hier nur bei Vernetzung noch die weitere Möglichkeit hinzu, während der Sitzung auf die Datenbanken des *Servers* zuzugreifen. Taucht beispielsweise während der Sitzung die Frage nach dem Aktenzeichen einer Parallelsache und des in dieser Sache angesetzten Gütetermines oder einfach nur die Frage nach dem Eingangsdatum auf - kein Problem. Durch unmittelbares Zugreifen auf die Datenbank, in der Prozeßregister, Namensverzeichnis und Verhandlungskalender zusammengefaßt sind, können Fragen dieser Art ohne großen Zeitaufwand beantwortet werden.

Am *Richterarbeitsplatz* ist mit Ausnahme vielleicht der persönlichen Datenbank mit als wichtig eingestuften Gerichtsentscheidungen oder Aufsätzen aus Zeitschriften die wesentliche Erleichterung in einer umfassenden

Vernetzung erst dann richtig zu nutzen, wenn die juristischen Entscheidungen wie auch die Kommentarliteratur und die juristischen Fachzeitschriften in elektronischer Form, sei es *offline*[10] auf *CD-ROM* oder *online* etwa über *Internet*-Verbindung jederzeit abgefragt werden können. Damit entfallen dann häufigere Wege in die Gerichtsbibliothek ebenso wie die oft zeitraubende Suche in Zeitschriften nach einem bestimmten Aufsatz, an dessen Erscheinen man sich zwar erinnert, den man aber wie üblich als in den letzten 3 Ausgaben veröffentlicht vermutet, während man ihn dann erst in einer erheblich älteren Ausgabe findet. Hier hilft die Eingabe eines Suchkriteriums wie etwa des den Aufsatz kennzeichnenden Kern-Paragraphen oder des juristischen Begriffes, um die Aufsätze und Gerichtsentscheidungen der betreffenden Fachzeitschrift in chronologischer Reihenfolge geordnet angezeigt zu erhalten. Dies bezieht sich dabei nicht wie bei herkömmlicher Suche auf die aktuellen nicht gebundenen Zeitschriften, auch nicht auf das Halbjahres- oder Jahresregister, sondern im günstigsten Fall auf die Zeitschrift seit ihrer ersten erschienenen Ausgabe. Daß dies keine Zukunftsmusik zu sein braucht, beweist für den Bereich der Entscheidungssammlungen etwa die *AP* auf *CD-ROM*. Über *Internet* ließe sich dabei der Zugriff erheblich erweitern, auch auf elektronisch gespeicherte juristische Bibliotheken von Universitäten.

Die Anlegung von *gerichtsinternen Entscheidungssammlungen* in elektronisch gespeicherter Form bietet sich zusätzlich an. Hierbei kann über Einsatz von *Scannern* auch älteres Entscheidungsmaterial mit relativ geringem Zeitaufwand eingegeben werden, womit dann die ohnehin bereits in elektronischer Form über den Kanzleidienst hergestellten Urteile und Beschlüsse aus jüngerer Zeit ergänzt werden können zu einer umfassenderen Datenbank. Als Speichermedium bieten sich hier wegen ihres gesteigerten Speichervermögens (600 MegaByte) beschreibbare CD-Rohlinge an, da bis zu 10.000 Schreibmaschinenseiten (und in der neueren Entwicklungsstufe 5,7 GigaByte oder gar bis zum 28-fachen der Kapazität einer derzeitigen CD bei einem Speichervolumen von 17 GigaByte) auf einer einzigen Silberscheibe mit nur 12 cm Durchmesser abgespeichert werden können.

---

10 *Offline* ist eine Arbeit mit Datenbanken ohne Datenübertragung von einem außerhalb des Gerichtes stehenden Fremdrechners meist mittels Verwendung von CD-ROM - dazu später unter 4.).

4. Offline-/Online-/Internet-/E-Mail - Lösungen

Um das Ergebnis gleich vorwegzunehmen, keine der mit diesen Schlagworten umrissenen Lösungen wird ohne die Möglichkeit der Nutzung einer weiteren zu einem auf Dauer befriedigenden Arbeiten führen können.

Unter *offline* versteht man das Arbeiten mit einer zumeist als Datenbank aufgebauten Ansammlung von Daten wie etwa Gesetzestexten, Entscheidungen oder Kommentaren, ohne dabei auf externe Rechner zuzugreifen. Damit sind auch gleichzeitig die Vor- und Nachteile offengelegt. Der gravierende Vorsprung solcher *Offline*-Nutzung liegt einerseits in der Geschwindigkeit des Zugriffs und in der kostenneutralen beliebig häufigen Wiederholbarkeit einer Abfrage. Er liegt andererseits auch in der sich auf die Papier- und Druckerverbrauchsmaterialkosten reduzierenden Möglichkeit, eine beliebige Anzahl von Ausdrucken jeder Fundstelle anfertigen zu können. Der Hauptnachteil ist in dem schnellen Verlust an Aktualität zu erblicken, den sich die Verleger gerade der *CD-ROM*-Datenbanken recht kräftig bezahlen lassen durch Versenden aktualisierter Fassungen, zumeist nur gegen die Verpflichtung zur Rücksendung der nunmehr überholten alten Version[11, 12].
Die *Online-Dienste* wie etwa *JURIS*[13] bieten ihre Stärke in der fließenden Aktualisierung der Inhalte ihrer Datenbanken. Dafür fallen aber recht vielfältige Gebühren in der Nutzung an, sei es für die Nutzung von Leitungen der Telekom, sei es für die Berechtigung, den *Online-Dienst* überhaupt nutzen zu dürfen, oder aber sei es für die Erlaubnis zum Abspeichern oder Ausdrucken bestimmter gefundener Daten - etwa einer Gerichtsentscheidung - im Volltext. Unabhängig von diesen im Interesse einer effizienten Justiz sicherlich eher als zweitrangig anzusehenden Kostenaspekten kommt aber ohne Zweifel auch heute noch teilweise als Nachteil die gegenüber dem PC-Bereich weniger anwenderfreundliche Nutzung von Großrechnern hinzu. Dieser Nachteil liegt zum einen in für den PC-gewohnten Nutzer schwieriger zu bedienenden Suchmasken und zum anderen in der Notwendigkeit, den Text aus der Großrechner-Formatierung zur weiteren Verwertung in das gewohnte Textformat der eigenen Textverarbeitung umwandeln zu müssen,

---

11 Eine rühmliche Ausnahme von der Rückgabepflicht stellt z.B. die Gesetzessammlung von LEXsoft/MBO dar.

12 Eine Marktübersicht über die CD-ROMs mit juristischem Inhalt findet man in NJW CoR 1996, 216 ff., wobei auch Bezugspreise und Quellen genannt werden.

13 Die *JURIS GmbH* mit Sitz in Saarbrücken unterhält seit Jahren eine der umfangreichsten und aktuell geführtesten juristischen Entscheidungsdatenbanken.

da sich ansonsten das Lesen der Entscheidungen durch Übertragung von Steuerzeichen etwas schwierig gestaltet[14].

Die Nutzung von Diensten im *Internet*[15] bietet ebenfalls nicht nur Vorteile. Neben dem sicherlich ins Auge springenden Vorteil der nahezu durchgängig kostenfreien Zur-Verfügung-Stellung von Informationen ist ein Hauptnachteil nicht zu übersehen. Da jeder mit entsprechender technischer Ausrüstung seine Datenbanken, seine Veröffentlichungen oder auch nur einfach Gesetzestexte in das *Internet* einstellen kann, fehlt es an der Gewähr für die Aktualität und Richtigkeit einer gefundenen Information. Hier empfiehlt sich also, äußerst kritisch zu sein bei der Wahl des Informationsgebers im *Internet.* Findet man zu einer juristischen Frage nur ein Angebot einer Privatperson, also nicht etwa dasjenige eines Gerichtes oder einer universitären Datenbank, so ist die gefundene Information mit Vorsicht zu nutzen. Eine Vollständigkeitsgarantie besteht ebenso wie eine Aktualitätsgarantie in diesem Fall gerade nicht[16].

Eine ganz nützliche Variante in der Nutzung von *Online*-Diensten wie etwa *T-Online*, *AOL/America Online*, *CompuServe*, *Microsoft Network* oder anderen ist die Möglichkeit, elektronische Meldungen bzw. Briefe ohne nennenswerten Zeitverlust vom Absender zum Adressaten via *E-Mail*[17] zu befördern. Anders ausgedrückt könnte etwa ein Arbeitsgericht im Saarland auf diesem Wege bei einem Arbeitsgericht in Brandenburg sich nach einer dort ergangenen Entscheidung erkundigen. Das brandenburgische Arbeitsgericht könnte seine Entscheidung dann entweder per Fax oder auch per *E-Mail* an das Gericht im Saarland senden. Letztere Möglichkeit wäre

---

14 Die *JURIS GmbH* hat dieses Problem zwischenzeitlich erkannt und wendet sich mit dem Werbeslogan *juris goes windows* an die Kunden, um so auf die neue vom PC her gewohnte Windows-Bedieneroberfläche aufmerksam zu machen. Der Abschied von der Großrechnermaske ist damit endgültig geschafft.

15 *Internet* ist die Bezeichnung für ein aus einem Rechnersystem des amerikanischen Verteidigungsministeriums hervorgegangenes, historisch gewachsenes, weltumspannendes Rechnernetz von Informationsanbietern und Nutzern mit der Möglichkeit, in jeder Richtung Daten mit Text-, Grafik-, Bild-, Video- und Toninformationen übertragen und austauschen zu können.

16 Als Orientierung für Juristen im Internet können zwei Internetadressen angewählt werden, die weiterführen *http://www.jura.uni-sb.de* und *http://rw20hr.jura.uni-sb.de*. Es handelt sich dabei um Adressen des Lehrstuhles für Rechtsinformatik von Prof. Herberger sowie des Lehrstuhles von Prof. Rüßmann.

17 *Electronic-mail* erklärt sich schon aus der Übersetzung. Es handelt sich um die Möglichkeit, auf elektronischem Wege Briefe von einem Rechner zu einem anderen Rechner - einem Telex nicht unähnlich - ohne nennenswerte Zeitverzögerung versenden zu können.

um so schneller zu bewerkstelligen, wenn die Entscheidung aus der Datenbank des brandenburgischen Arbeitsgerichts-*Servers* entnommen elektronisch versendet wird. Im saarländischen Arbeitsgericht könnte diese *E-Mail* ebenfalls in den *Server* übernommen werden, um aus der dortigen Entscheidungsdatenbank beliebig oft bei Bedarf wieder abgefragt werden zu können.
Neueste Bürosoftware ist bereits daraufhin konzipiert, dem Anwender den Weg ins *Internet* zu öffnen, wobei auch die Erstellung eigener Seiten verbunden mit der Ablage auf einem *Internet-Server* vorgesehen ist[18].

Es dürfte daher sinnvolles Arbeiten nur in der Kombination dieser verschiedenen durch Datenverarbeitung gestützten Angebote möglich sein. Ähnlich der Anfertigung einer Lateinarbeit in der Schule bei gleichzeitigem Zur-Verfügung-Stellen eines ethymologischen Wörterbuches ist es dann der Selbstdisziplin des Nutzers überlassen, ob er alle Fragen elektronisch recherchieren will. Die Zeitersparnis bei der Nutzung elektronischer Medien gegenüber der konventionellen Nutzung von Bibliotheken kann bei mangelnder logistischer Vorbereitung im Vorfeld durch die Vielfalt des technisch Machbaren leicht verlorengehen und sich gar ins Gegenteil verkehren. Jeder, der sich zum ersten Mal mit den eben skizzierten Möglichkeiten konfrontiert gesehen hat, wird bestätigen, daß es zwar faszinierend ist, vom eigenen Schreibtisch aus in einer Bibliothek der Universität Stuttgart nachzulesen und direkt danach eine *JURIS*-Abfrage durchzuführen. Gleichzeitig wird man aber bei selbstkritischer Betrachtung der eigenen Fähigkeiten nicht darüber hinwegsehen können, daß die Bearbeitung länger gedauert hat als auf konventionelle Weise, weil die Abfragetechnik wie auch der Einsatz moderner Informationsdienste erst einmal gelernt sein muß, ehe die in der Werbung angepriesene Zeitersparnis wirklich eintritt.

5. Sprachgesteuerte Systeme

Gerade in den letzten 3 Jahren haben sprachgesteuerte Systeme den Sprung vom unerschwinglich teuren Einzelprodukt zu einer auch dem breiteren Markt zugänglichen sinnvollen Erweiterung der Möglichkeiten des Computereinsatzes geschafft. Zeitgleich sind auch die Erkennungsraten (bis zu 98 %) hinsichtlich des gesprochenen Wortes verbessert worden.

---

18 Vgl. etwa *MICROSOFT* office 97 oder das Konkurrenzprodukt von *COREL*, dessen 97er-Bezeichnung bei Abfassung des Beitrages noch nicht bekanntgegeben war.

Unabhängig von der Frage ihres Grundkonzeptes, ob sie an Bigrammen[19] - wie etwa *Dragon dictate* - oder an Trigrammen[20] - wie etwa das *IBM voice type* Diktiersystem - anknüpfen, helfen diese Systeme dem Benutzer, ähnlich einem Diktiergerät Gedanken zu speichern[21]. Der Unterschied zum Diktiergerät besteht allerdings in dem teilweise möglichen Wegfall des Übertragungsvorganges in Reinschrift. Komfortable Formatumwandler erlauben nach dem Diktatvorgang mittels Eingabe einiger Kurzbefehle eine Übertragung in das meist gewohnte Format eines *Microsoft*-Word-Dokumentes. Dabei können sogar Formatierungsangaben wie Blocksatz, zentriert etc. eingegeben werden.
Der Anwendungsbereich solcher Systeme in der Arbeitsgerichtsbarkeit könnte in der Güte- wie auch der Kammersitzung bei der Protokollführung sein. Dabei ist allerdings noch das Problem der notwendigen Sprachausgabe seitens des verwendeten Computers mit zu bedenken, da etwa Vergleichstexte wie auch Zeugenaussagen nochmals vorgespielt werden müssen. Es kann auch das Urteil schon in den Computer diktiert werden, so daß im Kanzleidienst dem Urteil nur noch das endgültige äußere Erscheinungsbild am PC gegeben werden müßte. Ebenso wäre die Aufnahme einer Klage in der Rechtsantragsstelle über ein sprachgesteuertes System denkbar.
Es gibt auf dem Markt bereits komplett ausgestattete *Software*pakete[22], mit denen ein Arbeiten auf den verschiedenen Plätzen innerhalb eines Gerichtes je nach Funktion des einzelnen Bedieners möglich ist. Diese Systeme sind um sprachgesteuerte Bausteine erweiterbar.

6. Datenschutz

Über all den oben aufgezeigten Gestaltungsarten einer datenverarbeitungsgestützten Gerichtsarbeit schweben als Kontrolle für die Persönlichkeitsrechte der betroffenen Personen die Bestimmungen des Bundesdatenschutz-

---

19 Bei Aufnahme nach dem Bigrammerkennungsmuster wird vor der Umrechnung des gesprochenen Wortes in die Anzeige eines Textes immer die Abfolge von 2 gesprochenen Silben abgewartet, ehe ein Abgleich mit dem im System enthaltenen Wörterbuch zur Erkennung des Wortes durchgeführt wird.

20 Bei Trigrammsystemen wird vor dem Abgleich mit dem systemimmanenten Wörterbuch die Eingabe 3er aufeinanderfolgend gesprochener Silben abgewartet.

21 Vergleichstest von Dragon Dictate Power Edition 1.4 und IBM Voice Type 1.1 ist nachzulesen in: NJW CoR 1996, 295 ff.

22 Wie etwa das in der bayerischen und rheinland-pfälzischen Arbeitsgerichtsbarkeit verwandte System *Georg* aus dem Hause Herbert Dahm Datensysteme; das von Siemens-Nixdorf entwickelte System *SHARK*, welches in der Arbeitsgerichtsbarkeit von Sachsen-Anhalt wie auch beim ArbG Hamm zum Einsatz gelangt, u.a.

gesetzes bzw. die entsprechenden datenschutzrechtlichen Landesregeln[23]. Neben Anonymisierungsvorgaben bei der Weitergabe von gespeicherten Daten sind nach der Anlage zu § 9 BDSG eine ganze Reihe von technischen und organisatorischen Maßnahmen vor der Eingabe und späteren Bearbeitung personenbezogener Daten zu ergreifen. Dies reicht u.a. von der Schaffung einer Zugangskontrolle zu den technischen Einrichtungen über die Speicherkontrolle zur Verhinderung unbefugter Zugriffe und Veränderungen sowie den Einbau einer Übermittlungskontrolle zur Rückverfolgung der Wege bei Weitergabe von Daten an andere Behörden oder sonstige Dritte bis hin zur allgemeinen Organisationskontrolle zur innerbetrieblichen Gewährleistung des Datenschutzgebotes[24].
Zu diesen schon beinahe altbekannten Gesichtspunkten, die auch ohne EDV im Umgang mit personenbezogenen Daten zu beachten sind, gesellen sich bei Nutzung von Netzwerken wie etwa des *Internet* noch ganz andere Probleme. Dabei muß man sich vor Augen führen, daß der Anschluß eines Einzelarbeitsplatz-Computers an ein Netzwerk nicht nur dazu führt, daß der gerade das Netzwerk Benutzende wie auf einer Einbahnstraße von seinem *Client*-Rechner auf den *Server* oder wie es im *Internet* heißt, einen bestimmten *Host*-Rechner, den er angewählt hat, zugreifen kann. In dem Augenblick des Aufschaltens auf ein Netzwerk können vielmehr auch andere auf die Daten der übrigen Teilnehmer zugreifen[25]. Der Landesbeauftragte für Datenschutz im Saarland hat daher im Gemeinsamen Ministerialblatt vom 30. Jan. 1996[26] eine Reihe von Ratschlägen zusammengestellt, die den sensiblen Bereich personenbezogener Daten schützen helfen sollen. Dem unbefangenen Leser dieses Kataloges drängt sich allerdings der nicht ganz von der Hand zu weisende Verdacht auf, ein Handbuch zur Erlernung des Kriegshandwerkes aufgeschlagen zu haben. Wenn etwa von intelligenten Angriffen von Netzteilnehmern auf Sicherheitslücken die Rede ist, die es mittels gestufter *Firewall*-Rechner abzuwehren gilt, fällt es einem schwer zu glauben, man würde über ein einfaches Arbeiten unter Einsatz der helfenden Möglichkeiten eines PCs informiert. Dies soll aber keineswegs den Beitrag des Datenschutzbeauftragten als überflüssige Panikmache abqualifizieren, schärft er doch gerade das Bewußtsein für die Existenz einer ganz erheblich wachsenden Kriminalität unter Ausnutzung der elektronischen Datenverarbeitung. Ebensowenig wie heute noch üblicherweise

---

23 Vgl. dazu die ausführliche Darstellung zur Zulässigkeit der Erfassung personenbezogener Daten im Bereich der Gerichtsbarkeit bei ARNOLD, aaO., in Fn 1, S. 518, 519.

24 Vgl. zu den in § 9 BDSG enthaltenen sog. *10 Geboten der Datensicherung* Horst ALKE in: Jur PC 1996, 116 f.

25 Vgl. zu den Problemen durch den Außenkontakt Dr. Thomas LAPP in: Jur PC 1996, 118.

26 GMBl. d. Saarl. 1996, S. 28.

der Gerichtsschreiber im Gerichtssaal steht, lauert der moderne Kriminelle mit dem Messer in der Hand nur im Wald oder hinter einer dunklen Häuserecke auf "Kundschaft"[27].

7. Kostenseite

Es steht wohl außer Frage, daß die meisten Landesregierungen mit ihren Haushalten nicht mehr so freizügig verfahren können, wie dies zu Zeiten einer Hochkonjunktur vielleicht noch denkbar war. Dies verhält sich im Saarland leider auch nicht anders. Aber es erscheint hier auch nicht sinnvoll, mit dem Zitat, *Rom sei auch nicht an einem Tage erbaut worden*, durch häppchenweise Anschaffung elektronischer Datenverarbeitungsgeräte die Gesamtkosten für eine später dann doch angestrebte Netzwerklösung in eine vermeidbare Höhe zu treiben. Es sollte hierbei von vornherein für die jeweilige Gesamtausstattung eines Gerichtes ein enger zeitlicher Rahmen gewählt werden. Wenn bis zur Vollausstattung eines Gerichtes heute ein Zeitrahmen von zwei Jahren überschritten wird, so ist als Folge des sprunghaften technischen Fortschrittes bei gleichzeitigem Preisverfall kaum zu gewährleisten, daß die anfangs angeschafften Geräte ohne erhebliche Nachrüstungen - sofern dies überhaupt technisch vorgesehen ist - mit den zuletzt eingesetzten Geräten des jüngeren technischen Standards und der dabei mitgelieferten *Software* kompatibel sind. Ebenso könnte es in der Endsumme kostensparender sein, statt der üblichen, sich über Jahre hinziehenden Vollausstattung jedes Einzelarbeitsplatzes mit PC, Drucker und Einzelplatzversion der Textverarbeitung gleich einen *Server* und die entsprechende Anzahl von *Client*-Rechnern mit vielleicht nur 2 oder 3 benötigten Druckern, einer Netzwerksteuerung und eben nur einer Version der netzwerkfähigen Software zu beschaffen.

Unter dem Gesichtspunkt der Kostendämpfung bei gleichzeitiger Möglichkeit der Nutzung moderner elektronisch aufbereiteter Medien bietet sich für die saarländische Arbeitsgerichtsbarkeit im Bereich der *Offline*-Arbeit mit juristischen *CD-ROMs* eine recht einfache Lösung an. Beim LAG Saarland könnten in einem zentralen Rechner mit *CD-ROM-Wechsler*[28] u.a. die *AP* auf *CD-ROM*, die *JURIS-CD-ROM* im Arbeitsrecht, eine *CD-ROM* mit Gesetzestexten (z.B. 'Unser Recht' aus der Reihe Beck-Texte im dtv) und etwa später noch eine *CD-ROM* der *NZA* oder des *NZA-Rechtsprechungs-*

27 Vgl. eine Übersicht über zur Computerkriminalität von Werner PAUL in: NJW CoR 1995, 331 ff.

28 Es handelt sich dabei um ein CD-ROM-Laufwerk mit mehreren Schächten, in welchem ähnlich einer Musicbox gleichzeitig mehrere CD-ROMs auf Abruf bereitliegen.

Reportes vorgehalten werden. Die einzelnen Arbeitsgerichte in Saarbrücken, Neunkirchen und Saarlouis könnten dann bei Bedarf über eine *ISDN*-Verbindung die jeweilige *CD-ROM* aufrufen, auf ihr Recherchen durchführen, die wesentlichen, dabei gefundenen Passagen vor Ort im eigenen Gerichts-PC speichern oder einfach über ihren am PC angeschlossenen Drucker ausdrucken lassen. Die derzeit überschaubare Anzahl der Richterinnen und Richter läßt dabei größere Wartezeiten für einen Zugriff kaum erwarten.

8. Gesichtswandel eines Gerichtes

Mit der schrittweisen Einführung elektronischer Datenverarbeitung in die tägliche Gerichtsarbeit verändert sich das Gesicht des Gerichtes sowohl nach innen wie auch nach außen hin sehr nachhaltig. Wenn man alle Möglichkeiten konsequent nutzt, verkürzen sich viele täglich anfallende Arbeitsgänge ganz entscheidend. Es bleibt somit Zeit für andere Aufgaben bzw. müssen anfallende Arbeiten in Phasen gerichtlicher Hochkonjunktur nicht immer unter extremem Zeitdruck erledigt werden. Die Außenwirkung eines Gerichtes wird zum einen durch das erheblich sauberere Druckbild von im Blocksatz abgefaßten Entscheidungen mit Wappenaufdruck und durch die Möglichkeit der Parteien, einen Vorabausdruck eines Terminsprotokolls in unmittelbarem Anschluß an eine Sitzung zu erhalten, beeinflußt. Zum anderen wird das äußere Bild etwa durch die verkürzte Kommunikationsstrecke zu Rechtsanwälten verändert werden. Diesen wird man via *E-Mail* Vervollständigungshinweise und andere Informationen, die der Vorbereitung der mündlichen Verhandlung dienen, ohne nennenswerten Zeitverlust zukommen lassen können. Am Ende bleibt aber dennoch die Erkenntnis, daß nicht alles technisch Machbare auch zwingend zu den wünschenswerten Lösungen zählt. Denn bei aller Technikbegeisterung darf nicht vergessen werden, daß in einem Gericht Menschen arbeiten, deren Aufgabe die Mithilfe bei der Konfliktlösung für Menschen außerhalb des Gerichtes ist. Die Maschine Computer ersetzt - hoffentlich - auch in Zukunft nicht das menschliche Denken und Fingerspitzengefühl, welches gerade in dem zweistufigen Verfahren von Gütetermin und Kammertermin zur sachgerechten Bearbeitung und Hinführung zu einer vergleichsweisen Regelung notwendig ist. Der Computer ist ein Hilfsmittel zur Arbeitserleichterung des Menschen und wird es hoffentlich auch bleiben. Er darf den Menschen aber in Gerichtsangelegenheiten nicht überflüssig machen. Es soll eine nicht nur mit heutigem ethischen Verständnis schwer vereinbare Zukunftsvision bleiben, von einem Computer verurteilt zu werden.

Personalien und Statistik

von
Werner Reimertshofer

PHILIPP MARZEN
(1958 - 1966)

WILHELM GEHRLEIN
(1967 - 1968)

MANFRED STROBELT
(1968 - 1984)

WERNER KERGER
(1984 - 1986)

HORST HILPERT
(seit 1986)

SAARBRÜCKEN

VOLKER DEGEL
Direktor des Arbeitsgerichts

OTFRIED ALBRECHT
Richter am Arbeitsgericht

ANDREA EBERLE
Richterin am Arbeitsgericht

Dr. ERWIN FROMM
Richter am Arbeitsgericht

HANS KLANIG
Richter am Arbeitsgericht

NEUNKIRCHEN

KURT PFEIFER
Direktor des Arbeitsgerichts

STEFAN F. HOSSFELD
Richter am Arbeitsgericht

INGEBORG SPOERHASE-EISEL
Richterin am Arbeitsgericht

SAARLOUIS

ECKART LOËS
Direktor des Arbeitsgerichts

HANS GEORG DUTT
Richter am Arbeitsgericht

Die Berufsrichter der saarländischen Arbeitsgerichtsbarkeit seit 1947

Albrecht, Otfried **Richter am Arbeitsgericht**	Arbeitsgericht Saarbrücken	seit 1970
Bäcker, Otto **Amtsgerichtsrat**	Arbeitsgericht Saarlouis	1950 - 1958
Baltes, Eugen, Dr. **Oberlandesgerichtsrat**	Senat für Arbeitssachen beim Oberlandesgericht	1947 - 1952
Barth, Richard, Dr. **Landgerichtsdirektor**	Landesarbeitsgericht Saarland	1947 - 1952
Best, Rolf, Dr. **Oberlandesgerichtsrat**	Senat für Arbeitssachen beim Oberlandesgericht	1957
Bömmels, Karl **Senatspräsident**	Senat für Arbeitssachen beim Oberlandesgericht	1955 - 1956
Christmann, Günther **Direktor des Arbeitsgerichts**	Arbeitsgericht Neunkirchen	1959 - 1984
Degel, Volker **Direktor des Arbeitsgerichts**	Arbeitsgericht Saarlouis Arbeitsgericht Saarbrücken	1975 - 1977 seit 1977
Donie, Georg, Dr. **Vizepräsident des Landesarbeitsgerichts**	Arbeitsgericht Saarbrücken Landesarbeitsgericht Saarland	1969 - 1984 seit 1984
Dutt, Hans Georg **Richter am Arbeitsgericht**	Arbeitsgericht Saarlouis	seit 1984

Eberle, Andrea **Richterin am Arbeitsgericht**	Arbeitsgericht Saarbrücken	seit 1992
Fromm, Erwin, Dr. **Richter am Arbeitsgericht**	Arbeitsgericht Saarlouis Arbeitsgericht Saarbrücken	1977 - 1984 seit 1984
Gehrlein, Wilhelm **Präsident des Landesarbeitsgerichts**	Landesarbeitsgericht Saarland	1967 - 1968
Gelzleichter, Reinhold **Oberlandesgerichtsrat**	Senat für Arbeitssachen beim Oberlandesgericht	1947 - 1952
Hilpert, Horst **Präsident des Landesarbeitsgerichts**	Landesarbeitsgericht Saarland	seit 1986
Himber, Ernst **Amtsgerichtsrat**	Arbeitsgericht Saarbrücken	1947 - 1953
Hossfeld, Stefan F. **Richter am Arbeitsgericht**	Arbeitsgericht Neunkirchen	seit 1984
Imig, Karl **Oberlandesgerichtspräsident**	Senat für Arbeitssachen beim Oberlandesgericht	1954
Kammenhuber, Karl **Senatspräsident**	Senat für Arbeitssachen beim Oberlandesgericht	1952
Kerger, Werner **Präsident des Landesarbeitsgerichts**	Arbeitsgericht Saarbrücken Landesarbeitsgericht Saarland	1961 - 1969 1969 - 1986
Klanig, Hans **Richter am Arbeitsgericht**	Arbeitsgericht Saarbrücken	seit 1994

KROTTEN, Peter **Landgerichtsdirektor**	Landesarbeitsgericht Saarland	1952 - 1954
LAUE, Rudolf, Dr. **Oberlandesgerichtsrat**	Senat für Arbeitssachen beim Oberlandesgericht	1956 - 1958
LAWALL, Erich, Dr. **Oberlandesgerichtspräsident**	Senat für Arbeitssachen beim Oberlandesgericht	1957 - 1958
LOËS, Eckart **Direktor des Arbeitsgerichts**	Arbeitsgericht Saarbrücken Arbeitsgericht Saarlouis	1965 - 1977 seit 1977
LONSDORFER, Ludwig **Amtsgerichtsrat**	Arbeitsgericht Saarbrücken	1954 - 1958
MARZEN, Philipp **Präsident des Landesarbeitsgerichts**	Arbeitsgericht Neunkirchen Senat für Arbeitssachen beim Oberlandesgericht Landesarbeitsgericht Saarland	1947 - 1952 1953 - 1956 1956 - 1966
MATTAR, Theobald **Amtsgerichtsdirektor**	Arbeitsgericht Saarlouis	1953 - 1956
MAXEM, Helmut **Direktor des Arbeitsgerichts**	Arbeitsgericht Saarlouis Arbeitsgericht Saarbrücken	1958 - 1977 1977 - 1992
NEUREUTER, Hans, Dr. **Oberlandesgerichtspräsident**	Senat für Arbeitssachen beim Oberlandesgericht	1947 - 1953
OPPENHEUSER, Walter **Amtsgerichtsrat**	Arbeitsgericht Neunkirchen	1952 - 1953
PFEIFER, Kurt **Direktor des Arbeitsgerichts**	Arbeitsgericht Neunkirchen	seit 1975

SAUERLAND, Günther, Dr. **Oberlandesgerichtsrat**	Senat für Arbeitssachen beim Oberlandesgericht	1952 - 1955
SCHREDER, Peter, Dr. **Amtsgerichtsdirektor**	Arbeitsgericht Saarlouis	1947- 1950
SPOERHASE-EISEL, Ingeborg **Richterin am Arbeitsgericht**	Arbeitsgericht Neunkirchen	seit 1986
STROBELT, Manfred **Präsident des Landesarbeitsgerichts**	Arbeitsgericht Saarbrücken Landesarbeitsgericht Saarland	1957 - 1965 1965 - 1984
VÖLCKER, Hans, Dr. **Landgerichtsdirektor**	Landesarbeitsgericht Saarland	1954 - 1956
WENTSCHER, Heinz **Amtsgerichtsdirektor**	Arbeitsgericht Neunkirchen	1953 - 1959
WIESE, Leo, Dr. **Direktor des Arbeitsgerichts**	Arbeitsgericht Saarbrücken	1959 - 1977

Quellen:

Landesarchiv Saarland

Archiv des Amtsgerichts Saarbrücken
(Generalakten 313, 765, Sammelakten 765)

Archiv des Saarländischen Oberlandesgerichts
(Geschäftsverteilungspläne 1952 - 1958)

Archiv des Ministeriums der Justiz
(Personalakten)

Archive des Landesarbeitsgerichts Saarland sowie der
Arbeitsgerichte Saarbrücken, Neunkirchen und Saarlouis

DIE EHRENAMTLICHEN RICHTER DER AMTSPERIODE 1.1.1997 - 31.12.2000

LANDESARBEITSGERICHT SAARLAND

ALTMEYER, Bernd
BAHNER, Berthold
BIWERSI, Manfred
BONENBERGER, Herbert
BUNGART, Jürgen, Dr.
DUPRE, Horst
EßLING, Hans
FLASCHE, Klaus
FREITAG, Karl-Josef
FRISCH, Friedhelm
FRITZ, Rüdiger
HAMANN, Norbert
HAU, Kurt
HOFFMANN, Franz-Josef
HONOLD, Sigbert, Dr. jur.
KARMANN, Johannes
KASPER, Christa
KOCH, Hans-Willi
LANDER, Gertrud
LATTWEIN, Dieter
LINZ, Petra
MAHLER, Werner
MANTHÉE, Klaus-Dieter
MARX, Trudel
MEßNER, Stephan
MÜLLER, Udo
NEUMANN, Eleonore
NOLL, Reinhold
OST, Josef
PFABEL, Gerd
PRUß, Rudolf
PURKARTHOFER, Hans-Jürgen
RÖDER, Manfred
ROTH, Günter, Dr. Ing.
SCHEID, Paul
SCHLENZ-FREIDL, Cornelia
SCHMITT, Edgar
SCHMITT, Werner
SCHRECKLINGER, Helmut
SCHUBERT, Gerhard
SCHUG, Hugo
SCHWARZ, Roland
SEVERIN, Hans Diether
SIEGER, Alfred
STAUDT, Alfred
THOME, Lothar
WEBER, Hans Peter
WEITEN, Hans-Willi
WENZEL, Burckhardt, Dr.
WOLTER, Hartmund
ZÄHRINGER, Hans
ZIEGLER, Klaus

Arbeitsgericht Saarbrücken

- Allgemeine Kammer -

Altmeier, Julietta
Ambrosius, Jürgen
Amend, Martin
Backes, Beate
Ballier, Armin
Bartzen, Siegfried
Becker, Martin
Berg, Sabine
Bernhard, Horst
Best, Friedbert
Bethlehem, Hans-Peter
Birkelbach, Franz
Bonk, Otto
Braun, Doris
Braun, Horst
Breinig, Werner
Breuer, Thomas
Britz, Harald
Busch, Günther
Buschbacher, Dieter
Conrad, Werner
Dier, Michael
Düpre, Ernst
Dupré Monika
Enke, Volker
Fries, Werner
Fuchs, Gerd
Funk, Norbert
Gaida, Antonius
Gemünd, Roland
Gräber, Ingrid,
Gravius, Heidi
Grimsmann, Horst
Gross, Hannelore
Grutschau, Monika
Gusenburger, Friedrich
Hammel, Wolfgang
Hasselbacher, Rolf
Heckmann, Dieter
Heisel, Gerd
Hempel, Thomas
Incardona, Franca
Jacob, Bernhard
Jasper, Theodor
Keilbach, Herbert
Kessler, Uwe
Kleber, Alexander
Kleber, Peter
Kleer, Christoph
Klein, Klaus
Klein, Manfred
Koch, Maria
Koehl, Gerhard
Koenig, Gertrud
Köhler, Hartmut
König, Dietmar
Körner, Erich
Kühnel, Kurt
Kurtz, Hans-Peter
Lehmann, Al-Saadawe
Leiendecker, Karl
Lenz, Harald

Arbeitsgericht Saarbrücken

- Allgemeine Kammer -

Lichter, Gerd
Louis, Uwe
Malburg, Klaus-Peter
Menz, Felix, Dr.
Mohr, Nicole
Müllendorff, Richard, Dr.
Neu, Hans-Friedrich
Penth, Uwe
Pick, Wolfgang
Raubuch, Dieter
Risch, Adolf
Ruhnau, Wolfgang
Schimpf, Elfriede
Schmeer, Joachim
Schmitt, Dieter, Dr.
Schneider, Rolf
Scholl, Michael
Schuler, Wolfgang
Schumacher-Jacobsen, Ute
Siegwart, Horst
Stutz, Rudi
Theobald, Heike
Valentin, Peter
Walch, Alfred
Wegener, Karl
Weis, Dieter
Widmer, Peter
Winkel, Dagmar
Woll, Walter-Paul
Zirnstein, Andrea

Lossen, Wolfgang
Ludwig, Gerd
Marx, Manfred
Mohr, Hans-Dieter
Molter, Herbert
Müller, Wolfgang
Niederländer, Wolfgang
Pfeffer, Udo
Pink, Gudrun
Redel, Sonja
Rosenkranz, Gerd-Klaus
Schäfer, Norbert
Schirra, Helmut
Schmieden, Manfred
Schneider, Martin
Schnur, Willibald
Schreiner, Norbert
Schulte, Horst
Siefert, Manfred
Stolle, Umberto
Sutor, Rüdiger
Thull, Alois
Wagner, Alwin
Walz, Arthur
Weiant, Dirk
Weller, Jochen
Wilhelm, Werner
Wohlschlegel, Gerd
Zechmeister, Wolfgang

Arbeitsgericht Saarbrücken

- Fachkammer für den öffentlichen Dienst -

Becker, Raimund
Brückmann, Gudrun
Fontaine, Herbert
Gehrlein, Wilhelm
Grimm, Hanno
Kascha, Lothar
Kemp, Horst
Lauer, Helmut
Mockenhaupt-Aubron, Angelika
Pabst, Gabriele
Roth, Karlheinz
Thomé, Rainer
Westhofen, Heinz-Peter

Becker-Kretschmer, Stephanie
Fellinger, Ulrike
Frank, Irene
Gerlich, Peter
Herz, Willibald
Kaub, Peter
Klein, Helmut
Luckas, Martin
Nicolay, Paul
Paul, Karl-Willi
Saxler, Hans-Joachim
Weiskircher, Dieter
Winter, Alfons

ARBEITSGERICHT NEUNKIRCHEN

ALTENHOFEN, Manfred
BECKER, Willi
BERNARDI, Hans-Ludwig
BIEG, Erich
BOCZEK, Bernd
BOECKER, Peter
BÖNING, Ruthilde
BOLLIEN, Regina
BRAUN, Dieter
DECKER, Gerd
DETTWEILER, Norbert
ERHARDT, Rolf
EVANSCHITZKY, Jürgen
FISCHER, Bruno
FOLTZ, Gunther
FORSCH, Doris
FREYMANN, Karl-Heinz
FRIED, Fritz
GERHARD, Jürgen
GREWENIG, Marliese
GRITTNER, Thomas
GROSS, Volker
HAIST, Wolfgang
HALLAUER, Franz-Herrmann
HAU-MÜLLER, Rosemarie
HERZ, Anton
HÖNIGFELD, Karl-Heinz
HOFFMANN, Erich
HONCZEK, Margit
HOPF, Wilfried
HUHN, Bernd
HUTH, Hans-Georg
JUNG, Norbert
JUNK, Alois
JUNKES, Hans
KASPARI, Rudolf
KIRSCH, Dieter
KRAUSER, Helmut
LANG, Sabine
LAVALL, Rudolf-Horst
LINGEN, Gisela
LINGSTÄDT, Reimund
LIPPOLD, Wilhelm
LOCH, Liselotte
MÜLLER, Horst
SAILER, Georg
SCHÄFER, Bernd
SCHERER, Manfred
SCHWARZ, Claus
SCHWENDER, Alfred
SEILER, Norbert
STENGEL, Wolfgang
STOLLNER, Klaus
THEOBALD, Herbert
THIELE, Dieter
UTFELD, Klaus-Jürgen
VOIT, Martin
WACHS, Arnold
WÄLDER, Josef
WEILAND, Werner
WEIS, Klaus-Dieter
WOLL, Peter
ZWING, Alois

ARBEITSGERICHT SAARLOUIS

AX, Lothar
BAJORATH, Erich
BALGE, Berthold
BARTHEN, Hermann
BECKER, Hans-Jürgen
BÖHM, Horst-Günther
CADARIO, Werner
CLARNER, Rosemarie
COURTEHOUTE, Helmut
DETZEN, Gerhard
DICKMANN, Karl
DITTGEN, Renate
DROUIN, Klaus
EHL, Gustav
EISENBARTH, Joachim
ENGELS, Ingrid
FREITAG, Willi
GROSSE, Rudolf
HAHN, Petra
HARGARTER, Günter
HAUPTS, Hubert
HECK, Thomas
HEIERMANN, Gert
HEINZ, Edmund
IMMETSBERGER, Gabriele
JAKOBS, Jürgen
KOCH, Horst
KÖCK, Dieter
KREVET, Bodo
LANGENFELD, Dietmar
LERMEN, Udo
MANSION, Alexander
MÜLLENBACH, Lothar
NOACK, Stefan
OFFERMANNS, Anneliese
OTTO, .Klaus-Peter, Dr.,
PAULUS, Ursula
PETER, Lorenz
PONCELET, Werner
REDEN, Helmbrecht
SAUDER, Anneliese
SCHERER, Helmut
SCHMAUCH, Norbert
SCHMITT, Albert
SCHMITT, Hermann
SCHNEIDER, Oswin
SCHOLER, Heribert
SCHORS, Richard
SCHUG, Horst-Peter
SCHUHLER, Werner
SCHUSTER, Horst
SEIWERT, Elmar
SIMON, Ingrid
UDER, Gisbert
UHL, Otto
VALENTIN, Kurt
WAGNER, Heidi
WEIDBERG, Paul-Adolf
WEIDIG, Ferdinand
WEIDLICH, Manfred
WEIS, Herbert
WILL, Egon

EHRENAMTLICHE RICHTER, DIE MIT ABLAUF DER JAHRE 1988, 1992 UND 1996 AUSGESCHIEDEN SIND UND MEHR ALS 15 AMTSJAHRE TÄTIG WAREN

(in Klammern die Anzahl der Amtsjahre)

ALLES, Manfred (28)
BACH, Herbert (24)
BARBIE, Günter (16)
BECKER, Innozenz (24)
BIEFELD, Egon (16)
BOTH, Manfred (16)
BOUSSARD, Ernst (16)
BREININGER, Bernhard (24)
BÜGLER, Willy (16)
CONRAD, Rainer (28)
DIETRICH, Werner (20)
DITTGEN, Felix (29)
DOTZAUER, Günter (24)
ECKER, Karl-Heinz (16)
FEHRINGER, Waldemar, Dr. (21)
GANSEMER, Hans (20)
HASS, Klaus (20)
HOFFMANN, Gregor (20)
HUPPERT, Peter (24)
JOHANNI, Oswald, Dr. (24)
KASSNER, Christoph (19)
KIEFER, Hermann (26)
KIEFER, Peter (19)
KIEN, Franz (24)
KLÜBER, Max (20)

AUSTGEN, Norbert (20)
BAHNER, Albrecht (20)
BARTELS, Rudi (16)
BERRENS, Helmut (16)
BIEHL, Hans (20)
BOUILLON, Walter (24)
BRAUN, Heinz (20)
BRETZIUS, Oskar (28)
CHRISTMANN, Erwin (16)
DIDAS, Rudolf (20)
DINCHER, Rudi (24)
DITTLINGER, Bodo (20)
DÜPRE, Gerhard (20)
EISENBEIS, Carl-Erich (20)
FRIEDRICH, Harald (16)
GRENNER, Edmund (22)
HEINZ, Reinhold (20)
HOFFMANN, Manfred (16)
JAGER, Wendalinus (24)
KADEN, Hans, Dr. (24)
KIEFER, Hans (18)
KIEFER, Otto (16)
KIEFER, Werner (20)
KLEIN, Ewald (16)
KNAUBER, Kurt (24)

EHRENAMTLICHE RICHTER, DIE MIT ABLAUF DER JAHRE 1988, 1992 UND 1996 AUSGESCHIEDEN SIND UND MEHR ALS 15 AMTSJAHRE TÄTIG WAREN

(in Klammern die Anzahl der Amtsjahre)

KÖHLER, Joachim (24)
KOLLMANN, Ernst (28)
KRÄUTER, Friedrich (16)
LINDERT, Herbert (20)
MATHIS, Adolf (16)
MOHR, Elfriede (20)
NEUMEIER, Alois (34)
OHLER, Klaus (20)
PEIFER, Dieter (24)
POHL, Richard (28)
RÖDER, Harald (21)
SCHABEL, Erich (28)
SCHÄFER, Johannes (21)
SCHERER, Alois (16)
SCHMID, Otto (16)
SCHMOLZE, Harry (24)
SCHU, Georg (30)
SIX, Werner (16)
STASS, Matthias (20)
STURHAHN, Wilhelm (24)
THIEL, Hans (16)
THINNES, Ernst Dieter (16)
WACK, Bruno (29)
WEBER, Ernst (20)
WEISS, Josef (16)

KÖHLER, Karl-Heinz (16)
KOLLMANN, Jürgen (16)
LEINER, Wilhelm, Dr. (24)
LUDWIG, Kurt (32)
MEYER, Heinz (24)
MÜLLER, Heinz (24)
NICK, Karl (20)
PALLIER, Edgar (16)
PINK, Felix (16)
RAUBUCH, Karl Heinz (16)
ROTHAAR, Hermann (20)
SCHACKMANN, Heinz (16)
SCHÄFER, Rudolf (16)
SCHIRRA, Rene (16)
SCHMITT, Heribert (16)
SCHNEIDER, Günter (16)
SEIWERT, Wilhelm (24)
SPÖNEMANN, Kurt (28)
STRASSER, Otto (16)
THEOBALD, Edgar (16)
THIELEN, Hermann (25)
TRESSELT, Jochen (32)
WALLACHER, Stephan (24)
WEBER, Hans (28)
WOLMERINGER, Erwin (16)

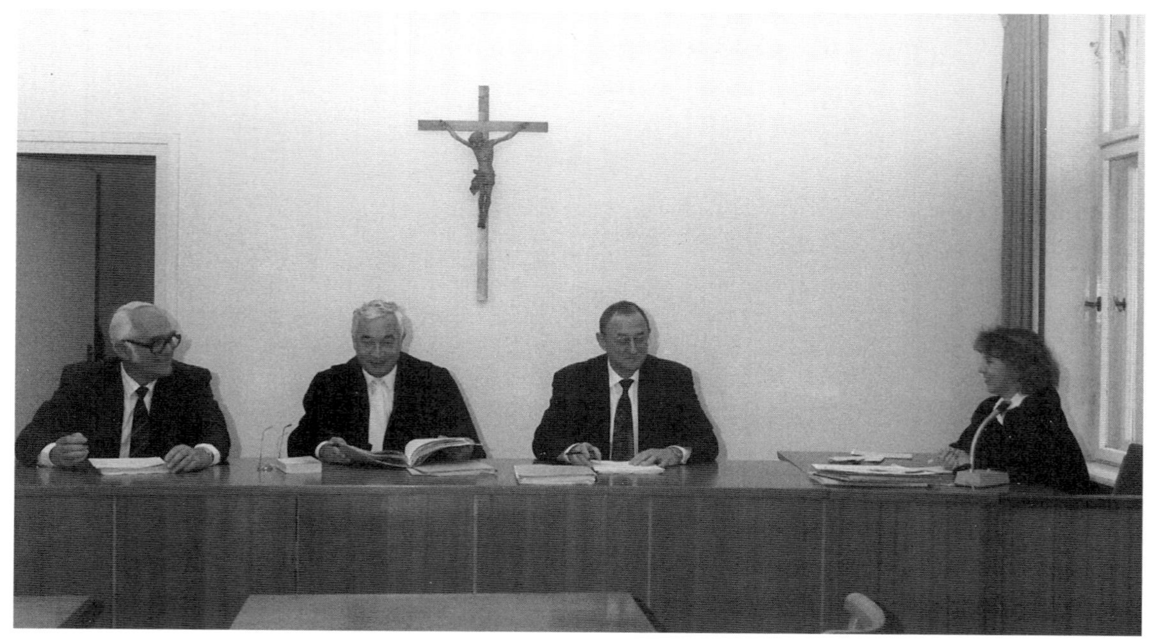

SITZUNG DES LANDESARBEITSGERICHTS SAARLAND AM 16.12.1992

v.l.n.r.: Ehrenamtlicher Richter Felix DITTGEN (von 1964 bis 1992)
Präsident des Landesarbeitsgerichts Horst HILPERT
Ehrenamtlicher Richter Hans Diether SEVERIN (seit 1977)
Protokollführerin Cäcilia KREUTZER

Ehrung der ausgeschiedenen ehrenamtlichen Richter am 8.11.1993
durch Frau Ministerin für Frauen, Arbeit, Gesundheit und Soziales Christiane Krajewski und Herrn Präsidenten des Landesarbeitsgerichts Saarland Horst Hilpert

Geschäftsanfall des Landesarbeitsgerichts Saarland 1947 - 1971

(eingegangene Berufungen)

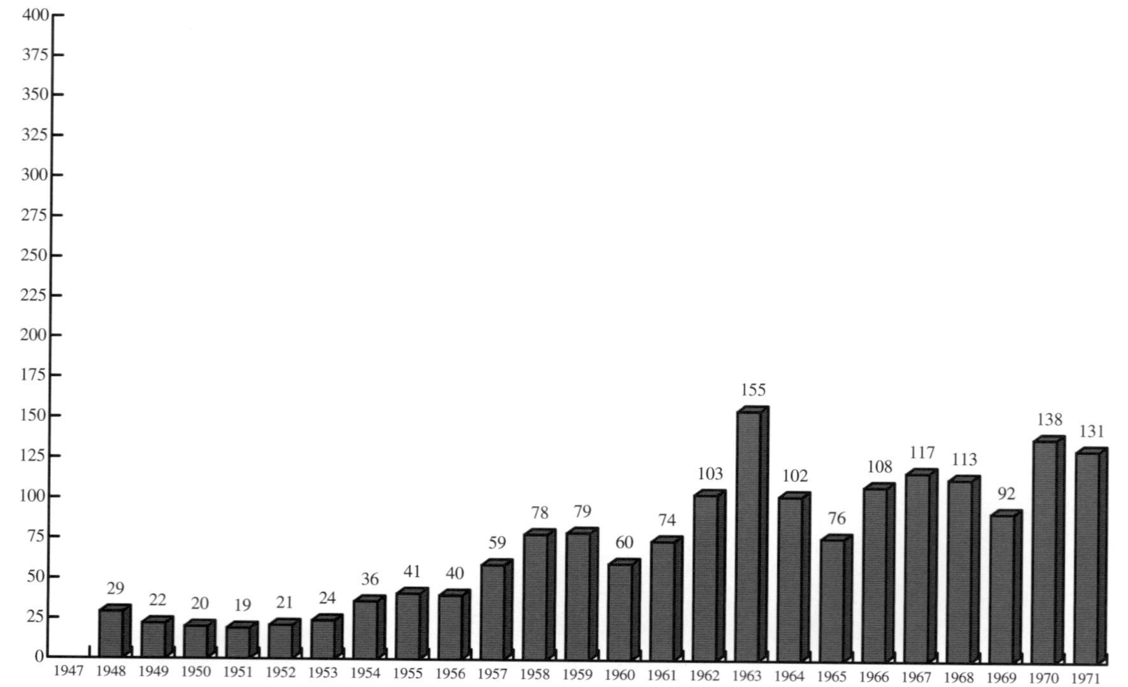

Geschäftsanfall des Landesarbeitsgerichts Saarland 1972 - 1996

(eingegangene Berufungen)

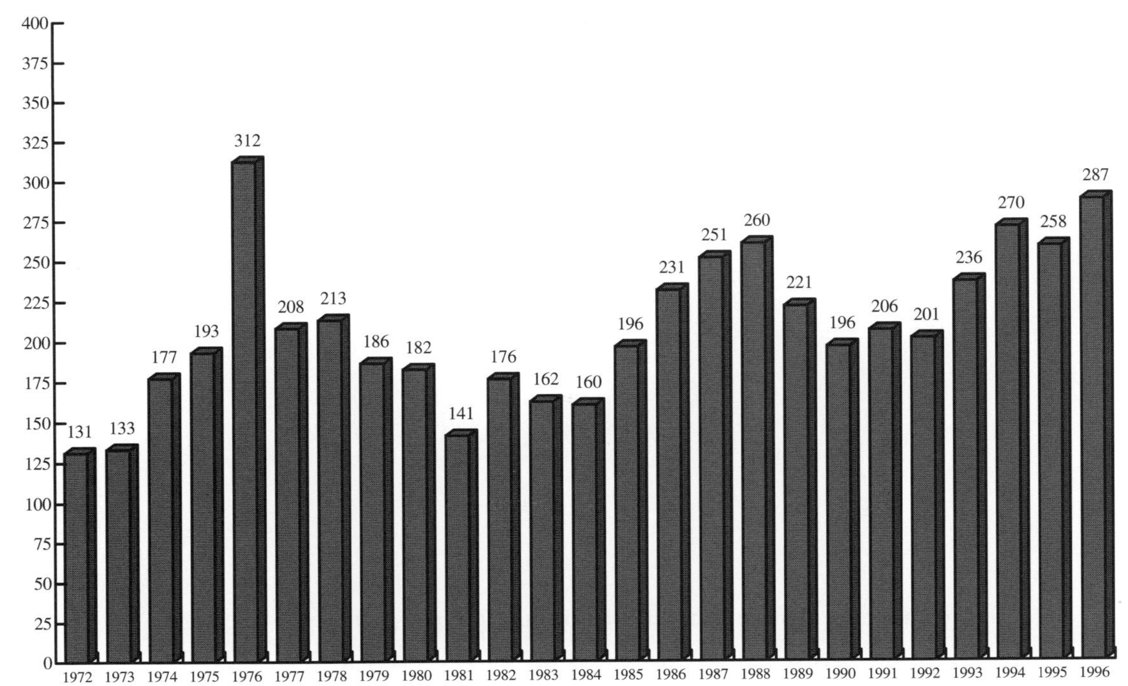

GESCHÄFTSANFALL DES ARBEITSGERICHTS SAARBRÜCKEN 1947 - 1971

(Klagen, Beschlußverfahren, Arreste u. einstw. Verfügungen)

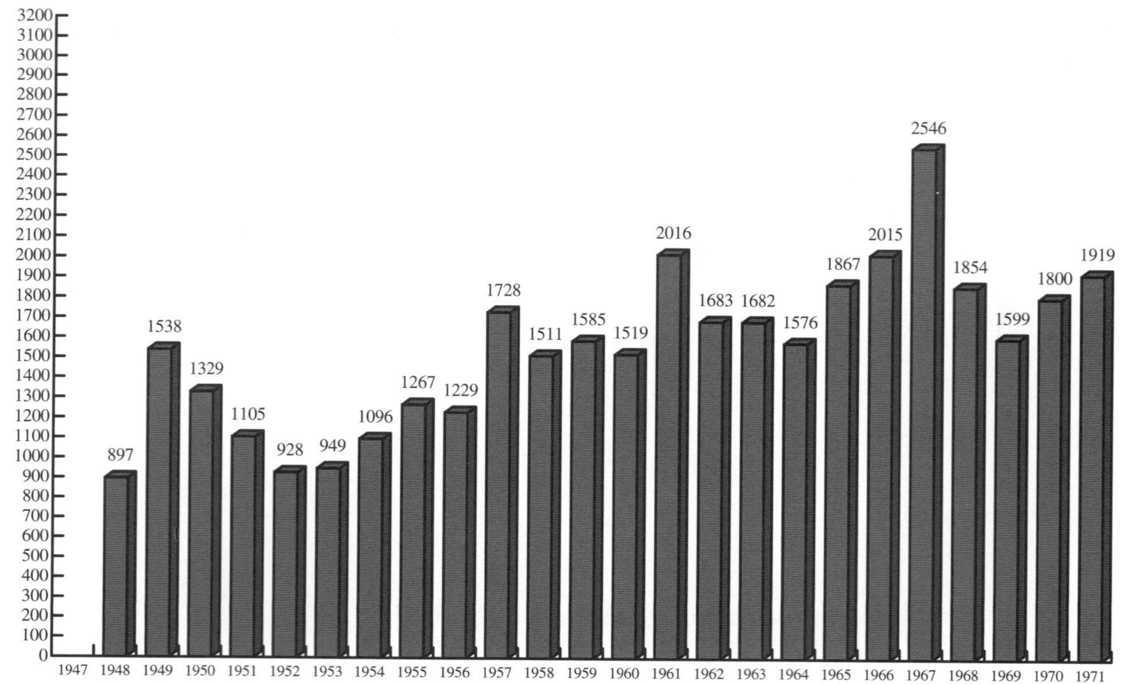

Geschäftsanfall des Arbeitsgerichts Saarbrücken 1972 - 1996

(Klagen, Beschlußverfahren, Arreste u. einstw. Verfügungen)

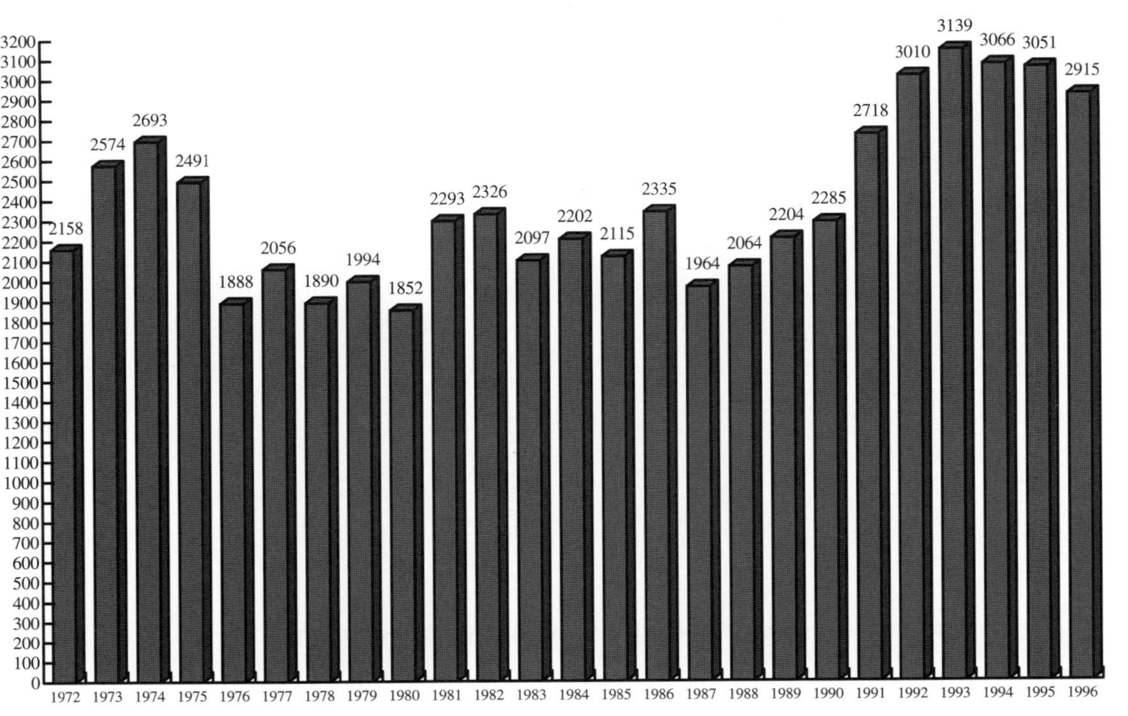

Geschäftsanfall des Arbeitsgerichts Neunkirchen 1947 - 1971

(Klagen, Beschlußverfahren, Arreste u. einstw. Verfügungen)

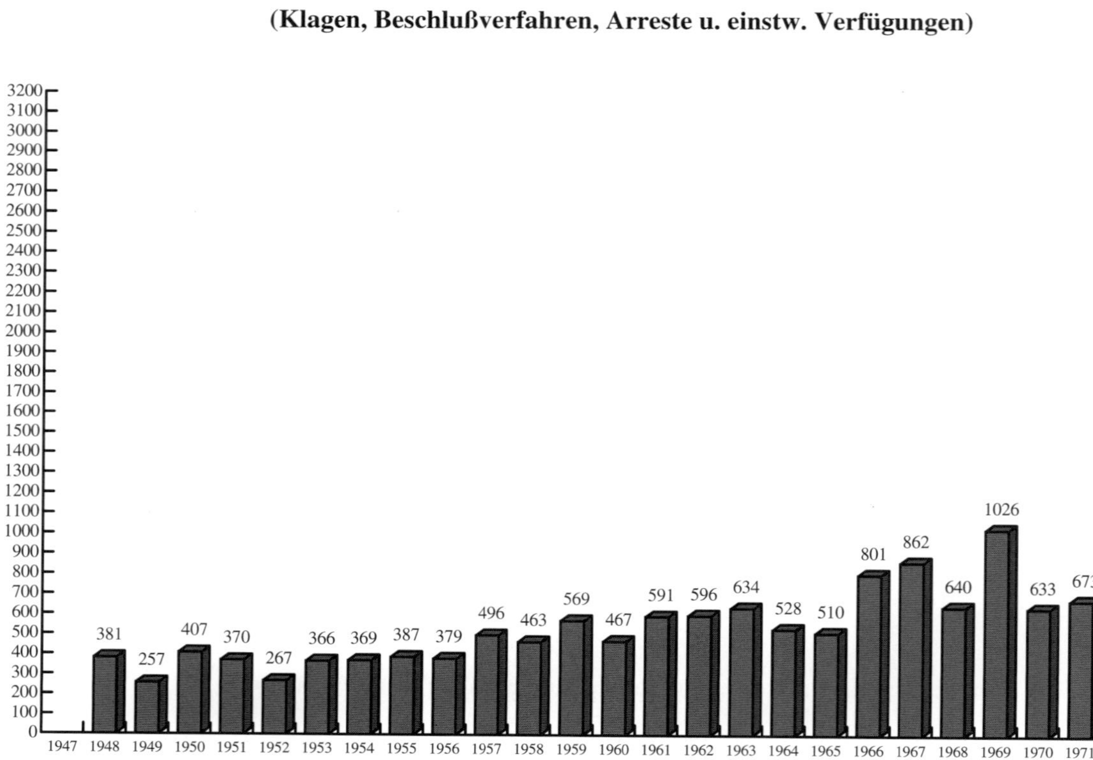

GESCHÄFTSANFALL DES ARBEITSGERICHTS NEUNKIRCHEN 1972 - 1996

(Klagen, Beschlußverfahren, Arreste u. einstw. Verfügungen)

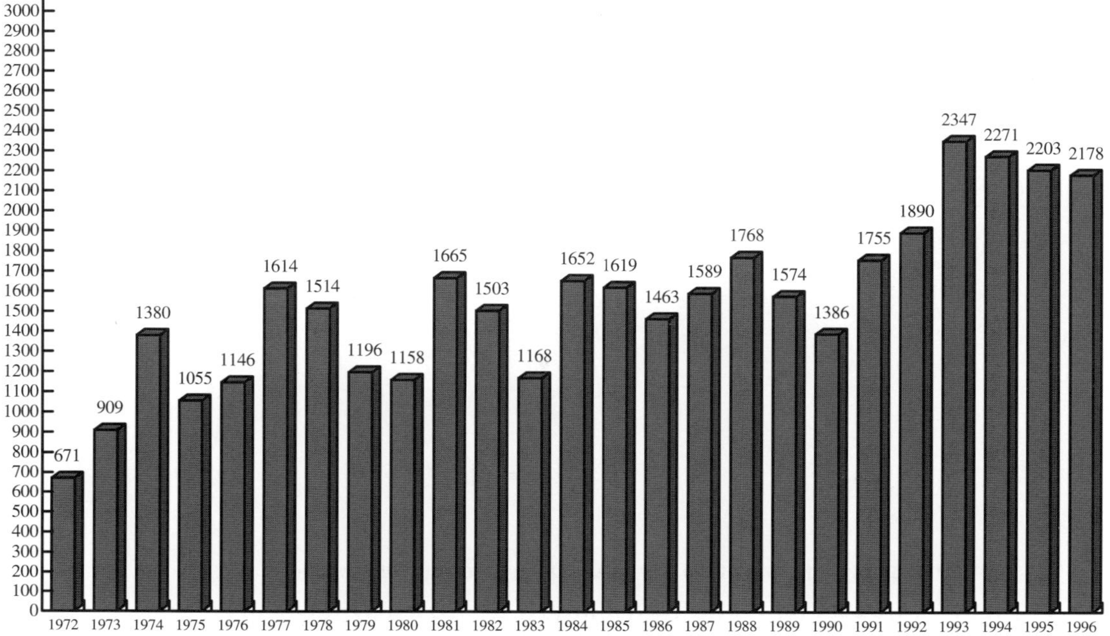

GESCHÄFTSANFALL DES ARBEITSGERICHTS SAARLOUIS 1947 - 1971

(Klagen, Beschlußverfahren, Arreste u. einstw. Verfügungen)

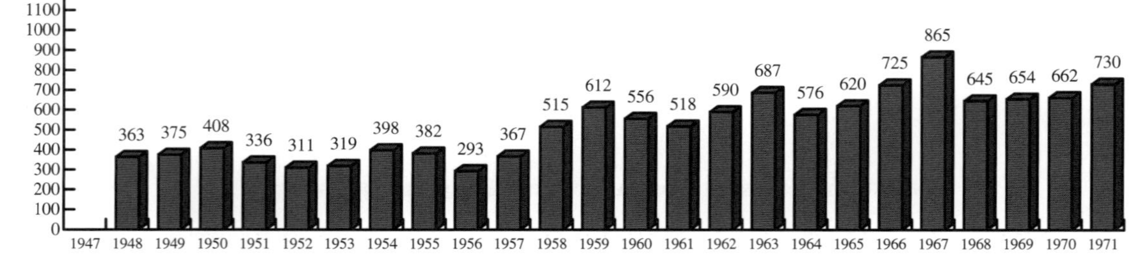

GESCHÄFTSANFALL DES ARBEITSGERICHTS SAARLOUIS 1972 - 1996

(Klagen, Beschlußverfahren, Arreste u. einstw. Verfügungen)

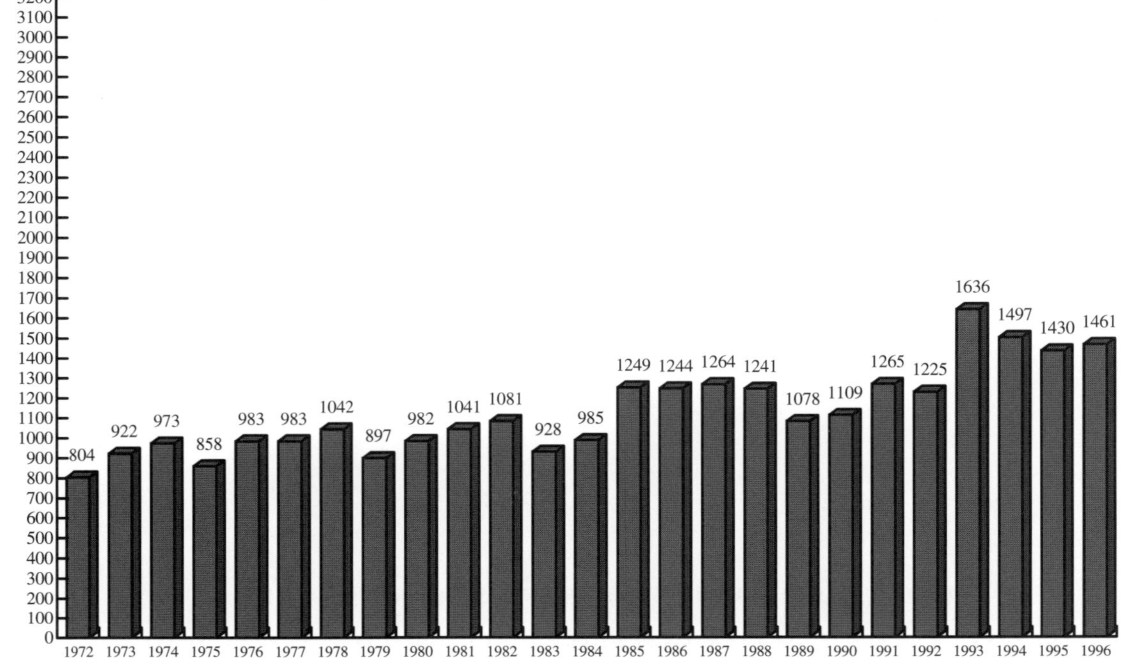

GESCHÄFTSANFALL DER SAARLÄNDISCHEN ARBEITSGERICHTE 1947 - 1971

(Klagen, Beschlußverfahren, Arreste u. einstw. Verfügungen)

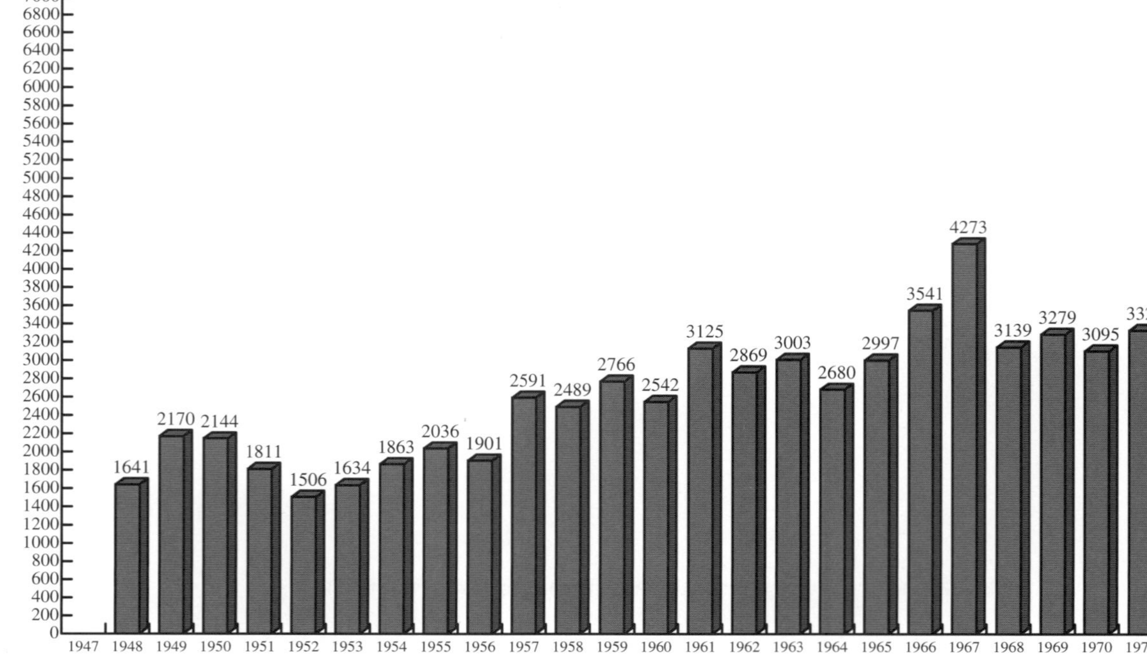

GESCHÄFTSANFALL DER SAARLÄNDISCHEN ARBEITSGERICHTE 1972 - 1996

(Klagen, Beschlußverfahren, Arreste u. einstw. Verfügungen)

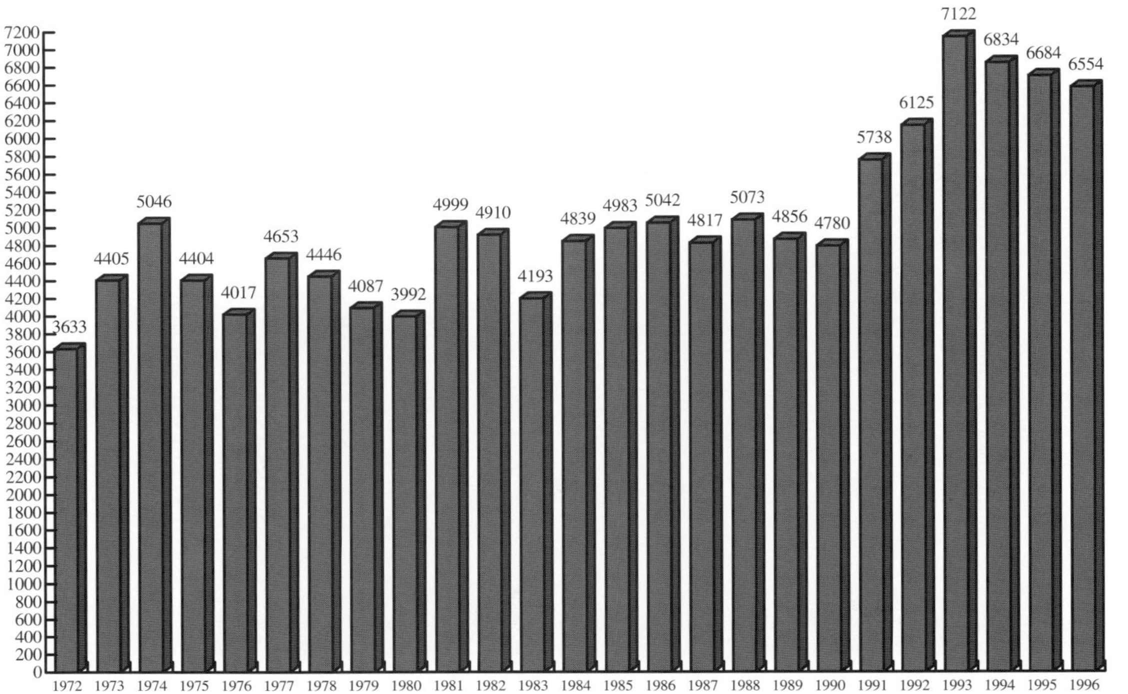

Die Erstellung und Herausgabe der Festschrift haben unterstützt:

Arbeitskammer des Saarlandes

Kreissparkasse Saarlouis

Kreissparkasse Saarpfalz

Landesbank Saar Girozentrale

Rechtsanwaltskammer des Saarlandes

Saarland Sporttoto GmbH

Saarländischer Anwaltverein e.V.

Sparkasse Neunkirchen

Sparkasse Saarbrücken

Sparkassen- und Giroverband Saar

Vereinigung der Saarländischen Unternehmensverbände e.V.

UMSCHLAG:

Graphische Gestaltung: FERDINAND HERRMANN

Zeichnung von MIA MÜNSTER (1894 - 1970) „Grube Reden“

FOTOS:

FELIX DITTGEN
STEFAN F. HOSSFELD